정신 건강과 기독교 상담

Mental Health and Christian Counseling

정신 건강과 기독교 상담

Copyright ⓒ 도서출판 대서 2015

초판 1쇄 발행 2015년 9월 20일
초판 2쇄 발행 2022년 8월 31일

지은이 : 정은심
펴낸이 : 장대윤
펴낸곳 : 도서출판 대서

등록 : 제22-2411호
주소 : 서울특별시 서초구 방배동 981-56
TEL : 02-583-0612 FAX : 02-583-0543
E-mail : daiseo1216@daum.net

ISBN 979-11-86595-77-0 (03230)

• 책 값은 뒤표지에 있습니다.
• 파본은 교환해 드립니다.
• 이 출판물은 저작권법에 의해 보호를 받는 저작물이므로 무단 복제할 수 없습니다.
• 독자의 의견을 기다립니다.

정신 건강과 기독교 상담

정은심 지음

Mental Health and Christian Counseling

도서출판 대서

CONTENTS
목차

서문 • 4

제1장 정신 건강과 기독교 상담 • 11
제2장 관계의 역동성과 기독교 상담 • 41
제3장 관계의 가면과 기독교 상담 • 83
제4장 회피성 가면-위장된 평화주의자 • 139
제5장 의존성 가면-다른 사람 안의 나 • 157
제6장 강박성 가면-지나친 완벽주의자 • 179
제7장 공격성 가면-마음속의 성난 아이 • 201
제8장 히스테리성 가면-꿈꾸는 거짓말쟁이 • 235
제9장 자기애성 가면-자기 이상주의자 • 251
제10장 경계성 가면-애정 있는 증오자 • 271
제11장 분열성과 분열형 가면-사회속의 외톨이 • 285
제12장 편집성 가면-자기 상실의 애도자 • 311
제13장 영적중독의 가면-자기 두려움의 은폐자 • 325
제14장 기독교 돌봄에서 정신 질환과 귀신들림 • 351

부록 A: 나의 애착 유형 파악하기 • 369
부록 B: 성격 자기 진단 질문지 • 373
부록 C: 관계 가면의 장단점 • 380

미주 • 387

PREFACE
서문

변화를 위한 기도

하나님, 변화될 수 없는 것을 평온함으로 받아들일 수 있는 은혜를 내려주시고 변화되어야 하는 것을 변화시킬 수 있는 용기를 주시며 이 둘을 구분할 수 있는 지혜를 주소서.1) 그리고 변화하고 있는 것을 볼 수 있는 은혜를 내려주시고 우리와 다른 이들에게 유익한 변화를 지원할 수 있는 강한 힘을 주소서.2)

인간은 관계 속에서 삶의 의미를 찾도록 창조 되었다. 인간은 관계 안에서 인격을 형성하고 발달시킨다. 인격은 어린 시절 부모와의 상호관계 안에서 형성되고 사회화 과정을 통하여 성숙된다. 하지만 이런 과정의 어딘가에서 문제가 생기면 인격은 관계를 맺는 데 장애를 갖게 된다. 인격 장애는 자기 자신뿐만 아니라 주변 사람들에게도 고통을 준다. 미국 정신 의학회에서는 정신 장애 진단 및 통계 편람(DSM-5)3)에서 10가지 인격 장애를 명시하고 있다. 이는 인격 장애를 진단하는 데 도움을 준다.

한 연구보고에 따르면, 일반 인구 중 10-20%가 1가지 이상의 인격 장애를 가지고 있으며, 미국 아이오와 역학 조사 자료를 보면 일반 인구 중 거의 30% 정도가, 주요 정신 장애(Axis I) 환자를 제외한 인구 중에서는 20%가, 정신과 외래환자 중에서는 거의 2/3 정도가 부적응적인 인격 특성을 가지고 있다.4) 한편 인격 장애로 병원을 찾는 사람들의 절반은 가족이나 제 삼자가 의뢰한 경우이다.5) 인격 장애가 있음에도 불구하고 병원을 찾지 않는 사람들이 이 통계 자료들에 포함되어 있지 않은 것을 미루어 보면, 상당히 많은 사람들이 인격 장애 문제로 고통을 받고 있음을 알 수 있다. 인격 장애로 진단 받지는 않았더라도 많은 사람들이 정상과 이상 사이의 어디엔가 있다고 볼 수 있다. 그리스도인들도 여기에서 예외는 아니다.

미국 교인들 중 상담의 문제가 생기면 제일 먼저 목회자를 찾는 사람들이 40%나 되고 목회자들의 시간 중에서 10-46%가 상담에 사용된다고 보고되지만, 목회자들 중 전문 목회 상담 훈련을 받은 사람들은 소수(13%)이며, 대다수(87%)의 목회자들은 교인들의 정서와 행동의 문제를 평가하고 치료하기 위한 훈련을 전혀 받지 않았거나 준비가 덜 되어 있다.6) 우리나라의 경우는 상황이 훨씬 더 열악하다고 보아야 한다. 최근 우리나라에서 목회 상담이나 기독교 상담에 대한 관심이 매우 증가되었지만 아직까지는 기독교 상담사 혹은 목회 상담사의 사역이 미미하다.

기독교 상담자들은 그리스도인 개인들과 그들의 가정을 돕기 위해서 기독교적 인간관에 바탕을 둔 심리적 정신 의학적 지혜를 필요로 한다. 정신 건강에 관한 지혜가 조금만 있어도 정신과적 치료가 필요한 성도를 귀신들렸다고 교회에서 내쫓거나 혹은 이중의 상처를 주지 않을 수 있다. 또한 정신과적 치료가 필요한 자녀를 방치하여 치료 시기를 놓치는 경우를 방지할 수 있다. 정신 건강에 대한 지혜는 목회 현장에서도 많은 유익이 있다. 우선은 정말로 귀신이 들렸는지, 정신과적 치료가 필요한 것인지, 인격 장애인지를 분별할 수 있게 된다. 또한 성도들에게 자신의 능력을 최대한 발휘할 수 있는 사역을 맡기는 데 도움이 된다.

이러한 목적을 가지고 『정신 건강과 기독교 상담』은 통전적 인간관에 기초를 두고 있다. 인간은 통전적이고 유기체적이며 관계적 존재이다. 인간관계는 역동적이다. 상처도 관계 안에서 생기고 치유도 관계 안에서 이루어진다. 이러한 통전적 인간이해와 역동 심리이론의 지혜는 정신 건강과 인격 장애를 이해하는 데 중요한 이론적 틀을 제공한다. 이러한 통합적 이해는 인격 장애 유형별로 심리적 치료와 영적 치유의 통합을 찾아가는 길에 필수적인 길잡이가 된다. 이 책은 역동 심리상담의 지혜를 제시하면서도 영적 치유의 중요성을 간과하지 않고 있다. 그리스도의 사랑을 경험하는 것만이 온전한 치유를 가져다주기 때문이다. 하지만 이러한 영적 접근 방법을 왜곡하게 되면 또 다른 중대한 오해를 가져올 수 있다. 때로 율법주의, 형식주의, 도덕주의가 기독교적 혹은 성경적 치유라는 이름으로 제시되어 과오를 범하게 되기 때문이다. 따라서 이 두 접근 방법 간에 균형을 이루고자 노력하고 있다.

진정한 기독교적 치유는 그리스도께서 우리 삶의 긴장을 풀어 주시고 자신감과 해방감을 주시고 삶의 방향을 바꾸어 놓으실 때 일어난다. 사람들이 실제로는 내적 평안이 없고 내적 갈등으로 황폐되어 있음에도 그것을 가장하기 위하여 더 종교적이고 더 이타적이며 더 영적임을 보이려고 노력하는 것을 종종 볼 수 있다. 우리는 자기 자신에게 그리고 상대방에게 그리고 하나님께 더 정직해질 필요가 있다. 마음에 병이 있는 사람에게 불가능한 일을 애써 노력하라고 하는 것은 기독교적 상담이나 치유가 아니다. 예를 들어 우울한 기분 때문에 힘들어하는 사람에게 어떤 수로든 우울하지 않도록 노력하라는 것, 슬픈 사람에게 슬퍼하지 않도록 노력하라는 것, 용서가 되지 않아 몸부림치는 사람에게 무조건 용서하라고 권면하는 것은 기독교 정신에 배치된다. 이러한 것들은 그리스도를 개인적으로 체험함으로써 은혜로 이루어지는 것이다. 기도와 묵상을 통하여 그리스도를 만나는 것만이 진정한 내적 변화를 가져올 수 있다. "묵상은 행동을 가져오고 행동은 묵상을 통하여 열매를 맺는다."7) 현대인들에게 정신 질환이 증가하는 이유는 휴식을 취할 시간이 적고 내적 삶을 돌아볼 시간도 늘 무엇을 하는 데 쓰고 있기 때문이다. 폴 투르니에(Paul Tournier)는 부부가 "이방인들처럼 살아가는 것을 그만두고 싶다면, 그래서 영적 고독을 탈피하고 정상적인 정신 생활의 풍토를 창조하기 원한다면"8) 부부가 함께 하는 기도와 묵상을 하라고 역설한다. 하나님께로부터 오는 기적 없이는 인간관계에서 일어나는 갈등의 악순환이 결코 해소될 수 없다. 기도와 묵상을 통해 우리의 삶에 대한 하나님의 목적이 무엇인지를 살펴보고 예수 그리스도와 인격적 교제를 누릴 때 거기에 치유의 과정이 있다.

『정신 건강과 기독교 상담』에는 실제 사례들이 많이 실려 있다. 몇몇 사례들은 그 적합성 때문에 다른 책에서 그대로 인용한 것도 있지만, 그 외의 사례들은 실제 당사자의 신분이 드러나지 않게 하기 위하여 가명을 사용하였으며 최소한의 각색을 하여 실었다. 가능한 그리스도인들의 사례를 실었다. 상담자가 목회자가 아닌 경우에도 목사로 지칭한 경우도 있다. 그 이유는 아직까지 교회 내에서의 상담 사역은 특정한 교회들 외에는 목사가 다루고 있기 때문이다. 또한 부부의 이야기를 특히 사례로 많이 들었다. 부부의 문제가 자녀의 문제라고 여기기 때문이다. 부부 관계가 건강할 때 자녀들은 건강한 인격을 가진 성인으로 자랄 수 있다. 인격 장애의 문제는 개인의 문제라기보다 관계 역동의 문제인 경우가 많다. 따라서 역동 심리 작용 즉 전이와 역전이를 이용한 통찰의 순간들에 관하여 탐구하고 있다. 특히 심리적 통찰의 순간과 영적 통찰의 순간들을 연결시켜 보려고 노력하였다.

『정신 건강과 기독교 상담』은 성서와 정신 건강이라는 신학교 강의를 하면서 연구하고 모아 놓은 자료들을 엮어 놓은 것이다. 실제 사례들, 성경의 사례들, 그리고 부록을 삽입하여 독자의 이해를 돕고 있다. 초판에서 책의 성격상 깊이 다루지 못하여 아쉬웠던 부분이 있어 재판에서는 14장 기독교 돌봄에서 정신 질환과 귀신들림을 첨부하여 다루고 있다. 여기서 인간의 정신세계와 정신 질환에 관한 잘못된 이해로 교회 역사상 행해져 왔던 마녀사냥의 역사가 모양만 다르게 아직도 존재한다는 점을 강조하고, 귀신들림과 정신 질환을 분별할 수 있는 지혜를 담고 있다. 신학교 학생들, 졸업생들, 목회자들, 상담사역자들 그리고 자신과 가정을 치유하고 교회 공동체에 속한 성도들을 치유하는 데 정신 건강과 인격 장애에 관한 지혜를 얻고 싶은 사람들에게 많은 도움이 되기를 바란다.

마지막으로 백석신학교에서 강의 할 수 있도록 허락하여 주신 교수님들과 성서와 정신 건강 수업에서 발표와 토의에 열심히 참여하여 주신 전도사님들께 감사를 드린다. 남편 최창국 교수의 백석대학교 기독전문대학원 박사학위 콜로키엄 모임과 영성과 상담 동아리 모임에서 발표와 토론으로 참여해 준 목사님들과 전도사님들의 사역과 삶의 이야기도 이 책의 곳곳에 나타나 있다. 이분들께도 깊은 감사드린다. 늦은 원고를 선뜻 출판해 주신 도서출판 대서의 사장님과 편집으로 수고해 주신 직원들께 감사드린다. 여름 방학 내내 책상 앞에만 앉아 있는데도 격려를 아끼지 않은 딸 지수와 아들 은찬에게 그리고 자신의 책을 내면서도 아내의 책도 함께 출판하도록 하기 위해 불편함도 감수하며 지원해 준 남편에게 미안함과 감사의 마음을 전한다. 정신적으로 영적으로 안정된 안식처가 되어 주신 연로하신 부모님께 이 책을 바친다.

—∞—

Mental Health and Christian Counseling

—∞—

CHAPTER 01
정신 건강과 기독교 상담
Mental Health and Christian Counseling

　기독교적 인간관은 인간의 몸과 마음과 영이 구분되지 않으며 의식과 무의식도 또한 감정과 이성도 쉽게 분리할 수 없다는 통전적 인간관이다. 기독교적 인간관은 인간의 존재를 하나님의 피조물로서 하나님과의 관계 안에 살핀다. 이런 의미에서 정신 건강에 관한 일반 심리학의 이론과 기독교 상담은 서로 상충되는 점들이 없는 것은 아니다. 성경은 인간에 대한 하나님의 이해를 기록한 것이고 심리학은 인간의 경험과 인식을 과학적 통찰을 하여 연구한 학문이다. 때문에 이 둘을 접목하는 것은 어려운 점이 있다. 인간을 이해하는 데 있어서 초자연성을 인정하는 신학과 인간 경험의 자발성의 입장에 서 있는 심리학이 큰 차이점을 보이기 때문이다.

　전통적으로 심리학을 기독교와 통합하는 데 많은 논란이 있어온 것이 사실이다. 기독교심리학자들 사이에서도 신학과 심리학의 관계에 대해서 대략 네 가지 입장이 있다.[1] 먼저, 신학은 영적인 삶을 다루는 것이고 심리학은 심리적인 문제를 다루는 것이므로 서로 전혀 관련이 없는 별개의 것이라는 입장이 있다. 두 번째는 성경이 인간의 모든 필요를 만족시키는 데 충분하다고 스스로 선포하고 있다고 주장하는 입장이다. 이 입장에 서 있는 사람들은 심리학적이 도움이 필요 없다고 생각한다. 이들은 심리적 문제나 정신적 장애는 성경적인 삶을 살지 않았기 때문이라고 말한다. 세 번째는 신학과 심리학을 독립된 학문으로서 인정하고, 필요하고 좋은 점들을 서로 취해서 인간의 삶을 더 향상시키는 데 적극적으로 대화를 해야 한다는 입장이다. 네 번째로 인간의 삶에 신학과 심리학 모두가 필요하나 심리학은 늘 신학의 권위 아래 있음을 인정해야 한다는 입장이다. 이 입장을 따르는 사람들은 신학과 심리학은 출발점과 접근하는 주제와 방법이 다르다고 본다. 따라서 이들은 심리학의 지혜를 구하되 성경의 입장에 어긋나는 것들은 걸러낼 필요가 있다고 생각한다.[2]

인간의 정신 건강과 인격 이상 문제를 기독교적인 입장에서 상담한다는 일은 이와 같이 복잡한 문제이다. 매우 조심스럽게 접근해야 할 일이다. 그럼에도 불구하고 교회와 목회자, 기독교 상담자들은 복잡한 인간의 문제들에 접근해야 하는 상황이다. 심리학은 사회가 다변화되면서 생기는 정신 건강과 인격의 문제에 중요한 자원들을 제공하고 있다. 고통받는 그리스도인 개인과 가정과 교회 공동체를 돕기 위해 기독교적 인간관을 바탕으로 심리학의 지혜를 얻을 수 있는 방법을 강구해보아야 할 시점이다.

1. 기독교적 인간관

1) 하나님의 형상

인간은 하나님의 형상을 따라 지음 받은 존재이다(창 1: 26-28). 인간은 하나님의 형상을 지녔다. 하나님의 인격과 성품을 지녔다는 말이다. 데이비드 클라인즈(David Clines)는 인간이 하나님의 형상을 지녔다는 사실은 '관계에로의 소명'을 받았다는 의미로 본다.[3] 인간은 다른 피조물과 달리 하나님과 교제를 할 수 있는 존재로 지음 받았다. 신체적으로나 감정적으로나 정신적으로나 영적으로나 하나님과 관련이 있으며 하나님의 피조물인 다른 사람들과도 관계를 맺으며 살아가는 존재이다. 인간의 본성을 하나님의 빛 아래에서 보아야 하는 데 하나님은 관계적 본성을 가졌기 때문이다. 따라서 인간은 하나님과의 관계, 인간 동료와의 상호관계, 자연과의 관계 속에서 살아가도록 창조된 것이다. 이러한 의미에서 "우리 안에 있는 하나님의 형상을 반영한다는 것은 하나의 선물일 뿐만 아니라 하나의 과제이다."[4] 한편 헤르만 바빙크(Herman Bavink)는 더 나아가 인간을 하나님의 형상을 지닌 존재가 아니라 인간은 하나님의 형상(Human is the image of God)이라고 하였다. 바빙크는 모든 피조물은 하나님의 자취를 반영하지만 오직 인간은 존재와 기능과 관계성 면에서 전체적으로 하나님의 형상이라고 강조한다.[5]

하나님의 형상으로서의 인간 개념을 바탕으로 하면 우리가 관계 안에서 어떻게 하나님의 성품을 드러내도록 할 것인가가 인간 존재의 목적이면서 과제이기도 하다.[6] 이것을 기독교 상담에 적용하면 우리는 인간이 어떤 기질을 가졌든지 인격 하나하나를 귀하게 여기며 다가갈 수 있게 된다. 따라서 어떻게 더불어 살아가고 어떻게 그들이 가진 하나님의 성품을 잘 개발하도록 도울 것인가에 초점이 맞추어 진다. 따라서 기독교 상담은 "인간이 서로서로의 기능을 가로막는 장애물, 인간의 인격적 교통을 파괴하는 장애물, 하나님의 형상을 왜곡하는 장애물들을 제거하도록 돕는 행위"[7]라고 볼 수 있다.

2) 타락한 존재

성경은 아담의 원죄로 인하여 인간은 타락한 본성을 소유한 존재라고 말한다. 전적 부패로 인하여 인간의 본성은 죄로부터 자유로울 수 없는 존재라는 말이다. 우리의 사고와 행동은 늘 죄의 영향력 아래에 있어 인간은 정신적으로 관계적으로 불안과 소외, 두려움, 죄책감, 소통의 단절, 억압, 갈등 속에서 어려움을 겪는 존재가 되었다.

제이 아담스(Jay Adams)는 인간의 모든 문제를 죄와 연관시켜서 죄를 고백하는 것을 치유의 시작이라고 본다.[8] 하워드 클라인벨(Howard Clinebell)은 죄로 인하여 인간은 하나님으로부터 소외되었으며 내적 불구 상태가 오게 되었다고 본다. 따라서 그는 인간을 유해하게 하는 것들을 제거해 주는 것이 중요함을 말한다.[9]

기독교 상담에서 인간의 모든 문제를 죄와 연관시키는 과정에서 주의해야 할 것은 인간과 죄를 동일시하지 않아야 한다는 것이다. 죄로 인해 시작된 문제이지 인간 자체를 그 문제와 동일하게 보는 것은 율법주의나 도덕주의로 빠지게 될 우려가 있다. 인간 존재는 늘 선과

악 사이에서 선택해야 하는 세상에서 살고 있다. 잘못된 사회 구조와 억압적인 문화와 뒤틀린 관계 속에서 자신을 지키며 살아가야하는 참으로 힘든 삶을 살고 있다. 결국 하나님의 은혜가 아니고는 홀로 이 세상에서 이 힘든 삶을 영위하는 것이 어렵다는 것을 인정하는 것이 최선의 길일 수밖에 없다.

3) 변화 가능한 존재

성경적 인간관의 가장 중요한 점은 인간은 예수 그리스도의 은혜 아래 있는 존재라는 점이다. 인간은 죄로 인하여 전적으로 부패하였지만 예수 그리스도의 구속의 은혜로 인하여 구원을 받고 성령의 역사하심을 통하여 새롭게 변화될 수 있는 존재이다. 그러므로 인간의 가치와 권리는 하나님의 속죄하시는 사랑과 뗄 수 있는 것이 아니다. 인간에게 있는 자유는 제한된 자유이다.10) 오직 하나님께서 정하신 한도 내에서 우리는 가치 있고 우리는 우리의 권리를 행세할 수 있다. 하나님의 사랑과 그리스도의 구속과 성령의 역사하심을 통해서만 인간은 죄에서 자유할 수 있고 변화될 수 있다. 인간은 오직 성령의 역사와 하나님의 은혜로만 진정한 변화를 체험할 수 있다. 기독교적 상담은 인간의 잘못된 습관과 악한 행실은 하나님의 역사 안에서 변화할 수 있다는 믿음을 가지고 접근하는 것이다. 개인의 경건 훈련이나 노력이 필요하지만 성령의 역사로 인간의 본성이 변화되어 하나님 중심으로 살아가도록 인도할 필요가 있다.

4) 통전적인 존재

하나님께서 흙으로 사람을 만드시고 **생기**(the breath of life)를 그 코에 불어 넣으시니, **생령**(a living being 혹은 a living soul)이 되었다(창 2:7).11) 물질적인 외면적 형태를 지닌 사람은 하나님이 그의 코에 생명의 숨을 불어 넣으셔서 살아 있는 존재가 되었다. 고전적인 성경 KJV는 '살아있는 영혼'이라고 번역했고 NIV는 '살아있는 존재'라고 번역했다. 다시 말하면 인간은 영적인 존재라는 말이다. 인간은 외적으로는 몸의 형태를 띠지만 내적으로는 영적인 면을 또한 소유한 영적 존재이다. 인간은 창조될 때 육체, 감정, 정신, 영 등 인간으로서 살아가는 데 필수적인 요소들 혹은 국면들을 선물로 받았다. 이것들은 기계처럼 인간의 부분(part)을 말하는 것이 아니라 전인적인 존재로서 인간 삶의 양상 혹은 국면(aspect)이다.12) 이러한 의미에서 피에르 테일라르 드 샤르댕(Pierre Teilhard de Chardin)은 "우리는 영적 경험을 하는 인간이 아니라 인간 경험을 하는 영적 존재이다"라고 했다.13) 성경은 인간을 부를 때 영혼, 영, 혼, 몸, 마음 등 여러 이름으로 부른다. 이 이름들은 인간을 부르는 이름일 뿐이다. 인간이 이렇게 다양한 부분으로 나뉘는 것이 아니다. 인간의 각 국면은 통전적으로 연결되어 있으며 유기체적으로 작용한다.

달라스 윌라드(Dallas Willard)는 인간을 6가지 구조적 차원으로 설명하고 있다.14) 첫째, 지성(mind) 또는 생각으로 표현되는 사고능력이다. 둘째, 생각에 힘을 넣는 감정이다. 셋째, 판단해서 행하게 하는 의지(will)이다. 이 세 가지는 서로 뗄 수 있는 것이 아니며 마음을 변화시키는 동력으로 작용한다. 넷째, 인간이 구체적으로 살아가는 실체로서 몸이다. 다섯째, 더불어 살아가는 존재로서 관계이다. 여섯째, 이 모든 인간의 다섯 가지 요소가 통합되어 하나로 나타나는 차원을 영혼이라고 불렀다.

윌라드에 따르면 영혼은 인간 존재의 포괄된 표현이다.15) 이는 인간이 영적 존재임을 나타내는 말이다. 즉 하나님과의 관계를 강조하는 말이다. 그는 인간이 형성되어가는 존재임을 강조한다. 타고난 성품만이 아니라 후천적으로도 형성되어가는 존재라는 말이다. 이런 과정에서 성령의 역사에 순종함으로 그리스도의 은혜에 응답하는 역동적인 과정을 혁신 혹은 성화로 보고 있다.

기독교 상담에서 통전적 인간관을 적용하면 그리스도 안에서 인간에게 변화 가능성의 희망이 있음을 알 수 있다. 인간은 형성되고 재형성되는 존재이며 변화의 영역이 인간의 한 영역에만 국한되지는 않고 또한 그래서도 안 된다. 기독교 상담자들은 이 점을 기억하여 그리스도 안에서 인간은 변화 가능한 희망이 있으며 전인격에서 그것을 이루도록 내담자를 격려할 필요가 있다.

2. 정신 건강에 대한 기독교적 이해

성경에는 정신이라는 말과 건강이라는 말이 그다지 잘 등장하지 않는다. 정신 건강이라는 말은 일반적으로 현대 심리학과 정신 의학이 발달하면서 기독교 상담에서도 정신 혹은 정신 이상 혹은 정신 건강이라는 개념이 그대로 흡수되었다고 볼 수 있다. 성경에서 현대 심리학이 말하는 정신이라는 말과 가장 유사하게 사용된 말은 마음이나 영혼과 같은 말들이다. 그러면 정신이라는 개념과 정신 건강이라는 개념을 기독교적인 관점에서 어떻게 이해해야 하는가? 우선은 성경 원문에서 말하고 있는 이들의 개념들을 살펴보고 신학자들의 견해와 기독교 심리학자들의 견해를 종합해 봄으로 정신 건강에 대한 기독교적 관점을 정리해보고자 한다.

1) 건강과 치유에 대한 성경적 관점

성경에는 건강이라는 단어가 자주 나오지 않는다. 건강에 대해서 말하지 않는 것처럼 보인다. 하지만 자세히 살펴보면 인간의 온전함(wholeness)과 건강(health)은 성경의 핵심 주제이다.16) 성경에서 말하는 건강은 단지 질병이 없는 몸의 상태를 말하는 것이 아니다. 그것은 성경은 건강이 원래 신체적인 맥락에서 이해되는 것보다 훨씬 확장된 개념으로 이해하며 인간 존재의 전체와 이들의 관계성으로 본다.17) 그래서 구약 성경에는 몸이라는 단어도 잘 등장하지 않는다. 영문 번역에서 몸이라고 번역하는 단어는 몸의 구성요소(flesh)를 가리키는 바사르(basar)이다. 하지만 이것도 분리된 육체를 의미하는 것이 아니라 육체의 모습을 가지고 있는 인간을 의미한다. 성경은 인간의 건강을 신체의 건강만을 의미하는 것이 아니라 인간의 전체성 가운데서 보기 때문이다. 현대적 개념으로 건강을 보면 건강은 거의 몸 즉 신체의 건강을 의미한다. 최근에는 정신 의학이 발달하여 정신적인 문제도 질환이라는 의식이 많이 일반화되어가고 있다. 그럼에도 지금도 가벼운 감기만 걸려도 의사를 만나러 병원에 가지만 정신적으로 심각한 질환이 있어 인간관계를 파괴하고 인간 삶의 전체 영역에 심각하게 영향을 미치고 있는데도 병이라고 여지지 않고 병원에는 더구나 가지 않는다. 성경의 건강 개념과 현대의 건강 개념은 큰 대조를 이룬다.

성경에는 치유(heal[ing])라는 말이 198번, 치료(cure)라는 말은 18번 정도 등장한다. 많은 경우들이 육체적 질병들과 관련 있지만 자세히 살펴보면 단순히 몸의 질병만을 치유한 사건들이 아니다. 성경에서의 치유는 신체적 심리적 정서적 그리고 영적으로 회복된 온전한 인간으로 변화시켜주는 것으로 이해한다. 통전적 인간 회복을 의미한다. 하나님의 샬롬과 구원의 개념과 관련된다. 이러한 점에서 현대 심리학이 말하는 단순한 심리적 회복과는 차이가 있다.

존 윌킨슨(John Wilkinson)은 『성경과 치유』라는 방대한 저서에서 구약에 나타난 건강의 의미는 샬롬(안녕)이라는 기본 개념으로 집약된다고 하였다.[18] 그는 샬롬은 올바른 관계의 문제라고 본다.[19] 첫째, 건강은 우리의 순종과 성결로 표현되는 하나님과의 올바른 관계이다. 둘째, 건강은 육체, 정신, 영혼이 조화롭게 작용하도록 하여 표현되는 우리 자신과의 올바른 관계이다. 셋째, 가정과 사회와 국가적 관계에서 사랑과 봉사로 표현되는 이웃들과의 올바른 관계이다. 넷째, 자연을 보존하고 자원을 책임감 있게 관리하려는 관심으로 표현되는 자연 환경과의 올바른 관계이다. 구약 성경에서 샬롬은 육체적, 정신적, 영적, 개인적, 사회적, 그리고 국가적 차원이든 구분 없이 삶의 모든 영역에서 안녕을 의미한다.[20] 이것은 통전적 영성의 개념과 상통한다. 결국 구약의 건강은 샬롬이며 그것은 통전적 영성을 이루어가는 길이다.

건강이라는 단어는 신약 성경에서 7번만 등장하지만 다양한 단어가 사용되고 있으며 건강에 대한 성경적 이해는 현대의 일반적 건강 개념보다 훨씬 더 포괄적이다.[21] 신약의 건강 개념은 구약의 건강 개념과 일맥상통하지만 치유에 훨씬 관심이 많다. 윌킨슨은 신약에서 말하는 건강의 정의를 질적으로 풍성한 생명(zoe), 즉 영생, 인간이 처한 환경이 아니라 마음으로부터 오는 복(makarios), 몸과 정신과 영혼의 모든 면에서 성결(holokeros), 인간 전 존재의 성숙(teleoiosis)이라고 정리한다.[22] 신약의 건강 개념은 전체성, 순종, 의 그리고 생명이라는 관점에서 구약의 건강 개념을 예수 그리스도 안에서 더욱 구체적으로 구현하고 있다.

산상수훈의 복과 건강은 인간이 처한 상황이 아니라 인간의 마음과 관계되어 있다. 여기서 마음(heart)은 육체적 의미로서가 아니라 육체적, 정신적, 그리고 영적인 인간 생명 전체의 자리를 의미한다.[23] 예수님의 치유 사건들을 보아도 몸의 질병만을 치유하신 것이 아니다. 예수님은 내적인 상처와 사회적 단절 또한 영적인 단절까지도 함께 치유하셨다. 마 9: 22에서 예수님이 12년 동안 혈루증으로 고생하던 여인에게 "딸아 안심하라 네 믿음이 너를 구원했다(sozo)"라고 말씀하셨다. 이는 단지 육체나 심리적 회복만을 의미하는 것이 아니다. 전인으로서 인간 전체가 온전해졌다는 의미이다.

성경에서 건강은 온전함(being whole)을 의미한다. KJV은 이것을 확실하게 나타내 주고 있다. 마태복음 9:12에서와 막 5: 34을 보면 예수님이 육체의 질병을 치유하여 건강하게 된 것을 '온전하게 되었다'(Being whole)라고 번역하고 있다. 특히 누가복음 15: 27에서는 KJV과 NIV 모두에서 건강(safe and sound)이라는 말을 신체의 건강뿐만 아니라 심리사회적인 건강까지를 포괄하는 현대적 개념의 광범위한 표현을 사용하고 있다.

성경에서 말하는 건강의 개념은 샬롬(shalom) 즉 안녕, 복 그리고 구원의 개념을 담고 있다. 성경의 건강 개념은 육체의 건강, 심리적 건강, 영적 건강이 분리되지 않는 관계 안에 있다. 그것은 전체론적이고 통전적인 인간관에 바탕을 두고 있다. 영적인 건강은 심리적 건강과 분리될 수 없을 뿐만 아니라 영적인 건강은 정신적 건강을 포함한다. 즉 관계성 회복으로 나아가는 과정이다. 자기 자신과의 관계, 다른 사람들과의 관계, 하나님과의 관계 그리고 하나님의 피조물과의 관계를 회복해 나가는 과정이다. 인간이 처음에 창조되었을 때의 모습, 하나님의 형상, 즉 관계적 존재를 회복해 나가는 과정이다. 그러므로 성경적 관점으로 볼 때, 인간이 건강해진다는 것은 완벽(perfection)해지는 것이 아니라 온전(wholeness)을 향하여 나아가는 과정으로 보아야 한다.

2) 정신 질환에 대한 성경적 관점

한국어 성경에는 '정신'이라는 단어도 신구약 통틀어 21회 밖에 등장하지 않는다. '정신을 차리다'와 '정신이 혼미하다'와 같이 마음에 평화가 없거나 분열되었을 경우 그리고 의미나 영 혹은 악령을 표현하고자 할 때 극히 제한되게 등장한다.[24]

구약 성경에는 정신 질환에 대해서 분명하게 말하지 않는다. 신명기 28:28에 정신적 장애들에 대해서 말하고 있다. 이는 하나님의 명령과 법도에 불순종한 결과로 나타났다. 하지만 구약 시대 사람들은 정신적 질환에 대해서 알고 있었음을 미루어 알 수 있다.25) 사무엘상 21:13에 다윗의 미친 체 하는 행동들이 4가지 묘사되어 있다. 이를 보면 다윗은 기드 왕 아기스로부터 탈출하기 위하여 이러한 행동을 했으며, 아기스도 이를 미친 사람의 행동이라는 것을 알았다(14절).

정신 질환에 대해 구약 성경에 두 가지 사례가 나온다. 첫째는 이스라엘 초대 왕 사울의 경우와 바벨론 왕 느부갓네살의 경우이다. 현대의 개념으로 보면 사울은 양극성 정서 장애(bipolar affective disorder)라고 불리는 조울증이 있었던 것 같고, 느부갓네살의 경우는 우울증, 편집증적 정신 분열증 또는 히스테리성 해리 등 다양한 주장들이 있다.26) 중요한 것은 두 경우 모두 정신 질환이 일어난 원인에 심리적 요인 이외에 영적 요인이 있었다는 점이다.27)

신약 성경에서 이와 비슷한 기록으로 예수님이 치유하신 사건 26건 중에 귀신들린 경우는 6회가 나오고 집단 치유 12건 중에 귀신들림은 4회만 언급된다. 거의 대부분의 경우 현대 정신 의학에서 정신 질환으로 간주되는 것들이다. 특히 마가복음 5:2-7에 나오는 거라사 광인의 경우 조울병(manic-depressive psychosis)이며, 양극성 정서 장애와 같은 인격 장애로 볼 수 있다.28) 심리학은 정신적 장애의 원인 보다는 현상적 특징을 묘사하는 데 더 중점을 두기 때문에 귀신들림과 정신 장애를 연관시키지만 귀신들림이 정신적 장애의 한 원인이 될 수 있다는 것을 배재하지 말아야 한다.29)

성경에 묘사되는 정신 질환의 예들을 통해서 기독교 상담 사역에 지혜를 얻을 필요가 있다. 성경은 어떤 질환을 언급할 때 그 현상만을 묘사하는 것이 아니라 그 배후의 의미와 목적을 설명하고 있다. 욥의 이야기가 좋은 예이다. 무엇보다도 정신 질환은 그 요인이 심리적인 요인뿐만 아니라 영적인 요인과도 관련이 있다는 점을 기억할 필요가 있다. 심리 치료를 통해서 해결되지 않아서 목회자를 찾아오는 경우들이 많이 있는데 그러한 경우들은 영적인 요인과 관련이 있는지를 살펴볼 일이다.

또한 기독교 상담 사역에서 귀신들림과 정신 장애 문제를 명쾌하게 해결하지 못하고 있는 관계로 많은 오류를 범하고 있는 경우들이 있다. 어떤 경우는 귀신들림 자체를 인정하지 않고 오직 정신 장애 문제로만 보는 경우가 있는가 하면, 어떤 경우는 정신 장애 문제임에도 귀신들림으로 일축해버리는 경우도 있다. 귀신들림과 정신 장애 문제를 다루는 위의 두 경우 모두 바람직하지 않다고 본다. 전자의 경우는 현대 의학은 어떤 현상들이 왜 발생했는지 설명하는 것이 아니라 정신 장애의 현상만을 설명하기 때문에 귀신들림이 정신 장애의 원인일 수 있음을 인정하지 않게 된다. 또한 영적 원인으로 정신 장애가 올 수 있음을 인지하지 못함으로 원인적 치유를 하지 못할 수도 있다. 한편 후자의 경우는 귀신 축출이나 기도원에서 시간을 보내다가 정신 질환을 치료할 시기를 놓치는 경우도 있다. 두 경우 모두 상담자와 보호자의 이해 부족으로 한 사람의 영혼이 온전해지는 일을 오히려 방해하게 되는 결과를 초래할 수 있다. 이러한 면에서 정신 질환을 다루는 일은 매우 지혜가 필요하고 주의를 요한다.

3. 정신에 대한 기독교적 이해

성경에서는 정신이라는 단어는 많이 나오지 않지만, 이의 의미를 가지는 단어는 여럿 나온다. 영혼, 영, 혼, 마음, 자기 등이다. 다른 종교들과 마찬가지로 기독교에서도 정신은 관습적으로 육체나 물질에 대립되는 개념으로서 영혼을 가리키는 말로 사용되어 왔다. 이는 이원론적 사상을 가지고 있는 헬라사상의 영향을 받았기 때문이다. 성경에서는 정신을 마음(heart, 지적 활동을 의미할 때는 mind)이나 영(spirit)과 거의 같은 의미로 사용하고 있다. 학자들의 경우 정신을 혼과 같은 개념으로 보는 이들도 있다.[30]

히브리 사상은 인간을 통전적인 존재로 본다. 몸, 영혼, 영, 혼, 정신, 마음 등은 모두 기능적 의미로서 전인적 인간이 표현되는 한 양상일 뿐이다. 헬라어의 정신(psyche)과 가장 근접한 단어로 영혼(soul)이 등장하지만 그 역시 통전적 개념으로서의 인간 자체를 일컫는 경우가 많다. 정신과 유사한 개념으로 마음(heart)이라는 단어가 가장 많이 나온다.[31] 이러한 개념들을 좀 더 자세히 살펴볼 필요가 있다. 성경에서도 이 단어들은 인간 그 자체를 가리키는 말로 나타난다. 결국 통전적 인간관을 따른다면 우리가 영혼이라 부르든지 마음이라 부르든지 혹은 정신이라 부르든지 모두 전인적 인간을 지칭하는 말임을 전제한다. 그럼에도 불구하고 이 용어들의 성경의 쓰임과 그 관계들을 살펴보는 것은 크게 도움이 된다.

1) 정신(psyche)과 마음(heart)

성경에서 우리가 일반적으로 사용하는 정신이라는 말과 가장 유사하게 사용되고 있는 말은 아마도 '마음'(heart)이라는 단어일 것이다.32) 지적 활동(mind)을 특별히 지칭할 때를 제외하고는 이를 거의 마음(heart)으로 번역해 놓았다. 한국어 성경에 마음(heart)라고 번역된 것은 히브리어 레브(leb) 혹은 레바브(lebab)이며 헬라어로는 카르디아(kardia)이다. 이 단어들이 사용된 맥락으로 보면 정신(mind)의 의미가 204회, 의지(will)의 의미가 195회, 감정의 의미가 166회이며, 총체적 속사람 또는 성격(personality)에 초점을 두고 있는 경우가 가장 많은 257회이다.33) 그런데 이들은 모두 인간의 중심이라는 의미를 담고 있으며 인간 그 자체를 의미한다.

구약 성경에서 마음의 의미로 사용된 단어는 히브리어는 레브(leb)와 레바브(lebab)이다. 그 의미는 '속사람' 혹은 '내적 혼', '정신', '의지의 결정', '양심', '도덕성', '인간 자신', '욕망의 자리', '감정의 자리', '용기의 자리' 등이다. 구약 성경에서 마음이란 단어는 생각, 느낌, 의지의 자리를 나타내는데 사용될 뿐만 아니라 죄의 자리(창 6:5; 시 95:8,10 등), 영적 갱신의 자리(신 30:6; 시51:10; 겔 36:26 등), 그리고 믿음의 자리(시 28:7; 잠 3:5 등)이기도 하다.

신약 성경에 마음의 의미로 사용된 헬라어 카르디아(kardia)의 주요한 의미는 "육체적, 영적, 정신적 생명의 자리"이다. 또한 카르디아는 인간의 지, 정, 의를 포함한 인간의 내적 삶의 중심과 원천으로 이해되고 있다. 마음은 인간의 내적 삶의 중심부로서 감성, 이성, 의지의 원천으로 표현되기도 한다. 신약 성경에서도 인간에게는 어떤 중심이 있음을 표현할 때 마음(heart, 마 15:15; 눅 16:15; 행 14:17; 고후 5:12)이라는 단어를 썼다.

성경에서 말하는 마음의 의미는 전인으로서 인간의 결정과 선택이 내려지는 곳이다.34) 이것이 마음의 기능이다. 하나님께서 인간을 창조하실 때 마음을 주시고 선과 악을 선택할 수 있게 하셨다. 하지만 타락으로 인해 인간은 늘 이 선택의 문제에서 자유롭지 못하게 되었다. 성경은 "마음을 다하고 성품을 다하고 힘을 다하여 네 하나님 여호와를 사랑하라"(신6:5)고 한다. 하나님을 따르기 위해서는 전심을 다해야만 하게 되었다. 또한 "자기의 마음을 제어하지 아니하는 자는 성읍이 무너지고 성벽이 없는 것 같으니라"(잠 25:28)고 한다. 마음을 제어하지 못하고 즉 잘못된 결정이나 선택을 하면 인간 전체의 삶에 문제가 발생할 수도 있다는 말이다.

마음은 인격 혹은 성격과 밀접한 관계가 있다. 마음은 한 사람의 생각, 감정, 행동을 통제하고 결정하고 선택하게 하는 것으로 인간의 인격이나 성격과 관련이 있다. 예수님의 마음의 밭 비유(마 13장)나 "심령을 새롭게 하여... 새사람을 입으라."고 하는 에베소서(4:22-24)의 말씀에서도 알 수 있듯이 인간의 마음 상태와 기능은 인간의 성숙도와 관계가 있다. 정신 의학에서는 이러한 영역들에 문제가 있을 경우 인격 장애 혹은 성격 장애로 진단을 내린다.35) 이러한 의미에서 인간의 마음의 작용과 역동성에 대한 통찰력은 기독교 치유와 상담에서 필수적인 접근 방법이라고 할 수 있다.

성경에서 말하는 마음(heart)의 의미는 감정의 의미만을 말하는 것이 아니고 의지와 지성적 활동 그리고 직관과 상상력, 또한 인간의 외적 표현인 육체적 행위까지를 포함하는 전인적인 차원이다. 레이 앤더슨(Ray Anderson)은 마음을 "주체적 자아의 중심부"라고 말하면서 마음은 "참된 질서 가운데 놓여 진 육체와 영혼의 단일체이다. 그것은 인간이다"고 하였다.36) 따라서 마음이 포함하는 영역들을 정확하게 구분하는 것은 불가능하다.37) 칼 바르트(Karl Barth)는 구약 성경과 신약 성경에 나타난 마음은 "인간 자체의 모든 것"이며 "인간의 실존 그 자체"라고 보았다.38)

　마음은 인간의 영과만 관계된 것이 아니라 육과도 관련된 실체라는 이해는, 마음은 인간의 내적 본질에 있어서의 전인을 상징한다는 의미이다. 현재 정신 의학에서도 인간의 정신의 문제를 단지 인간의 내적인 문제로만 보지 않는다. 정신 질환이나 인격 장애가 있을 경우 그 사람의 관계만 영향을 받는 것이 아니라 그 사람의 육체에도 영향을 주기 때문이다. 때로 육체의 질병이 심리적인 면에 영향을 주기도 한다. 이제는 우울증이 심리적인 질환이라고만 보지 않는 이유가 거기에 있다. 관계의 문제뿐만 아니라 뇌신경이나 호르몬 계통의 질환이 우울증의 한 요인이 될 수 있다는 견해는 이미 일반화되어 있다. 또한 오랫동안 우울증 치료를 했는데도 완치가 되지 않아 환자를 목회자에게 위탁하며 우울증과 영적인 문제의 관계성을 인정하는 정신 의학 전문가들이 늘어나고 있다. 전인으로서의 마음은 사람의 중심으로 간주되었으며, 마음의 중심은 또한 우리가 하나님의 임재와 가장 친밀하게 만나는 곳, 그리고 사람들과의 본질적인 연합이 이루어지는 곳, 하나님과 인간 사이의 지속적이고 깊은 사랑이 실제로 일어나는 곳이기 때문이다. 그러한 의미에서 정신의 다른 이름인 마음은 신학에서 사용하는 전인으로서 사람을 가리키는 영혼(soul)의 의미에 가장 가까운 말이다.

2) 정신(psyche)과 영혼(soul)

우리말로 정신은 영어로 영혼(soul)에 해당하는 헬라어 프쉬케(psyche)이다. 두 단어 모두 히브리어 네페쉬(nephesh)에서 연유된 것이다. 영(spirit), 자기(self), 인간(humanity), 인격(personality) 등의 개념도 모두 이와 관련 있다. 이것은 또한 라틴어로는 아니마(anima)로 번역되었다. 아니마는 정신분석학자 칼 융(Carl Jung)이 정신을 영혼의 얼굴이라고 표현하면서 특히 사용하고 있는 용어이다. 아니마는 고전 영어에서는 영혼(soul)이라고 하였으나 현대 영어에서는 정신(psyche)이라는 말로 더 자주 사용된다. 영어에는 정신을 뜻하는 누스(nous)라는 단어가 또 있는데 이는 주로 마인드(mind) 즉 지적 활동을 의미할 때 쓰는 단어이다. 실제로 영어권에서는 정신(psyche)과 영혼(soul)은 때로 동의어처럼 쓰여 왔으며, 총체적 의미의 인간을 지칭할 때 사용되어 왔다.

성경 원문에서는 영혼은 단지 인간의 내적 차원만을 말하는 것이 아니다. 영혼을 가리키는 히브리어는 네페쉬(nephesh)이다. 네페쉬는 인간의 몸에 활기를 불어넣는 원리를 뜻하는 단어이다. 네페쉬는 하나님으로부터 오고 모든 피조물에 의해 소유되어진 생명 원리를 일컫는다. 인간의 경우 네페쉬는 인간에게 부여된 영혼(soul)으로서 인간으로 하여금 그의 생각과 행동을 포함한 그의 전 인격을 통해 드러나는 특성을 지닌 살아있는 존재 또는 영혼이 되게 한다. 네페쉬는 원래 '호흡'과 관계된 말이다. 하나님께서 인간을 창조하면서 인간에게 '생명의 기운'(the breath of life, 느샤마, 창 2:7)을 불어 넣었을 때, '살아있는 존재'(네페쉬 하야, 생명체)가 되었다. NIV는 이것을 a living being이라고 번역했고, KJV은 a living soul이라고 했다. 신약 성경에서 영혼을 의미하는 프쉬케(psyche) 또한 '숨쉬다'라는 뜻을 가진 프쉬케인에서 온 것으로서, 숨이 생명의 징표임을 나타낸다. 이 프쉬케는 라틴어인 스피리투스, 즉 '숨쉬다'라는 뜻의 스피라레 또는 헬라어 프뉴마(pneuma)로부터 온 영혼과 동의어로 이해되었다.

영혼이란 하나님의 숨을 부여받은 존재(being)로서 하나님과 교제할 수 있는 인간의 실체를 의미한다. 창세기 2:7에서는 최초의 인간인 아담을 영혼이라고 불렀다. 창세기 2:7절에서 하나님의 숨을 부여 받아 살아있는 존재 또는 생명체가 된 하나님의 피조물은 아담(사람) 혹은 영혼으로 칭해졌다. 영혼은 전인으로서 인간을 지칭하는 말이다. 성경에서 인간을 표현하는 말이 여럿 있지만 그중에서도 특별히 인간이 하나님과의 관계에 있음을 강조할 때 인간을 영혼으로 표현하고 있다.

오랜 세월 동안 영혼의 기능을 지성, 감성, 의지 등과 같은 인간의 내적 차원으로 보는 견해가 기독교 전통의 주된 이해였다. 어거스틴에서 시작하여 버나드와 보나벤투라와 같은 중세의 신학자들은 영혼을 육체적인 것도 아니고 영적인 것도 아닌 그 중간적인 실체로 이해하였다. 즉 영혼의 기능을 인간의 내면적 차원으로 보았다.[39] 중세 학자들은 영혼을 의지와 지성과 기억의 능력들로 구분하였다. 그들은 오늘날 우리가 영혼과 정신이라는 연결된 용어 안에 담고 있는 모든 것, 그리고 육체적으로 뇌와 중추 신경 체계의 여러 부분의 기능이라고 생각하는 것들을 모두 포함하였다. 중세 사람들은 '영혼'을 그 자체 안에 반영된 생명력을 부여하는 내면성으로 이해했을 뿐만 아니라 영혼을 합리적인 사고의 능력으로 이해하여 비합리적인 존재로부터 합리적인 인간이 구별되게 하였다.

영혼에 대한 이해는 중세 신학 이래 그 내재적 특성과 모호함 때문에 더 이상 심화되지 못하고 있었으나 현대에 들어서 다시 통전적 관점으로 보려는 이해의 움직임이 있다. 제랄드 메이(Gerald May)는 영혼을 한 사람의 실존의 핵심을 반영하는 것으로 이해하면서 이렇게 설명한다. 영혼은 "히브리어 '네페쉬'의 의미처럼 한 사람의 살아있는 전인격적 존재를 말한다. 그러므로 영혼은 몸이나 마음 또는 존재의 다른 측면들과 분리되지 않으며, 오히려 그런 측면들을 통해 발견되는 것이다. 영(spirit)은 영혼을 살아있는 실재로 만들어 주는 하나님이 부여하신 생명력 있고 역동적인 존재의 힘이다."[40]

달라스 윌라드(Dallas Willard)는 인간의 구조적 요소를 지성, 감정, 의지, 몸, 사회성, 영혼으로 구분한다. 윌라드는 전통적 이해에 '더불어 살아가는 존재'(social being)로서 인간의 사회성을 인간의 구조적 요소에 포함시켰다. 그는 이러한 인간 이해와 함께 영혼은 다른 다섯 가지 요소, 즉 지성, 감성, 의지, 몸, 사회성을 아우르고 통합하는 동력적인 역할을 한다고 하였다.[41] 인간은 내면적인 차원(지성, 감성, 의지)과 외면적인 차원(몸)만을 지니고 있을 뿐만 아니라 사회적 차원(사회성)도 지니고 있는 존재라는 말이다.

이와 같이 영혼은 기독교 전통에서 시대별로 그 의미가 조금씩 변화되어 왔으며 신학자들 간에도 견해가 조금씩 차이가 있다. 일반적으로 정신(psyche)과 영혼(soul)이라는 말을 때로 동의어처럼 상호 교환적으로 사용하기도 하지만 때로는 이 둘을 구분하기도 한다. 일반 심리학과 상담학에서도 마찬가지이다. 대부분의 심리학자들은 영혼이라는 용어보다는 정신이라는 말을 선호하면서도 이 둘을 비슷한 의미로 쓰기도 한다. 그러면서도 영혼의 가치와 의미를 깊이 연구한 학자들이 있다.

토마스 무어(Thomas Moore)는 "영혼이 제시하는 이미지는 이성적인 정신으로는 즉시 알아차릴 수 없는 것들이다. 영혼은 합리성을 넘어선 지향성을 가진 용어이다. 때문에 영혼의 힘을 끌어내려면 영혼의 스타일에 친숙해져야 하며 동시에 깊게 살펴야 한다"고 하였다.[42] 이러한 영혼의 깊이에서 오는 무의식적 차원의 경험을 설명하면서 "지성은 알기를 원하고 영혼은 놀라기를 원한다. 지성은 앞을 내다보며 계몽과 타오르는 열정의 기쁨을 원한다. 영혼은 늘 내면으로 끌려 들어가며 관상의 보다 더 그늘지고 신비적인 경험을 찾는다"라고 하였다.[43]

정신은 인간의 인격성과 관련된 것으로 보고 영혼은 인간적이고 신적인 모든 인격과의 관계를 통해 한 사람이 자신의 구체적인 인격을 인식하게 되는 고양된 장소로 보는 입장이다. 무어는 영혼은 그 나름의 논리를 가지고 나름의 언어를 구사한다고 여겼다. 그래서 그는 인간이 의식적으로 살려고 노력할 때 영혼 충만한 삶에 대한 기회를 놓칠 수 있기 때문에 칼 융(Carl Jung)이 무의식과 영혼을 동등하게 다루면서 무의식에 귀를 기울이고 있는 것에 동의한다.[44]

칼 융은 인간의 영혼에 관심을 가진 대표적인 분석심리학자다.[45] 그는 인간의 영혼은 분명히 상상할 수 없이 복잡하고 다양하여서 단순한 본능의 심리학을 통해서는 접근되어질 수 없다고 생각하였다. 그는 정신과 영혼에 대하여 다음과 같이 진술한다.

> 나는 경탄과 경외로 우리의 정신성의 깊이와 높이를 응시할 수 있을 뿐이다. 영혼의 비공간적 우주는 이야기 되지 않은 풍부한 이미지들을 감추고 있다. 그 이미지들은 수만 년 동안 살아 발전되며 축적되고 유기체 안에 고정되었다. 나의 의식은 가장 먼 공간을 꿰뚫는 눈과 같지만 그것을 비공간적 이미지들로 채우는 것은 정신적 객체(non-ego)이다. 그리고 이러한 이미지들은 하찮은 그림자들이 아니며 엄청나게 강력한 정신적 요소들이다…내가 이 그림과 더불어 놓고 싶은 것은 별이 총총한 밤하늘의 광경이다. 왜냐하면 그 우주 안에 있는 것과 버금가는 것은 오직 그 우주 밖에 있기 때문이다. 그것은 마치 내가 내 몸이라는 매개체를 통해 이 세계에 이르는 것처럼 정신이라는 매개체를 통해 그 세계에 이른다.46)

융의 말처럼 영혼은 경이롭고 수많은 이미지들로 가득 차 있기 때문에 결코 쉽게 이해할 수 있는 것이 아니다. 융은 이와 같이 무의식의 구조를 연구하면서 정신과 영혼의 개념을 다음과 같이 구분하여 정의한다. "정신은 의식과 무의식을 포함한 정신의 총체적 과정들이다. 한편 영혼은 하나의 인격으로 묘사될 수 있는 명백하게 구획된 기능 복합체의 일부이다."47) 융은 영혼을 말할 때 주로 영혼의 심상(soul-image)이라는 식으로 복합어로 사용하면서 무의식의 원형 중의 하나인 아니마(아니무스)를 지칭하였다. 그는 아니마와 아니무스는 신비하고 엄청난 원초적인 힘을 가지고 있다고 보았다. 그리고 그것이 신성하게 경험되는 것 때문에 그는 이들을 영혼의 이미지라고 불렀다.48) 융의 영혼의 개념은 기독교에서 말하는 초월적이며 하나님과의 관계에서 말하는 개념과는 달리 훨씬 더 원시적인 개념이다.49) 그럼에도 불구하고 정신과 영혼의 문제를 깊이 고민한 융의 견해는 심리적 성장과 영적 성장의 관계를 고민하는 기독교 상담자들에게 훌륭한 지혜를 준다.

아마도 정신과 영혼의 관계는 유비와 은유의 언어를 사용할 때 좀 더 잘 표현되지 않을까 생각된다. 이러한 의미에서 영혼을 자기와 타자와의 관계성 안에 있는 인격의 사실에 밀착되어 있는 것으로 보는 앤과 베리 율라노프(Ann and Barry Ulanov)의 견해는 도움이 많이 된다.50) 그들은 정신과 영혼의 관계를 다음과 같이 말한다.

> 건강한 정신의 배후에 영혼이 있다. 정신은 사람으로 하여금 인격이 되고 자기가 되는 것을 가능하게 한다. 영혼은 정신에게 타자성의 다중적인 세계들과의 관계에서 소원하고, 욕망하고, 희망하고, 주고, 자신의 자기가 되고 스스로의 인격이 되고자 하는 데 전적으로 주의를 집중하는 기꺼움을 제공한다...정신과 구별되는 영혼에 관해서 정확성을 가지고 말할 수 있다고 하더라도, 우리는 그것이 마치 전적으로 독립된 세계이거나 또는 같은 세상 안의 독립된 나라인 것처럼 말할 수는 없다. 그것은 상호 관심이라는 공동의 영역을 갖는다.51)

건강한 정신 배후에 영혼이 놓여 있다는 말이다. 정신은 사람으로 하여금 인격이 되고 자기가 되는 것을 가능하게 하고, 영혼은 정신에게 인격이 되고자 하는 데 주의를 집중하게 한다는 말이다. 이 둘은 서로 독립된 것이 아니며 공동의 상호 관심 영역이 있음을 인정하는 말이다.

결국 영혼의 기능에 관하여는 심층 심리학의 특수한 언어를 사용해야만 명료하게 설명할 수 있음을 인정할 수밖에 없다.

3) 정신(psyche)과 자아(I) 혹은 자기(self)

일반적으로는 정신(psyche)이라는 말은 인간의 육체적 차원과 대비되는 개념으로 지적, 감정적, 의지적 차원을 말할 때 사용하며 또한 자기(self) 또는 자아(I)라는 말로 흔히 대치된다. 자기심리학과 같은 현대 일반 심리학에서는 특별한 경우가 아닌 한 자기(self)라는 용어를 정신이라는 의미로 사용하며, 때에 따라 자아(I)라는 용어도 혼용하여 사용한다. 그러나 프로이트는 정신의 작용을 리비도(libido), 자아(ego), 초자아(super ego)로 나누어 분석하면서, 자아(ego)는 의식과 무의식의 경계에서 균형을 이루려고 노력하는 정신의 한 요소라고 본다. 융에게 자기(self)는 인간 정신 전체 혹은 통합을 이룬 정신 상태를 말하며, 개별화를 통해서 그것이 가능하다고 본다. 심리학자들이 심리적 성숙을 말하면서 자아 성숙이라는 용어를 사용할 때는 전체적 인간으로서 자기(self)를 의미하는 것이라고 볼 수 있다.

베너(David Benner)는 자아(I)를 영혼이나 정신을 이해하기 위한 가장 중요한 용어로 보았다. 그는 히브리어 네페쉬(nephesh)는 삶을 비롯해서 인간의 내면의 특징, 생각, 느낌, 열정 그리고 육체까지 포함한 전인성을 의미하는 것이며, 이와 비슷하게 신약에서 사용되는 헬라어 프쉬케(psyche)도 인간의 완전성, 육체적 삶, 마음 그리고 감정의 의미를 가지고 있으며, 네페쉬와 프쉬케를 이해하기 위한 가장 중요한 용어는 인간이나

자아라고 하였다.52)

'자아'(I)는 현재 심리학에서 치료의 초점과 핵심 가치이며 인간 정신을 일반적으로 지칭하는 단어이다. 일반 상담이나 심리 치료에서 다루고 있는 것은 성경에서 마음(heart)라고 부르는 것이다. 그것은 전통적인 단어로 평범한 사람의 자아 개념을 일컫는 소위 영혼(soul)이다. 그것은 성경적 단어인 '영혼'(soul)과 가장 부합된다. 실제로 성경 번역자들은 이 두 단어를 자주 상호 교환적으로 사용하고 있다. 영혼과 자아는 모두 육체를 포함한 전인을 의미하며, 의식적 무의식적 정신을 포함하고 있다.

한편 현대 심리학의 영향으로 일반 대중은 신학적인 자아 개념인 영혼보다는 일반 정신 건강의 자아 개념을 더 많이 사용한다. 자아와 영혼은 정신이라는 같은 의미로 사용되지만 일반 심리학에서는 그것을 정신이라고 부르고 신학에서는 그것을 특히 영혼이라고 부른다. 일반 심리학에서는 자아가 치료의 초점이며 위험으로부터 지켜져야 할 가장 중요한 것이지만, 기독교에서는 자기 부인이나 자기 희생을 강조하는 것처럼 보인다. 그러한 의미에서 정신과 의사이며 미국 정신병리학회 회장인 제프리 보이드(Jeffrey H. Boyed)는 자아와 영혼을 구별해야 한다는 입장이다. 그는 일반 정신 건강 운동은 자애주의 문화에 공헌하였다고 하면서 그 이유는 일반 상담이나 심리 치료에서는 자기 희생을 위험한 것으로 간주하기 때문이라고 하였다.53)

그런 의미에서 보이드는 일반 상담 및 심리 치료를 무비판적으로 사용하는 것은 기독교 상담에서는 주의를 요한다고 하였다. 그는 최근 반-영혼의 흐름에 통탄하면서 기독교 학자들조차도 '영혼'이라는 단어를 포기했다고 말한다. 히브리어 네페쉬(nephesh)와 헬라어(psyche)를

'영혼'(soul)보다는 '나'로 번역하거나 생략해버렸다고 지적한다.[54]

[히브리 본문의 nephesh]

"저가 사모하는 **영혼**(soul)을 만족하게 하시며 주린 **영혼**(soul)에게 좋은 것으로 채워주심이로다"(시 107:9, KJV).

"주님께서는 목마른 사람에게 물을 실컷 마시게 하시고 배고픈 사람에게 좋은 음식을 마음껏 먹게 해 주셨다"(NIV).

[헬라어 본문의 psyche]

"내가 내 **영혼**(soul)을 두고 하나님을 불러 증거하시게 하노니"(고후 1:23, KJV).

"나는 하나님을 나의 증인으로 모시겠습니다"(NIV).[55]

보이드의 지적은 의미 있는 지적이다. 왜냐하면 성경에서도 영혼(soul)은 전인적 인간을 의미하기도 하지만 특히 하나님을 사모하는 인간의 차원을 말할 때 사용하기 때문이다. 또한 현대에 들어서면서 하나님과의 관련성 혹은 초월적 의미를 담고 있는 영혼이라는 단어 보다는 인간 자의성의 의미가 강한 자아라는 단어를 많이 사용하는 것이 사실이기 때문이다.

한편 이러한 견해는 인간의 심리 혹은 정신의 깊이 특히 무의식에 관한 이해가 부족하기 때문일 수도 있다. 현대적인 정신 역동 접근들은 인격의 발달을 개인의 원본능을 중심으로 한 독립적인 체계(intra-personal)로 보기 보다는 인간 상호 작용(interpersonal)의 경험에서 시작된다고 본다. 이러한 이해의 초점인 자기(self)의 형상을 고립된 개인의 심리 내적인 문제로 보는 것이 아니라 인간의 상호 작용으로 인한 관계적 사건들에 의해 형성된 것으로 보는 관점은 오래된 신학적인 관점이다.56)

이와 같이 학자에 따라서 자아와 영혼의 개념을 구분하여야 한다고 보기도 하고, 둘의 개념은 상호 보완되는 개념으로 보기도 한다. 일반 심리학에서 주로 사용하고 있는 정신의 다른 언어로서 자기(self) 혹은 자아(I)는 신학에서 말하는 영혼(soul)과 때로 같은 의미이기도 하면서 때로 구분되기도 한다. 중요한 것은 이 둘의 관계를 어떻게 볼 것이냐이다. 이것은 기독교 상담의 주요한 과제인 심리적 성숙과 영적 성숙의 관계와 연관되기 때문이다.

4. 정신 건강과 영적 성숙

정신 건강은 영적 성숙과 어떤 관련이 있을까? 자아의 치료에 초점이 맞추어져 있는 심리 치료나 심리 상담과 관계성과 초월성에 초점이 맞추어져 있는 영적 돌봄이나 상담은 차이가 있다. 그럼에도 불구하고 영적 탐구를 하는 기독교 정신분석학자들은 인간의 심리 작용을 연구하면 연구할수록 일반 역동 심리의 지혜가 성경적 지혜와 얼마나 관련이 있는지를 고백하지 않을 수 없다고 한다.57) 인간의 심리적 성숙과 영적 성숙 사이에는 중요한 경계선뿐만 아니라 서로 중복되는 부분과 지식을 서로 공유하는 부분 그리고 상호 보완되는 부분도 있기 때문이다. 심리적 성숙과 영적 성숙을 동일시 할 수는 없지만 영적인 것들과 심리적인 것들을 완전히 분리된 영역으로 여기게 되면 그 풍성함을 누릴 수 없다. 영적 변화 혹은 성장은 자아의 변화 혹은 성장을 포함하기 때문이다. 자아의 변화 없이 영적인 변화는 없다.

데이비드 베너(David G. Benner)는 인간의 치유의 과정에서 심리적인 차원과 영적인 차원을 모두 개방해 놓아야 함을 강조하면서 다음과 같이 말한다.

> 그러므로 인간의 죄에 대한 하나님의 용서를 받아들임에 있어서 인간이 갖는 어려움들을 단순히 영적인 문제라고 치부해 버리려는 유혹은, 상담자들을 그 문제의 정신적인 측면과 영적인 측면 모두를 다루도록 최대한 열린 상태로 터놓기 위해서 마땅히 배격되어야 한다. 그 문제의 본질적인 영적 특성만을 취하여 어떤 성경적 진리들을 단순히 제시함으로써 그 문제를 처리해 버린다는 것은 용서가 주어지든 받아들여지든 간에, 용서는 인격의 정신적인 과정들에 의해 전달된다는 사실을 망각하는 것이며, 다른 정신적인 요소들도 이런 과정 속에 포함될 수 있고, 그렇게 됨으로 거기에 적합한 다른 테크닉이 필요하게 된다는 사실을 잊어버리는 것이다.[58]

인간의 심리적이고 영적인면 모두에서 성숙과 치유가 있기 위해서는 용서가 반드시 필요하다는 점에서 볼 때, 베너의 지적은 매우 의미 있는 것이다. 인간의 치유와 상담에서 심리적 차원과 영적인 차원이 구별은 되지만 완전히 분리된 차원은 아니다. 이들은 하나의 연속선상에 놓여있다. 그 연속선상 끝에 심리적 돌봄이 있다. 심리적 치유는 고통스런 정신적 징후들의 완화에 초점을 둔다. 그러면서도 심리적 치유는 하나님

혹은 삶의 의미에 대해 감각을 상실했음을 의미하는 지표로 보이는 문제들을 다룬다. 연속선의 또 다른 끝에서 영적 돌봄은 하나님과 관계를 맺어갈 수 있도록 하는 방법들에 초점을 맞춘다. 심리적 치유와 영적 치유는 하나의 현상에 현미경과 망원경이라는 서로 다른 렌즈를 갖다 대는 것이라고 볼 수 있다. 심리 역동 치료는 인간 내면세계의 역동성을 탐구하여 인간관계에서 일어나는 여러 문제들을 치료하는 것이다. 인간의 심리적 변화와 성장은 정신세계에 대한 깊은 이해 없이는 결코 가능하지 않다. 인간의 영적 변화와 성장도 마찬가지이다. 자기의 발견은 정서적 성장의 필수 조건이며,59) 자기인식 없이는 결코 영적으로 성숙해질 수 없다. 자기인식은 하나님에 대한 지식의 필수 조건이기 때문이다. 인간의 무의식과 심리 역동에 대한 탐구는 하나님에 대한 인식에서 중요한 역할을 할 수 있음을 간과하지 말아야 한다.

한편 인격 의학 주창자 폴 투르니에는 환자들에게 정말로 필요한 것은 의학적 치료보다 그들의 생애를 위한 영적인 중심을 발견하는 일이라고 하였다.60) 그는 현대 세계와 의학에 반드시 필요한 것은 도덕적, 영적 회복이라고 강조한다. 인간은 모두 공포심, 질투심 민감성, 분노, 위선, 자기 연민, 감상주의, 이기적 욕망, 우울증 등을 가지고 있다. 우리는 모두 정상과 이상의 사이 어디에 위치하고 있다. 단지 이러한 증세들이 어느 정도 심한지 그리고 얼마나 지속되는지에 따라서 그것이 장애인가 아닌가를 말할 수 있을 뿐이다.

인간에게는 자연적으로 자기 치료를 할 수 있는 기능이 있다. 위협을 받으면 생리적으로 아드레날린이 분비가 되어 우리 몸이 그 위협을 받을 준비를 한다. 바이러스가 들어오면 열이 나서 그 바이러스를 방어하는 준비를 한다. 아무리 큰 외상이어도 시간이 경과하면서 그 기억이나 상처가 가벼워지기도 한다. 투르니에는 이러한 것을 '소극적 해소'라고 불렀다.61) 왜냐하면 이것은 진정한 치유라기보다 상처를 덮어서 고통을 줄이는 것과 같기 때문이다. '소극적 해소'는 정서적 충격을 중화시키는 것이다. 반면 '적극적 해소'라고 불리는 참된 해소가 있는데, 이것은 영적인 방법이다.62) 우리의 고통을 하나님 앞에 가지고 나가는 것이다. 이때 미움은 사랑으로 반항은 용납하는 자세로 변화한다. 상처가 되는 환경은 그대로 이지만 내가 변화되는 것이다. 상대방이나 환경을 변화시키려고 노력하여 일시적 변화가 있으면 그것을 우리는 일차 변화라고 부른다. 그러나 일차 변화로는 근본적이 치유가 일어나지 않는다. 내가 상대방이나 환경을 완전히 조정할 수 없고 더욱이 그것은 불가능하기 때문이다. 또한 상처나 고통을 줄 다른 여건들이 생길 수 있기 때문이다. 진정한 치유는 이차 변화를 통해서 가능하다. 내가 변화되는 것이다. 내 사고의 틀이 변하는 것이다. 아들러와 투르니에와 같은 목적론자들에게는 우리의 목적이 바뀌는 것이다. 프로이트와 존 보울비 등 역동 심리 치료자들에게는 우리가 교정적 정서 경험(corrective emotional experience)을 하는 것이고 우리의 심상들(images of the self and others)을 새롭게 하는(refining) 것이다. 기독교 상담에서는 그리스도의 사랑을 진정으로 경험하는 것이다. 이것이 기독교 상담이 추구하는 궁극적 목적이다.

CHAPTER 02
관계의 역동성과 기독교 상담
Psychodynamics of Relationships and Christian Counseling

1. 관계적 인간

태아는 태어나는 순간부터 누군가와 관계를 맺게끔 창조되었다. 아이에게는 부모와의 친밀한 관계가 모든 것이다. 어린 시절 부모와의 관계는 또한 일생동안 우리의 전반적 삶에 영향을 미친다. 신체적 건강뿐만 아니라 정신 건강에도 지대한 영향을 미친다.[1] 우리는 관계적 인간으로 살도록 창조되었기 때문이다. 우리가 관계적인 하나님의 형상으로 창조된 관계적 존재라는 것은 신학에서뿐만 아니라 역동 심리학에서도 밝혀주고 있다. 역동 심리학은 우리의 뇌가 관계에 작동하도록 혹은 활성화되도록 회로가 내장 되어있다고 한다. 우리가 "깊고 영속적이고 만족스러운 관계를 갈망"하는 것은 "자기 자신보다 더 큰 어떤 뜻을 찾고, 추구하고, 그 뜻을 위해 살아야 할 존재로 창조되었고" 우리의 뇌가 그렇게 프로그램 되었기 때문이다.[2]

우리의 뇌는 인간관계에서도 그렇게 활성화되도록 프로그램 되었다.

애착 이론과 같은 역동 심리학은 이것을 잘 설명해 준다. 이 프로그램은 우리가 생각하고 느끼고 행동하는 방식을 결정지어서 관계 안에서 나와 다른 사람에 대한 기본 인식을 형성한다. 애착 이론에 의하면, 이 인식은 유아기 때부터 일찌감치 발전되어 평생 진행되면서 매 순간 우리에게 영향을 미친다. 그것은 다음의 두 가지 질문 혹은 명제에 의해서 영향을 받는다.

- 나는 사랑받을 만한 가치가 있는가?
- 다른 사람들이 나를 사랑해 줄 수 있는가?[3]

지금의 나를 이해하려면, 그리고 나와 가까운 사람들을 이해하려면 이 두 가지 질문에 자신이 혹은 그들이 어떤 반응을 하는가를 살펴보면 된다. 첫 번째 질문은 우리의 자아상에 관한 질문이고 두 번째 질문은 우리의 대상관계표상에 관한 질문이다. 이 질문에 대한 반응은 인지적인 활동으로만 이루어지지 않는다. 어떻게 생각하고 느끼고 결정하고 행동하는지가 모두 포함된다. 의식의 세계만을 말하는 것이 아니다. 무의식의 세계까지를 아우르는 인간의 전체 정신세계에 관한 개념이다. 가까운 사람들(애착 대상들)과의 역동 심리 관계 안에서는 오히려 무의식의 영역이 더 크게 작용한다. 이것은 우리의 관계가 어떤 모습이 될 지를 결정짓는 매우 중요한 두 가지 전제이다. 왜냐하면 관계는 우리가 우리 자신을 어떻게 생각하고 다른 사람을 어떠할 것이라고 생각하는 기본 신념들에 기초하여 세워지기 때문이다. 이 신념은 어린 시절부터 부모와 그리고 가까운 사람들과의 관계 경험과 기억으로 아우러진 아주 복잡한 결과물이다. 그것이 하나의 그림처럼 우리 안에 내재되어 떠오른 것을 자아상과 대상관계표상이라고 한다. 우리 안에 프로그램화 된 이 구조를 내적 작동 모델(internal working model)이라고 한다. 이것은 무의식적으로 작동하기 때문에 우리가 이에 대하여 이해하는 것은 우리의 관계적 삶에서 매우 중요하다.

　기독교 상담이 심리학의 지혜를 사용하는 문제는 앞 장에서 이미 논의했다. 기독교 상담에서 통합적 접근을 하는 경우에 현대의 여러 심리 치료 모델들을 많이 적용하고 있지만 원론적인 심층 심리에 대한 이해가 부족한 경우가 많다. 기독교 상담에서도 심리 치료의 각론적인 기술에만 치중하다보니 원론적인 역동 심리가 관계적 삶과 이의 치유과정에 미치는 파급 효과를 제대로 파악하지 못하는 경우들이 많다.[4] 역동 심리의 문제는 인간 정신의 무의식적 작용을 깊이 있게 다루는 것이다.

　역동 심리의 문제가 다른 심리 치료 모델들 보다 이 문제들을 다루는 데 중요한 시사점이 있음에도 불구하고 지금까지 기독교 상담에서 역동 심리의 문제를 심도 있게 다룬 연구나 서적들이 그다지 많지 않다. 다행히 정신의 문제와 영적인 문제를 함께 오래 고민해온 몇몇 연구는 같은 문제로 고민해온 사람들에게 많은 도움을 주고 있다. 특히 역동 심리이론들 중 대상 관계 이론과 애착 이론은 기독교 상담학에 귀중한 지혜를 준다. 인간 내면의 근본적인 역동 심리를 이해하는 것은 인간의 삶에서 반복적으로 드러나는 정서와 행동과 대인 관계 방식을 읽어내는 것이다. 인간의 문제를 과거의 문제들로만 보는 것이 아니라 지금 현재 일어나는 현상으로 보고 상담에 임하는 것이다. 즉 내담자와 상담자의 상호 작용의 틀 안에서 다루어가는 과정이다.

이 과정은 상담자가 오랜 시간과 노력을 필요로 하지만 여기서는 기본적인 이해를 돕고 특히 이러한 과정을 기독교적인 입장에서 재조명해 보고자 한다. 내재화된 인간 상호 작용의 사건들에 의해 형성된 내적 작동 모델의 개념을 먼저 살펴보고 그것이 인간의 삶에 미치는 영향과 상담의 과정에서 내담자의 문제 해결과 그들을 심리적으로 영적으로 성숙하도록 이끄는 과정들을 살펴보고자 한다. 특히 역동 심리 현상들의 영적인 측면을 진지하게 논의하고 그것을 치유의 길에서 사용할 수 있는지 살펴보는 것은 기독교 상담에서 매우 중요하고도 필수적인 과정이라고 본다. 본 장에서는 역동 심리의 기본 개념들을 정리하면서 기독교 상담과의 연계성을 모색해 보고자 한다. 그리하여 책의 주요 주제인 다양한 인격 장애를 다루는 과정에서 이론적 틀로 삼고자 한다.

2. 내적 작동 모델과 역동 심리

자기 자신을 건강하게 하고 주변 사람들과 건강하게 사는 것은 우리가 관계 속에서 존재하며 홀로 살 수 없다는 점을 인식하는 데서 시작된다. 우리는 관계성 속에 계신 하나님의 이미지로 창조되었기 때문이다. 한편 이 관계 때문에 많은 사람들은 상처를 받고 상처를 주고 그 위력에 요동을 친다. 결국 우리가 어떤 관계를 맺느냐가 중요하다. 우리에게는 우리의 관계를 형성하고 유지하고 발전시켜가는 하나의 신념 혹은 내적 작동 구조가 있다. 그 신념에 의해 우리는 우리의 관계를 해석해 나간다. 그것은 결국 우리의 관계적 건강은 바로 이 믿음 혹은 내적 구조를 어떻게 잘 형성하고 발전시키고 필요하다면 변화시킬 수 있는가에 달려 있다.

똑 같은 상황을 보고 사람들은 다르게 느끼고 생각하고 행동한다. 왜 일까? 우리에게는 우리가 생각하고 느끼고 행동하는 방식을 결정하는 어떤 내적 지도가 형성되어 있기 때문이다. 이 내적 지도는 유아기에 부모와의 애착 관계에서 형성되어서 죽을 때까지 우리의 생각과 느낌과 행동에 영향을 준다. 이 내적 지도를 내적 작동 모델(internal working model)라고 부른다. 이 내적 지도 안에는 '나'에 대한 이미지('나는 사랑할 만한 가치가 있는가?')와 대상과의 관계에 대한 이미지('그가 나를 사랑해 줄 수 있는가?')가 있다. 중요한 것은 이 두 이미지 혹은 질문들은 우리의 자아상과 다른 사람과의 관계와 하나님과의 관계에 까지 일생동안 지대한 영향을 미친다는 것이다.

자세히 살펴보면 우리 각자가 가진 하나님 상이 조금씩 다름을 알 수 있다. 우리가 가진 하나님 상은 우리 자신의 자아상과 밀접한 관계가 있기 때문이다. 또한 우리가 다른 사람들에 대해 갖는 믿음과도 매우 깊은 상관관계가 있다. 이러한 것들을 잘 살펴보기 위해서는 자기 자신을 경청하는 것이 필요하다. 우리가 우리 자신을 경청한다는 말은 우선 우리의 과거가 어떠한가 우리는 자신을 어떻게 생각하고 다른 사람과 하나님을 어떻게 보고 있는가를 기본적으로 이해하는 것을 의미한다. 우리자신을 이해하고 우리가 돌보고 상담할 성도들과 내담자들을 이해하는 데 중요한 시사점을 주는 역동 심리이론은 이러한 자아상과 대상의 표상 그리고 우리의 관계 문제를 이해하는 데 중요한 지식을 제공한다. 우리가 공동체에서 다른 사람들을 돌볼 수 있기 위하여서는 다양한 사람들이 소유하고 있는 각각의 이 내적 구조를 이해하는 것뿐만 아니라 자기 자신의 내적 구조를 이해하는 것이 아마도 기본적인 작업이라고 볼 수 있다. 이러한 이해가 있을 때, 우리에게 노여움이나 불안, 두려움 등이 찾아 올 때 우리 자신을 잘 경청할 수 있게 된다.

상담의 과정에서 내담자가 제기하는 문제들을 보면 대부분 인간관계에서 오는 갈등이다. 우리는 머리로는 그 문제와 어찌 대처해야 할지 알고 있다. 문제는 어떤 상황이 되면 순간적으로 자제를 못하고 감정이 폭발한다. 자세히 보면 내담자의 문제는 한 사람에게만 국한 되거나 단순히 일회적인 문제가 아니다. 유사한 상황에 처하면 내담자는 똑같은 방식으로 반복적으로 문제를 일으키기 때문이다. 이것은 지적으로 해결될 문제가 아니다. 그것은 바로 보다 깊이 내재되어 있는 심층적인 문제이기 때문에 역동 심리에 대한 이해 없이는 근본적인 해결을 할 수 없다. 예를 들어 분노 조절 문제가 있는 남성은 그 아내에게 뿐만 아니라 부모에게도 자녀에게도 직장에서도 늘 같은 상황에서 반복적으로 문제를 일으키는 것을 알 수 있다. 내담자가 처음에 상담을 시작할 때는 문제가 외부에 있다고 생각하고 아내나 부모나 자녀나 직장 상사나 혹은 교회 지도자에게 탓을 돌린다. 하지만 역동 심리상담의 과정에서 결국 문제가 자기 안에 있음을 발견하게 된다.

인간관계의 문제는 지적인 문제가 아니라 역동 심리의 문제이다. 인간이 자기 자신의 내부에 형성된 핵심 역동의 문제와 끊임없이 씨름해야 하는 과제이다. 이 씨름의 과정에서 알아야 할 것은 인간의 역동 심리의 문제는 무의식에 대하여 잘 이해해야 한다는 것이다. 우리의 정신세계는 빙산으로 자주 비유된다. 무의식은 물밑에 잠겨 있는 빙산의

10분의 9에 해당한다고 한다. 무의식은 의식의 표면 밑에 잠겨 있어서 우리가 잘 알지 못하는 영역이다. 그만큼 우리는 우리 자신을 잘 모른다는 말이다. 우리의 삶과 관계는 무의식의 지배를 받고 있다고 해도 과언이 아니다. 결국 우리는 우리가 모르는 이 무의식의 세계와 씨름해야 하는 것이다. 이러한 씨름의 과정은 자신을 더 알아가는 성찰의 과정이다. 성찰의 과정이 없이는 심리적이고 영적인 성숙은 이루어질 수 없다. 기독교 상담의 목표도 심리적 영적 성숙에 있다. 성숙으로 가는 길에 자신의 무의식에 대한 통찰은 필수적이다.

3. 애착과 핵심 역동

사람이 태어나서 처음 맺는 부모와의 관계에서 역동 심리의 관계가 시작된다. 모든 사람은 첫 역동 심리의 관계를 통해 나름대로 그것이 긍정적이든 부정적이든 어떤 내적 심상을 형성하게 된다. 애착 이론을 중심으로 이를 먼저 살펴보자.

애착은 간단히 말하면 인간의 정서 구조이다. 인간의 정서 구조는 보편적으로 어린 시절에 부모(주로 엄마)와의 관계에서 거의 다 형성된다. 엄마와의 관계에서 아이가 부모를 안전기지로 경험하면 아이는 자유롭게 주변을 탐험할 수 있게 된다. 만일 안도감을 위협하는 상황이 생기면(낯선 사람이 들어온다든지, 엄마가 자리를 비운다든지,...) 탐험을 멈추고 "애착 행동"(울기, 두리번거리며 엄마 찾기, 손을 올리며 매달리기 등)이 활성화되며 엄마와 가까워지려는 행위를 한다. 아이가 엄마와 가까워졌다는 느낌을 얻으면 아이는 엄마를 안전한 피난처라고 여기게 된다.

애착은 다른 정서와는 다른 독특한 특성을 가지고 있다. 첫째, 애착은 행동을 수반하는 정서이다. 애착 행동은 '정서를 표현하는 언어'[5]라고 할 수 있다. 둘째, 애착은 특별한 친밀감이다. 동질성과 근접성에 바탕을 둔 일반적 친밀감은 그것이 없어지면 곧 사라질 수 있지만 애착은 특정한 대상만을 향하여 느끼는 '다른 어떤 것과도 바꿀 수 없는' 독특하고 강한 결속감 혹은 친밀감이다.[6] 셋째, 애착은 항상 '안전 추구'라는 목표를 가지고 있다. 우리에게 여러 정서가 있지만 그 중에서도 애착은 그 궁극적 목표가 안전 추구이다.[7] 유아는 아프거나 다치거나 했을 때 혹은 낯선 환경에 처해 있을 때 엄마를 더욱 찾는데 그것은 자신이 안전의 위협을 느꼈기 때문이다.

아무리 좋은 부모라도 아이의 욕구를 완벽하게 채워줄 수는 없다. 부모가 아이의 필요에 민감하게 대처하지 못하는 이유는 여러 가지일 수 있다. 엄마가 아파서 병원에 입원했다거나, 직장인이어서 바쁘다거나, 아이를 제대로 돌볼 수 없을 만큼 정신적으로 성숙하지 못했을 수도 있다. 또한 부부 관계에 문제가 있거나 가정이 경제적으로 위기에 처해 있었을 수도 있다. 중요한 것은 완벽한 부모는 없기 때문에 아이는 자라면서 어느 정도의 좌절을 경험할 수밖에 없다. 사실 엄마가 온 세상이라고 느꼈던 아이가 자기 자신을 인식하는 때는 엄마라는 존재가 분리되어 있는 존재라는 것을 인식할 때이다. 엄마가 자기와 분리되어 있어서 자기의 욕구를 채워주지 못한다는 것을 느낄 때이다. 이때 좌절을 경험한다. 아이러니이지만 좌절이 자아상을 만든다. 좌절의 경험이 너무

심하면 아이는 이상적인 엄마 상을 머릿속에 만든다. 또한 욕구가 너무 과다하게 충족되어도 현실을 제대로 파악하게 하는 자아가 성숙되지 못한다. 결국 적절한 좌절은 성숙을 위해 필요조건인 셈이다. 이러한 과정을 통해서 아이는 자아상을 형성하고 대상에 대한 심상을 형성한다.

  애착 이론에서는 특히 안정 욕구와 관련된 정서 구조를 애착이라고 한다. 애착의 고리가 건강하든지 건강하지 않든지 약 24개월 정도쯤에는 아이의 두뇌 '배선'의 한 부분이 된다. 부모의 돌봄과 이에 대한 유아의 반응이 반복되면서, 아이에게 하나의 '지도'(map)와 같은 것이 생긴다. 즉 부모에 대한 표상과 자신에 대한 표상을 형성하면서 이것이 평생을 지배하게 될 하나의 내적 작동 모델로 형성된다.[8] 이 내적 구조는 방안이 더워지면 온도계의 수은주가 점점 올라가고, 창문을 열어 놓아 추워지면 온도계의 수은주가 점점 내려가는 것과 같은 원리와 같이 작용한다. 존 보울비(John Bowlby)는 이것을 목표 조정 시스템(goal-corrected system)이라고 명명하면서 유아가 애착을 형성하고 성장해가면서 경험하고 습득되는 모든 정보는 이 시스템을 거치면서 의미 있는 정보로써 인지 발달, 정서 발달, 사회 발달 등 모든 영역에 영향력을 미친다고 하였다.[9]

  이것은 정확히 말하면 정서 관계에 대한 핵심 신념(core belief)이라고 말할 수 있는데, 이러한 핵심 신념은 정서를 담당하는 두뇌(변연계)에 내재적 기억으로 저장된 내적 작동 모델로 암호화되고 체계화된다. 이 배선 과정은 그 사람의 성격이나 다른 요소들과 어우러져 타인과의 관계를 결정짓는다. 모든 사람은 이 내적 작동 모델을 가지고 있다. 무의식의 역동 심리 과정을 통해서 형성된 내적 지도이다. 내적 작동 모델은 일생동안 관계 안에서 우리가 어떻게 생각하고 느끼고 행동할 것인가를 즉 관계에서 상대에게 어떻게 대응할 것인가를 결정짓는 강력한 해석의 거름망이 된다. 돌과도 같이 단단하게 굳어진 이 내적 구조는 친구를 사귀거나 새 환경에 적응하거나 어려운 문제에 봉착하거나, 더욱 중요하게 배우자를 선택하거나 결혼 생활에서, 혹은 배우자나 부모를 잃었을 때 등 일생을 거쳐 영향을 미친다.[10]

역동 심리이론에서는 특히 이 핵심 신념을 불러일으키는 강력하고 집요한 감정이 있다고 한다. 모든 부모가 완전하지 않기 때문에 유아는 어린 시절 부모와의 관계에서 무의식적으로 형성된 해결되지 않은 갈등, 소망, 좌절, 욕구 등이 있다. 이러한 것들이 아이의 기질과 연관되어 부모와의 상호 작용 가운데 반복적으로 결핍되고 성장하면서 감정에 깊은 골을 만들 경우 이러한 감정을 핵심 감정(core emotion)이라고 부른다.[11] 이것은 성인이 되어서도 우리의 삶에 지대한 영향을 미치고 관계의 질을 결정한다. 이것은 성격 혹은 인격과 연관되어 우리가 이 세상에서 생존해 나가도록 방어 기제를 형성하게 함으로써 더욱 복잡한 양상을 띠게 된다. 이 핵심 감정과 이에 대한 방어 기제의 상호 역동적인 양상을 핵심 역동(core dynamic)이라고 부른다.[12]

핵심 감정은 몇 가지 특징을 가지고 있다. 첫째, 핵심 감정은 해결되지 못한 어린 시절의 감정의 양상이다.[13] 어린 시절에 무의식적 과정으로 형성된 부정적 감정이 성인이 되어서도 성숙하지 못한 그대로 남아 있는 감정의 양상이다. 따라서 미성숙하고 건강하지 못한 것이다. 핵심 감정은 매우 강렬하고 방어적으로 작동하기 때문에 건강한 사람에게는 이 감정이 뚜렷이 나타나지 않지만 정신 질환과 인격 장애가 있는 사람일수록 더욱 확연하게 나타난다. 결국 인격이 성숙하다는 말은 핵심 역동이 건강하다는 의미라고 볼 수 있다.

둘째, 핵심 감정은 그 사람 고유의 감정이며 본인은 잘 모른다.14) 똑같은 일이 어떤 사람에게는 아무 일도 아니지만 어떤 사람에게는 삶 전체를 뒤 흔드는 심각한 문제이다. 그것은 자물쇠와 열쇠가 짝이 있듯이 사람마다 얼굴 모양이 다르듯이 자기에게 문제로 드러나는 상황이 다르고 거기에 반응하는 것도 각각 다르다. 이것을 열쇠-자물쇠 기제(key-lock mechanism)이라고 부른다.15) 어떤 사람은 낯선 곳이나 낯선 일에 당면하면 당혹감과 불안을 감추지 못한다. 어떤 사람은 집안이 어질러져 있으면 불편하고 불안해서 정리하지 않고는 못 견딘다. 어떤 사람은 홀로 있는 시간을 극도로 불안해한다. 핵심 감정의 문제는 밖에 있는 것이 아니라 자신의 내부에 있기 때문이다. 그 감정을 억압하고 있었기 때문에 자신은 잘 모르지만 다른 사람은 쉽게 보인다. 일반적으로는 나이가 먹어가면서 지적으로는 깨달아질 수 있으나 감정적으로 경험되어서 해결의 실마리를 얻는 것은 전문적인 이해가 있거나 스스로 깊은 성찰을 하지 않으면 어렵다.

셋째, 핵심 감정은 일생을 거쳐서 반복된다.16) 어린 시절부터 의존 욕구가 핵심 감정인 사람은 성인이 되어서 사람을 사귀는 과정에도 상대에게 너무 의지하다가 상대에게 거절당하면 원망을 품는다. 핵심 감정은 교회 지도자와의 관계에서도 나타나고 부부 관계에서도 나타난다. 상담 시에 상담자와의 관계에서도 핵심 감정을 그대로 전이 (transference)한다. 역동 심리상담에서는 전이 현상을 잘 알아내고 다루어 치료하는 데 초점을 맞춘다. 핵심 감정은 매우 집요하고 강력한 특성을 가지고 있다. 특히 인격이 성숙하지 못하고 신경증적인 사람일수록 폭군과 같은 핵심 감정의 소용돌이에 휘둘리는 삶을 산다. 현대인들은 이런 삶에서 예외인 사람이 그다지 많지 않다. 인정받고자 하는 욕구, 누가 나를 무시할지도 모른다는 두려움이나 불안 등이 우리를 얼마나 피곤하게 하는지. 그럼에도 불구하고 스스로 어떻게 할 수 없이 그저 그 핵심 감정에 끌려 다니면서 산다.

넷째, 핵심 감정이라는 실체는 에너지를 가진 힘이다.[17] 체계적 구조나 역할의 개념이 아니고 집요하게 충돌하는 에너지를 가진 힘이다. 마치 땅바닥에 던져지면 어디로 튈지 모르는 '럭비공'과 같다. 인간관계 안에서 이 핵심 감정은 기회만 되면 어떤 엄청난 에너지를 가지고 폭발한다. 감정의 폭발은 개인의 삶에 큰 손상을 준다. 그래서 본인은 핵심 감정이 표출되지 않도록 조절하고 억누르는 데 많은 에너지를 사용한다. 이를 조절하기 위해서 방어 기제를 사용하지만 그만큼 살아가는 것이 피곤하다.

인간이 의존하고 싶은 욕구는 가장 기본적인 욕구이고 또한 관계적 인간으로서 살아가는 데 꼭 필요한 욕구이다. 어쩌면 이 의존 욕구는 인간으로 하여금 하나님을 의지하게 하는 매우 중요한 욕구이다. 하지만 어린 시절 이 의존 욕구가 충족되지 못했거나 너무 과잉되게 충족되면 문제가 생긴다. 두 경우 모두 의존 욕구 충족과정에서 분리에 대한 불안을 조절하는 능력이 부족하게 되어 성인이 되었을 때 인격에 문제가 생긴다.

4. 애착의 유형과 방어 기제

어릴 때부터 애착 관계 속에서 신뢰와 불안과 좌절의 과정을 거치면서 인간은 자신의 인격을 형성하고 또한 스스로 자기를 지키고 생존하기 위하여 인격의 방어 기제를 발전시킨다. 어찌 보면 우리의 인격과 인격의 방어 기제는 이 세계에 적응하고 생존하기 위한 노력의 결과물들이라고 볼 수 있다. 우선 애착이 형성되는 과정과 유형별 특징을 살펴보자.

우선 유아는 태어나서 처음 맺는 부모와의 관계에서 안정과 불안의 경험을 한다. 책임감 있고 항상 한결 같으며 자신의 요구에 만족을 주는 돌봄을 받은 유아는 부모에게 처음임과 동시에 평생을 지배하게 될 신뢰를 구축하게 되며, 그 내적으로 안정감을 형성한다. 그러나 유아가 울거나 짜증을 내거나 부모를 필요로 할 때 그 돌봄이 항상 한결같지 않은 경우 그 유아는 때로는 만족하지만 때로는 만족할 수 없기 때문에 불안감과 불신이 싹튼다. 또한 엄마가 유아의 요구에 아예 제대로 반응하지 못한다거나 육체적 접촉을 충분히 해 주지 못했을 경우 그 유아는 엄마에게 거리감을 갖게 되고 강한 불신을 가지게 된다.[18]

에인즈워쓰(M. D. S. Ainsworth)의 관찰 실험[19]에 의한 보고에 따르면, 첫 번째 그룹에 속하는 유아는 따뜻하고 충분한 애정으로 반응하는 엄마의 돌봄에 안정과 사랑과 자신감을 느끼며 창조적이고 탐험적인 놀이를 즐긴다. 그리고 이것이 계속 반복되면서 이 유아는 '안정적인 애착'(secure attachment)을 형성하게 된다. 두 번째 그룹에 속하는 유아는 엄마가 어떤 때에는 관심으로 반응하지만 어떤 때에는 그렇지 못하기 때문에 불안하고 때로 엄마가 자기를 두고 어디로 가버릴까 봐 두려움을 느낀다. 따라서 이 유아는 놀이에 완전히 집중하지 못하고 자주 엄마의 주의를 확인한다. 만일 엄마가 충분히 관심을 보이지 않는 것 같으면 엄마의 주의를 환기하기 위하여 매달리거나 칭얼대는 등의 행동을 한다. 이 유아는 이러한 과정을 거치면서 '불안-집착애착'(anxious-preoccupied attachment)을 형성하게 된다. 세 번째 그룹에 속하는 유아는 엄마의 무관심과 적절하지 못한 반응에 감정적으로 방어적 반응을 한다. 이 유아는 탐험적으로 놀이에 집중하는 것 같으나 엄마의 눈치를 살피며 방어적 행동을 한다. 이 유아는 이러한 과정을 거치면서 '불안-회피애착'(anxious-avoidant attachment)을 형성하게 된다.

바돌로뮤(K. Bartholomew)와 그의 동료들은 성인 애착 유형을 파악하는 방법들[20]의 장단점을 잘 절충하면서도 효과적으로 사용할 수 있는 다른 방법을 강구했다. 그들은 애착 유형을 자기를 보는 관점과 다른 사람을 보는 관점에 따라 네 가지 유형으로 나누었다.[21]

		자아	
		긍정적 시각(낮은 불안감)	부정적 시각(높은 불안감)
타인	긍정적 시각	안정감 있는 유형 친밀함과 자율을 편안해함	불안해하는 유형 관계와 버림받지 않을까에 몰두함
	부정적 시각	회피하는 유형 친밀한 관계를 경시하고 지나치게 자기 의존적임	두려워하는 유형 친밀한 관계를 두려워하고 사람 사귀는 것을 회피함

대부분의 사람들은 극심한 경우를 빼고는 이 네 가지 유형 중의 한 가지 유형 속해 있다. 한 가지 유형이 우세하게 나오는 경우도 있지만 한두 가지 유형이 비슷하게 나오는 경우도 있다. 이 유형들은 정신 질환이나 인격 장애의 형성 요인을 설명할 때 반드시 등장한다. 정신 의학회의 편람에 나오는 10가지 인격 장애 유형들도 기본적으로 이 유형들에 기초를 두고 있다. 애착 이론 학자들은 그 유형의 특성을 중심으로 설명하고 있지만 여기서는 이 책의 목적에 알맞도록 기독교 역동 심리상담의 기초를 놓기 위하여 역동 심리이론에서 말하는 방어 기제의 개념과 연결시켜 보고자 한다.

앞서 설명하였듯이 인간의 관계적 삶은 역동 심리를 일으키는 개인의 핵심 감정과 매우 관련이 있다. 우리는 자아가 핵심 감정을 조절하는 능력이 떨어져 그것이 밖으로 튀어 올라오거나 초자아가 너무 강하게 그것을 누르고 있어서 힘들어할 때 불안을 느낀다. 역동 심리이론에서는 외부에서 스트레스가 오면, 다시 말하면 열쇠-자물쇠 기제를 건드려 균형이 깨질 때 느끼는 감정을 불안이라고 한다. 이렇게 내적 외적 위협으로부터 우리가 자신을 지키고 생존하기 위하여 발전시켜온 것을 인격의 방어 기제라고 부른다. 이것은 오랜 세월에 걸쳐서 만들어져 하나의 인격 특성으로 자리 잡게 된다. 마치 단단한 보호벽처럼 쉽게 허물어지지 않는다. 어려서부터 동일한 환경적 자극을 받고 동일한 반응을 하면서 형성된 방어 기제를 성인이 되어도 반복해서 사용하게 된다. 방어 기제 자체는 내적으로 외적으로 위협을 느끼는 상황에서 자신을 지키기 위해 정신 에너지를 총 동원하여 구축한 것이므로 긍정적인 측면이 있다. 개인의 정신적 안정을 위해서 없어서는 안

되는 중요한 기제이다. 하지만 그것이 하나의 튼튼한 벽처럼 구축되어 그것이 작동되지 않아도 되는 상황에도 작동되어 관계에 갈등을 일으키고 많은 에너지를 소모하게 된다. 자주 사용되는 방어 기제들로는 억압(repression), 투사(projection), 퇴행(regression), 고착(fixation), 부정(denial), 내재화(introjection), 대치(substitution), 승화(sublimation), 상징화(symbolization), 해리(dissociation), 유머(humor) 등이 있다.[22]

1) 안정적 애착 유형(secure attachment type)과 방어 기제

안정적인 애착을 형성한 사람들은 대부분 어린 시절에 그들에게 '충분히 좋은'(good enough) 부모가 그들에게 있었다. 여기에서 '충분히 좋다'라는 말은 그 정도면 어린 아이가 안정적 애착을 형성할 수 있을 만하다는 의미이다. 위니코트가 어느 부모도 완전히 완벽한 부모는 없음을 말하고자 사용한 말이다. '충분히 좋은' 부모는 아이를 안전하게 해 주고 세상을 탐험할 수 있도록 사기를 북돋아 주고, 아이가 부모를 필요로 할 때 늘 거기에 있어주고 그의 신호에 적절히 응답해 주는 부모를 말한다. 이런 부모 밑에서 자란 사람은 가장 중요한 권위인 아빠와 엄마가 신뢰할 만한 존재라는 것을 깨닫게 되고 자기 감정 표현에도 위협을 느끼지 않는다.[23]

이들은 자아와 타인에 대해 긍정적인 시각을 갖고 있다. 친밀한 인간관계에 편안함을 느끼고 지나치게 애정을 갈구하지도 지나치게 독립적이지도 않다. 인간관계에서 흑백 사고를 하지 않고, 사람과 상황 속에서 회색빛을 볼 수 있을 만큼 정서가 안정되어 있다. 이들은 자기가 사랑받을 만한 가치가 있다고 믿고, 또 자신이 사람들을 필요로 할 때 그들이 언제라도 다가와 도움을 줄 수 있다고 믿는다. 이들은 회피와 불안 수준이 낮고, 밀접한 관계를 편안해 하며, 긍정적인 자기 가치를 느낀다. 스트레스가 오면 사랑하는 사람을 찾아가서 건전한 방법으로 도움을 구함으로서 대처한다. 권위를 존중하되 맹목적으로 순종하지 않을 능력이 있다.24)

'충분히 좋은' 부모를 둔 사람들은 대부분의 경우 부모와 하나님 사이의 연결 점들을 그다지 힘들이지 않고 연결할 수 있다. 하나님은 나의 부모보다 더 자애롭고, 힘 있고, 나를 지지해 주는 존재일 것이라고 자연스럽게 추측한다. 설령 하나님이 자신을 모든 해악에서 지켜주시지 않고 원하는 것을 다 주시지 않을지라도 놀라거나 화내지 않는다.25)

이들의 특징은 핵심 감정이 삶 속에서 뚜렷하게 나타나지 않는다는 것이다. 스트레스가 와서 핵심 감정이 건드려지더라도 두드러지게 폭발하거나 내면에 균형을 잃고 불안해지지 않는다. 약간의 불안이 오더라도 그것을 통제할 수 없을 만큼 심한 것이 아니다. 이지화, 대치, 승화나 유머 등 긍정적인 방어 기제를 사용하여 외적 내적 위협에서 자신을 건설적으로 방어할 수 있다. 감정에 휩싸이지 않도록 갈등 상황을 지적으로 객관화시키거나(이지화), 대리 만족을 추구하거나(대치), 사회적으로 용인되는 긍정적인 방식으로 표출하거나(승화), 힘든 것을 웃음거리로 삼아 표현(유머)하는 식으로 해결해 간다. 사실 유머야 말로 자신에 대해서 상당히 안정감이 있는 경우에 사용할 수 있는 방어 기제이다.

2) 불안 양가 애착 유형(anxious-ambivalent attachment type)과 방어 기제

불안 양가 감정은 의존 욕구가 충분히 채워지지 못했을 때 생긴다. 어린 시절의 의존 욕구는 나중에 인정 욕구로 변환될 뿐이지 같은 것이다. 이러한 사람은 상대방의 눈치를 많이 보고 인정받으려는 욕구가 많다. 이런 사람은 거부 불안이 있다. 거부 받을 것이 두려워 상대에게 지나치게 잘해주다가 상대가 자기가 준만큼 되돌려 주지 않으면 갑자기 돌아서버린다.

많은 경우 어린 시절 이들의 부모는 정서적으로 미숙하고, 애정이 결핍되어 있고, 불안정하며, 때로는 역할이 바뀌어 아이가 부모의 정서를 채워줘야 하는 경우도 있다. 이러한 부모는 아이가 세상을 탐구하고자하는 욕구에 위협을 느끼고 아이가 세상을 탐험하는 것을 제한한다. 아이는 이런 환경을 내면화하고 자율성을 희생시켜 친밀한 관계를 유지하는 법을 배운다. 탐험이 적어 자기 확신이 약하며, '나는 무능해, 혼자서는 할 수 있는 게 아무것도 없어. 누군가가 나를 돌봐 줘야 해.'와 같은 부정적인 자기 보호 태도를 습득한다. 이들은 자아에 대해서는 부정적이고 타인에 대해서는 비현실적일 만큼 긍정적인 시각을 갖고 있다. 이들은 자기가 사랑받을 만한 가치가 없다고 믿기 때문에, 결과적으로 인간관계에 있어서 늘 불안해하고 혹시나 버림받으면 어쩌나 하는 건전치 못한 불안감을 갖고 있다. 이들은 불안 수준이 높아지고 회피 수준이 낮아지는 모습을 보이며, 관계의 안정성에 불안해하고, 자기에 대한 가치를 낮게 보기 때문에 거부당하는 것을 두려워하며, 밀접한 관계를 갈망하고, 가장 친밀한 사람과의 관계에 집착적으로 염려하고, 애정에 굶주려하고,

의존적이다.26)

　이러한 애착 유형을 가진 사람들은 신앙생활에서도 매우 적극적으로 임한다. 교회에서도 열심히 봉사하고 희생한다. 관심과 인정을 받기 위한 것이다. 그러나 어느 순간 누군가가 자기보다 더 관심과 인정을 받는 것처럼 느껴지면 목사님에게도 교회 공동체에서도 등을 돌린다. 교회 안에서의 봉사와 열심이 진정으로 은혜에 감격해서 하는 것인지 인정 욕구 때문인지 처음에는 잘 구분이 되지 않는다. 그러나 이 인정 욕구가 좌절되었을 때 보면 안다. 이 사람들은 하나님과의 관계에서도 불안해한다. 이러한 사람들은 매우 적극적으로 하나님을 추구하는 경향이 있고 하나님을 기쁘시게 하려고 한다. 하나님과 관계 맺기를 가장 적극적으로 하는 유형이기도 하다. 이러한 사람들은 보통 열심히 책도 읽고, 설교도 듣고, 몇 시간씩 기도하고, 모임에 참석한다. 이러한 유형의 사람들은 이렇게 해서 하나님의 인정을 받고 하나님께 연결되어 있음을 느낄 수 있기를 원한다. 간혹 하나님과 아주 가까워진 기분이 들기도 한다. 그런 순간 이들은 거의 무아지경에 빠져서, 하나님과 가까워진 느낌이 영원히 지속되기를 바란다. 하지만 그런 기분은 그렇게 오래가지 않는다. 그 친밀한 느낌이 시들해지면 이들은 자기가 뭘 잘못했는지를 염려하며 두 배의 노력으로 다시 하나님의 인정을 받으려고 한다. 이런 유형의 사람들에게 있어 하나님과 연결되려는 도전은 사실상 하나님에 관한 것이 아니라 이들 자신에 관한 것이다. 이들의 문제는 때로 그들의 의존 욕구를 충족시키기 위해서 보이지 않는 하나님 대신 다른 의존 대상을 찾는다는 것이다. 인간적인 애정이나 물질에 대한 집착 혹은 각종 중독 증상들이 그것이다.27)

신뢰의 부족으로 형성된 불안 양가 애착 유형은 스트레스 상황이 되면 핵심 감정이 가장 두드러지게 나타나는 유형이다. 모든 사람에게 어떤 유형의 불안이든 존재하듯이 불안 양가 유형의 특징은 여러 인격 장애의 공통적인 특징을 보인다. 의존성, 강박성, 편집성, 경계성 등의 인격 장애를 가지고 있는 사람들은 불안이라는 강한 핵심 감정이 도사리고 있다. 이들은 자신의 잘못이나 충동 등에 대하여 다른 사람 탓을 하거나(투사), 충족되지 못한 욕구를 특정한 방식으로 표출하거나(고착), 열등감을 다른 방식으로 공격적으로 표현하거나(보상), 바람직한 말이나 행동이라고 생각하는 것을 지우기 위해 반대되는 행동을 강박적으로 한다거나(취소), 양가 감정을 견디기 힘들어 호불호를 극명하게 나타내는(분열) 등의 방어 기제를 사용할 가능성이 크다.

3) 불안 회피 애착 유형(anxious-avoidant type)과 방어 기제

이 유형은 인간관계 안에서 쉽게 좌절하면 관계 맺기를 피하는 유형이다. 이들은 마음의 상처를 받을까 봐 마음을 닫아 놓고 거리를 둔다. 다른 사람들과 마음을 열고 대화하는 것 자체를 부담스러워한다. 어린 시절 이들의 부모는 아이가 독립적이기를 격려한다. 하지만 아이가 불안해 할 때 그들의 안정감을 채워주지 못한다. 그래서 '나는 사랑받을 가치가 있어'라고 말하지만 '아니야, 사실 사람들은 나에게 관심이 없어'라고도 생각한다. 그래서 이들은 자라면서 친밀한 관계에 대해 저항감을 느끼고 숨막혀한다. 감정을 억누르며 산 탓에 자기에게 이러한 감정이 존재한다는 사실 조차도 알지 못한다. 따라서 회피하는 사람들은 불안해하는 사람들과는 반대로, 자아에 대해서는 과도하게 긍정적이고 타인에 대해서는 지나치게 부정적인 시각을 갖고 있다. 스트레스를 받으면 정서적으로 더 움츠러들고 지적으로 더 집중하는 태도를 보이며, 어떤 대가를 치르더라도 자신을 인정하려고 어느 때보다 더 단호한 태도를 보인다. 정서적 욕구를 표현하는 사람 앞에서 뒷걸음질 치게 된다. 가족 간에도 부부간에도 사무적인 관계를 맺는다.[28]

불안 회피형 애착 유형은 대개 하나님과도 어느 정도 거리를 둔다. 구원받았다는 사실을 인정하고 감사하기는 하지만 하나님과의 관계보다는 신자로서의 의무에 훨씬 더 중점을 둔다. 보편적으로 이들은 다른 사람들이 하나님의 사랑에 대해 이야기해도 별 감동을 받지 못한다. 이들에게는 하나님의 사랑을 받고자 하는 마음이 일어나지 않는다. 이들은 남들이 하나님을 가까이 느끼는 게 멋지다는 것을 인정할 뿐, 하나님과의 깊고 풍성한 관계는 이들의 레이더 망에 나타나지도 않는다. 이들이 자신의 필요나 하나님 체험과 관련하여 고조된 감정을 표현하면 그게 불편하게 느껴져서 회피하는 태도로 그 자리를 떠난다. 왜냐하면 하나님이 멀리 계신 것처럼 보이기 때문이다.[29]

회피형은 가까운 관계를 싫어하는 것이 아니라 거절 받을 까봐서 미리 관계를 회피하는 방어 기제를 사용하는 유형이다. 회피성 인격 장애와 분열성이나 분열형 인격 장애와 같은 고립적인 삶을 사는 사람들이 주로 이 유형에 속한다. 또한 열등감의 발로로 자아의 가치를 팽창시키고 진정한 자아를 깊이 성찰하기를 회피하는 자기애성이나 히스테리성(연극성)과 같은 사람들이나, 반대로 이타주의나 영적이라는 이름으로 가면을 쓰고 자기 자신의 진정한 필요를 회피하는 사람들도 이 부류에 속한다. 이들은 무의식적으로 고통을 억누름으로 기억하지 못하거나(억압), 의도적으로 나중으로 미루거나(억제), 사회적으로 용납될 수 없는 욕구들을 무의식적으로 정당화하거나(합리화), 받고 싶은 자신의 본능을 포기하고 다른 사람을 돕는 식으로 대리만족을 하거나(반동형성), 현실을 부인하거나(부정), 자신의 죄책감을 적선행위로 상쇄(상환)시키는 등의 방어 기제를 사용한다.

4) 두려워하는 애착 유형(fearful attachment type)과 방어 기제

이들은 자라면서 육체적으로나 정서적으로, 때로는 성적으로 학대를 당했을 수 있다. 이들의 부모는 사랑과 안정 보다는 통제 불능의 분노를 보이고, 지나친 요구를 하고, 아이의 영혼이 마비될 정도로 아이를 소외시키기도 한다. 이런 부모 밑에서 자란 아이는 든든한 안식처, 탐험의 기쁨, 힘들 때 다시 부모에게 의지할 수 있다는 확신을 누리지 못한다. 위로의 근원이 고통과 상처의 근원이 되기 때문이다! 이와 같이 뒤죽박죽이고 파괴적인 가정 환경에서 자라는 아이들은 인간관계에 질서가 없어진다. 누구를 믿어야 할지, 어디로 가야 안전한 곳을 찾을 수 있는지, 어떻게 해야 자신감을 갖게 되는지 깨닫지 못한다. 두려워하는 사람들은 자아와 타인 모두에 대해 부정적인 시각을 갖고 있다. 이들은 다른 사람과 친밀하고 가깝게 지내는 시간을 몹시 힘들어 하며, 관계 자체를 아예 회피하는 경우가 많다. 이들은 회피와 불안 수준이 높고, 타인에게 인정받기를 추구하고 타인에게서 자기 가치를 찾으려하며, 그러면서도 사람들이 자신의 필요를 채워 주지 못하는 것을 두려워한다.

그래서 이들은 쉽게 마음을 다치고, 또 다시 상처 입는 것을 피하려는 시도로 자기 마음 둘레에 딱딱한 외피를 두른다. 누군가를 신뢰하고 싶지만 자애롭고 존경할 만한 사람들조차도 쉽게 믿지 못한다. 밀접하고 친밀한 관계 맺는 것을 불편해한다.30)

이 유형의 사람들에게는 위로의 근원은 곧 고통의 근원이기도 하다. 위로를 받고 사랑을 받아야 할 부모로부터 학대를 받았기 때문에, 매를 맞을지 몰라서 두려운 중에도 아이는 여전히 사랑을 갈구하면서 자랐다. 그래서 이런 이들은 사람들과의 인간관계에서 안전하다고 느끼지 못하기 때문에 '벽'을 쌓게 되고, 두려워하는 유형으로 하나님과의 관계를 맺게 된다. 이들도 하나님과 관계를 맺기 위해 여러 가지 시도를 해보기도 하지만 좀처럼 가까워지는 것을 느끼지 못한다. 이들은 자존감이 부족하기 때문에 인생과 행복의 해결책을 위해 설교자의 주장을 쉽게 수긍할 수 있지만 그 약속이 이뤄지지 않으면 곧 실망을 하고 관계 면에서 고립된 상태로 다시 돌아간다.31)

학대로 인한 상처를 안고 살아가는 사람들은 불안과 불신 그리고 두려움이라는 핵심 감정에 이들의 가치와 감정과 행동이 압제당하는 삶을 산다. 누구와도 친밀한 관계를 형성하기 힘들고 채워지지 않는 핵심 감정을 극한 경우 매우 공격적으로 그리고 반사회적인 행동들로 표출할 가능성이 크다. 혹은 분열형 인격 장애를 가진 사람들처럼 친밀한 관계나 사회와 완전히 동떨어진 삶을 살아갈 가능성이 크다. 경계성 인격 장애와 같이 정체성의 혼란을 느낄 수 있다. 이들은 과거나 현재의 상황이 너무 감당하기 힘들기 때문에 인격의 요소를 조정하는 기능을 상실하는 그래서 자신이 하고 있는 것을 인지하지 못하는 해리성 기억상실이나 다중인격을 보이는 증상(해리)이나 좋은 것과 나쁜 것을 극명하게 구분하는 이분법적 사고를 가지거나(분열), 고통스러운 기억은 의식하지만 그에 수반된 감정은 따로 떼어서 무의식속에 넣어두거나(분리 혹은 격리), 병적으로 자신이 받은 학대를 무의식적으로 그대로 표출하는(동일시) 등의 방어 기제를 사용한다.

5. 역동 심리와 심리적 영적 성숙

역동 심리이론들에서는 우리 인격의 양상을 특징짓는 핵심 감정과 방어 기제는 죽을 때까지 변하지 않는다고 한다. '요람에서 무덤까지' 혹은 '세 살 버릇이 여든 간다'는 속담처럼 일생동안 집요하게 반복적으로 우리 삶을 지배한다고 한다. 역동 심리이론들에서는 인간의 인격이 일생을 거쳐 약간의 변화는 있을 수 있어도 근본적인 변화는 없다고 한다. 그런데 성경에서는 인간의 인격이 예수 믿고 거듭나면 새롭게 된다고 한다. 변화에 대한 개념에서 역동 심리이론과 성경은 서로 상반되고 있는 것은 아닌가? 신앙적으로 성숙하다고 아는 사람들의 삶이 왜 변화가 없는 것일까? 나의 박사학위 논문의 궁극적 연구 질문이 이와 관련 있는 것이었다. 내가 박사학위를 하면서 세미나에서 발표할 때에도 그리고 마치고 한국에 돌아와서 강의를 하고 토론을 할 때도 그리스도인들은 이 부분에 대해서 많은 의문을 제기했다. 그리스도인이어도 그들의 핵심 신념으로 이루어진 내적 구조와 이를 발동시키는 핵심 감정 그리고 자아를 보호하기 위해 발전된 방어 기제들은 일생을 거쳐 거의 변하지 않는다. 역동 심리이론의 지혜에 동의하던 기독교인들도 이 지점에 오면 고개를 갸웃거린다. 그 부분만은 성경적이지 않은 것 아니냐고 한다. 언뜻 보기에는 그래 보인다. 하지만 그것은 무의식의 역동성을 잘 모르기 때문에 하는 말이다. 역동 심리이론을 연구하면 연구할수록 그것이 성경의 진리를 참으로 잘 드러냄을 알 수 있다.[32] 신실한 그리스도인들 중에서 핵심 감정과 방어 기제로 일어나는 관계문제로 고민해보고 기도해보고 고쳐보려고 씨름을 해본 사람이라면 그것을 인정할 것이다. 우리 자신의 힘으로 그것에서 벗어나는 것은 정말 어렵다는 것을 말이다. 우리 자신의 힘으로 그것을 극복하거나 벗어날 수 없다는 것을 인정하는 사람이야 말로 우리에게 진정으로 그리스도의 은혜가 왜 필요한지를 고백할 수 있을 것이다. 예수님을 믿고 거듭났어도 여전히 핵심 감정과 방어 기제의 영향을 벗어나기 어렵기 때문에 늘 예수님께 의지해야 한다. 그러니 고린도후서 5:17절에서 "이전 것은 지나갔으니 보라 새것이 되었도다."라는 말은 엄청난 기적인 것이다.

한편 어린 시절에 일어난 일이 우리의 모든 것을 결정하고 그때 형성된 핵심 감정과 방어 기제에 우리가 평생 갇혀 지내야 한다는 의미는 아니다. 이러한 것들은 사랑받고 싶은 인간의 기본적인 욕구로부터 온 본능이다. 본능 그 자체는 인간의 생존에 있어서 필수적인 욕구이다. 인간의 타락으로 인하여 그것이 표출되는 방식이 오염되어 잘못된 것이지 본능 그 자체는 하나님의 창조물임을 인지할 필요가 있다.[33] 아직 자아가 덜 성숙된 유아가 그렇듯이 자아가 성숙되지 못한 사람일수록 이 본능의 지배를 더 많이 받는다. 인간이 성장하는 과정에서 현실에서 받아들여지지 않는 본능의 충돌들은 무의식의 영역으로 밀려나게 된다.

하지만 무의식의 영역으로 밀려난 본능은 기회만 되면 핵심 감정이라는 모습으로 의식의 영역으로 튀어 올라오려고 한다. 자아가 이를 통제하려고 많은 에너지를 소비하면서 갈등이 일어난다. 역동 심리이론들에서는 핵심 감정을 자아가 다루는 과정을 핵심 역동이라고 부른다. 역동 심리 치료의 목표는 내담자가 자신의 내부에서 일어나는 핵심 역동을 스스로 잘 다루도록 돕는 것이고 치료 과정에서는 내담자와 상담자의 관계에서 실제적으로 일어나는 또 다른 핵심 역동을 적극적으로 이용한다.

어쩌면 변화된다는 말은 인간의 그릇 혹은 틀이 바뀐다는 말이 아니라 그 안의 내용물이 바뀐다는 말일 것이다. 낡은 것은 새것으로, 더러운 것은 깨끗한 것으로 바꾼다는 것을 의미할 것이다. 바울처럼 원래 그릇이 큰 사람은 그릇 안의 내용물을 바꾸니까 다른 삶이 해 낼 수 없는 큰일을 해낼 수 있었다. 바울도 '가시'를 제거해 주시기를 하나님께 간절히 간구하였지만 하나님께서는 들어주지 않으셨음을 볼 수 있다. 바울은 다메섹 도상에서 변화되기 전에 그리스도를 믿는 사람들을 죽이려고 분에 넘쳤던 매우 공격적인 사람이었다. 회심하고 오랫동안 하나님 사역을 하는 중에도 그 기질은 바뀌지 않았다. 단지 그릇 안의 내용만 바뀌었을 뿐이다. 마가라 하는 요한을 전도여행에 동반시키느냐 마느냐는 문제를 놓고 바나바와 다투는 상황을 보면 단적으로 알 수 있다. 바나바는 실수가 있던 마가라 하는 요한을 그래도 데려가려 하지만 바울은 그를 절대로 용납하지 않는다. 이 일로 바울은 바나바와도 결별한다(행 15:36-41).

그러면 그리스도인들의 심리적 영적 성숙을 위해서 어떻게 해야 할 것인가? 그릇 안의 내용물을 바꾸기 위해서는 먼저 그 내용물이 무엇인지를 알아야 한다. 언제 내가 왜 이런 생각을 하고 이런 느낌을 받고 이런 행동을 하게 되는지 성찰할 필요가 있다. 즉 핵심 감정이 무엇이고 방어 기제가 무엇인지를 성찰하는 것이다. 자아가 핵심 감정을 잘 통제하고 균형을 잘 이루게 하는 데 너무 많은 정신 에너지를 소비하지 않도록 돕는 것이다. 이 과정은 혼자 가능한 것이 아니다. 전문적인 도움이 필요하다. 하나님께서는 역동 심리에 관하여 잘 아는 전문가들을 통해서 일하신다. 인격적인 회심은 사랑과 배려의 공동체나 개인과의 관계 경험에서 일어날 수도 있다. 하나님께서는 사람을 통해서 일하신다. 또한 때로는 성경 묵상이나 기도 혹은 설교 말씀을 통해서 깨닫게 되는 경우도 있다. 이것은 인간의 노력이 최소한으로 축소되었을 때 오직 하나님께서 일하신다는 의미에서 관상 체험과도 관련 있다. 이것은 이성의 논리를 넘어서는 성령님의 강권적인 역사이다. 성령님이 우리의 핵심 역동을 건드리시는 것이다.34) 인간이 인격적으로 성숙하여 본래의 창조된 모습을 회복하기 위해서는 끊임없이 노력해도 잘 되지 않는 부분이 있음을 인정하고 거기에 직면하는 일이다. 내 안의 모순과 허약함과 절망을 느낄수록 하나님의 은혜가 더욱 필요함을 느끼게 된다. 심리적 영적 성숙을 지연시키거나 가로막는 내적 요소들이 있다면 이것을 잘 살펴서 자아가 그것을 잘 통제해 나갈 수 있도록 한다면 거기에는 치유와 성숙이 있게 된다.35)

  역동 심리상담의 궁극적 목적은 정신 건강과 건강한 관계 회복이다. 그리고 이를 위한 상담의 과정은 교정적 정서 경험(corrective emotional experience)과 재양육(reparenting)의 과정으로 본다. 이 두 과정은 기독교 상담의 궁극적 목적과 과정과 일맥상통하는 점들이 많다. 기독교 돌봄과 상담의 궁극적 목적은 인간이 예수 그리스도의 사랑과 은혜를 경험하게 하여 하나님의 자녀로 정체성을 가지고 살아나갈 수 있도록 돕는 것이다. 이를 위해 신뢰의 상담 관계 안에서 혹은 사랑의 공동체 안에서 하나님의 사랑을 다시 경험하게 하고 성숙된 삶의 방식들을 양육하게 한다. 이러한 과정에서 역동 심리의 용어들을 사용하고 있지 않을 뿐이지 그 용어의 개념들이 실제의 돌봄과 상담의 과정에서 실천되고 있음을 부인할 수 없다. 개인의 정신 건강과 건강한 관계를 유지하기 위해서 그리고 영적 성숙을 위해서 이 부분들은 생애 주기의 어떤 단계에 있든지 기독교 상담에서 반드시 다루어야 할 부분이다.

어린 시절 부모와 맺은 애착 관계는 타인과의 관계의 질에 영향을 주며, 또한 하나님과의 관계의 질에도 영향을 준다. 결국, 어린 시절 맺었던 부모와의 안정적 애착 관계는 타인과 그리고 하나님과의 안정적 애착 관계에로 인도한다.36) 물론, 불안정적 애착 관계를 맺어왔던 사람이 친밀성과 신뢰에 바탕을 둔 기독교 공동체의 사랑과 양육에 의해 하나님과의 관계의 질을 안정적으로 회복하는 경우가 있다. 수잔나 이자드(S. Izzard)는 이러한 사람은 건강한 신앙을 소유한 사람으로, 자신과 하나님 상을 안정된 이미지로 부단히 새롭게 하고 발달시키는 사람이라고 하였다.37) 이러한 사람들은 자신의 고통과 불안정적 환경에도 불구하고 그것을 극복하고, 하나님과의 관계에서 진정한 자유를 누리며, 다른 사람의 고통과 필요에 적극적으로 부응할 수 있게 된다. 이것이 바로 기독교적 돌봄과 상담의 궁극적 목표이다. 그리고 이 목표를 위해서 역동 심리치유와 상담의 과정들을 잘 이해하고 적용하는 것은 매우 중요한 과제이다.

6. 전이와 통찰의 과정을 통한 치유

목사는 성도들의 애착의 대상이 되기 쉽다. 이것은 무의식적인 과정으로 교회 성도가 목사에게 자신의 핵심 감정을 투사하는 과정에서 생긴다. 부부 문제도 사실 핵심 역동의 개념으로 살펴보면 부부 각자가 자신의 이상적인 부모상을 상대 배우자에게 투사하면서 자신이 과거에 추구했던 욕구를 충족시키고 싶은데 거기에서 좌절을 경험하면서 생기는 것이라고 볼 수 있다. 인간은 늘 '잃어버린 부모'를 찾아 헤매는 존재이다. 무의식적으로 이상화시켜서 가지고 있는 대상에 대한 심상을 가지고 늘 여기저기 찾아 헤맨다. 어린 시절 채워지지 않은 욕구를 누가 채워주지 않을까하면서 배우자를 선택하고 살면서 이상화된 부모상을 투사해보지만 상대 배우자도 똑같이 하면서 서로 좌절을 느낀다. 교회에 가서 목사에게 투사해서 채워보려고 하지만 목사도 사람인지라 또 좌절을 느낀다. 결국 그리스도인들은 그들이 찾던 이상화된 부모는 하나님이었고 그분 외에는 어느 누구도 자신의 채워지지 않은 욕구를 채워줄 대상이 없음을 인정할 때 신앙의 성숙도 있다.

상담의 관계에서도 마찬가지이다. 관계에서 생긴 문제로 좌절의 고통을 더 이상 느끼고 싶지 않아서 상담자를 찾아오지만 상담자에게 그것을 또다시 투사하게 된다. 사실 역동 심리 상담은 이러한 역동 심리를 적극적으로 사용하는 상담 방법이다. 역동 심리이론에서는 이러한 현상을 전이라고 한다. 전이 작용은 역동 심리 치료에서 치료의 기초적 단계로 매우 중요하게 취급한다. 전이란 내담자가 가지고 있는 내적 작동 모델이 상담자와의 관계에서 작동함으로써 내담자가 가진 애착의 문제가 무엇인지 드러나는 것을 말한다. 내담자가 상담 과정에서 어린 시절부터 가지고 있던 핵심 감정과 방어 기제를 드러내는 전이 과정은 치료의 중요한 과정이다.38) 내담자는 어린 시절부터 현재의 관계에 이르기까지 자신의 핵심 감정과 방어 기제 때문에 반복되는 곤란을 겪어왔다. 과거의 관계 속에서 있던 욕구의 상처들을 현재의 내담자-상담자 관계에서 드러내는 것이다. 물론 상담자는 다른 사람들과는 달리 핵심 감정을 내담자가 다룰 수 있을 만큼 적절하게 그 기대를 좌절시키면서 그 좌절의 아픔을 표현하게 하고 수용하는 자리에 함께 있어 준다. 그런 과정에서 상담자는 내담자가 성찰을 통해 자신의 핵심 감정과 방어 기제를 객관적으로 볼 수 있도록 돕는다. 이와 같이 상담 과정에서 전이 반응은 반드시 일어나야 한다. 이 과정을 통하여 내담자가 자기 자신을 깊이 통찰할 수 있으면 그때 진정한 치유가 일어날 수 있다.

상담 과정에서 전이 반응의 과정을 간단하게 설명하면 다음과 같다. 내담자들은 이상화된 부모상을 상담자에게 투사하여 칭찬을 한다든지 잘 보이고 싶은 욕구를 표현하다가 때로 상담자가 자신을 좌절시킨 그 부모상처럼 보일 때는 그때의 감정을 상담자에게 투사한다. 어찌 보면 전이 반응 자체가 양가 감정적이다.39) 어린 시절 형성된 부모를 향한 양가 감정이 전이 과정에서 나타난다. 건강한 사람은 보통 이 양가적인 감정이 성장하면서 적절히 통합되지만 인격 장애가 있는 사람일수록 양가 감정이 분리된 채 하나는 의식에 다른 하나는 무의식에 존재하게 된다. 상담 시에 상담자가 완벽한 사람으로 느껴질 때는 내담자는 상담자를 칭찬하고 그에게 잘 보이고 싶다가 좌절이 경험되면 상담자가 너무 나쁜 사람으로 느껴져서 내담자는 자신의 부정적인 핵심 감정을 상담자에게 쏟아놓게 된다.

　내담자가 의존 욕구에 대한 핵심 감정을 드러내면 상담자는 내담자가 그것을 직면하고 잘 해석해주는 것이 필요하다. 예를 들어, 의존적인 내담자는 상담자가 휴가를 떠나기 위해서 상담 회기를 미룬다거나 다른 일로 바빠서 자신의 상담 시간에 늦는다거나 하면 그것은 자기를 싫어해서 혹은 자기에게 실망해서 등 온갖 좋지 않은 상상으로 상처를 받는다. 이 불쾌한 감정은 현재 상담자와는 전혀 관련이 없는 것으로 내담자의 어린 시절 거절당했던 경험에서 온 것이다. 내담자는 그것을 상담자에게 전이하고 있는 것이다. 상담자는 강한 의존 욕구를 표출하는 내담자에게 그것이 상담자에게 대한 것이 아니라 내담자 자신이 늘 가지고 있던 핵심 감정임을 통찰할 수 있도록 인도한다. 또 다른 예를 들면, 내담자가 자신의 정서적 의존 욕구를 상담자가 충족시켜준다고 느끼면 자신이 상담자를 이성적으로 사랑한다고 착각할 수 있다. 상담자는 이때 그 감정이 착각에 의한 것이며 내담자의 핵심 감정에서 온 것임을 분명하게 해석해서 전달할 필요가 있다. 상담자가 내담자의 이런 감정에 휘말려 상담 관계가 사적 만남으로 발전되지 않도록 해야 한다. 이때 상담자의 역할이 매우 중요하다. 상담자는 치료적 거리를 잘 지키고 적당한 선에서 전이의 폭을 조절하면서 내담자가 자신의 이러한 감정을 똑바로 직시하고 직면하도록 도울 필요가 있다.[40]

　상담자는 이 역동 심리 작용에서 드러난 내담자의 핵심 역동을 통찰하도록 도울 때 치유가 일어날 수 있다. 하지만 상담자들이 이러한 작용을 잘 이해하지 못하면 내담자의 투사 작용에 적절히 반응하지 못함으로 상담 과정에 문제가 야기될 수 있다. 내담자가 상담자를 원망하면서 상담을 조기 종료하게 될 수도 있다. 내담자에게 이것은 또 다른 상처가 될 수 있다.

7. 애착 유형별 통찰과 치유

일반 상담에서 통찰은 "자기 자신에 대한 인식을 증대시키는 것이며 자신의 대인 관계 방식에 대해 객관적인 이해를 하게 되는 것이다."[41] 자기를 인식한다는 말은 지적으로 아는 것과 정서적으로 아는 것이 포함된 것이다. 상담의 과정에서 상담자와의 관계에서 내담자의 핵심 감정이 표출되고 상담자는 그것을 해석해 준다. 해석의 과정은 내담자가 지적 통찰과 정서적 통찰을 통해 자기 자신을 직면하게 하는 것이다. 그동안 알지 못했던 자신의 문제가 무의식의 역동적 작용의 결과였음을 깨닫게 되는 지적 통찰을 하고 나서 정서적 통찰로 인도한다. 이는 지적 통찰 위에 실려 오는 감정을 통찰하게 하여 내담자가 자신을 정서적으로 알게 하는 것이다.[42] 정서적 통찰의 과정에는 저항이 따른다. '정말 내가 그런 사람일까?'라는 회의가 들며 자신의 역동 심리 문제를 가지고 깊이 씨름하는 갈등을 경험한다. 이러한 갈등의 과정을 여러 번 경험하면서 자신을 더 깊이 통찰할 수 있게 된다. 이 통찰의 과정을 통과할 때 치유가 일어난다.

1) 안정적 애착 유형과 통찰

이들은 사랑이 넘치는 인간관계를 기뻐하고 사랑을 주고받기를 즐기며 인생의 난관에 신중하게 대처하는 사람의 모습이 어떠한지에 대해 보다 명확한 이미지를 발전시켜 왔다. 이런 자신감이 있기에 이들은 인생과 하나님에 대해 하기 힘든 질문도 거리낌 없이 할 수 있었고, 이상과 현실 사이의 긴장 속에 사는 법도 배울 수 있었다. 안정감 있는 사람은 기꺼이 위험을 무릅쓰고 나가서 세상을 탐험하려 하며, 어른이 되어서도 모험 의식이 살아있다. 자신의 영적 은사를 발견하며, 하나님이 그 은사를 사용하여 다른 사람의 삶에 역사하시는 것을 본다. 자기가 속한 세상을 변화시키고 싶은 마음에 교회 일에도 관여하고 그 밖의 단체에도 참여한다. 인간관계에서는 열려 있는 자세를 취한다. 친밀감과 독립심 사이에서 균형을 취할 줄 안다. 모든 인간관계에서 신뢰가 가장 중요한 요소라는 것을 배워서 알고 있다. 모든 재능과 기회는 다 하나님의 선물임을 인식한다. 이들은 유능하지만 자신의 능력의 한계도 알고 있어서 그것을 과장하거나 오용하지 않는다. 안정감 있는 애착 유형이라고 해서 이들이 완벽하다는 의미는 아니다. 어려움이나 실패를 경험해도 거기에 좌절하지 않고 오히려 그것을 인격적으로 영적으로 성장하는 계기로 삼는다.

이 유형의 특징은 위에서 살펴보았듯이 핵심 감정과 방어 기제가 두드러지게 나타나지 않는다는 점이다. 다시 말하면 관계 안에서 그들의 핵심 감정을 전이하는 현상을 보기 어렵다. 이 유형의 사람들이 다른 유형과 다른 점이라고 한다면 이들은 자신의 내적 작동 모델 다시 말하면 자기와 다른 사람에 대한 심상(표상)을 끊임없이 안정된 것으로 바꾼다는 것이다. 그런 교정 능력이 있다는 것이다. 다시 말하면 스스로 성찰하는 능력이 있다는 말이다. 이들은 그래서 스트레스가 와서 핵심 감정이 건드려지더라도 내적 균형을 쉽게 찾을 수 있다. 이들은 주로 이지화, 대치, 승화나 유머 등 긍정적인 방어 기제를 잘 사용할 줄 안다. 사실 승화는 여러 방어 기제들 중에서 상당히 건설적인 방어 기제이며 유머야 말로 안정적인 사람만이 사용할 수 있는 방어 기제이다.

이 유형의 특징을 기초로 역동 심리적 기독교 상담에서 추구해야 할 점을 살펴보면, 여러 불안한 유형의 사람들이 안정된 유형의 사람들로 변화되도록 돕는 것이다. 기억해야 할 것은 그릇은 변하지 않는다는 것이다. 핵심 신념, 핵심 감정 그리고 방어 기제 자체가 변하는 것은 아니라는 것이다. 단지 이전에는 그것을 건설적이지 못하게 사용했던 것을 건설적으로 성숙하게 사용할 수 있도록 돕는 것이라고 본다. 기질 자체는 하나님이 각자에게 필요하여 주신 것이므로 그것 자체를 바꾸는 것은 불가능한 일이며 또한 해서도 안 된다고 본다. 단지 핵심 감정이 충동적으로 일어나 절제하지 못했던 것을 어떻게 잘 다스리고 방어 기제를 어떻게 긍정적으로 사용할 것인가를 모색하는 것이다. 역동 심리가 일어나는 전이를 통해서 자기 자신의 핵심 감정을 드러내게 하고 이를 객관적으로 통찰해 볼 수 있는 기회를 주는 것이다.

2) 불안 양가 애착 유형과 통찰

불안 양가 유형의 사람은 인간관계를 통해 불안을 가라앉히려 한다.

다른 사람과 연결되어 있음을 느끼고 싶은 갈망이 크기 때문에 강박적으로 관계를 추구한다. 이들은 자기에 대한 회의(self-doubt)가 크다. 이들이 안정감을 경험하고 인격적 영적 성숙을 하기 위해서는, 사람들을 기쁘게 하여 그들의 지지를 받으려고 두 배의 노력을 하면서 결과를 기대하는 태도를 먼저 버려야 한다. 자신의 두려움과 거짓된 믿음에 정면으로 맞서야 한다. 이들은 '하나님의 사랑은 조건적이다'라고 믿고 있는 자신의 생각이 그들의 의존 욕구에서 온 것임을 시인해야 한다. 정직은 치유로 가는 첫 걸음이다. 이들에게는 안정감 있는 존재가 필요하다. 안정적 관계 속에서 진정으로 너그러운 사랑을 경험함으로써 하나님의 놀라운 은혜의 진리를 경험하게 될 수 있다. 그것은 통찰과 성찰의 순간이다. 이때 이들은 이전에 갖고 있던 하나님에 관하여 체험했던 것과 대비하여 보고, 새로 체험한 것을 내면화시켜가야 한다. 이 과정에서 오직 하나님만이 그들의 의존 욕구를 채워줄 수 있음을 경험할 때 치유가 일어난다. 남을 지배하기 좋아하는 사람들은 상대를 인정해 주고 상대와 친밀한 관계를 맺겠다는 약속을 알게 모르게 이용해, 불안해 하고 관계를 갈망하는 사람들을 교묘하게 조종한다. 이런 불건전한 관계 속에서 용기 있게 경계를 정하고 지금까지와는 다르게 행동하는 법을 익히면 이제 자신의 감정이나 새로운 선택에 관해 솔직히 말해도 괜찮다는 것을 깨닫게 된다. 다른 사람들을 돕는 사람들 중에 사랑받고 인정받고 싶고 자신이 쓸모 있는 존재라는 것을 느끼고 싶어 하는 사람들이 있다. 이들은 자신이 다른 사람을 돕고 싶은 동기가 사실은 사랑받고 있음을 느끼고 싶어서라는 것을 깨닫게 된다면 비로소 정서적 안정을 향해 나아갈 수 있다.

3) 불안 회피 애착 유형과 통찰

다른 사람을 잘 돕지 않는 가정에서 자란 사람들이 있다. 이들은 도움보다는 꾸지람을 듣거나 따돌림을 당하면서 자랐다. 이들은 사람이란 믿을 게 못된다고 판단한다. "내 곁엔 아무도 없을 거야. 하나님도 내 곁에 있어 주시지 않는다면 나 혼자 해내는 수밖에. 난 할 수 있어"라고 생각했다. 이들이 하나님과의 관계에서 안정감을 찾기 위해서는 자기가 반항심을 품은 채 세상과 동떨어져 있다는 것, 자기 자신을 과대평가하고 있다는 것, 허울뿐인 안정감과 인생의 목적을 찾는 자기 능력에 의존하는 경향이 있다는 현실을 직시해야한다. 누군가에게 마음을 열고 솔직한 기분을 털어놓는 것이 하나님과의 친밀한 관계를 나아가는 여정에서 최선일 수 있다. 하지만 그 관계에서도 역시 좌절이 있을 수 있다. 결국 오직 하나님은 끝까지 배반하지 않으시고 신실하시다는 것을 발견할 때 거기에서 치유가 시작된다.

4) 두려워하는 애착 유형과 통찰

어렸을 때 학대 받거나 유기당한 경험이 있는 사람들은 하나님이 주신 재활 과제를 이행할 때 극복해야 할 장애물이 많다. 하지만 치유하시는 사랑을 경험함에 따라 이들은 다른 유형에 비해 그 사랑에 가장 감사할 수 있고 또 가장 안정감 있는 사람이 될 수 있다. 이들은 나를 사랑해 줄 사람이 세상에 아무도 없다고 생각하면서 뒤틀리고 악한 메시지를 내면화했다. 그래서 이들은 "내가 학대당하는 건 다 그럴 만한 이유가 있어서야. 난 학대당해도 싸"라고 생각했다. 하지만 성경은 하나님은 상한 마음을 치유하시고 상처를 싸매 주신다고 말한다. 이들에게는 그리스도의 안전한 품이 되어 그분의 따뜻한 사랑을 보여주고 하나님의 은혜를 말해줄 사람이 필요하다. 이들은 사람들과의 관계 속에서 작은 갈등이 있을 때마다 세상이 무너지는 것처럼 생각하고 모든 것을 그만두고 싶어 한다. 재양육의 중요 단계에서 자신의 가장 깊은 상처를 마주하고 그 상처를 슬퍼하며 상처를 준 사람을 용서하고 건강한 성인 대 성인의 관계로 사람들을 대하는 방법을 배우는 힘든 작업을 해야 한다.

8. 애착과 역동 심리상담 윤리

상담자와 목회자가 안정적 애착 관계를 형성하고 있지 못하는 사람이라면 그의 사역에 많은 문제들이 발생할 수 있다. 스스로 자기 자신이 안정적이지 못하다면 상담이나 멘토링을 통하여서 먼저 재양육을 받아야 할 필요가 있다. 스스로 자기 자신의 핵심 감정을 다루어 치유를 받아야 한다. 자신이 치유 받지 못한 문제와 비슷한 문제를 가진 내담자가 찾아오면 정직하게 다른 상담자에게 위탁하는 것이 더 나을 수 있다. 상담자가 안정적이지 못하면 상담 과정에서 자신의 핵심 감정을 표출시킬 수 있고 그로인해 상담이 실패로 끝나거나 혹은 내담자나 상담자가 또 다른 상처를 입게 될 수 있기 때문이다.

상담의 과정에서 더 크게 문제가 되는 것은 부정적 역전이이다. 역전이

(counter-transference)는 상담 과정에서 상담자가 내담자를 향하여 자기 자신의 긍정적 부정적 감정을 갖게 되는 것을 말한다.43) 사실 역전이는 역동 심리 상담에서 진단과 치료의 수단으로 쓰인다. 하지만 상담 과정에서 일어나는 역전이는 동전의 양면과도 같다. 다른 사람을 돕고 싶은 감정은 이타적인 행동의 동기가 이기적인 경우들이 많기 때문이다. 목사나 상담사 등과 같이 다른 사람을 도우려고 하는 사람들의 경우 어린 시절의 의존 욕구가 채워지지 않은 사람들이 많다. 다른 사람을 도움으로써 그것을 채우려고 목회와 상담에 관심이 더 가는 경우가 된 것이다. 열등감이 있는 목회자가 목회 사역을 통해 지배하고 우월감을 경험하고 싶은 욕구가 성도들을 돌보고 설교하면서 존경을 받으려는 욕구와 동전의 양면처럼 존재하기도 한다. 따라서 상담자는 상담 과정에서 자신에게 일어나는 이타적 상담 욕구의 이면에 외로움이나 인정받고 싶은 욕구나 열등감 등이 일어나고 있는지를 살펴볼 필요가 있다. 내담자의 지나친 의존 욕구가 그의 관계적 삶에 문제를 일으킨 것처럼 상담자에게도 이것은 같은 문제이다. 따라서 상담자는 자기 자신의 역동을 깊이 깨닫고 이해해야 한다.

역전이가 부정적으로 사용될 때는 내담자의 전이 작용에 상담자가 자신이 어린 시절 경험했던 불쾌했던 감정을 내담자에게 되돌려 반응하는 것을 말한다. 예를 들어 엄격한 아버지 때문에 힘들어 하며 다정다감한 아버지상을 이상적으로 만들어서 가지고 있는 여성 내담자가 있다고 하자. 상담자가 안정적인 분위기에서 내담자의 말을 잘 경청해 주자 내담자는 이 상담자가 자기의 아버지이면 좋겠다고 생각한다. 그러다가 자기 앞에 있는 상담자의 포근함에 더욱 가까워지고 많은 시간을 보내면

좋겠다고 느낀다. 안정적이지 못한 부부 생활을 하고 있어 힘들어 하던 상담자는 자기를 따르는 내담자에게 필요 이상으로 무의식적으로 마음을 열게 되는 경우가 종종 있다. 내담자의 전이에 대해서 상담자가 역전이를 일으킨 경우이다. 이는 상담자가 안정적이지 못하고 자신의 정신적이고 관계적인 문제를 먼저 해결하지 못했기 때문에 발생한다. 상담자는 자신의 문제를 먼저 해결하지 않고 상담에 임하면 상담 윤리에 부합하지 않는 여러 부작용을 일으킬 수 있다.

역전이 양상으로 상담에 영향을 주는 상황들은 다양하다. 우선은 상담자 자신의 경험으로 인해 내담자의 감정을 진정으로 공감하지 못하는 경우가 생길 수 있다. 상담 시에 내담자가 가지고 오는 문제는 상담자도 겪었을 만한 문제이다. 예를 들어 남편이 여러 해 전에 외도를 한 여성 내담자가 상담자에게 찾아 왔다고 하자. 상담자도 어린 시절 아버지가 외도를 하여 어머니가 고통스러운 경험을 하는 것을 보았고, 아버지는 절대적으로 나빴으며 가정에 말할 수 없는 고통을 주어서 용서를 할 수 없는 사람으로 인지되어 있다. 상담자는 내담자가 남편에 대한 미움과 자신이 겪은 마음의 고통을 말할 때는 '네, 그것은 죽음과도 같지요.'라고 그대로 공감을 할 수 있다. 하지만 내담자가 '내게도 문제가 있다고 생각해요.'라고 말할 때는 공감하지 못할 수도 있다. 상담자는 '왜 그렇게 생각하지요?'라고 하면서 내담자의 감정을 들어야 하는 데, '그것이 왜 ...의 문제예요? 절대 그렇게 생각하지 마세요.'라고 말하고는 내담자가 자신을 통찰하고 있었던 그 감정에 공감하지 못할 수도 있다는 말이다. 이 경우에는 상담자 자신의 외상으로 인한 감정이 역전이 되어서 오히려 내담자의 감정을 객관적으로 공감하는 것을 방해하는 경우이다.

또 다른 양상은 상담이 성공적으로 잘 진행되어 갈 때 생긴다. 그동안 의존하던 내담자가 독립적이 되고 자기 문제를 해결해 가는 것을 보는 것을 상담자가 불편해하는 경우이다. 상담자의 내부에 자신이 누군가를 도와주고 다른 사람의 의존 대상이 됨으로써 인정 욕구나 우월감을 얻기 위한 욕구가 숨어 있었을 수 있다. 다시 말하면 자신의 의존 욕구를 충족시키고자 하는 이기적 동기로 인한 이타주의적 행동이었을 경우 내담자의 치유나 성장을 진심으로 기뻐하지 못할 수도 있다. 도움을 주려는 마음이 지나친 경우는 늘 자신의 이러한 욕구가 들어 있지 않은가 살펴보아야 할 이유가 여기에 있다.44)

상담의 종결은 내담자뿐만 아니라 상담자도 헤어짐에 대한 힘든 감정이 될 수 있다. 상담자 자신의 삶에서 부모의 이혼이나 죽음과 같은 과거에 해결되지 못한 분리 불안 감정이 다시 살아난 것은 아닌지 잘 살펴보아야 한다. 이 경우 상담자는 역전이 현상으로 상담의 종결을 선언하지 못하고 애매하게 끌고 간다거나 제대로 된 종결을 하지 못할 수도 있다.

이러한 역전이를 다루기 위해서는 상담자가 늘 자신을 객관적으로 관찰할 수 있어야 한다. 상담 중에도 한쪽 귀는 내담자의 내면에서 일어나는 감정의 소리를 들으면서 다른 한쪽 귀로는 상담자 자신의 내면에서 일어나는 감정의 소리를 듣고 있어야 한다. 기독교 상담이나 멘토링에서는 이것을 분별력이라고 말한다. 기독교 상담에서는 상담자는 하나의 도구로서 일하기 때문에 특히 하나의 귀가 더 필요하다. 성령님이 그 상담 중에 사역하시면서 어떻게 생각하시고 어떤 마음이실까에 관하여 듣는 귀이다. 이것은 마치 전화를 받고 있는 여성이 전화

내용에 집중하면서 TV 뉴스에서 뭐라고 말하나 들으려고 하며 옆에서 딸이 학교에서 있었던 일에 대해서 하는 말을 동시에 들을 수 있는 능력과 비슷하다. 이 능력은 훈련이 필요하다. 여성들은 특히 엄마들은 자녀들을 키우면서 이러한 경청 능력을 키워왔다. 기독교 상담자는 성령님께 늘 열려 있어야 한다. 그럴 때 이러한 분별력을 얻을 수 있다.

Mental Health and Christian Counseling

CHAPTER 03
관계의 가면과 기독교 상담

Relational Masks and Christian Counseling

1장과 2장에서는 정신 건강의 문제를 건강과 이상의 경계를 특별히 두지 않으면서 전반적으로 살펴보았다. 왜냐하면 1장에서는 정신 건강에 대한 기독교적 이해를 살펴보고, 2장에서는 정신 의학 특히 역동 심리이론들의 지혜를 통한 기독교 상담을 모색해 보았기 때문이다. 본 장에서는 정신 건강에 이러한 기본적 이해를 바탕으로 다양한 정신 건강의 문제 중에서 특히 인격 장애에 초점을 맞추어 살펴보려고 한다. 이 책의 나머지 장들에서 다루고 있는 인격 장애들은 이러한 이론적 바탕위에서 탐구하고 있다.

1. 심리적 현실

우리는 우리의 삶을 돌아보고자 할 때 흔히 '나는 어디에서 왔고 어디에 있으며 어디로 가고 있는가?'라는 질문을 스스로 해본다. 이 질문은 내가 어디에서 태어나고 지금 어디에서 살고 있는가를 묻는 것이 아니다. 이것은 삶의 의미와 목적이 어디에 있는 가를 묻는 것이다. 여기에서 '어디'라는 말은 물리적 장소가 아니라 존재론적 의미론적인 장소를 의미한다. 즉 마음 속의 장소를 의미한다. 빅터 프랑클은 '어떻게 지내십니까?' 보다는 '지금 어디에 계십니까?'라고 인사하는 것이 더 중요하다고 말했다고 한다. 이무석 교수는 여기에서 '어디에'는 물리적 장소가 아니라 심리적 장소를 의미한다고 하면서, 그것을 "지금 실제 현실(actual reality)에서 살고 있는지 아니면 심리적 현실(psychologic reality)에서 살고 있는지를 물어 보라는 얘기다."[1]라고 해석하였다.

'지금 어디에 계십니까?'라고 묻는 빅터 프랑클의 '인사법'은 상담에서 매우 중요한 질문이다. 인간은 실제 현실에서 살면서도 심리적으로는 과거의 어떤 시점과 뒤엉켜 살고 있기 때문이다. 또한 '나'로 살고 있지만 '대상'과 늘 역동 심리적으로 엮여 있는 '나'로 살고 있기 때문이다. '지금 어디에 계십니까?'라는 질문은 인간이 역동 심리적 존재임을 간파한 질문이다. 이 질문은 상담의 과정에서도 중요한 시사점을 준다. 특히 역동 심리 치료와 상담의 과정에서는 내담자가 어떤 심리적 현실에서 살고 있는지를 묻고 살피는 것은 필수적인 과정이다.

성경에서도 이와 똑같은 질문이 등장하는 곳이 있다. 하나님께서 금하신 선악과를 따먹은 후 불안과 두려움으로 하나님의 낯을 피하여 에덴동산의 나무들 사이에 숨어 있던 아담에게 하나님께서 처음 던지신 질문이 "네가 어디 있느냐?"이었다(창 3:9). 이 질문도 의미론적으로 정체성을 묻는 질문이기도 하면서 영적인 심리적인 위치를 묻는 질문이었다. "하나님의 소리를 듣고 내가 벗었으므로 두려워하여 숨었나이다."

(창 3:10)라는 아담의 대답을 살펴보면 이것을 더 확실하게 알 수 있다. 아담은 하나님이 동산에서 거닐고 계신 것을 알고 있었는데 하나님께서 아담이 어디 있는지 모르실리는 없다. 하나님은 정확하게 그가 어디에 있는지 아셨다. 그가 있는 물리적 장소뿐만 아니라 심리적 영적 장소도 알고 계셨다. 하나님께서는 그의 심리적 영적 현실을 상담하시고자 물으셨던 것이다.

이와 유사한 질문이 또 있다. 영적 침체 상태에 빠진 엘리야에게 하나님께서 하신 질문도 이와 유사한 "엘리야야, 네가 어찌하여 여기 있느냐"이었다(왕상 19: 9, 13). 이세벨의 살인 위협에 도망치다가 로뎀나무 밑에서 죽기를 간구하는 엘리야를 하나님께서는 먼저 먹이시고 쉬게 하셨다. 그런 하나님께서 엘리야가 사십 주야를 가야하는 만큼 먼 거리에 있는 호렙산 동굴 안에 왜 숨어 들어가 있는지 모를 리는 없다. 하나님께서는 그가 영적 싸움에 지쳐있고 죽음의 위협으로 심리적으로 우울함에 빠져 있는 것을 정확하게 알고 계셨다. 그럼에도 하나님께서는 그를 상담하시고 진단해야 할 필요가 있으셨다. 이 질문에서 '여기'라는 것도 물리적 장소이기도 하지만 심리적 영적 장소를 말하는 것이다. 영적으로 지치고 심리적인 두려움에 떨고 있는 엘리야의 대답을 보면 확실히 알 수 있다(왕상 19: 10, 14). 엘리야의 심리적 영적 현실을 물으시는 것이었다.

우리도 가끔은 때로 물리적 현실이 아니라 심리적 현실에 살고 있을 때가 있다. 우리의 마음이 갈피를 못 잡고 여기저기를 떠돌고 있는 모습을 스스로 발견할 때가 있다. 분노나 불안이 우리를 휩싸고 있을 때가 있다. 앞 장에서 살펴보았듯이 우리 안에는 어린 시절 부모와의 경험에서 좌절의 경험을 가지고 있다. 채워지지 않았던 욕구들이 좌절된 경험으로 기억되고 그것은 우리에게 상처가 되어 우리 안에 깊은 감정의 골을 만든다. 역동 심리 이론에서는 이러한 감정의 골을 핵심 감정이라고 한다. 이 핵심 감정은 성인이 되어서도 비슷한 상황만 되면 자꾸 고개를 들고 일어난다. 이 감정들은 어린 시절부터 채워지지 않은 욕구가 상처가 된 것이기 때문에 아주 유치한 감정들이다. 이해할 수 없는 분노나 열등감 같은 것들이 그것이다. 이런 감정들은 매우 부지불식간에 일어나고 불같이 타오르기 때문에 이해하기도 어렵고 통제하기도 어렵다. 이것은 무의식에서 일어나는 것이지만 엄연한 현실이다. 이것을 경험하는 사람은 실제 현실이 아닌 다른 사람의 눈에는 보이지 않는 당사자만의 심리적 현실에 거하는 것이다. 실재 현실에서 일어나는 일이 심리적 현실에서 일어나는 것처럼 경험되기 때문에 다른 사람에게는 그렇지 않은 것을 당사자는 반드시 그렇다고 확신하면서 행동한다. 이 심리적 현실에서 경험되는 역동의 감정은 너무나도 강력해서 엄청난 에너지로 구체적으로 영향력을 행사한다. 그 감정은 마치 길 잃은 어린 아이가 엄마를 찾아 헤매면서 느끼는 감정과 같다. 그 감정은 불안과 두려움과 분노와 서러움과 초조함과 같은 것으로 당사자의 이성적 사고를 마비시키고 어린 아이처럼 행동하게 한다. 그때만은 어른이 아니라 '마음 속의 아이'이다.

2. 신앙과 인격

인간은 모두 이러한 핵심 감정을 가지고 있다. 우리가 실제 현실에 사는지 아니면 심리적 현실에 사는지는 우리의 인격의 성숙도와 관련이 있을 뿐이다. 우리가 얼마나 자주 그리고 얼마나 심하게 심리적 현실에 좌우되는가에 따라 우리의 관계와 삶의 질은 차이가 많이 난다. 좋은 관계를 맺으며 살기를 원하지 않는 사람은 아무도 없을 것이다. 인간관계에서 때로 불편을 경험하더라도 어느 정도는 서로 용납한다. 그 정도가 지나쳐 관계 때문에 어려움을 경험하면 사람들은 상담을 받거나 상담관련 책을 통해서 자신의 대인 관계를 개선하려 노력한다. 그리스도인들은 기도도 해보고 회개도 해본다. 상대에게 용서도 구해보고 행동을 바꿔보려고 뼈를 깎는 마음으로 다짐하고 노력도 해본다. 하지만 좀 좋아지는가 싶다가도 비슷한 상황만 되면 어느 순간 예전의 모습으로 돌아가 있다. 이론으로는 알고 머리로는 아는데 행동으로 옮겨지지 않는 것이다. 실생활에서는 좋은 관계를 간절히 원하면서도 실제로 실행하지 못하는 사람도 많다. 목회와 상담을 오래 하고 가르치기까지 한 사람들도 자신의 실생활에서는 아는 대로 행하지 못하는 것이 인간이다.

대부분의 사람들은 자신이 믿는 것에 대해서는 많은 주장을 하지만 다른 사람들과 교류하는 모습은 자신의 말과 일치하지 않는다. 청소년 멘토로 오랜 덕망을 쌓고 있지만 포르노를 탐닉하는 고등학교 선생님, 바른 생활로 인정받지만 성적 일탈로 사회를 놀라게 한 법조인 등 이것이 우리의 모습이고 현실이다.

집수리하기를 좋아하는 한 아동 심리학자가 있었다. 어느 날씨 좋은 토요일 오후 그는 자기 집 대문 앞의 땅 바닥을 콘크리트로 바르는 작업을 마무리하고 있었다. 몇 미터 떨어진 곳에서는 이웃집 소년이 그가 일하는 모습을 지켜보고 있었다. 길 건너에는 이웃 사람이 잔디를 깎고 있었는데, 그는 수년 동안 이 박사가 아이들을 심리를 연구하는 일을 얼마나 좋아하는지에 대해서 귀가 닳도록 들었다. 그는 이 박사와 어린 소년을 계속 소년을 주시하고 있었다. 박사가 흐뭇한 마음으로 자신이 방금 마친 작업을 바라보기 위해 뒤로 약간 물러서자마자, 그 소년은 아직 채 마르지 않은 시멘트 바닥에 뛰어들어 이리저리 뛰어다니기 시작했다. 아동 심리학자는 자기가 멋지게 마무리한 시멘트 작업을 망친 이 소년을 붙잡고 등을 때리기 시작했다. 길 건너에서 이 광경을 지켜보던 이웃은 박사의 행동에 놀라서 박사에게 외쳤다. '어이, 박사님, 나는 당신이 아이들을 사랑하는 줄 알았는데요.' 박사는 대답했다. '난 정말 아이들을 사랑해요. 하지만 추상적으로 사랑할 뿐이지 실제 생활에서는 그렇지 않아요.'[2]

그리스도인들도 여기서 예외는 아니다. 그들이 고수하고 있는 성경적 신념들은 그들이 관계를 맺는 방식과 전혀 다르다. 강단이나 교회 공동체에서 사랑을 외치지만 배우자나 자녀들과의 관계에서는 독재자처럼 행세하는 목회자들, 성경 지식도 풍부하고 성경 공부를 잘 인도하지만 집에 가서 남편에게 욕설을 퍼붓는 여자 집사님, 교회나 자선 단체에서 많은 봉사를 하지만 목회자나 교인들의 흠을 잡아 교회에서 분란을 일으키기 잘하는 장로님 등...

나는 기독교 집안에서 그리고 어린 시절부터 교회 공동체에서 자랐다. 그래서 예수를 믿고 신앙이 좋아지면 사람이 변화된다는 말을 늘 들어왔다. 그런데 어느 날 엄마와 이모가 대화를 나누면서 이모는 엄마에게 "신앙이 좋다고 사람의 인격이 근본적으로 바뀌는 것은 아닌 것 같아."라고 말했다. 그 이후로 그 말은 늘 내 마음에 남아 있었다. 신앙이 좋다는 사람들이 만나면 늘 다른 사람을 욕하거나 하는 모습을 보면서, 목회자 지망생이 아내를 폭행하고 이혼하는 모습을 보면서, 만나는 사람마다 마음을 상하게 하는 50대 목사 부부의 모습을 보면서 그 말이 늘 떠오르곤 하였다. 이것은 결국 나의 박사 학위 논문의 연구 질문이 되었다. 전문 용어를 빼고 일상의 용어로 그것을 다시 표현하면, "우리의 관계 맺는 방식에 영향을 주는 것이 무엇인가?" "신앙은 우리의 관계 맺는 방식에 영향을 미칠까?" "우리가 관계 맺는 방식에는 어떤 유형들이 있을까?"였다.

팀 클린튼은 『관계의 하나님』이라는 공저에서 어린 시절 교회에 매주 나오던 한 아저씨가 어느 주일날 밤 교회를 마치고 돌아가는 길에 자기 아내를 총으로 쏴 죽였다는 말을 듣고 충격을 받아 이렇게 고백한다. "그것은 악마의 유혹에 빠져서 일어난 일이었을까? 아니면 아저씨에게 있던 정신적 광기였을까? 나는 옳고 그름, 악, 그리고 고통의 문제와 씨름하기 시작했다. 하나님은 우리 존재와 생활 방식, 그리고 어떻게 처신하는지에 영향을 끼치시는가? 하나님과의 관계가 중요하기는 한 건가?"[3] 의식 있고 삶을 진지하게 고민해 본 많은 그리스도인들이 팀 클린턴과 같은 생각을 해왔을 것이다.

3. 관계의 가면과 견고한 요새

우리의 모습은 왜 이럴까? 그것은 우리가 실제로 우리 자신에 대해서 잘 모르기 때문이다. 우리 자신을 표면적으로만 알기 때문이다. 인간의 정신세계와 역동 심리 작용에 대해서 잘 모르기 때문이다. 배우지 못하고 몰라서 실행하지 못하는 경우도 있지만, 인간관계가 어려운 것은 그런 것을 아는 경우에도 아는 만큼 실행하기가 어렵기 때문이다. 그것은 우리의 인간관계가 우리의 의식에 의해서만 지배를 받는 것이 아니라 무의식에 의해서도 영향을 받기 때문이다. 오히려 무의식이 더 크게 우리의 관계를 좌우한다고도 볼 수 있다. 의식적으로는 잘해보려 해도 우리의 내면을 지배하는 무의식이 그것을 방해하기 때문이다. 우리는 문화 속에서 사회가 만들어 준 신분적 가면을 쓰고 산다. 이 가면 뒤에 있는 자기 자신을 우리는 잘 모르기 때문에 다른 사람들과 친밀해 질 수 있는 능력이 무력해진 것이다. 우리가 성숙한 관계를 맺지 못하도록 방해하는 장애물들 때문이다. 이 신분적 가면 뒤에는 동전의 양면처럼 이 장애물들로 이루어진 관계의 가면이 있다. "관계의 가면은 단지 거짓으로 꾸민 것 같은 모양이 아니다. 그것은 우리가 고통으로부터 자신을 보호하기 위해 어린 시절에 형성했던 관계 맺는 유형이다."[4] 그 유형은 우리 각 사람의 고유한 태도나 행동이 얽힌 복합체이다. 이러한 관계의 가면은 우리가 성인이 되어 살아갈 때 장벽이 되어 좀 더 깊이 다른 사람들을 알고 자신을 알리는 것을 제대로 하지 못하도록 우리를 방해한다. 일반적으로 유년기의 상처나 심리적 갈등 혹은 '쓴 뿌리'라고도 하는 이 장애물은 강력한 에너지가 있다. 역동 심리이론에서는 그것을 핵심 감정이라고 하며 인간관계에서 이 핵심 감정이 일어나서 힘든 상황으로부터 자기 자신을 보호하기 위하여 발달시킨 방어벽을 성경에서는 '견고한 요새'(고후 4)라고 하고 정신분석학에서는 방어 기제라고 한다. 인간관계에서 상처를 받지 않으려고 스스로 내면에 만든 방어벽이다. 이 방어 기제는 보이지 않는 인격의 가면으로 인간관계를 맺고 유지하는 과정에서 우리가 의식하지 못하는 중에도 우리의 사고와 느낌과 행동을 지배한다. 이와 같이 무의식적으로 우리는 핵심 감정의 지배를 받으며 알지 못하는 사이에 핵심 신념들을 세워 놓고 그 신념대로 사고하고 행동한다.

우리는 이미 앞 장에서 역동 심리이론에서 말하는 내적 작동 모델(internal working model)의 기초가 되는 두 가지 핵심 신념에 관하여 살펴보았다. '나는 사랑받을 수 있는 존재인가?'와 '다른 사람이 나를 사랑해 줄 것인가?' 즉 우리의 자아상과 대상관계표상이다. 이 두 가지 핵심 신념은 성인이 되어 다양한 관계들 속에서 더욱 복잡한 핵심 신념들을 만든다. 『관계의 가면』(Relational Masks)의 저자 러셀 윌링엄(Russel Willingham)은 특히 그리스도인들의 삶에 영향을 미치는 핵심 신념을 7가지로 정리하고 각 신념을 자세히 설명하고 있다.[5] 이러한 핵심 신념들은 우리의 인간관계가 더욱 성숙하고 조화롭게 되는 것을 방해한다. 우리는 이러한 핵심 신념에 기초하여 자신이 상처받는 것으로부터 보호하기 위하여 방어 기제를 만든다.

우리는 알게 모르게 이렇게 방어 기제 혹은 마음의 벽을 세우고 산다. 바울은 이러한 방어 기제를 '견고한 요새'라고 말한다.

> 우리의 싸우는 무기는 육신에 속한 것이 아니요 오직 어떤 견고한 진도 무너뜨리는 하나님의 능력이라. 모든 이론을 무너뜨리며 하나님 아는 것을 대적하여 높아진 것을 다 무너뜨리고 모든 생각을 사로잡아 그리스도에게 복종하게 하니(고후 10:4-5).

바울은 견고한 요새는 우리의 생각과 관념과 주장들 즉 하나님의 말씀에 어긋나는 세상의 규범이나 가치나 관습 등을 따르는 우리의 신념이라고 한다.6) 이러한 신념들은 여러 가지 이유들로 인하여 우리가 하나님과 다른 사람들과 풍성하고 건강한 관계를 맺지 못하도록 방해를 한다. 우리의 삶을 지배하는 핵심 신념들은 주로 어린 시절의 상처들로부터 우리 자신을 지키기 위해 벽돌로 벽을 쌓아 단단한 요새를 만드는 것이다. 우리가 그 요새 뒤에 숨어서 자기의 진실한 모습은 감추고 정직하게 살지 못하게 한다. 내가 아닌 나로 살아가게 한다. 관계의 가면을 쓰고 살게 한다. 자신이 쓰고 있는 관계의 가면을 의식하지 못하면 그 뒤에 숨어서 관계를 단절하는 일을 자꾸 행한다.

그 방어 기제의 모습들은 사람마다 다 다르며 앞 장에서 설명하였듯이 열쇠와 자물쇠처럼 작동한다. 즉 핵심 감정이 건드려지는 상황은 오직 그 사람에게만 문제가 되는 상황으로 그 사람은 거기에 맞는 핵심 신념을 가지고 있어서 그것에 따라 움직인다. 사람마다 얼굴의 모양이 다르듯이 핵심 감정도 다르고 핵심 신념도 다르고 이에 기초한 방어 기제 즉 관계의 가면도 다르다. 그래서 우리가 건강하고 성숙한 인간관계를 맺고 유지하기 위해서는 이러한 것들을 잘 살펴보는 것이 필요하다.

4. 관계의 가면과 인격 장애의 형성

레리 쿰스는 알코올과 마약 중독으로 모든 재산을 탕진했고 부부 관계마저 파괴하고 있었다. 래리는 아버지로부터 받은 온갖 학대로 분노에 가득 찬 사람이었다. 그의 아버지는 신체적 학대뿐만 아니라 사랑한다는 말 한마디도 하지 않았다. 레리가 12살 때쯤 하찮은 물건 하나를 훔쳤는데 아버지는 그를 경찰서로 끌고 가서 일주일 동안 그곳에 놔두었다. 그때 레리는 다시는 아버지를 믿지 않기로 맹세했다. 그리고 조금 더 성장한 후 가출을 하고 알코올과 마약에 빠졌다.[7]

40대 후반의 잘 나가는 회사의 임원인 휴가 있다. 그는 지난 세월 동안 늘 마음이 무언가에 쫓기고 인간관계가 불편했다. 그는 회사에서 사직 권고를 받은 상태였다. 똑똑하고 유능해서 초고속 승진을 해왔던 회사에서 사직 권고를 받았다. 우울했고, 설사가 시작되어 체중이 점점 빠졌다. 휴는 엄격한 아버지 밑에서 자란 둘째 아들이었다. 아버지는 자신을 닮은 형을 편애했고 휴를 별로 귀여워하지 않았다. 아버지가 자신의 출생을 원하지 않았다는 이야기를 전해들은 휴는 아버지가 형을 편애한다고 확신했다. 아버지가 출장을 갈 때도 형만 데리고 갔다. 휴는 어려서부터 이별 불안에 시달렸다. 아버지에게 버림받지 않고 잘 보이기 위해 무척 애를 썼다. 공부에 매달려 늘 수석을 했다. 그는 자신이 좋아하는 여자보다 아버지가 선택한 여자와 결혼을 했고, 직장을 옮기는 문제도 아버지의 허락을 얻고 옮겼다.[8]

우리는 모두 레리나 휴처럼 어린 시절 몇 가지 상처를 가지고 있다.

그 상처가 크던 작던 그것은 우리 안에 방어 기제를 만들게 한다. 그래서 인생의 항해에서 감정의 파고로 인해 상처를 덜 받도록 우리 스스로를 방어하게 한다. 문제는 이 방어 기제가 하나님과의 더 깊은 교제를 방해할 뿐만 아니라 인간관계 또한 뒤틀리게 한다는 것이다. 심한 경우 레리나 휴처럼 인격 장애로 나타나 우리의 육체적, 정서적, 관계적 그리고 영적 삶의 모든 양상에 영향을 미친다.

레리의 경우는 아버지에 대한 반항으로 알코올과 마약 중독에 빠진 경우이다. 모든 재산을 탕진하고 분노 조절이 되지 않아 아내와의 관계도 파경으로 가고 있었다. 휴는 지나치게 경쟁적이고 공격적이었기 때문이었다. 그가 권고사직을 당한 이유도 그의 이 방어 기제 때문이었다. 안타깝게도 휴 자신은 자신의 대인 관계 문제를 이해하지 못하고 있었다. 자신은 죽어라고 일했는데 쫓겨나게 된 것에 대한 배신감과 억울함과 분노가 일었다. 그러나 그가 초고속 승진을 하게한 그 추진력과 공격적 방법은 인간관계에서 문제를 일으켰다. 윗사람이건 아랫사람이건 누군가 일을 제대로 하지 않으면 불같이 공격하고 채찍을 휘둘렀다. 하지만 유능한 새로운 인재들은 휴와 더 이상 일을 할 수 없다며 회사를 하나 둘씩 떠나자 사장은 그를 회사에 두기에는 위험하다고 판단했던 것이다.

사회 문화적 영향으로, 부모의 양육 패턴에 의해, 혹은 자신이 타고난 기질에 의해 저마다 독특한 관계의 가면을 형성한다. 그리고 성장 과정에서 그대로 굳어진다. 우리가 느끼고 말하고 생각하고 행동하는 모든 것은 바로 관계 가면에 의해서 좌우된다. 이 관계 가면은 앞 장에서 설명한 내적 작동 모델에 대한 은유적 표현이다. 이 내적 지도는 핵심 신념으로 이루어져 있는데, 그것은 우리가 우리 자신과 다른 사람을 해석하는 방식이다. 우리 자신이 누구인가에 대해 다른 사람들에게 나타내기도 하고, 다른 사람들이 우리를 대하는 방식을 해석하는 창이기도 하다. 우리가 세상을 내다보는 창이기도 하며, 세상이 우리를 해석하게 하는 창이기도 하다. 만일 그 창이 굽어졌거나 금이 갔거나 뿌옇게 먼지가 앉았거나 한다면, 세상이 굽어지게 보이거나 금간 것처럼 보이거나 먼지가 있는 것처럼 보인다. 또한 세상이 우리를 볼 때 굽어졌거나 금이 갔거나 뿌옇게 먼지가 있다고 볼 것이다.

우리 스스로는 자기의 관계의 가면을 알아보기는 어렵다. 우리가 관계 맺는 방식은 우리가 존재하는 방식이기 때문이다. 우리는 지금 그대로의 우리의 모습에서 어떤 잘못된 점을 보지 못하거나 가면은 그대로 놓아 둔 채 우리 삶의 다른 부분을 변화시키기 위해 노력한다. 책을 읽고, 컨퍼런스에 참석하고, 기도와 성경 공부에 매진하고, 금식하고, 다음에는 더 잘하겠다고 상대방과 하나님께 약속한다. 하지만 우리의 관계의 가면은 그대로 남아있다. 이 관계의 가면이 그대로 있는 한 언제든지 또 비슷한 일들로 자신도 고통스럽고 가까운 사람들에게 고통과 상처를 안겨주게 된다. 신앙인이건 아니건, 목회자이건 평신도이건 상관없이 결국 이 관계의 가면이라는 것이 무엇이고 어떻게 형성되었고 어떻게 작동하는지에 대해서 아는 것이 필요하다.

정신분석에서는 보호자와의 관계에서 내적으로 관계상을 형성하는 것을 내재화(internalization 혹은 introjection)이라고 한다. 래리는 아버지에 대한 실망과 분노를 내재화하여 자기 비난이나 자기 학대와 같이 분노를 안으로 표출하는 수동-공격적인 인격을 형성했다. 낮은 자존감과 우울증 알코올과 마약 중독 빠지는 것으로 그리고 아내에게 분노를 표출하는 식으로 나타났다. 반대로 휴는 아버지와의 이러한 관계를 내재화하여 다른 사람에게 최대한 인정받고 비위를 맞추려고 노력하지만 그 관계를 두려워하는 인격을 형성했다. 그리고 다른 사람이 자신의 욕구에 채워지지 않으면 화가 치밀어 오르고 오만가지 생각으로 아무 일도 할 수 없는 상태가 되었다. 그러면 불안과 짜증과 화가 일어났다.

　이러한 과정을 정신분석에서는 투사(projection)라고 한다. 투사는 무의식적으로 일어나는 과정이다. 핵심 감정이 건드려졌을 때 자신도 모르게 핵심 신념 대로 믿고 행하는 것이다. 어른이 되어서 친밀한 관계에서 특히 부부 관계 혹은 직장 선후배 관계 특히 자신의 자녀와의 관계, 종교적 공동체에서 만나는 사람들과의 관계에서 투사는 매우 쉽게 일어난다. 자신만 관계의 가면을 쓰고 있는 것이 아니다. 상대방은 모르고 있지만 그에게도 가면을 씌운다. 자신에게 상처를 준 엄마나 아빠의 가면을 상대에게 씌운다. 그리고는 그를 어린 시절 자신에게 상처를 준 엄마나 아빠라고 생각하고 분노를 그에게 터뜨리는 것이다. 그야말로 그 순간은 심리적 현실에서 사는 것이다. 어른이 되어서도 이러한 인격 이상을 치료하지 않은 상태로 두면 모든 친밀한 관계에서 똑같은 일을 경험하고 본인뿐만 아니라 상대방도 힘들게 한다.

　따라서 우선은 우리가 관계의 가면을 쓰고 산다는 사실을 아는 것이 첫 번째 과제이다. 많은 사람들이 그 사실 조차도 인지하지 못하기 때문이다. 많은 사람들이 '난 항상 그래왔어. 그것이 내가 사는 방식이야.'라고 말한다. 그것이 한편으로는 옳은 것 같지만 다른 한편으로는 자기 스스로나 상대방에게 정직하지 못한 것임을 깨닫지 못한다. 더구나 그것이 때로는 가까운 사람에게 상처를 주며, 우리의 관계가 더 꼬이도록 우리를 만든다는 사실을 모른다. 이 사실을 인지하는 것이 두 번째 과제이다. 관계의 가면과 하나가 되어서 때로 무엇이 진짜 나의 모습인지를 분별하지 못한다. 너무 오래 동안 관계의 가면 밑에 숨어서 그것에 자신을 동일시하면서 살아왔기 때문이다. 세 번째 과제는 사람마다 독특한 관계의 가면을 쓰고 관계를 맺는다는 사실을 알고, 자기 자신과 상대방이 쓰고 있는 관계의 가면의 유형을 파악하는 것이 필요하다. 이것은 우리의 정신 건강과 바른 관계를 위해 필수적인 작업이다.

5. 인격 장애와 인간관계

우리는 늘 저마다의 관계의 가면을 쓰고 살지만 이처럼 그것 자체를 인식하지 못한다. 그리고 그것이 자기 자신과 주변사람들을 얼마나 힘들게 하는지 모른다. 그래서 인격 장애가 있다는 말은 자신의 관계의 가면을 인식하지도 못하고 늘 핵심 감정과 방어 기제에 휩싸여서 인간관계를 뒤틀리게 하여 자기 자신도 힘들고 주변 사람들도 힘들게 하는 것을 말한다. 인격은 대인 관계나 삶의 방식으로 나타나므로 타인과의 유대, 더 나아가서는 사회의 존재 방식에도 영향을 미친다. 아동 학대, 스토커 범죄, 존속 살인 등의 공통점은 타인과의 관계가 성숙하지 않기 때문에 자기 뜻대로 되는 존재만을 사랑하고 뜻대로 되지 않으면 공격의 대상으로 삼는 것이다. 인격 장애의 특징 중 하나는 자기에 대한 지나친 기대로 인해서 상처받기 쉽다는 것이다. 우울, 자폐증, 의존증, 중독 등에도 이러한 문제가 내재되어 있다. 우울증, 불면, 불안 증상이 인격 문제에 근원이 있다는 것은 제대로 인식하지 못하는 실정이다.

인격은 그 자체가 그 사람의 인품이라 그리 간단하게 바뀌지도 않고 바꿀 필요도 없다. 그러나 인격 장애는 그 정도가 지나쳐 사회에 적응해서 살아가는 데 장애가 되므로 바꿀 필요가 있다. 인격 장애를 극복한 사람은 대단히 매력적인 인격으로 성숙해진다. 주변에서도 높게 평가해서 신뢰하고 사랑하게 된다.

이런 사람은 '철든 어른(mature adult)'이 된다. 에릭슨은 그의 생애 발달 단계 이론에서 노인이 되면 어린아이로 돌아간다고 말한다. 성숙한 노인은 천진난만하고 상상력이 풍부한 어린아이 같지만(childlike), 제대로 성숙하지 못한 노인은 마치 철부지 아이처럼(childish) 괴팍한 모습을 보인다고 했다.9) 인격 장애를 극복하지 못한 채 나이를 먹은 사람은 주위로부터 소외되며 허울뿐인 인간관계를 맺게 된다. 진정으로 신뢰할 수 있는 사람과도 멀어져 점점 고독해진다.

오랫동안 아내를 언어적 신체적 정서적으로 학대하는 남편이 있었다. 그는 원 가족에서 분노를 건설적으로 표출하는 것을 잘 배우지 못했다. 직장에서 스트레스가 쌓이면 아내에게 스트레스를 분노와 폭력으로 표출했다. 아내는 점점 마음과 신체에 상처를 입었다. 그래서 아내는 마음의 문을 닫았고 남편은 멀리 떨어져 직장에 다니고 있으면서 아내를 의심하기 시작하였다. 그러다가 자기를 추앙하는 한 여자와 외도를 하였고 아내가 이를 알고 그만 두기를 요청하게 되면서 아내에 대한 언어적 신체적 폭력은 말할 수 없이 심해졌다. 부부 관계를 회복하는 과정에서도 솔직하지 못했고 상담도 거부했다. 폭력은 도를 더해갔다. 엄마가 너무 힘들어하는 모습을 보고 성장한 아들이 어느 날 아빠에게 대면하고 한 말이다. "아빠가 계속 그런 식으로 하면 노년에는 혼자만 남게 될 거예요. 아파도 외로워도 아빠 곁에는 아무도 남아 있지 않을거예요." 의미심장한 이야기다. 아무리 사회적으로 성공하고 많은 사람들에게 추앙받는 것 같아도 인격 장애를 극복하지 못하면 그 사람의 인생은 공허하다.

우리는 나이가 들어서 우리의 인격 이상 문제를 부모나 불우했던 환경 탓으로만 돌릴 수 없다. 불우한 어린 시절을 겪고도 그 난관을 잘 극복하고 안정된 성인이 된 경우도 있기 때문이다. 혹은 현재 처한 상황에서 오는 스트레스 때문이라거나 더욱이 상대방이 어찌해서 그렇다고 책임을 전가할 수는 없다. 같은 스트레스를 받고도 건설적으로 잘 견디거나 같은 상황에서도 그것을 건설적으로 잘 넘기는 사람도 있기 때문이다.

인간은 모두 인격적인 면에서 완벽하지 않다. 자신을 완벽하다고 확고하게 믿는 사람이야 말로 인격 장애가 있는 사람이다. 우리는 모두 정상(normal)과 장애(disorder) 사이의 어디쯤에 놓여 있다. 이것을 부인하는 것이 아니다. 하지만 우리 주변에는 누군가 관계 맺는 일에서 지속적으로 반복해서 장애를 일으키는 사람이 있다. 이런 사람들은 특히 가까운 사람들을 매우 힘들게 한다. 문제는 인격 장애가 있는 본인들은 이러한 자신의 모습을 객관적으로 보지 못한다는 것이다. 오히려 이러한 모습은 자신의 장점으로 여기고 그러한 모습이 없는 사람들을 뭔가 부족한 사람들로 무시하는 사람들도 있다. 하지만 그들이 다른 사람들과는 어떻게 인간관계를 맺으며 살아가는가를 살펴보면 무엇이 문제인지 바로 알 수 있다. 인격의 장애가 있는 사람들은 이 사람에게 하는 것이나 저 사람에게 하는 것에 아무런 차이가 없다. 난 많은 젊은 미혼들에게 자주 하는 말이 있다. 데이트 할 때 상대방이 자신의 부모나 형제자매 혹은 친구들이나 직장 동료들에게 어떻게 하는가를 잘 살펴보라는 말이다. 특히 여자는 남자 친구가 그의 어머니를 어떻게 대하는 가를 잘 살펴보면 자신의 미래의 모습이 그려질 것이라고 말해준다.

인격 장애를 가진 사람이 가족 중에 있다면 문제는 심각해진다. 가족들은 그 사람으로 인해서 스트레스를 받아 지칠 대로 지치게 된다. 부부 중에 이런 사람이 있으면, 우선은 상대 배우자는 사는 것이 지옥이다. 왜냐하면 가장 자주 부딪히는 것이 부부이고 가장 상처를 받기 쉬운 것이 부부이기 때문이다. 또한 인격 장애가 있는 부모로부터 자녀들은 직접적 학대를 받게 되며, 부모의 행복하지 못한 관계 안에서 간접적으로 심한 상처를 받을 수밖에 없다. 이러한 것들은 자녀들의 인격형성에 지대한 영향을 미치게 된다. 자녀에게 인격 장애가 있는 경우는 거의 대부분 부모의 문제라고 해도 과언이 아니다.

교회 공동체에 인격 장애가 있는 사람이 있으면 어떨까? 만일 교회 담임 목사님이, 장로님이, 지도부장이 이런 사람이라면 어떨까? 이런 교회에서는 겉으로는 평온한 것 같아도 물밑에는 늘 불안이 도사리고 있다. 이 사람에 대한 온갖 험담이 보이지 않게 오가고 여러 가지 무성한 소문도 근거 없이 떠돌게도 된다. 교회는 이런 지도자에 대한 충성파와 반대파로 갈라지게 되고, 이도 저도 싫은 사람들은 한두 사람씩 교회를 떠나게 된다. 교회 공동체는 인격 장애가 있는 사람들을 잘 돌볼 수 있는 돌봄과 치유의 공동체이기도 하다. 하지만 교회가 인격 장애에 대한 이해와 대처가 부족한 경우 오히려 인격 장애자들로 인해 교회 공동체는 상처를 입고 해체되거나 제 기능을 발휘하지 못하는 현상들을 많이 볼 수 있다.

　인격 장애를 가진 사람들이 우리 가족 중에 혹은 우리 공동체 중에 있다면 이 사람들을 어떻게 잘 이해하고 그들과 어떻게 건설적인 인간관계를 맺을 것인가? 어쩌면 이것이 교회 공동체를 이끌어가는 사람들에게는 실제적으로 중요한 과제가 아닐까 생각한다. 인격 장애가 있는 사람들은 겉으로 보기에는 정상적인 모습을 하고 살아간다. 목사로, 장로로, 교역자로, 선생님으로 교수로, 직장의 사장으로 부장으로… 그러나 그들이 외적으로 보여 주는 정상적인 모습은 신분적 가면(페르조나)에 불과한 것이다. 매우 종교적으로 보이기도 하고 오랫동안 교회에 다니기도 했다. 신앙 고백도 하고 교회에서 봉사도 많이 하고 있다. 교회에서 설교하거나 기도하면서 혹은 봉사하면서 하나님의 사랑을 말하고 기도 중에 인간의 나약함을 말하고 하나님의 은혜를 구한다. 그러나 예배가 끝나면 사소한 일로 성도들과 다투고 집에 가서는 가족들을 괴롭히고 직장에 가서는 직장 동료들과 화목하지 못하다. 겉으로만 종교적일 뿐, 겉으로만 종교 지도자의 역할을 담당하고 있을 뿐 진정으로 내면의 거듭남이 없는 모습에 우리는 자주 당황하게 된다. 이런 일을 당하는 당사자들에게는 작은 문제가 아니다. 정말로 큰 과제이다. 인격 장애가 있는 사람들 주변의 가까운 사람들은 그로 인해 많은 상처를 입고 실망하고 매일의 삶에서 정서적으로 많은 에너지를 소모하게 되기 때문이다. 정서적 에너지를 인격 장애가 있는 사람과의 관계에 소모하고 나면 창조적으로 건설적으로 다른 일을 하는 것이 어려워진다.

6. 성격과 인격 장애

일반적으로 성격이라는 말과 인격이라는 말을 특별히 구분하지 않고 쓰는 경향이 있다. 성격(character)은 사람의 독특한 생각과 감정과 행동을 포괄하여 그 사람을 특징지으며 다른 사람들과 상호 작용에서 가장 뚜렷이 드러나는 양상이다. 따라서 성격은 그 사람의 주위 환경과 사회집단의 관계 속에서 관찰할 수 있는 개인의 행동 특성이다. 한편 인격은 성격에 도덕적인 요소를 추가한 개념이라고 볼 수 있다. 그래서 인간으로서의 존엄성을 말할 때 인격이라고 말한다. 하지만 많은 경우 인격과 성격이라는 용어를 엄밀하게 구분하지 않고 이 둘을 상호 교환적으로 사용한다. 정신 의학자들 사이에서도 성격 장애와 인격 장애라는 말을 크게 분별하지 않고 쓰고 있다. 정신 의학 사전에서도 성격은 "오늘날 인격이란 말과 거의 같은 뜻으로 쓰인다...사람마다 주위 환경에 적응하고 다른 사람과의 관계를 안정적으로 유지하기 위해 의식적으로 무의식적으로 발전시키는 생활양식"[10]이라고 정의한다. 그리고 그것은 행동-반응이라는 특정한 형태를 포함하고 있다고 한다.[11] 즉 인격이나 성격은 어떤 상황이나 행동에 대해 우리가 특이하게 반응하는 양식이라는 말이다.

성경에서는 인격이나 성격이라는 단어가 거의 등장하지 않지만,[12] 히브리서 1:3에서 그 근거를 찾아볼 수 있다. 예수 그리스도를 가리켜 "이는 하나님의 영광의 광채시오 그 본체의 형상이시라"라고 할 때 '형상'이라는 말은 헬라어로 "카락테르"(characteir)라는 단어를 번역한 것으로 이는 "성격"이라는 뜻이다.[13] 히브리서 6:17절에서 하나님의 뜻에 대한 특성이 "변치 않는 성격"이란 뜻으로 나온다. 즉 성숙한 성격 혹은 인격을 가진 사람은 어떤 환란과 고난 중에도 그것을 연단으로 여기고 인내할 수 있는(롬5:4) 사람을 말한다고 할 수 있다. 바울 또한 순종이 성숙한 사람의 증거(고후 2:9)라고 말한다. 결국 성경에서 말하는 건강한 성격 혹은 인격은 균형 있고 안정적이며 "좌절과 환난의 시련을 인내하고 그리스도 예수 안에서 하나님의 부르심을 따라 순종의 연단을 받은 자에게 새겨진 '형상'이다."14)

　인격에 이상이 있는 사람들의 특징 중의 하나는 인격에 균형이 없고 안정감 없이 변화가 심하다는 것이다. 특히 경계성의 경우는 더욱 그러하다. 또한 스트레스를 받으면 불안과 분노에 쉽게 노출된다. 그것을 인내로 견디지 못한다. 자기를 성찰하는 능력이 약하여 자기의 행동양식이 옳은 줄 알고 그대로 행한다. 인격은 그 자체가 그 사람의 인품이므로 그리 간단하게 바뀌지도 않고 바꿀 필요도 없다. 그러나 그 정도가 지나쳐 인간관계를 맺는 데 장애가 될 경우 바꿔야 할 필요가 있다. 미국 정신 의학회에서는 인격 장애 개념을 "개인이 속한 문화에서 기대되는 것과는 상당히 편중되고, 전반적이며 융통성이 없으며, 청소년기나 초기 성인기에 발생을 하여 시간이 지나도 변화되지 않으며 고통이나 장애를 초래하는 내적 경험과 행동의 지속적 양상"15)으로 정의한다. 중요한 것은 그 행동과 반응이 다른 사람이나 사회에서 용납이 되느냐이다. 용납이 되면 정상이고 용납이 되지 않으면 이상인 것이다. 사회적으로 용납되지 않는 인격은 인간관계를 뒤틀리게 하고 자신과 다른 사람을 불편하게 한다. 인격 장애는 자기뿐만 아니라 주변 사람들까지도 힘들게 한다.

우리는 모두 불안, 두려움, 죄책감, 수치, 우울 등의 감정을 조금씩은 느끼면서 살고 있으며, 자존감의 문제나 완벽주의 혹은 기만이나 술수 등 정직의 문제에서 자유로울 사람은 아무도 없을 것이다. 또한 완전한 부모가 없으므로 우리는 자라면서 어느 정도의 좌절과 상처를 경험하면서 자랐다. 경쟁적 사회는 이러한 것을 더욱 부추기고 있기 때문이다. 따라서 완벽하게 정상인 사람은 없으며 혹여 스스로 그렇게 느끼는 사람이 있다면 그 사람이야 말로 정신과 의사가 필요한 사람일 것이다.

사람은 사물을 인식하는 방법이나 느끼는 것 그리고 행동하는 방식에 개인차가 있다. 그래서 우리는 그것을 '개성' 혹은 '성격'이라고 부르며 다름을 존중해야 한다고 말한다. 자존심이 강한 사람, 체면을 중시하는 사람, 금방 남을 믿는 사람, 융통성이 없는 사람, 혼자일 때가 편한 사람 등 이러한 경향들은 그 사람의 성향이지 어느 것이 옳다고도 그르다고도 할 수 없다.

하지만 이런 경향이 지나치면 곤란해진다. 자존심이 강하다는 것은 소중한 것이지만 그것이 지나치면 다른 사람이 자신의 결점을 지적하면 불같이 화를 내는 사람이 있다. 정반대의 경우도 있다. 자신감이 적은 사람은 많은 장점을 가지고 있음에도 불구하고 자신의 능력을 제대로 다 발휘하지 못한다. 자신감이 넘치는 사람 앞에서는 압도당하고 그 사람 때문에 의욕을 상실할 수도 있다. 한편 자신감이 결여되어 있는 사람 자신은 주위 사람들에게 그다지 피해를 주지 않는다고 생각할 수도 있지만 꼭 그러한 것은 아니다. 중요한 결정을 내리는 것을 두려워하고 다른 사람에게 의지하려고 하고 또한 책임도 전가하려 하기 때문이다. 자신은 편할지 모르지만 이런 사람 주위에 있는 사람들은 이런 모습에 스트레스를 받는 사람들도 있다. 왜냐하면 이들 주위에는 늘 이러한 것들을 못견뎌하는 강압적이고 완벽주의나 자기애가 심한 사람들이 있기 때문이다.

결국 인격 장애는 균형을 이루지 못하고 한쪽으로 치우치게 될 때 생긴다. 그것이 성격 장애의 수준인지 아닌지를 판단하는 기준은 당사자나 주변 사람들이 그러한 편향적인 사고방식이나 행동으로 인해 괴로워하느냐 하지 않느냐에 달려 있다. 당사자가 "이게 내가 사는 방식이야"라고 말하며 불편함이나 문제의식을 느끼지 못하는 경우도 많아서 주위 사람들은 더 힘이 든다. 따라서 정신 질환(mental disease)의 영역에 속하는 것과 인격 장애(personality disorder)로 분류할 수 있는 것들 그리고 정상이라고 분류할 수 있는 것들 사이에 어느 정도 구분할 수 있는 규정이 필요하다.

우선 정상이라고 말할 수 있는 사람들의 행동에 대한 일반적인 정의16)를 하면 다음과 같다. 정상적인 사람들은 자기 주위에서 일어나는 일들에 대하여 비교적 현실적인 해석을 한다. 자신의 동기와 감정에 대하여 어느 정도 인식하고 있으며, 자신의 행동을 적절히 통제할 수 있다. 자신의 가치를 인정하고 주위 사람들에게 받아들여지고 있다고 느낀다. 다른 사람들과 친밀한 관계를 맺으며 생활하고 있다. 그리고 자신의 능력을 생산적인 활동에 적절히 이용할 수 있다. 한마디로 요약해보면, 정상적인 사람들은 정서적인 면이나 행동적인 차원에서 그리고 대인 관계적인 측면에서 자신의 능력을 적절히 발휘하면서 살아가게 된다. 또한 고난과 역경이나 시련이 왔을 때 오히려 그것을 잘 이겨낼 수 있는 내적으로 강한 힘이 있다. 정체감이 잘 형성되어 있고 자존감이 높아서 환경의 지배를 받기 보다는 그것을 잘 극복하거나 오히려 성장의 기회로 삶는다.

인격 이상을 보이는 사람들은 일반적으로 인정되는 삶의 양식에서 벗어나는 행동을 한다. 부모나 배우자 혹은 자녀를 구타하는 등 사회적으로 인정되는 양식에서 크게 벗어나는 행동을 한다. 음주, 도박, 인터넷, 불륜 등 각종 중독에 빠진다. 가정, 학교 혹은 직장 동료들과의 관계에서 자신이나 다른 사람을 힘들게 한다. 불안이나 우울 등 감정적으로 자신의 고통을 매우 심하게 느낀다. 기본적으로 자존감이 낮고 열등의식이 있는 사람들이다. 심리적으로 유약하여 어려움에 처했을 때 그것을 건설적으로 극복하지 못한다.

정서적으로 혹은 정신이 건강하다는 말은 안정적이라는 말이다. 안정적인 사람은 내적 지도를 부단히 바꿀 수 있는 능력이 있는 사람이다. 안정적이지 못한 사람은 상황이나 상대방의 말이나 행동이 자신의 행동양식에 용납되지 않으면 그것을 참지 못하고 자기 방식 대로 반응하여 주변 사람들을 괴롭히게 된다.

7. 인격 장애의 요인들

인간이 하나님의 피조물이며 통전적 존재라고 이해하는 기독교적 인간관으로 볼 때 인격 장애를 어떻게 이해해야 하는가? 기독교적 기본 이해는 인간의 모든 질병은 원죄의 영향아래서 파생되었음을 인정한다. 아담의 범죄 이후에 인간은 각종 질병에 노출되었고, 수치심과 죄책감이 인간 안에 자리 잡게 되었다. 책임 회피와 비난 등으로 서로 분리되기 시작하면서 자기 자신과 서로에게 그리고 하나님께 정직함을 저버리게 되었다. 인간의 각종 죄악의 문제는 거기서부터 시작되었다. 창세기에서 나타난 아담과 하와의 비극적 책임 전가와 비난, 속임의 문제는 믿음의 성인이라고 불리는 아브라함과 다윗에게도 그리고 초대 교회 아나니아와 삽비라 사건에서도 그대로 나타나고 있다. 그리고 인류 역사에서 개인의 삶 속에서 지금까지도 그 패턴이 계속 되풀이되고 있다.

1장에서 살펴보았듯이 성경은 기본적으로 인간이 하나님을 떠나서 교만하게 자기 마음대로 살아갈 때 하나님께서 정신적인 병을 주시기도 한다고 말한다. 신명기 28: 28에서는 "여호와께서 또 너를 미침과 눈멂과 경심증(정신병)으로 치시리니"라고 하고 있다. 삼상 16: 14에는 "여호와의 부리신 악신이 그를 번뇌케 한지라"라고 하고 있다. 사울의 예에서 보면 확실하게 알 수 있다. 모든 정신 이상이나 인격 장애에서 영적 요인을 고려하지 않는 것도 문제이지만 영적으로만 해석하는 것도 큰 오류를 일으킬 수 있다. 인간 자체가 통전적이고 유기체적으로 작동하도록 창조되었기 때문이다. 따라서 인격 장애의 요인도 여러 각도에서 살펴볼 필요가 있다.

정신 장애의 원인은 크게 내적 원인과 외적 원인으로 나눌 수 있는데 내적 원인은 유전, 체질, 나이, 성 등과 같은 소인들과 관련이 있다. 외적 원인은 기질적 원인, 심리적 원인, 사회적 원인 등이 포함된다. 정신 장애는 핵심적인 원인이 있지만 주로 여러 요인들이 합쳐지거나 누적되어 발병하게 된다.

생물학적 연구에서는 인격 장애에 유전적인 인자의 영향이 크다고 본다. 유전은 개인의 성향을 결정하기 때문에 개인이 환경에 적응하고 상호 작용하는 양상을 결정지을 수 있다고 본다. "신경 전달물질인 도파민과 결합하는 도파민 수용체의 유전자 형태가 자극 추구 성향과 관련이 있으며, 세로토닌의 수용체나 트랜스포터 유전자의 형태가 충동성이나 불안증에 관여한다고 알려져 있다."17)

일란성 쌍둥이와 이란성 쌍둥이 연구를 통해서 보면 일란성 쌍둥이가 이란성 쌍둥이보다 인격 장애의 일치율이 서너 배 높다고 한다. 인격 장애의 유전적 요인은 40-60%로 나타난 반면, 비만의 경우는 50-60%, 지능지수는 약 60-80%, 고혈압은 80%, 1형 당뇨병은 약 90%가 유전적 요인으로 나타났다.18) 정신 분열 발병 요인의 80%가 유전적 요인이라는 것 외에는 일반 인격 장애에서 유전적 요인은 그리 크게 작용하지 않는 것으로 나타났다. 인격 장애에 미치는 유전적 요인은 신체적 질환에 비해서는 비교적 낮다. 기분 장애와 같은 경우는 대표적인 유전성 신경 정신 질환이라고 본다.19) 하지만 유전에 의해 생긴다고 보는 신경 정신 질환이 있지만 더 정확히는 병 자체가 유전되기 보다는 그 병에 걸릴 소질이 유전되는 경우가 많다고 본다. 유전적 요인을 조사하는 것은 사실상 크게 의미가 없다. 왜냐하면 유전적 소질이 있다고 해도 후천적으로 환경의 영향을 받기 때문에 이 둘은 서로 영향을 미치며 얽혀있기 때문이다.20) 신체적인 요소들도 유전적인 영향과 관련을 가지고 있다. 체질은 출산 전후의 임산부의 신체적 정신적 건강 상태와 아기의 뇌신경이나 내분비 기관의 장애 혹은 약물 중독 등에 의해 영향을 받는다.

성장 환경적인 요인은 유전적인 요인보다 정신적이고 심리적인 장애에 훨씬 영향을 많이 미칠 수 있다. 부모의 양육 방법이나 가족 간의 갈등은 그 중 가장 지대한 요인이다. 부모의 과잉보호, 편애, 폭행, 학대, 무관심 등은 정신적인 문제와 상관관계가 높다. 앞 장에서 살펴보았듯이 대상 관계 이론과 정신분석학의 입장에서 보면, 인격 발달과 장애 문제는 인간의 내적이고 외적인 여러 가지 힘들과의 역동적인 상호 관계에서 연유한다. 따라서 어린 시절 가장 가까운 관계에서 생긴 욕구 불만과 좌절 등이 적절히 해소되지 못한 것은 인격 장애에 주요한 요소이다. 또한 자라면서 부모와의 상호 관계에서 삶의 양식을 보고 배우기도 하고 특정한 반응 형태를 스스로 강화시키기도 한다. 인격 장애를 낳는 가장 근본적인 원인은 부모가 없는 경우를 포함해서 대부분의 경우 부모에게 있다.

이와 함께 심리적 외상도 인격 장애의 원인이 될 수 있다. 의존 대상의 상실이나 자존감의 상실 등은 정신 장애의 요인이 되기도 한다. 가족은 대인 관계를 시작하는 곳이므로 정신 질환의 문제에 있어서 가족 관계를 살피는 것은 필수적이다. 부모의 이혼, 별거 혹은 부모의 정신 장애나 부모의 부재 등은 자녀의 정신 장애와 상당한 관련이 있다. 최근 임상연구를 통해서 심리적 외상 후 스트레스 장애(PTSD: Posttraumatic Stress Disorder)가 인격 장애의 원인으로 제기되고 있다. 심리적 외상과 그 회복이라는 연구에서 가정 폭력이나 강간 피해자, 베트남 전쟁 귀환병 등의 임상 연구 기록을 바탕으로 그들이 경계성 환자가 가지는 성격적 특성이 있음을 발견하였다.[21] 그리고 이 장애는 2013년에 발표된 DSM-5에서는 '외상과 스트레스 관련 장애(Trauma-and Stress-or-Related disorder)'라는 이름으로 정신 장애 유형의 하나로 정식으로 삽입되었다.[22]

그 밖에 사회 문화적 경제적 요인들이 있다. 개인주의적인 사회와 과도한 경쟁을 부추기는 사회에 사는 현대인들은 각종 심리적 갈등을 겪게 되며 이것은 정신적인 스트레스가 되어 정신적인 문제를 일으키는 요인이 된다. 청소년들의 경우 교육 제도의 문제와 과도한 경쟁 상황은 다양한 적응 장애를 야기하고 있다. 직장에서도 물질주의와 개인주의의 영향으로 동료로서 보다는 경쟁자로 존재해야 하는 상황이 소외감을 느끼게 하고 이로 인해 정신적으로 심한 스트레스를 받게 된다.

8. 인격 장애의 유형과 특징

인격 장애는 특정한 이상 행동과 심리 장애의 집합체인 정신 장애(mental disorder)의 다양한 유형들 중의 하나이다. 정신 장애는 지능 장애, 지각 장애, 사고 장애, 기억 장애, 행동 장애, 정동 장애 등 여러 증상들을 포함한다. 정신 장애를 유형별로 나누면 크게 3가지로 나뉜다. 우선 정신 질환과 정신 지체로 크게 둘로 나뉘고 정신 질환은 정신 신경증과 정신병으로 나뉜다. 그리고 정신병은 기질적 정신병과 기능적 정신병으로 나뉜다.

세계적으로 가장 많이 사용되고 있는 인격 장애 진단 기준은 미국정신의학회에서 펴낸 정신 장애의 진단 및 통계 편람(Dagnostic Statistical Manual of Disorders)이다. 1952년에 DSM-I이 처음 발표된 이래로 2013년 DSM-5까지 발표되었다. 인격 장애에 관하여는 DSM-5는 2000년에 발표된 DSM-IV-TR 이래로 근본적인 분류 유형은 바뀌지 않았다. 인격 장애(personality disorders) 유형들은 DSM-5에서 18개로 나누고 있는

정신 장애의 범주 중의 하나이다.23)

DSM-IV와 DSM-5는 인격 장애로 진단하기 위해서는 다음의 기준을 충족해야 한다고 한다.24)

- 인지(자신, 타인, 사건의 지각과 해석 방식), 정동(정서반응의 범위, 강도, 가변성, 적절성), 대인 관계 기능(공감, 친밀감)에 장애가 나타나야 한다.
- 한 가지 이상의 인격의 부적응 양상들이 나타나야 한다.
- 장애가 개인의 발달 단계와 사회문화적 기대를 벗어나는 것이어야 한다.
- 상황이 바뀌고 시간이 지나도 장애의 패턴이 변하지 않고 지속적으로 나타나야 한다.
- 적어도 성인기 초기까지는 장애의 증상들이 나타나야 한다.
- 장애의 증상이 뇌 손상이나 약물 복용의 결과로 나타나는 증상과 관련이 없어야 한다.

DSM-IV와 DSM-5에서는 인격 장애 유형들을 10가지로 구분하고 있으며 크게 3가지 군집으로 분류한다. A군 인격 장애는 별나거나 이상한 특성을 보이는 유형으로 편집성 인격 장애, 분열성 인격 장애, 분열형 인격 장애가 있다. B군 인격 장애는 극적이고 감정적이며 변덕스러운 특성을 나타내는 유형으로 반사회성 인격 장애, 연극성 인격 장애, 경계선 인격 장애, 자기애성 인격 장애가 여기에 속한다. C군 인격 장애는 불안과 걱정 그리고 두려움을 많이 느끼는 특성을 가지고 있으며 강박성 인격 장애, 의존성 인격 장애, 회피성 인격 장애가 있다.

이 10가지 인격 장애 유형들에서 묘사되는 특징들은 누구나 조금씩은

가지고 있다. 인격이 사람을 특징짓는 것이므로 사람이 이 세상을 살아나
가는데 그러한 특징들은 어쩌면 필요한 요소이기도 하다. 하지만 인격
장애로 진단되는 사람들은 그 특성이 매우 강하게 나타나는 것뿐이다.
따라서 중요한 것은 우리가 가진 특성이 인격 장애로 진단되느냐 아니냐
의 문제이며, 또한 증상이 얼마나 심하고 지속적인가에 달려 있다고
볼 수 있다. 다음 장부터는 각 인격 장애 유형의 특성과 형성 요인
그리고 치유와 상담에 관한 지혜들을 유형별로 살펴보고자 한다. 그리스
도인들도 여기에서 예외가 아니기에 인격 장애를 가진 사람들이 교회
공동체에서는 어떤 태도를 보이며 신앙적이고 영적인 문제에는 어떻게
대응하는가도 함께 살펴보고자 한다. 특히 그리스도인들이 종교적이고
영적이라는 이름으로 자신과 다른 사람들과의 관계에서 어떤 문제들에
당면하는지에 대해서도 장을 따로 해서 살펴보고자 한다.

9. 인격 장애의 공통된 특징

모든 인격 장애는 근본적으로 공통점이 있다. 다음에 나열한 것들은
우리의 인격이 건강한지 그렇지 못한지를 구분할 수 있는 근거가 된다.[25]

- **지나치게 자기에게 집착한다.** 자기 자신에 관해서만 이야기하려는
  사람이나 자신에 대해서는 남한테 절대로 털어놓지 못하는 사람
  모두 자신에게 지나치게 집착한다는 공통점이 있다.
- **아주 상처받기 쉽다.** 건강한 성격의 사람에게는 아무렇지도 않은

한마디의 말이나 무심한 몸짓이 인격 장애자에게는 깊은 상처를 남긴다. 가벼운 농담이나 무의미한 기침 소리나 창문을 닫는 소리조차도 자신과 연관시켜 해석하고 상대가 자기를 공격한다고 느끼기 때문에 상처가 된다.

- **사랑하는 데 서투르다.** 친밀한 관계를 너무 추구하거나 혹은 친밀한 관계를 너무 두려워하는 것은 모두 친밀감과 독립심에 균형을 잃고 있다는 점에서 똑같다. 사랑하는 방법을 모른 채로 왜곡된 사랑을 한다. 균형감을 잃은 사랑은 대등하고 서로 신뢰할 수 있는 인간관계를 맺기 어렵게 한다.
- **어린아이 같다.** 어린 시절의 욕구를 제대로 채우지 못해서 상처가 된 것이 핵심 감정으로 남아 있기 때문에 어른이 되어서도 채워지지 않은 욕구를 채우기 위해서 어린아이처럼 행동한다. 이런 의미에서 이들의 정서 나이 혹은 관계 나이는 아직도 어린 시절에 머물러 있다고 할 수 있다.
- **매우 '개성적'이다.** 사회성은 매우 부족하지만 예술성이나 추진력이 높을 수도 있다. 인격 장애가 있는 사람들은 어린 시절부터 고통을 적게 받으려고 자기 자신만의 독특한 능력을 익혀왔다. 그 능력을 살릴 수 있는 기회가 주어지면 뛰어난 재능을 발휘하기도 한다.
- **자기애의 병적인 표현이다.** 인격 장애는 상처 받기 쉬운 자기애를 방어하는 형태로 설명할 수 있다. 회피하는 성향으로 표현하든지 아니면 편집적인 성향으로 표현하든지 아니면 의존하는 성향으로 표현하든지 모두 '자기'가 상처를 받지 않게 하려는 자기애적인 표현이다.

- **삶의 고통을 줄이려는 적응 전략이다.** 완벽하게 주변을 통제하는 것이나 농담으로 갈등 상황을 그냥 넘어가는 것이나 모두 자신을 상처받는 것으로부터 지키기 위한 생존 전략이다. 어린 시절부터 관계 안에서 자신이 상처를 받지 않고 살아남기 위해 고유하게 발달시킨 사고방식이나 행동 양식이다.

그리스도인들이라고 해서 예외가 아니다. 기독교 가정과 공동체에서도 이러한 특징들을 보이는 사람들이 많이 있음을 알 필요가 있다. 특히 이러한 특징들이 종교적 혹은 영적이라는 이름으로 표현되기 때문에 우리는 더 혼란스럽고 분별하기가 어려울 때가 있다. 신앙이 좋다는 사람들 스스로도 그것이 신실한 신앙의 모습인지 자기의 인격 장애로 인한 것인지 분별하지 못한 채로 지속적으로 행하기 때문이다. 위에 나열된 인격 장애의 공통의 특징을 종교적이고 영적인 측면과 연관시켜 보면 이를 더욱 잘 알 수 있다.

- **지나치게 자기에게 집착한다.** 인격 장애가 있으면서 종교적인 사람은 자기의 신앙생활 양식에 집착하고 다른 사람에게도 그렇게 강요한다. 행여 마음에 일어나는 의심이나 고통이나 어려움은 입 밖에 꺼내지 않는다. 그것은 오히려 신앙이 없는 것이라고 생각한다.
- **아주 상처받기 쉽다.** 자신의 신앙 양식이나 신앙 노선에 대해 누가 지나가는 말로라도 한마디 하거나 하면 자기를 공격한다고 생각한다. 자기의 방식 대로 하지 않는 사람들을 보면 신앙이 없으며 또한 자기에게 대항한다고 생각한다.

- **사랑하는 데 서투르다.** 자기 자신을 사랑하는 것은 옳지 않은 것으로 생각한다. 자기의 필요를 억압하고 다른 사람의 필요만을 채우는 데 몰두하다보니 마음 속에서는 서운함과 분노가 자꾸 올라온다. 이타적인 행동의 저변에 이기적인 동기가 숨어 있는 경우도 마찬가지이다. 왜곡된 사랑이기는 마찬가지이다. 균형감을 잃은 사랑은 대등하고 서로 신뢰할 수 있는 인간관계를 맺기 어렵게 한다.
- **어린아이 같다.** 자신이 가장 신앙이 좋다고 생각하는 면에서 어린아이와 같다. 하나님에게나 사람들로부터 인정받기를 원한다는 면에서도 어린아이와 같다. 어쩌면 채우지 못한 어린 시절의 의존 욕구가 성인이 되어서 그리스도인이 되어서 목사님이나 성도들로부터 인정받고 싶은 것으로 변환된 것뿐일 것이다.
- **매우 '개성적'이다.** 이들의 '헌신'과 '열심'은 교회 공동체에서 중요한 자원이다. 이들은 그 능력을 살릴 수 있는 기회가 주어지면 뛰어난 재능을 발휘하기도 한다.
- **자기애의 병적인 표현이다.** 인정받고 싶은 욕구는 자기애의 다른 형태이다. 상처받기 쉬운 자기애를 '헌신'과 '열심' 혹은 '거룩'이라는 방어 형태로 표현하고 있을 뿐이다.
- **삶의 고통을 줄이려는 적응 전략이다.** 모든 것을 성경적으로 혹은 영적으로 해석하려는 경향 등은 자신의 삶 속에 있는 고통을 축소, 완화, 무마시키려는 생존 전략이다.

10. 인격 장애와 방어 기제

　DMS-IV와 DMS-5에는 인격 장애를 진단하기 위한 목록들이 각 유형별로 나열되어 있다. 이 진단 목록들은 다음 장부터 한 유형씩 더 자세히 살펴보려고 한다. 인격 장애는 사람들이 고통을 줄이기 위해서 사용하는 방어라는 개념과 다양한 방어 기제의 유형들을 알면 더 도움이 된다. 그리고 그 방어 기제가 자신 만의 독특한 하나의 행동 양식이 되어 즉 관계의 가면이 되어 오히려 자신과 주변 사람들의 삶을 힘들게 할 수 있다는 것을 아는 것이 필요하다. 인간관계에서 우리를 힘들게 하는 것은 바로 이러한 방어 기제의 사용과 관련이 있다. 자기 자신은 고통을 줄이기 위해서 방어 기제를 사용하지만 그로 인해 주변 사람들과의 관계가 뒤틀리게 되고 그것이 또 다시 자기 자신과 다른 사람들에게 고통으로 다가오기 때문이다. 어느 정도 그것을 자신이 인식한다고 해도 그것은 무의식적인 작용에 의한 것이므로 이를 잘 살펴보고 치료하는 과정이 필요하다.

　앞 장에서 애착과 관련하여 역동 심리의 개념인 방어 기제에 관하여 이미 살펴보았듯이 사람들은 어린 시절부터 관계 속에서 받는 고통과 상처로부터 자기를 방어하기 위해서 굳건한 요새처럼 쌓아놓은 개개인 특유의 방어벽을 만들어 왔다. 그리고는 성인이 되어서도 상처가 될 만한 상황이 되면 그 벽 뒤에 숨는다. '요새'나 '진' 혹은 '방어' 등은 모두 군사적 은유이다. 방어는 외부로부터 오는 어떤 공격에 다치지 않도록 스스로를 보호한다는 의미이다. 심리적으로 보면 견딜 수 없는 고통을 느낄까봐서 과거의 감정을 재 경험하지 않으려고 애쓰는 것을 말한다. 방어라고 부르는 현상이 바람직한 기능도 많이 있다. 위협으로부터 자기를 보호하는 기능을 하기 때문이다. 어떤 강력하고 위협적인 감정을 피하거나 다루려고 할 때 사용되는 기능이다. 불안이나 감당할 수 없는 슬픔이나 다른 혼란스러운 정서 경험으로부터 자신을 보호하는 기능이다. 또한 자존감이 위협받을 것 같은 상황에서 그것을 유지하려할 때도 사용된다.

우리는 모두 각자가 선호하는 방어 기제를 사용한다. 특정한 방어를 선호하고 자동적으로 그것을 선택하는 데는 여러 요인들이 복합적으로 상호 작용한다. 개인의 선천적 기질과 아동기에 겪었던 스트레스의 성질이 이 요인들에 속한다. 부모나 다른 중요한 인물이 모델이 되어 보여 주거나 그들이 의도적으로 가르쳐 준 방어 유형을 학습하는 것도 중요한 요인 중의 하나이다. 또한 특정 방어를 사용한 후에 스스로 체험적으로 '이렇게 하니까 되더라'하는 식의 강화 효과 등도 있다. 가족의 죽음, 이혼, 큰 사고 등 감당하기 힘든 일을 겪을 때 자신에게 일어난 사실을 부인하거나 억압하는 경우들이 많다. 혹은 이상화하거나 투사하거나 한다. 그것을 자책하거나 비난하기도 한다. 이러한 모든 유형들이 모두 자기를 방어하기 위해 사용하는 기제들이다. 다양한 유형들의 방어 기제들 중에서 자기가 선호하는 방식을 모아 하나의 자기만의 행동 양식으로 발전시킨 것을 우리는 심리적 자아 혹은 관계의 가면이라고 부른다. 그래서 인격 장애가 있는 사람들의 반응을 보면 누구에게나 어떤 상황에서나 그렇게 한다. 즉 관계의 가면은 그 사람의 심리적 실재이며 관계에 문제를 일으키는 장애의 은유적 표현이다.

11. 그림자와 전이

관계의 가면은 의식적 작용에 의한 것 보다는 무의식적 작용에 의해 더 영향을 받는다. 우리가 가진 관계의 가면을 이해하기 위해서는 인간의 정신 작용에 관하여 잘 알아야 할 필요가 있다. 인간의 정신은 의식과 무의식의 세계로 나뉘어져 있다. 흔히 우리는 의식의 세계에 더 의존하고 있는 것으로 생각하지만, 일반적으로 정신의 90%가 무의식의 세계에서 사용되며 나머지 10%만이 의식의 세계에서 사용된다고 한다. 하루 24시간 중 21시간을 무의식의 상태에서 보낸다고 볼 수 있다. 그러므로 무의식을 제대로 이해하지 못하면 우리 자신의 진정한 모습을 제대로 이해했다고 볼 수 없다.

우리 자신을 진정으로 알기 위해서는 무의식의 세계를 고찰해야 한다. 무의식의 세계를 고찰하는 방법 중의 하나는 꿈을 분석하는 것이고 다른 하나는 '그림자'(the shadow)를 고찰하는 방법이다. 프로이트와는 달리 무의식의 세계를 오히려 우리를 초월적 세계로 이끄는 것으로 이해한 칼 융의 정신분석학은 기독교 치유와 상담에 많은 시사점을 준다. 프로이트가 꿈의 이미지들을 단지 해독되어야 하는 뒤엉킨 암호라고 여긴 반면 융은 꿈이 상징적인 언어를 가지고 우리 의식에 무엇인가를 말하려고 한다고 이해했다. 융은 그런 의미에서 꿈과 같은 무의식의 세계에서 사용되는 상징적 언어를 "영혼의 기관"이라고 했다.[26] 꿈이 상징적인 언어로 이야기 하는 것들을 잘 분석하고 통찰해 보면 영적이고 종교적인 의미를 찾을 수 있다는 말이다. 특히 무의식의 세계도 하나님께서 우리에게 주셨다고 인정한다면 꿈이 하나님의 음성을 듣는 하나의 통로가 될 수 있다는 것을 인정할 수밖에 없다. 따라서 꿈의 세계를 제대로 이해하는 것은 우리가 '어디에' 있는지를 파악하는 방법 중의 하나이다. 그것은 우리의 심리적 영적 세계를 풍부하게 해 줄 수 있을 뿐만 아니라 우리가 상담하는 사람들을 더 잘 이해할 수 있게 한다.

무의식의 세계를 보여주는 것들 중에 꿈 외에도 매우 잠재적이면서도 의식 세계에 현상적으로 나타나는 그림자(the shadow)가 있다. 그림자는 의식 세계에서 자아가 인식하기를 거부하기 때문에 잘 인지하지 못하는 정신 요소이다. 융은 모든 인간의 내부에 이와 같은 어두운 모습이 숨겨져 있다고 보면서 그 원형을 그림자라고 불렀다. 융에 의하면 그림자는 긍정적인 면도 있지만, 무의식의 세계에서 가장 잠재적이고 강력하며 가장 위험한 것이기도 하다.27) 그림자는 우리 인격에 있는 부정적이며 열등한 측면들과 우리가 받아들이기 싫은 부분으로 다른 사람들에게 투사되어 자아를 왜곡시키고 어려움에 빠지게 하는 경향이 있다. 그래서 그림자에 사로잡힌 사람들은 흔히 충동적이며 부정적 정서에 의해 영향을 받으며 어둡고 잔인한 성격을 드러내는 경향이 있다.28) 그림자는 기본적으로 부정적인 속성들을 지니고 있지만 그 그림자의 파괴적이고 부정적인 에너지를 긍정적인 에너지로 전환할 수 있다. 우리의 인격에 또 다른 측면이 있다는 것을 알고 그것을 경청하려고 노력한다면 그것이 가능하다. 자신의 그림자를 얼마나 잘 통찰해서 의식의 세계로 건설적으로 잘 통합시키느냐는 우리의 정신 건강과 매우 깊은 관련이 있다.

인격 장애가 있는 사람들은 자신의 그림자를 스스로 의식 세계에 통합하는 능력도 없을 뿐만 아니라 통찰할 수 있는 기능 자체도 없거나 미약하다고 볼 수 있다. 인격 장애가 있는 사람들은 스스로에게 혹은 관계 안에서 소외된 영혼들이다. 여러 가지 상처와 외상으로 관계에 대한 두려움이 있는 사람들이다. 자아상과 대상에 대한 이미지가 많이 손상되어 있어 관계에 어려움이 있는 사람들이다. 모든 사람들이 투사작용을 하지만 이렇게 자아상과 대상의 표상이 많이 손상되어 인격장애가 있는 사람들은 다른 사람과의 관계에서 자신의 그림자를 상대방에게 투사하는 경향이 많다. 사실은 그림자를 투사하는 것은 무의식의 과정이므로 자신도 모르고 상대방도 잘 모르는 사이에 이루어진다. 그리고 인격 장애가 있는 사람들은 그 투사 때문에 관계의 어려움을 겪고 주변 사람들을 고통스럽게 한다.

A장로는 대학교수로서 학교에서나 교회에서나 '많은 것을 베풀면서' 자신의 일을 잘 해오고 있었다. 그의 아버지는 지방의 유지이었고 어린 시절 할머니 할아버지로부터 많은 사랑을 받았다. 그러나 무서운 아버지, 일만하는 아버지, 밖으로만 도는 아버지로부터 사랑을 받지 못하고, 몸이 위약한 엄마로부터 위로를 받지 못한 상태에서 자랐다. 외도를 하고 있던 아버지는 A의 엄마가 돌아가신 후 바로 그 여자와 재혼을 하고 A는 할머니 손에서 자라게 된다. A가 7살 때 새엄마 손에서 동생이 병으로 죽게 된다. 새엄마는 A가 거짓말을 많이 한다고 어릴 때부터 구박을 많이 했고, 아버지는 늘 새엄마의 말을 믿고 자신의 말은 믿지 않았다. 할머니는 그가 거짓말을 하고 있는데도 그것을 바로잡지 못하고 그냥 받아주기만 했다.

A장로는 어린 시절 이렇게 많은 외상을 경험하면서 낮은 자존감을 가지게 되었다. 다른 사람이 자신을 사랑하지 않고 받아주지 않을까 늘 두려워하게 되었고 인간관계 속에서 인정받고 싶은 마음에 다른 사람에게 잘해주고

모든 것을 내어주고 그랬다. 그러다가 자기가 한 것만큼 상대방이 그것을 되돌려주지 않으면 거기에서 또 상처를 받거나 자기만의 성을 쌓기 위해서 다른 사람이 그 사람과 친밀하게 되는 것을 미묘한 방법으로 방해하는 식으로 대인 관계를 맺는 관계의 가면을 쓰고 살았다.

그는 성인이 되어 연애를 하여 결혼을 하였다. 결혼한 부부 관계는 어린 시절 형성된 내적 작동 모델이 활성화되는 가장 흔한 관계이다. 아내는 이런 사실을 조금씩 알게 되었지만 남편의 과거 경험에 바탕을 둔 그가 써 놓은 연극에서 한 역할을 담당하게 되는 것을 스스로 저지할 수 없었다. 결혼 초부터 폭력이 시작되었고 20년 동안 시간이 지나면서 그 폭력은 점점 도가 더해 갔다. 아마도 A는 부모로부터 받지 못한 따뜻하고 너그러운 느낌을 아내로부터 받고 싶었을 것이다. 그래서 아내의 얼굴에 아내가 아닌 아버지의 가면을 씌워 놓고 내면화된 아버지상(부모의 실제상이 아닌)을 아내에게 투사하였다. 교사인 아내가 동료 교사와 친밀하게 지내는 것을 보고 아버지처럼 외도한 것으로 알고 아내를 의심하고 원래 하던 구타는 더 심해지게 된다.

그가 안수집사로 있을 때 교회에 새로 목사가 부임했다. 그는 모든 힘과 시간과 열성을 다해 그 목사를 섬겼다. 목사가 잘 정착하고 목회를 잘하도록 적극적으로 도왔다. 목사는 이 사람이 교회에 큰일을 할 사람으로 여기고 장로로 추대하여 A는 장로가 되었다. 한편 다른 장로들도 사심 없이 목사를 잘 섬기자 목사에게는 A장로 외에도 많은 조력자가 생기기 시작했고, 목사와 A장로 사이에는 조금씩 거리가 생기기 시작했다. 그러는 사이에 B장로와 C장로가 사적인 일로 교회에서 싸우게 되고 사이가 좋지 않게 되자 A장로는 평소에는 그다지 친밀하지 않던 B장로와 한 통속이 되었다. 왜냐하면 C장로가 목사를 적극 지지했기 때문이다. 자기가 준만큼의 사랑을 되돌려 주지 않음으로 자신에게 상처를 준 목사를 그렇게라도 상처를 주고 싶은 것이었다. 목사는 그런 A장로를 이해할 수 없었다. 그래서 어느 순간부터인가 멀리하기 시작했다. A장로는 자신도 모르는 사이에 자신의 아버지 상의 가면을 그 목사에게 씌워 놓고 자신의 연극의 한 배역을 감당하게 했다. 이런 사실을 잘 모르는 목사는 그 배역에 발탁되고 자신도 모르게 그 아버지의 배역을 하게 되었다. A장로는 목사의 흠집을 찾아서 다른 사람들에게 속삭이고 그러면서 자신의 세력을 만들어가서 목사를 지지하지 않는 성도들을 모아 모임을 만들어서 교회에 분란을 일으켰다. 급기야는 분파를 만들기 싫어하는 성도들이 교회를 떠나게 되는 일이 생기게 된다. 몇 달 사이에 교인 수가 절반으로 줄어드는 일이 생기고 목사는 여러 스트레스로 인해 병을 얻게 되며, 교회를 떠나기로 결심했다.

이렇게 관계의 가면을 쓰고서 어린 아이처럼 가까운 사람들을 힘들게 하는 사람들이 우리 주변에 늘 있다. 그들은 자신에게 그림자를 만들어 준 아버지 상을 가까운 대상에게 투사하는 일들을 무의식적으로 한다. 역동 심리이론에서는 그림자의 투사와 같은 무의식의 작용을 핵심 감정의 전이라고 표현한다. 앞장에서 이미 설명했듯이 핵심 감정은 어린 시절부터 채워지지 않은 욕구이며 그것은 성인이 되어서도 늘 우리를 어린 아이처럼 행동하게 하는 고약한 '친구'이다. 아마도 이 핵심 감정에서 자유로운 사람들은 아무도 없을 것이다. 중요한 것은 핵심 감정 즉 감정의 골이 얼마나 깊어 그것이 개인의 인간관계에 얼마나 부정적인 영향을 미치느냐에 있다. 그것이 적절한 시기에 건설적으로 해결되지 않을 경우 순간순간 그것은 그 사람을 괴롭히고 그 사람은 그 고통으로부터 자신을 보호하기 위하여 자신만의 방어 기제를 사용한다. 이러한 방식으로 그림자는 그 사람의 인격의 일부분이 되어 인격에 장애를 가져온다.

관계의 가면을 쓰고 가까운 사람들에게 자기가 써 놓은 시나리오의 배역을 하도록 그들에게도 자신이 만들어 놓은 가면을 씌우는 일은 모두 무의식의 과정이다. 그림자와 핵심 감정 등과 같은 무의식의 요소들은 거의 어린 시절 부모와의 관계에서부터 연유된다. 부모와의 관계가 인격 장애의 가장 큰 요인이 된다는 점은 바로 이러한 이유 때문이다. 그림자 혹은 핵심 감정 등을 제대로 경청하여 의식의 세계에서 건설적으로 통합하지 않은 채로 성인이 되어서도 방치해 놓으면 심한 경우 인격에 장애를 가져올 수 있다.

투사와 전이의 무의식적 작용은 가까운 관계에서 매우 잘 일어난다. 그래서 이러한 무의식적 작용을 잘 모르는 인격 장애를 가진 사람 본인이나 그들의 가족이나 주변 사람들이 더 고통을 받을 수도 있다. 한편 역동 심리 상담에서는 그러한 특성을 잘 이용하여 오히려 치료의 방법으로 사용한다. 문제를 해결하기 위해 문제의 원인이 되는 방식을 이용한다는 면에서 역설적이기는 하다. 역동 심리 상담자들은 잘 훈련을 받은 사람들이기 때문에 다른 사람들과 달리 이러한 투사와 전이의 무의식적 작용을 통찰하는 방법을 잘 안다. 그러면 우리가 역동 심리 상담자들처럼 모두 훈련을 받아야 할 것인가? 꼭 그렇지만은 않다. 앞 장에서도 심리적이고 영적으로 안정적이고 성숙한 사람의 특징에 관하여 언급하였듯이, 이들은 자신의 내적 작동 모델 즉 자신의 이미지와 관계대상의 이미지를 늘 부단히 새롭게 바꿀 수 있는 능력을 가진 사람이다. 그것은 자신의 심리적 영적 자아를 깊이 성찰할 수 있는 사람이라는 것이다. 이들은 내면의 소리를 민감하게 경청할 수 있는 사람이다. 위에서 인격 장애의 공통적 특징들을 살펴보았지만 인격 장애를 가진 사람들은 심리적 자아에 몰두해서 심리적 현실에 살고 있기 때문에 객체로서 그것을 보거나 경청할 수 없는 것이다. 우리가 우리를 객체로서 대상으로서 바라볼 수 있으면 통찰이 거기에서 시작될 수 있다. 이러한 통찰의 과정을 통해 치유되지 못했던 '내면의 어린 아이'를 보듬어 주는 과정이 필요하다. 치유는 거기에서 시작된다고 볼 수 있다.

12. 전이와 심리적 통찰

치유는 기본적으로 진정한 자기를 알아가는 과정이다. 인격 장애의 문제는 우리가 우리자신을 잘 모르기 때문에 발생한다. 인간에게는 여러 차원의 자기가 있다. 다음의 조하리 창(Johari window)[29]은 이것을 잘 표현해 주고 있다. 우리에게는 나와 남이 모두 아는 영역이 있고, 남은 모르지만 자기만 아는 영역이 있으며, 남은 알지만 나는 모르는 영역이 있다. 그리고 나도 모르고 남도 모르는 오직 우리를 지으신 하나님만이 아시는 영역이 있다. 이 중에서 인격 장애의 많은 부분은 내가 모르는 부분들 즉 우리의 의식의 세계에서 숨겨져 있거나 혹은 아무에게도 알려져 있지 않은 미지의 세계에 속해 있는 자기의 모습 때문에 생긴다. 이 부분들은 무의식의 영역에 속한 자기의 모습이다.

	의식 영역		
공적 영역	공적자기 (나와 남이 아는 나)	사적자기 (나는 알지만 남은 모르는 나)	사적 영역
	숨겨진 자기 (남은 알지만 나는 모르는 나)	미지의 자기 (하나님만 아는 나)	
	무의식 영역		

견고한 요새와 같이 우리의 의식 세계에서 숨겨져 있거나 알려지지 않은 우리의 모습을 아는 것이 필요하다. 따라서 우리 자신의 진정한 모습을 제대로 이해하기 위해서는 무의식의 영향을 지대하게 받는 영역을 깊이 성찰할 필요가 있다. 우리의 감정을 상하게 하는 것들이 무엇인지, 그러한 것들이 언제 왜 일어나는지, 우리가 어떤 신념을 가지고 있기에 그런 말과 행동들을 하는지, 그 신념들을 지키기 위해 말하고 행하는 양식들에 어떤 특징이 있는지를 정직하게 살펴볼 필요가 있다. 상처받지 않기 위해 회피하는 것은 아닌지, 불안 때문에 남에게 너무 의존하는 것은 아닌지, 두려움을 숨기려고 적대감으로 공격하지는 않는지, 약한 모습을 보이기 싫어서 자신을 과대 포장하는 것은 아닌지, 모든 것을 영적인 것으로만 해석하지는 않는지 등을 살펴볼 필요가 있다. 이러한 관계의 가면의 모습들은 다음 장부터 하나 씩 자세히 살펴보겠지만, 여기에서는 상담 관계 안에서 혹은 교회 공동체 안에서 인격 장애가 있는 사람의 전이와 상담자나 목회자의 역전이를 통해서 이루어지는 통찰의 과정을 살펴보려고 한다. 그리고 그 과정을 통해 우리가 개인으로서 자기 자신의 참 자기를 어떻게 성찰할 수 있는가를 함께 살펴보려고 한다.

인격 장애가 있는 사람들의 투사 작용에 연루되지 않으려고 아무리 애를 써도 그 영향력이 매우 크기 때문에 어려움을 겪는 경험을 해 본 사람은 안다. 내가 아닌 다른 사람이 되게 하는 이 엄청난 에너지에 휘말리지 않을 사람이 거의 없다. 이와 같이 그림자의 투사 작용은 매우 강력하고 관계를 힘들게 한다. 투사 작용에 대한 이해 없이 돌봄과 상담 사역을 시작하면 어려움을 느낄 수 있다. 사역 중에 투사 작용이 일어나고 있다고 여겨질 때, 즉 어떤 성도나 내담자가 당신을 그들의 잔소리 심한 어머니나 엄격한 아버지처럼 취급한다면, 그러한 어려움 가운데서 어떻게 자기 자신을 잘 보호하고 돌볼 수 있을까?

우선은 다른 사람의 무의식적인 투사의 대상이 되는 것 같으면 무엇이 우리를 강타하는 지 아는 것이 필요하다. 투사를 하는 사람들은 어린 시절 두려움의 대상이 있었는데 그 대상을 상담자인 우리에게 투사하는 것이다. 그들의 두려움의 대상인 아버지나 어머니의 가면을 우리 얼굴에 씌우는 것이다. 그리고 그 배역을 하도록 우리에게 무의식적으로 강요하는 것이다. 일단 그 가면이 우리에게 씌워지면 우리가 그것을 의식하기 쉽지 않다. 우리가 우리 자신이 되지 못하면 우리의 힘으로 그것을 벗기가 어렵다. 우리는 내담자가 우리에게 씌운 배역의 가면 뒷면에서 우리 자신이 사라지고 있는 것이다. 이러한 경우 심호흡을 하고 우리가 우리 자신이 되고 우리 자신의 소리만 듣는 것이 필요하다. 이때에 공감적 경청이 필요하다. 상대방의 행동과 말을 그의 말로 듣고 공감을 하되 내 경험과 나의 내면에서 오는 소리는 다르다는 것을 구분해서 들을 수 있어야 한다. 자기 자신을 잘 알수록 부당하게 씌워진 가면의 배역을 하지 않을 수 있다. 자기 자신을 주의 깊게 경청할수록 돌봄과 상담 시 합당한 경계선을 정할 수 있고 혼란의 소용돌이 속으로 빨려 들어가지 않을 수 있다.

그러면 내담자가 투사를 통해 자기의 대상의 그림자를 우리에게 전이하는 것을 통해 어떻게 내담자가 자기 자신의 모습을 통찰할 수 있게 할 수 있을까? 상담자는 이러한 전이를 적극 활용할 필요가 있다. 사실 역동 심리상담에서는 전이와 역전이를 적극 활용한다. 오히려 전이가 일어날 때 진정한 치유가 시작된다고 본다. 내담자의 대부분의 인격 장애 문제는 어린 시절 부모로부터 채워지지 못한 욕구가 핵심 신념으로 자리를 잡고 있다가 그 사람을 늘 그림자처럼 따라다니다가 기회만 되면 머리를 들고 일어나는 것이다. 때문에 이것을 다루는 것이 치유의 시작이며 핵심 과정이라고 볼 수 있다.

부모와의 관계에서 좌절을 경험하면서 실제 부모상을 내재화한 대상 관계표상과 이상적인 부모상을 형성한다. 물론 이것은 아이가 최초에 경험한 부모와의 경험에서 '변형된 대상'이다. 성인이 되어서도 이 두 개의 부모상 속에서 갈등하는 것이다. 만일 상담 관계와 같은 안전한 환경이 조성되면 내담자는 이 두 가지의 표상을 상담자에게 전이한다. 특히 좌절을 경험시킨 부모상을 전이하는 순간을 포착하는 것이 중요하다. 실제 어머니의 표상과 이상적 어머니의 표상을 구분하는 것이 중요하다.30) 인격 장애를 가진 내담자의 이야기를 듣다가 보면 "누가 말하고 있는 것인가?" 혹은 "누구에게 말하고 있는가?"하는 의문이 들 때가 있다. 영국학파의 대상 관계 이론가들은 이에 덧붙여 "그 순간 내담자가 무엇을 느끼는지, 왜 그것을 느끼는지, 그리고 왜 하필이면 지금 그것을 느끼는지를 물어보아야 한다."고 했다.31)

상담자가 내담자가 전이를 하고 있는 것이 느껴지면 그것을 안아주는 공간을 마련해 주는 기회를 만든다. 이것은 내담자로 하여금 자기 자신 즉 주체적 자기와 대상으로서의 자기가 대화할 수 있는 공간을 만들어 준다.32) 우리는 늘 머릿속에서 말없는 대화를 많이 한다. 예를 들어 다이어트를 하고 있는데 눈앞에 평소에 너무 좋아하는 초콜릿 케이크가 놓여 있다. "먹을까 말까? 괜찮아 좀 먹으면 어때." "아니야, 안 돼. 참아야 해." 이렇게 두 개의 내가 늘 대화를 한다. 때로 우리는 주체적 자기와 대상으로서의 자기의 대화를 사용하여 불안한 상황이나 힘든 순간을 이겨내기도 한다. 예를 들어, 여러 사람들과 함께 찜질방에 갔다가 거기서 무엇을 먹을 기회가 있을까 해서 카드를 꺼내 찜질방 옷에 넣었다가 나오는 길에 그만 카드를 넣어 둔 채로 옷을 벗어놓고 나왔다. 그날 밤 식당에서 식비를 내려다가 카드가 없는 것을 발견했다. 다행히 일행이 식비를 냈다. 자신에게 너무 화가 났다. "카드를 누가 사용했으면 어쩌나? 카드를 왜 찜질방 옷에다가 넣었니…?" 바로 카드사에 전화를 했지만 너무 화가 나고 불안했다. 나를 안아줄 필요를 느꼈다. "너무 걱정하지 마. 지금 네가 할 수 있는 일은 아무것도 없어. 누가 카드를 쓴 것도 아니잖아." 일행에게 부끄러웠다. "누구라도 그런 실수를 할 수 있어. 이미 일어난 일인데 지금 어떻게 할 수 없잖아. 새로 나올 때까지 잠시 불편할 뿐이야. 다른 카드로 쓰면 되지. 걱정은 그만해." 식비를 낸 사람에게 미안한 마음이 또 고개를 들었다. "네가 계속 이런 상태로 있으면 다른 사람들이 불편해 할 거야. 그러니 잊어버려." 우리는 이런 식으로 자기 객관화를 통해 불안을 표현하고 또 위안을 받는다.

건강한 사람은 이러한 자기 대화를 늘 한다. 인격 장애가 있는 사람들도 이와 같은 주체내적 공간 안에서 대상으로서의 자기를 다루는 방법을 익힐 필요가 있다. 이들은 이러한 과정을 스스로 잘 해내지 못하기 때문에 관계 안에서 문제가 된다. 불안과 분노가 일어나면 그것을 투사할 대상을 밖에서 찾기 때문이다. 상담자는 내담자가 투사한 인물이 기꺼이 되어 줌으로써 이러한 공간 즉 주체적 자기가 대상으로서 자기를 안아주는 공간을 만들어 주는 것이다. 내담자가 자기의 핵심 감정을 전이할 때 상담자는 안전한 환경을 만들면서 솔직하게 자기의 감정을 전달할 필요가 있다. 역전이를 잘 이용할 필요가 있다. 왜냐하면 그 감정은 내담자의 대상이 느꼈을 감정이기 때문이다. 이러한 일을 반복하면서 내담자는 스스로 자기를 안아주게 되고 점차로 자기 대화를 통해 자기를 통찰하는 기회를 늘리게 된다. 물론 오랜 기간이 필요하겠지만, 자기를 스스로 안아주고 자기를 통찰하는 것은 치유의 과정이다. 이 과정의 어느 시점에 치유가 일어나는 것이다.

꿈도 주체적 자기가 대상으로서 자기를 안아주는 공간이라고 볼 수 있다. 꿈이야 말로 꿈을 꾸는 주체가 꿈속의 대상을 어떻게 다루는가와 관련 있다.[33] 꿈꾸는 주체가 과거의 혹은 낮 동안의 경험을 꿈속의 대상에게 투사하여 스스로 처리하는 과정이기 때문이다.[34] 따라서 꿈을 잘 기록하고 묵상하고 분석하면 중요한 치유의 도구가 될 수 있다.

이러한 대상으로서의 자기와의 관계를 발달시키는 과정은 인격 장애를 치유하는 매우 중요한 방법이다. 자기를 객관화시킬 때 거기에서 참 자기와 거짓 자기를 구분 시킬 수 있고 참 자기를 안아줄 수 있는 공간을 만들 수 있기 때문이다. 인격 장애자들은 대상으로서 자기를 객관화하는 능력이 없다. 자기를 객관적으로 보지 못한다. 인격 장애자들의 공동적인 특징은 자기 자신에게 매우 집중한다는 것이다. 볼라스는 이를 매우 잘 표현하고 있다.

> 경계선 환자는 그를 편집적 세계 안에 사로잡고 있는 외적 대상들과 함께, 격렬하게 분열된 자기 표상들을 통해 살아간다. 히스테리 환자는 욕망이 만족으로부터 해리되고, 진정한 삶의 대상들이 돈이나 획득될 수 없는 이상화된 대상을 위한 대가로 좌천된 곳에서 외재화된 연극 속에서 살아간다. 분열성 환자는 오래 전부터 자신의 정동적 참 자기 없이 살면서 쉼이 없는 자아의 조숙성을 통해 자신을 거짓 자기 이야기로 만들어 간다. 그는 놀라운 전능성과 완전한 고립을 즐기는 정도에 이르기까지 주지화된 세계 안에서 살아간다. 자기애적 환자는 우상화된 자기와 이상화된 대상 표상에 대한 침울한 축하 안에서 살아가면서, 세상이 자신이 경험하는 것을 확인해주지 않는다고 격노한다. 하지만 그의 대상관계 능력은 너무 마비되어 있어서 그의 삶은 만성적인 고통과 좌절에 처해 있다.[35]

결국 내담자가 알지 못하는 또 다른 자기, 대상으로서의 자기를 찾아서 대화하고 안아주도록 하는 통찰의 과정은 상담자가 제공할 수 있는 최고의 역할일 수 있다. 대상으로서의 자기와 대화하는 것을 자기 객관화 혹은 자기 성찰이라고 부르기도 한다. 이것은 조하리 창의 숨겨진 자기를 찾아 나서는 길이며 그와 만나 진정한 자기 대화를 하는 과정이다. 의식적으로 아직 사고되지 않은 앎의 존재를 탐구하는 것이다. 아직 사고되지 않은 앎의 표현들을 발견하기 위해서 새로운 여정을 떠나야 한다.

13. 심리적 통찰과 영적 성숙

　심리적 통찰은 아직 사고되지 않은 자기를 찾아 떠나는 여정이다. 전이는 "나를 끊임없이 받아 주고 사랑해 주며 돌보아 주는 누군가를 향한 감정이며, 결국 잃어버린 애착대상, 이상화된 부모상을 찾는"36) 여정이다. 이 과정에서 내담자는 잠시 동안 상담자를 자신의 이상화된 부모처럼 여긴다. 하지만 상담자는 내담자의 전이를 통해 감지되는 것들을 역전이를 통해 전해준다. 이 과정은 내담자 스스로 상담자도 더 이상은 이상화된 부모가 아님을 인식하게 해준다. 물론 상담자도 내담자의 이상화된 부모로서의 역할을 끝까지 할 수 없음을 인식하게 된다. 이것은 결국 내담자나 상담자 모두 인간 대상을 통해서는 그 끊임없는 갈망을 채울 수 없다는 것을 인식하는 순간에 직면하게 한다. 그리스도인들에게는 전이와 역전이 과정을 통해서 마침내 자기가 찾던 그 이상적인 대상이 하나님 외에는 아무도 없음을 깨닫게 되는 순간을 맞이한다. 이것은 "이론상 전이를 다루는 기법이기는 하지만, 오랜 상담 기간이나 좋은 기술의 문제만이 아니라 그보다 더 근본에 작용하는 어떤 힘 혹은 주어지는 기회"이고 기독교적인 의미에서는 이것은 위로부터 오는 은혜이며 은총이다.37)

　심리적 통찰은 의식으로 사고되지 않은 혹은 대상으로서의 자기와 씨름하는 긴 시간이고 그러한 공간을 만드는 것이고 하나의 어두운 터널을 지나는 것과 같은 긴 여정이다. 하나의 긴 묵상의 과정이다. 묵상을 통해 회개하는 과정과도 유사하다. 심리적 통찰은 나의 욕망과 욕구(핵심 감정)가 하나님의 뜻과 다르다는 것을 깨닫고 하나님의 뜻에 부합하지 못한 것들을 고백하고 회개하고 순종으로 나아가는 영적 통찰과 만난다.38) 심리적 통찰을 통해서 자기를 객관화시키고 자기에 대한 인식을 넓히게 된다. 기독교 상담에서도 통찰을 통해 하나님 앞에서 자기가 어떤 존재인가 먼저 알게 되면 하나님이 어떤 존재인가도 잘 알게 된다. 그리고 자신과 하나님과의 관계를 통찰하여 새로운 각도로 볼 수 있게 된다. 이러한 영적 통찰을 통해 우리는 진정한 자유를 얻게 된다. 심리적 통찰과 영적 통찰은 이와 같이 매우 깊은 접합점들이 있다.

  기독교 상담의 목표는 내담자의 영적 성숙이다. 여기에서 영적 성숙이라는 말은 관계적인 의미이며 내담자와 하나님과의 관계, 내담자와 다른 인간과의 관계가 모두 성숙한 것을 말한다. 다른 사람들과의 관계에 문제가 있을 때 그들은 하나님과의 관계에서도 갈등이 있다. 혹은 하나님과의 관계에 문제가 있으면 사람들과의 관계에서도 갈등이 있다. 이 둘은 서로 연결되어 있다. 인격 장애가 있는 사람들은 다른 사람들과의 관계가 미숙하며 그것은 자기 자신을 잘 모르기 때문이라는 것임을 이제 우리는 알게 되었다. 자기를 아는 지식이 하나님을 아는 지식이라는 신학자의 말을 빌리지 않아도 하나님과의 관계가 바르기 위해서는 자기 자신과 바른 관계를 맺어야 한다는 말이 된다. 결국 기독교 상담의 영적 성숙이라는 목표는 자기 자신을 잘 알게 하여 다른 사람들과의 관계를 성숙하게 유도하는 심리 상담의 목표와 매우 밀접하게 관련되어 있다.

  인격의학자 폴 트루니에는 심리적 통찰과 영적 통찰의 관련성을 '의식의 위축'이라는 개념으로 잘 설명하고 있다. 심층 심리학에서 말하는 자아의 도덕적 이상에 역행하는 성향을 의식했을 때 그것을 억압하는 성향과 성경에서 말하는 죄에 대하여 눈감아버리는 성향을 의식의 위축이라는 개념으로 연관시켜 설명하고 있다.39) 그는 마가복음 8:17-18의 예를 들면서 '보지 못하는 눈과 듣지 못하는 귀와 깨닫지 못하는 마음'은 인간이 기억하고 싶지 않은 죄와 연관된 것들을 자신의 의식에서 제거해 버리려는 경향이 의식의 위축이라고 설명한다.40)

인간이 자신에게 정직해 질수록 자신의 의식의 영역이 더 확장된다는 말이다. 인격 장애가 있는 사람들은 자기 자신에게 정직하지 못하는 것조차도 모른 채로 살아간다. 이들이 사용하는 방어 기제들은 사실 모두 참 자기를 속이는 것이기 때문이다. 불안이나 두려움을 회피, 의존, 편집성, 완벽주의, 적대감이나 공격성 등으로 표출하면서 자기 자신에게도 정직하지 못하다. 심리적 성숙과 마찬가지로 영적 성숙은 자기 자신에게 정직할 때 이루어진다. 하나님의 임재하심을 체험하면서 깊이 묵상을 하게 되면 의식에서 축출된 것들을 바로 보고 바로 듣고 바로 깨달을 수 있게 된다. 기독교의 영혼 치유는 바로 이와 같이 인간의 마음 속을 순례하듯이 기도와 묵상을 통해 살피는 것이다. 캄캄한 어두운 방 속에 들어가는 것처럼 처음에는 아무것도 보이지 않지만 예수 그리스도의 빛에 비추어 차츰차츰 드러나는 나의 모습을 살펴보는 것이다.

우리를 밝게 비추는 빛이 없을 때에는 앞을 보지 못하는 사람들이 소리에 민감한 것처럼 우리는 주변의 소리의 세계에 민감해진다. 마가복음 10: 46-52절을 자세히 읽어보면, 예수께 고침을 받기 전에 바디매오는 주변의 소리의 세계에 매우 민감했던 것을 볼 수 있다. 그는 아마도 업신여기는 소리들, 정죄하는 소리들, 혀를 차는 소리들, 꾸짖는 소리들을 들으면서 지내고 있었을 것이다. 이러한 소리들은 그를 참 자기가 되지 못하게 했을 것이다. 거짓 자기가 되게 했을 것이다. 그는 또한 여리고로 가는 예수와 허다한 무리와 제자들이 웅성거리는 군중의 소리들에 둘러싸여 있었다. 심리적이고 물리적인 다양한 소리들이 그에게 육체적 장애와 정신적 장애가 바로 너 자신이라고 말하고 그를 거짓 자기가 되게 하는 거짓 소리의 환경 가운데에 홀로 덩그러니 남겨져 있어야 했다. 그럼에도 앞을 보고 싶은 그의 소망은 그 복합적인 소음들 중에서도 주님의 소리를 통찰할 수 있었다. 통찰을 통한 자기 대화에서 오직 예수의 소리에만 예민하게 반응할 때 그는 "다윗의 자손이여, 나를 불쌍히 여기소서!"라고 외칠 수 있었다. 예수님이 메시아이시며 그리고 그를 통해서만 참 자기의 모습을 회복할 수 있음을 알았다. 그리고는 옷도 벗어던지고 예수께 달려갈 수 있었고, 예수께로부터 나음을 입을 수 있었다. 아마도 통찰이라는 것은 이러한 심리적 영적 의미를 함께 가지고 있다고 본다.

우리는 심리적 현실에 살고 있는 인격 장애를 가진 레리와 휴의 이야기로 본 장을 시작했다. 이들이 쌓아 놓은 견고한 요새 혹은 이들이 쓰고 있는 관계의 가면은 성찰과 묵상을 통해서 부단히 노력해야만 무너질 수 있는 것이다. 앞서 말했듯이 위로부터 내려오는 은혜와 은총이 거기에 또한 더해져야 한다. 하나님의 능력을 힘입어야만 이 힘들고 험난한 과정을 통과할 수 있다. 고린도후서 10: 4-5에서 바울은 하나님의 능력이 우리가 쌓아 놓은 견고한 요새를 무너뜨린다고 하였다. 하나님의 능력을 힘입을 때 우리는 우리의 관계를 어렵게 하는 가면들 즉 신념이나 교만이나 아집을 무너뜨리고 그리스도에게 복종할 수 있게 된다.

누가복음에는 귀신들린 사람이 예수님께 고침을 받은 이야기가 나온다. 목회 상담학자들은 인격 장애를 가진 사람이 온전한 사람이 되는 것을 설명할 때 이 비유를 자주 사용한다. "더러운 귀신이 사람에게서 나갔을 때에 물 없는 곳으로 다니며 쉬기를 구하되 얻지 못하고 이에 이르되 내가 나온 내 집으로 돌아가리라 하고 가서 보니 그 집이 청소되고 수리되었거늘 이에 가서 저보다 더 악한 귀신 일곱을 데리고 들어가서 거하니 그 사람의 나중 형편이 전보다 더 심하게 되느니라"(눅 11:24-26). '청소'와 '수리'라는 단어를 사용하여 통찰과 묵상의 과정을 은유적으로 표현하고 있다. 우리는 통찰과 묵상을 통해 자기 자신과의 관계, 다른 사람과의 관계, 하나님과의 관계에서 장애가 되는 것들이 무엇인가 알 수 있다는 말이다. 언제, 왜, 어떤 식으로 그것이 장애가 되는가를 고찰해 볼 수 있다는 말이다. 웨인 오우츠(Wayne Oates)는 '청소되고 수리된 집'이라는 은유에서 '수리되다'라는 말은 다른 말로 '단장하다' '치장하다'라는 의미라고 하면서 "영혼이 단장되었다는 말은 인격이 매우 아름답고 매력적으로 되는 것을 의미한다."고 하였다.[41]

영혼이 단장되어 인격이 아름답고 매력적이라는 말은 통찰과 묵상의 긴 터널을 지나서 하나님의 빛을 보았다는 의미일 것이다. 영적 묵상은 우리가 이미 알고 있지만 인정하기 싫은 부분들을 하나님의 빛에 비추어 더욱 명확하게 하여 스스로 그것을 인정하게 해 준다. 지적이고 분석적인 사람들, 히스테리성(연극성)이거나 자기애적인 사람들은 묵상하는 시간을 가장 어려워한다. 지적이고 분석적인 사람들은 묵상을 통해 떠오르는 것이 정말로 하나님께서 주신 생각인지 지적으로 분석하려 한다. 히스테리성이나 자기애적인 사람들은 진정으로 자기의 내면을 들여다보는 것을 두려워한다. 이들은 과장된 것들로 자신을 포장하거나 혹은 과장된 자아상을 가지고 있어서 자신을 진실로 살피는 묵상을 가장 어려워한다. 하지만 묵상을 하지 않고는 허위, 기만, 두려움, 불안 등이 자신 안에 있음을 알 수 없다. 묵상을 통해서 우리 안에 떠오르는 생각들을 정리해 보는 것만큼 우리 정신 생활에 긍정적으로 영향을 미치는 것은 없다. 묵상은 상대방을 더 잘 이해하도록 돕는다. 묵상은 우리로 하여금 상대방 눈 속의 티보다 내 눈 속의 들보가 훨씬 크다는 것을 알 수 있게 해 준다. 이것은 회개와 용서로 이어진다. 회개와 용서를 통하여 위축 심리, 과장 심리, 감정 전이 등의 문제들에 대한 해답을 얻을 수 있다.[42] 회개와 용서는 기독교 상담과 치유의 궁극적 목표이다. 하지만 묵상과 회개와 용서의 과정은 길고 때로 고통스럽고 험난한 과정이다. 그 과정에서 참 자기와 거짓 자기가 씨름을 하는 순간들을 수없이 통과해야 한다.[43] 진정한 회개와 용서가 있을 때에만 진정한 치유가 이루어질 수 있다.

누가복음 11:24-26에 비유된 '청소되고 수리된 집'을 인격 장애의 치유로 비유할 때 우리에게 많은 시사점을 준다. 인격의 중요한 것은 성경은 외적으로 치료된 것 같아도 내적으로 계속 치료와 돌봄이 있어야 함을 말한다. 치유의 과정이 치유 집회에서 한번 뒤로 넘어지는 것으로 끝나는 것이 아님을 말해주고 있다. 성경은 집을 새로운 것으로 채우지 않으면 그 전 보다 더 나쁘게 된다고 하였다. 외적 치료를 받은 사람들은 그들의 집이 비어 있지 않도록 새로운 것으로 채우는 것이 중요하다. 삶의 의미, 목적, 직업, 하나님의 자녀로서의 자존감 등으로 집을 채워나 감으로 우리의 내적 지도를 바꾸어 가는 고단하고 긴 과정이 필요하다.

이 과정에는 옛 자아로 돌아가고 싶어 저항하고 또한 퇴행하는 순간들이 있음을 알 필요가 있다.

인격 장애를 가진 사람들에겐 왜곡된 특징이 있을 뿐만 아니라 이들은 치유 과정에서도 저항과 퇴행의 순간들이 있다. 그런 순간마다 늘 하나님의 빛에 자기를 비추어보는 묵상과 성찰의 시간이 필요하다. 브루스와 바버라 톰슨(Bruce and Barbara Thomson) 부부가 쓴 『내 마음의 벽』에서는 아모스 7장 말씀에 나오는 하나님의 '다림줄'이라는 은유를 사용하여 이것을 잘 설명하고 있다.44) 아모스 7장에서 보면 하나님은 아모스에게 다림줄을 보여주시고 도덕적 타락이 만연한 이스라엘이 하나님의 다림줄에서 벗어난 벽과 같다고 말씀하신다. 하나님은 이스라엘을 기준에서 벗어나 곧 무너질 것 같은 벽에 빗대어 표현하셨다. 그리고 그 불안한 정도를 보여 주시려고 백성 옆에 하나님의 다림줄을 내리셨다.

다림줄(plumbline)은 고대 시대부터 건축하는 사람들이 벽이 정확하게 수직으로 세워졌는지를 확인하려고 사용해왔던 도구이다. 가장 단순한 형태의 다림줄은 직경이 동일한 원통형의 나무에 납덩이로 만든 작은 원추가 거꾸로 줄에 매달린 형태이다. 무게가 실린 끝은 중력과 그 외의 다른 보이지 않는 힘에 반응하여 언제나 지구의 중심을 가리킨다. 건축가들이 발견해 낸 이 심오한 도구는 건물을 안정감 있게 세우는 데 꼭 필요한 것이었다. 건축가들은 건물의 기둥과 벽이 다림줄에 나란히 맞지 않으면 건물이 무너질 수도 있다는 사실을 알고 있었다.

앞에서 말한 내담자 레리가 세운 '견고한 요새'는 어린 시절 아버지로부터 거절당했던 아픔의 크기만큼이나 삐뚤어져 있었다. 하나님의 다림줄로 내려 보면 반항이라는 이름으로 거절당한 아픔의 크기만큼 멀리 기울어져 있었다. 상처가 크면 클수록 마음에 세워놓은 방어벽은 하나님의 다림줄에서 더 멀리 기울어질 수 있다. 마치 진동자를 세게 밀면 밀수록 그 진동의 폭이 더 넓어지는 것처럼 말이다.

우리를 상처 입힌 것들뿐만 아니라 그로인해 우리가 마음 속에 세운 벽도 하나님의 다림줄을 내려 보면 왜곡되게 기울어져 있다. 그것을 발견하는 것이 치유의 시작이다. 두 선 모두 하나님이 원래 우리를 위해 계획하신 신성한 다림줄에서 벗어나 있다. 거절과 반항이라는 두 개의 선은 서로 밀치며 하나님의 다림줄을 멀리 벗어나 있다. 이것을 아는 것이 우리를 치유의 길로 인도한다. 하나님은 우리의 인생이라는 건물을 하나님의 다림줄에 대어보기를 원하신다. 불안과 두려움과 연약함으로 기울어진 우리의 삶이 하나님의 다림줄을 향해 움직여가기를 원하신다.

CHAPTER 04
회피성 가면-위장된 평화주의자

Mask of Avoidancy

1. 회피성 인격 장애(Avoident Personality Disorder)의 사례

사례 1

G씨는 45세의 남성으로 외국에서 박사학위를 받은 실력 있는 사람이다. 원래 조용하고 대인 관계가 넓지는 않았지만 착실하게 자신의 일을 잘 하는 사람이다. 희귀한 분야에서 박사학위를 하고 외국 생활을 마치고 돌아와서 열심히 논문도 쓰고 했지만 대학에서 강의나 교수 임용의 기회가 아직 돌아오고 있지 않다. 한국에서는 강의 한 과목도 인맥에 의해서 연결되는 것을 알고 있지만 평소에 가깝게 지낸 교수나 동료들이 별로 없었고 외국 생활을 5-6년 하고 오니 있던 관계도 단절되었다. 지금은 출판사에서 근무하고 있지만 '내가 이 일을 하려고 그 어려운 공부를 했는가?'라는 회의가 자꾸 든다. 얼마 전 직원 한 명이 자기 일을 태만하게 해서 경고를 받았는데 중간 경영자인 G씨에게 무례하게 항의를 하였다. G씨는 안 그래도 자신이 하는 일에 회의가 오고 아내와 아이들은 외국 생활에 대한 향수로 자꾸 다시 나가자고 하는

데 직원까지 속을 썩이니 정말 스트레스가 너무 쌓였다. 아무에게도 이러한 어려움을 토로할 사람이 없는 것이 더 힘들었다.

사례 2

J씨는 50세의 여성으로 석사학위도 있는 전문 번역가이다. 어린 시절 부터 친구가 많지는 않았지만 친하게 지내는 친구는 몇 명 있다. 많은 사람들과 섞여서 스트레스를 받으면서 직장 생활하는 것보다는 혼자 번역을 하는 것이 J씨에게는 편하다고 생각한다. 남편 T씨는 잘 나가는 대학병원 의사이다. 남편 T씨는 스트레스가 쌓일 때면 아내 J씨에게 풀고는 뒤끝이 없는 사람이다. 그런데 J씨는 그런 남편이 때로 너무 버거웠다. 점점 남편이 하는 행동이나 말이 상처가 되기 시작했다. 그러면 며칠이고 말을 하지 않는다. 더 이상 상처받고 싶지 않아서이다. 친구들하고의 관계에서도 마찬가지이다. 갈등이 있을 것 같으면 더 이상 만나지 않는 편이 낫다고 생각한다. 얼마 전 대학 친구들과 약속이 있었다. 나가기 전까지도 가야하나 많이 망설였다. 오랜만에 만난 친구들은 모두 잘 살고 있었고 아이들도 좋은 대학에 다니고 있었다. 예기를 나누던 중 한 친구가 자꾸 J씨를 경계하는 인상을 주면서 말을 가로채는데 기분이 좀 나빴지만 그냥 아무 말 하지 않고 집으로 왔다. 집에 와서 곰곰이 생각해 보니 J씨는 자신이 10대 시절에도 늘 그런 모습이었던 것 같다. 다른 아이들이 자기를 따돌려도 그 아이들에게 뭐라고 하면 같이 놀아주지 않을 까봐서 혼자 속상해했던 기억이 떠올랐다.

2. 회피성 인격 장애의 특징과 증상

인간관계에서 회피하는 성향 자체가 문제가 되는 것은 아니다. 왜냐하면 어떤 사람의 성향이나 기질은 그 사람의 인격 그 자체이므로 그것 자체를 바꿀 필요는 없다. 회피형의 사람들도 장단점이 있기 때문이다. 그리고 그 장단점은 동전의 양면과도 같아서 경우에 따라서 장점으로 또는 단점으로 작용할 수 있기 때문이다. 예를 들면 상황에 따라서 느긋함이 장점이 될 수도 있지만 수동적으로 보이는 단점이 될 수도 있기 때문이다. 또한 무언가를 꾸준히 하는 것이 장점으로 보일 수 있지만 때로는 고집스러워 보일 수도 있기 때문이다.[1] G씨와 J씨의 사례는 회피성 인격 장애의 특성을 잘 나타내 준다. 회피성 인격 장애는 다른 사람과의 만남에 대한 불안과 두려움 때문에 사회적 상황을 회피함으로써 적응에 어려움을 나타내는 경우를 말한다.

회피성 인격 장애를 가지고 있는 사람들의 특징은 실패나 상처받는 것을 극도로 두려워한다. 이들은 자신에 대한 타인의 부정적인 평가를 가장 두려워한다. 이들은 자신이 부적절하다는 자아상을 가지고 있으며, 다른 사람을 비판적이고 위협적인 존재라고 지각하는 경향이 있다. 자신이 잘 했는지에 대해 늘 의심하고 남들의 반응을 예민하게 받아들인다. 가벼운 농담도 자신을 비웃거나 조롱한다고 여긴다. 낯선 상황이나 새로운 일을 두려워하며 당혹스러움이나 불안을 피하기 위해서 늘 익숙한 환경 내에 머물려고 한다. 간혹 호의를 베풀고 다가오는 사람들에게도 쌀쌀맞게 거부를 해서 오히려 상대방에게 상처를 주기도 한다.

이러한 장애를 가진 사람은 타인이 자신을 좋아하고 완전히 받아줄 것이라는 충분한 확신이 없는 한 인간관계를 피하려고 한다. 이들이 사회적으로 거리를 두고 대인 관계를 회피하기 때문에 겉으로 보기에는 정신 분열적인 사람들과 비슷해 보인다. 그러나 정신 분열적인 사람들이 홀로 있기를 즐기는 반면 회피성의 사람들은 관계 맺는 것을 원하지만 거부당할 것에 대한 두려움이 있다는 점이 다르다. 그래서 극소수의 친한 사람들과 함께 있을 때에는 따뜻하고 편안한 모습을 나타내기도 한다. 내면적으로 애정에 대한 강렬한 소망을 갖는 동시에 거절에 대한 두려움을 지니고 있기 때문에 심리적인 긴장상태 속에서 불안, 슬픔, 좌절감, 분노 등의 부정적 감정을 만성적으로 지니는 경향이 있다.

이들이 주로 사용하는 말들은 "내게는 남들이 좋아할 만한 것이 없어", "난 뭔가 부족한 사람이야", "어차피 안 돼", "역시 나를 싫어할 거야", "무리", "안 돼", "어차피", "역시"와 같은 부정적인 말들이다.

일반 인구의 0.5-1.0%가 이러한 성격 장애를 가지고 있으며, 병원에 찾아오는 사람들의 10-25%정도가 회피성 성격 장애에 속한다.[2]

3. 회피성 인격 장애의 신앙 유형

회피형 애착 유형은 대개 하나님과 어느 정도 거리를 둔다. 하나님과의 관계보다는 신자로서의 의무에 훨씬 더 중점을 둔다. 하나님과의 개인적인 깊은 관계 경험이 부족하다. 하나님은 멀리 계시고 내가 기도할 때만 잠간 오셨다가 또 멀리 가신다고 생각한다. 이들은 하나님에 대하여도 위협적이며 자신을 거부할지도 모르는 존재로 본다. 하나님이 자신을 조건 없이 사랑한다는 것을 쉽게 받아들이지 못하며 하나님도 자신을 비판할 것을 염려한다. 회피성 유형의 영적 장애를 묘사한 다음의 글은 회피성 신앙 유형의 특성을 잘 표현하고 있다.

> 이들은 여러 갈등의 상황에 처했을 때, 관계적 안전 욕구나 상실의 위협을 부인하거나 최소화 혹은 감추는 경향을 보인다. 그것은 그들이 그러한 욕구와 갈등을 기억하고 표현하는 데 어려움을 느끼거나 부정적이거나 수동적 반응을 하는 것으로 증거를 찾을 수 있다. 신앙의 침체를 경험하면서도, 이에 적극적으로 대처를 하지도 않으면서, 더 좋아질 것이라는 희망도 약하다. 이러한 회피적 성향은 이들의 자아상과 하나님에 대한 표상에도 그대로 영향을 준다. '이방인' 혹은 '희생자'와 같은 회피적 자아상을 가지고 있으며, 하나님에 대한 표상은 인격적, 관계적 개념이 제거되어 있는 것이 특징이다. 과거에 개인적이고 인격적인 신앙 경험을 했어도 현재의 관계적 불안으로 인해 인습적, 추상적 개념을 되풀이 하고 있거나, 하나님을 무 인격 혹은 거리감이 있는 존재로 표현한다. 이러한 영적 장애는 이들의 관계적 삶에 있어서 앞으로도 갈 수 없고 뒤로도 갈 수 없는 총체적 상실을 초래하게 된다.[3]

신앙은 단순한 이해가 아니라 의지의 행위이며, 하나님의 약속에 대한 소망을 붙잡는 것이다.[4] 하지만 이들은 이러한 의지와 소망이 약한 점이 문제이다.

글레나는 27세로 대학교 행정직에 근무하는 매력적이고 지성적인 여성이다. 그녀는 두 개의 석사학위를 갖고 있으며, 그중 하나는 신학석사다. 그녀는 거의 3년 동안 교회에 출석했지만 어떤 모임이나 사역에도 참여하지 않았다. 실제로 그녀는 거리를 두고 만남을 피한다. 목사가 글레나에게 대학청년 사역에 동역을 제의했을 때 그녀는 깜짝 놀라며 불안해하였다. 글레나는 자신이 '어떤 것도 제공'할 수 있는 것이 없다고 주장하면서 대학생들이 자기가 그 모임의 지도자가 되는 것을 반기지 않을 것이라고 말하였다. 또한 자신은 '남 앞에 서는 것을 싫어하며' 여러 사람들 앞에서 익숙해지는 데 시간이 걸린다고 하였다. 교회의 다른 사람들과 친해지고 싶지만, 그러기 위해서는 언제나 '시간이 많이 걸린다.'고 한다.5)

회피성 유형의 인물은 교회에서 목사를 대하는 것도 회피의 기제로 대한다. 이들은 외로움을 느끼기 때문에 관계를 맺고 싶어 한다. 한편 글레나처럼 능력이 있음에도 불구하고 자신감 없어하며 교회의 사역에 깊이 참여하지 못한다.

4. 성경에 나타난 회피성 인물

위대한 믿음의 성인이었던 다윗도 회피성 인물이었다고 볼 수 있다. 그 성향으로 인해 그의 집안에 간음, 살인, 성폭행, 내란과 같은 파괴적인 불행한 결과가 초래된다. 왕이 된 직후에 잠재되었던 그의 회피 성향이 표면에 드러나기 시작했다. 회피성 인물은 중요한 책임을 져야 하는 일을 주변의 '악한'에게 떠넘긴다. 다윗은 요압과 자기의 군대가 전쟁에 나가 싸우고 있는 동안 옆집의 여자와 관계를 맺고, 그 여자가 임신하자 그 남편을 죽여야 하는 일에 요압을 이용한다. 회피성 인물의 수동성은 가까운 사람들에게 상처를 주고 가장 가까운 사람들을 이용한다. 다윗의 딸 다말이 이복 오빠에게 성폭행을 당했을 때도 아무 조취도 취하지 않았다(삼하 13: 1-21). 회피성은 자녀에게도 대물림 된다. 그의 아들 압살롬이 이 사실을 알았을 때, 압살롬도 다말에게 "지금은 잠잠히 있고 이것으로 말미암아 근심하지 말라"(삼하 13: 20)고 말한다. 다윗은 압살롬과의 관계에서도 철저하게 회피하는 것을 보여준다. 압살롬이 암논을 죽이고 도망쳐 사는 동안 다윗은 아무 일도 하지 않았고, 압살롬은 아버지 다윗을 결국 만나게 되지만 평생 아버지로부터 거부를 받은 상처는 분노로 바뀌어 왕권을 찬탈하려는 음모를 꾸미고 그것은 내란으로 이어진다.

위대한 지도자 모세의 경우도 매우 회피적인 성향의 사람이었다. 어린 시절 강가에 버려졌던 거절의 외상도 경험했지만, 히브리인으로서의 정체감과 애굽의 왕자로 왕궁에서 사는 삶 사이에서 경험한 갈등이 어쩌면 그를 회피성 인물이 되게 했을 수 있다. 그의 회피성 성향은 성인이 되면서 드러나게 된다. 동족의 아픔을 보고 살인으로 그 분노를 표출하게 되고 결국 두려움으로 도망치게 된다. 그는 40년간 철저히 회피의 삶을 산다. 하나님이 그의 백성을 애굽의 노예 생활에서 이끌어 내도록 부르셨을 때, 모세는 온갖 핑계를 대면서 할 수 없다고 회피한다. 그는 하나님께서 표적을 보여 주심에도 불구하고 계속해서 "그들이 나를 믿지 아니하며 내 말을 듣지 아니하고 이르기를 여호와께서 네게 나타나지 아니하셨다 하리이다"(출 4:1), "나는 본래 말을 잘 하지 못하는 자니이다"(10절), "보낼만한 자를 보내소서"(13절)라고 말하면서 마침내 하나님이 노를 발하시게 한다.

5. 회피성 인격 장애의 진단 기준

사회적 회피, 부적절감, 부정적 평가에 대한 과민 반응들의 장기적 형태를 보인다. 회피, 부자연스러움, 평가의 두려움 등이 다음의 형태로 분명히 드러난다. 다음의 4개 이상 항목을 충족하면 회피성 인격 장애라고 진단할 수 있다.

1) 비난, 꾸중, 또는 거절이 두려워서 대인 관계 접촉이 요구되는 직업을 회피한다.
2) 자신에 대한 호감을 갖고 있다는 확신이 들기 전에 다른 사람들과 기꺼이 만나지 않는다.
3) 수치와 조롱당하는 것이 두려워서 친밀한 관계를 제한하고 사람 만나는 것을 피한다.
4) 사회생활에서 비난이나 버림받을 것이라는 생각에 사로잡혀 있다.
5) 자신이 부적절하다고 느끼기 때문에 새로운 사람과 만날 때는 위축된다.
6) 스스로를 사회적으로 무능하고, 개인적인 매력이 없으며 열등하다고 생각한다.
7) 쩔쩔매는 모습을 들킬까 봐 두려워서 새로운 일이나 활동을 시작하기를 꺼린다.

6. 회피성 인격 장애의 원인과 형성 과정

회피성 인물의 주변에는 자기애성 인물이나 강박성 인물이 있을 때가 많다. 부모로부터 거의 칭찬받지 못하고 자란 사람이 많다. 늘 관심을 끌며 칭찬받길 원하는 자기애성의 사람의 그늘에 가려 성장했을 가능성이 크다. 사회적으로 성공했어도 열등감이 있다. 기질적으로 회피적인 성향을 타고 났을 수도 있지만, 어린 시절 부모의 양육이 매우 지대한 영향을 미친다. 부모의 긍정적 평가, 칭찬, 격려 이러한 것들은 자녀에게는 인격을 살찌게 하는 양식이다. 그러나 부모가 사랑으로 품지 못하고 무자비한 말로 면박, 무안, 무시, 비교 등으로 언어폭력을 많이 했을 경우 아이들은 큰 상처를 받고 감정적으로 불구가 된다. 그래서 성인이 되어서도 다른 사람들도 나를 그렇게 대할 것이라고 생각한다. 부모가 강박적이거나 완벽주의 성향을 가졌을 경우 아이들의 의견은 묵살당하고 이러한 상황이 계속 되면서 마음의 문을 닫아버리게 된다. 지나치게 엄격하거나 권위주의적인 양육 환경도 문제이다. 부모가 실패의 경험이 많은 경우 자기들이 이루지 못한 욕구를 아이들에게서 얻기 위해 지나친 요구를 할 경우 아이들은 자신감을 잃고 열등감을 키우게 된다.

열등감이 많은 한 청년이 있다. 이 청년은 외모도 준수하고 부유한 가정에서 자랐으며 남들이 다 부러워하는 S대를 나왔다. 직장에 입사하여 오리엔테이션을 하는 데, "나는 S대를 나온 것에 열등감이 있습니다." 라고 하였다. 그 자리에 참석한 서울의 유수한 대학을 졸업한 사람들이 열불이 나서 한마디씩 했다. "우리는 거기 들어가고 싶어도 못 들어갔는데..." 알고 보니 이 청년의 아버지는 S대 법대를 나온 유명한 법관이었다.

그는 어린 시절부터 아버지의 그늘에 가려서 열등감을 가지고 살고 있었다. 아버지는 아들이 법대에 가서 자기처럼 법관이 되기를 원했지만 아들은 아버지의 기대에 미치지 못했던 것이다.

부모의 지나친 기대도 문제지만 편애는 자녀들에게 커다란 상처를 준다. 한 미모의 여성이 있었다. 미인대회에 나가지 않을 것이면 그 정도면 충분한 미모였다. 그런데도 그녀는 늘 자신의 외모에 불만이 많았다. 그래서 힘들게 번 돈을 성형을 하는 데 쏟아 넣으려 하고 있었다. 언니가 너무 예뻐서 언니와 같이 되고 싶은 것이었다. 언니의 모습과 같이 성형을 하고 싶었다. 어린 시절부터 부모는 언니만 유독 예뻐했다. 언니는 동그랗고 큰 눈을 가지고 있었다. 그에 비하면 자신의 눈은 새우 눈 같았다. 그녀는 예쁜 언니의 눈 때문에 부모가 언니를 예뻐한다고 생각하고, 언니처럼 커다란 눈을 가지고 싶었던 것이다.

부모가 자녀에 따라 양육하는 방식이 다를 수도 있다. 하지만 그것은 아이들에 따라 깊은 상처로 남고 인격 장애를 일으키는 요소가 될 수도 있다. 부모의 비난이나 조롱 등의 언어폭력은 아이들의 마음에 깊은 상처를 준다. 어린 시절 "네가 그것을 할 수나 있어?", "이게 도대체 뭐니?", "누구는 …한다던데 너는 뭐니?" 등과 같은 말을 듣고 자란 사람들은 사고가 왜곡되어 있다. 부모는 항상 옳고 자기는 항상 틀리다는 것이 머리에 새겨있기 때문이다. 그래서 다른 사람의 비난이나 조롱을 받을 것이라는 피해적 편집적 사고를 갖게 된다.

한 미혼 남성이 있었다. 회피적 성향이 있어서 늦게 까지 사람을 사귀지 못하고 있다가 친구의 소개로 괜찮은 여성을 만나서 교제를 잘하고 있었다. 그런데 그 여성의 집은 부유했고, 이 남성의 집은 가난했다. 엄마는 정신병으로 고생하고 있었고 아버지의 직업도 변변찮았다. 여러 해 교제를 하였으나 결혼이 다가오자 상대 집안에서 이런 저런 이유를 들어 결혼을 반대할 것을 우려하여 자신이 교제를 끊어버렸다. 회피성 인격 장애가 있는 사람들은 남녀 교제에서도 장애물이 생겨서 상대가 어느 순간 나를 떠날 것 같다는 느낌을 받으면 내가 먼저 떠남으로 자기 방어를 한다.

엄격하면서도 그리스도인 부모의 경우 자녀들을 신앙적으로 양육한다는 이유로 '윤리적 신앙적 학대'를 할 수도 있다. 목회자의 자녀들 중에서 회피성 성향이 있는 사람들이 많은 이유가 여기에 있다. 방황하는 십대에도 언어와 행동이 늘 올발라야 하고 믿지 않는 친구와는 사귀지도 말아야 한다고 압력을 받는다. 부모의 말은 하나님의 말과 같이 권위가 있다. 어린 시절부터 '이렇게 하면 하나님이 기뻐하실까?'와 같은 말을 들으면서 사랑의 하나님보다는 엄격하고 벌주시는 하나님 이미지를 갖게 되었다.

부모가 특별히 학대를 하지 않았어도 부모 자신들이 고립된 생활을 하거나 부부가 모두 직장 생활을 함으로써 아이를 정서적으로 '유기'시키는 경우에도 아이는 회피성 성향을 가질 수 있다. 성장기에 또래 집단으로부터 왕따를 당한다든지 그런데도 선생님이나 부모의 적절한 개입이 이루어지지 못하여 심리적인 외상을 경험하면 회피성 성향을 갖게 될 수 있다. 이러한 거절의 상처들은 관계에 대한 불안과 불신을 갖게 하여 대인 관계를 자꾸 피하게 하기 때문이다.

키에 비해서 체중이 과도하게 많이 나가는 P라는 20대 청년이 있다. 그는 소심하고 부끄럼을 많이 타는 성격이어서 친구도 거의 없고 최근에는 하는 일도 없고 밖에 나가는 것도 거의 하지 않는다. 여자에게도 별로 관심이 없어 결혼을 하면 오히려 부담되고 귀찮기만 할 것 같아 그냥 혼자 사는 것이 좋다고 생각한다. 그의 회피적 성향은 유치원 시절부터 시작되었다. 친구들이 놀이에 끼워 주면 기쁜 마음에 함께 놀았지만 자기가 먼저 다가간 적이 없었다. 자기와 놀아 주지 않을지도 모른다는 걱정과 부끄러움이 앞섰기 때문이었다. 초등학교 때에도 앞에 나가 발표해야 하면 심장이 두근거리고 얼굴이 화끈거리며 목소리가 떨려 한마디도 못할 때가 많았다. 친구들이 놀아주지 않으면 외톨이가 되는 것이 두려워 엄마 가게에서 돈을 훔쳐다가 아이들에게 나누어 주었다. 불량배들에게 돈을 뜯기면서도 학교에서는 '엄마에게 고자질 하는 비겁한 놈'이라는 소문이 나서 학교생활이 괴롭고 우울했다. 중학교에 가서는 인터넷 게임에 빠져 하루 여섯 시간이나 게임을 하였다. 엄마가 준 돈으로 친구들의 게임방 비를 대며 같이 어울리던 친구가 있었는데 그 친구가 자신의 게임 아이템을 모두 가지고 이민을 가버리자 사람들을 더 피하게 되었다. 그 이후 바깥출입을 거의 하지 않았고, 어쩌다가 나가면 사람들이 자기의 외모를 보고 '뚱뚱하고 못생겼다'고 욕하는 것 같아서 더욱 밖에 나가지 않았다.[6]

회피라는 관계의 가면은 이와 같이 보통 가족으로부터 받은 상처와 고통을 처리하기 위하여 회피라는 방어 기제를 선택한 것이다. 회피 방어 기제가 모두 부정적인 것만은 아니다. 독서, 그림, 운동, 공부 등에 몰두하는 창조적이고 긍정적인 방법도 있다. 하지만 회피의 가면 뒤에는 늘 사랑에 대한 욕구가 숨어 있기 때문에 그것을 비인격적인 것에 몰두함으로써 채우려는 경우도 있다. 섹스, 마약, 게임, 도박 등 파괴적인 것에 빠짐으로 현실을 도피하는 경우이다. 신앙 그룹 등에 빠지는 것 또한 회피의 한 방법인 경우도 있다.

7. 회피성 인격 장애를 위한 돌봄과 치유

회피성 인격 장애가 있는 사람들이 가장 미약하여 치유를 받아야 하는 것은 주체성과 관련된 영역이다. 어린 시절부터 진정한 자신이 누구인지 자신이 무엇을 원하는지에 관하여 존중을 받지 못하고 자라면서 회피하는 양식의 방어 기제를 발달시켰기 때문이다. 가장 중요한 것은 인생의 주도권을 당사자에게 돌려주는 것이 중요하다. 다른 사람의 결정에 따르게 억압하기 보다는 무엇인가 스스로 결정하게 하는 것이 중요하다. 이들은 자기의 감정이나 생각을 겉으로 표현하는 것을 훈련하는 일부터 시작해야 한다. 이들은 성인이 되어서도 자기를 주장하는 것은 죄악된 것으로 여겨 중요한 결정을 회피하는 성향이 있다. 그러면서 혹시라도 잘못될 경우 그 책임을 져야 하는 고통을 회피하려는 것이다. 따라서 우선은 '과거에 회피해 왔던 것은 어떤 것들이 있었는가?' '그때 어떤 감정이 들었었는가?' '만일 다른 결정을 했었다면 어떤 일이 생겼을까?' 등과 같은 통찰 질문들을 해 볼 필요가 있다. 어린 시절부터 자신도 모르게 가지고 있는 핵심 신념과 핵심 감정들을 살펴보고 이것들이 삶속에서 어떻게 방어 기제로 사용되고 있었는지를 탐구해보는 작업이다. 이 작업은 자책을 위한 것이 아니고 현재와 미래의 삶을 바꾸기 위한 통찰의 작업이다. 이들은 현재에도 무엇인가를 회피하는 것들이 있으며 그것은 그들의 현재와 미래의 삶을 지배할 것이 자명하기 때문이다.

회피 성향이 있는 C라는 여성이 있다. 그녀는 어린 시절부터 가난한 가정의 바쁜 부모 밑에서 애정 표현이 적고 완고한 아버지 밑에서 깊은 외로움이 있었다. 십대 시절도 친구들의 이간질이 있어도 싸우는 것이 싫어서 혼자 속상하기만 했다. 대학 진학에서도 학과 선택하는 일에도 무척 어려움을 겪었다. 자기가 정말로 무엇을 원하는지 무엇을 잘 할 수 있는지를 몰랐기 때문이다. 직장에서도 좋은 기회가 있어서 다른 직장으로 옮길 수 있는 기회가 여러 번 있었는데도 잘못되면 어쩌나하는 생각에 다른 사람에게 기회를 넘겼다. 자신이 결정하고 책임도 자기가 져야 하는 것에 익숙하지 않은 그녀는 인생의 가장 중요한 문제인 결혼도 그렇게 하였다. 잘 사귀어 보지도 않고 기도의 응답이라고 생각하고 상대방이 결혼을 서두르자 그냥 따라했다. 회피성 인물의 주변에는 자기애적이고 강박적인 사람들이 있듯이 그녀의 남편도 그랬다. 그래서 그녀는 남편에게 결정을 맡기기 시작했다. 남편에 의해 자신의 삶이 휘둘리는데도 '아니다'라고 말을 할 수가 없는 상황이 되었다. 아니 어쩌면 그러한 남편의 그늘에 가려있는 것이 편하다고 느꼈다. 가정의 큰 결정은 의논하는 것이 필요하지만 작은 물건을 사는 일까지도 혼자 결정하는 것이 두려워서 남편에게 결정하게 했다. 혹시 잘못되면 "당신이 사라고 했잖아요!" 혹은 "당신이 그렇게 하라고 했잖아요!"라고 남편에게 책임을 떠넘기면 되기 때문이었다.

그녀와의 통찰의 과정에서 우리는 그녀가 그동안의 삶에서 갈등하는 순간을 견디기 어려웠음을 알았다. 무언가 결정을 해야 하는 순간마다 무엇이 잘못되면 어쩌나 하는 두려움을 느꼈고 그때마다 책임을 회피하는 경향이 있었음을 발견하였다. 그래서 지금까지 부모나 남편이 하기 원하는 것을 했던 자신을 발견하고 앞으로는 자기가 원하는 것을 하기로 마음먹었다. 그녀는 현재의 삶 속에서 자신이 정말로 하고 싶은 것이 무엇인지, 정말로 잘 하는 것이 무엇인지를 성찰하기 시작했다. 어린 시절 제대로 배우지 못했던 악기를 다시 배우기로 마음먹고, 자기가 공부하고 싶었던 상담을 다시 공부하기로 마음먹었다. 그리고 자신이 원하지 않는 것은 '아니다'라고 말하는 훈련을 하기 시작하였다. 자신의 주체성은 자기의 생각과 감정을 정직하게 표현하는 것에서 시작한다는 것을 깨달았기 때문이다.

회피성 가면을 쓴 사람들은 그 가면 밑에 아픔, 두려움, 슬픔, 고독, 외로움이 있다. 어쩌면 회피성 인물은 가장 상처를 많이 받는 사람들일 수 있다. 통찰의 과정은 이들의 내면에 숨겨져 있는 이러한 감정들을 들추어내겠지만 그것을 안아주고 위로해 주는 과정이기도 하다. 통찰의 과정에서 이들에게 하나님은 거절하지 않으시고 변치 않는 사랑을 베푸신다는 것을 느낄 수 있도록 돕는 것이 필요하다. 예수님의 치유 사건들은 통찰의 과정에서 매우 중요한 교훈을 주지만 특히 38년 된 병자의 치유와 우물가의 여인 이야기, 삭개오 이야기는 특히 회피성 인물들에게 도움이 된다.

요한복음 5:1-9에 기록된 내용만으로는 이 병자의 상태를 자세히 알 수는 없다. 그러나 베데스다 연못에서 물의 움직임을 기다리는 사람들이 "많은 병자, 맹인, 다리 저는 사람, 혈기 마른 사람들"이라고 기록된 것을 보면 이 38년 된 환자는 이들 보다도 신체적으로 정신적으로 미약한 사람이었다고 유추할 수 있다. "나를 못에 넣어 주는 사람이 없어"라고 한 말로 미루어 볼 때도 그는 관계적인 삶도 매우 메말라 있던 사람임에 틀림없다. 예수님은 38년 동안 그 병자가 겪어야 했던 내면의 절망감, 좌절, 아픔, 고통을 아셨다.

요한복음 4:1-30에 나오는 우물가의 여인은 회피성 인물의 특성을 모두 가지고 있다. 이 여인은 '부적당' '불완전'한 자기상을 가지고 있으면서 깊은 관계를 갈망하지만 그렇게 하지 못하는 그리고 동족으로부터도 회피의 삶을 살고 있던 여인이었다. 예수님은 이 여인의 이러한 욕구와 필요와 아픔을 아셨고 통찰적 질문들로 그녀 스스로 자기 대화를 할 수 있도록 이끄셨다.[7]

누가복음 19장에 나오는 예수님의 삭개오와의 대화도 이와 매우 비슷하다. 동족으로부터도 죄인이라고 취급받던 삭개오의 외로움과 관계적 욕구와 좌절과 고통 등을 예수님은 아셨다. "삭개오야 속히 내려오라 내가 오늘 네 집에 유하여야 하겠다"(5절)는 예수님의 말씀은 삭개오로 하여금 자기 대화를 하게 하는 통찰의 과정을 시작하게 했다. 이러한 통찰의 과정은 대상화된 자기의 그림자 즉 거짓 자기의 모습을 보게 하는 과정이다.

기독교 상담자들은 이런 과정에서 예수님처럼 자기 자신을 대상으로 내어주는 역할을 담당해야 한다. 예수님이 38년 된 환자와 우물가의 여인 그리고 삭개오에게 먼저 다가가신 것처럼 '난 할 수 없어'라고 말하는 회피형 인물들에게는 먼저 다가가는 것이 필요하다. 이러한 때 내담자들은 진심으로 하나님의 사랑을 느낄 수 있고 신뢰감을 형성할 수 있게 된다. 이러한 안정적인 신뢰의 관계 안에서 회피성 인격 장애가 있는 사람들은 부정적 자기상을 극복하고 균형 있는 자기상을 형성할 수 있도록 돕는 것이 중요하다. 회피형 인물들은 갈등을 싫어하는 '평화주의자'이기 때문에 본인들의 회피적 성향이 죄가 된다거나 다른 사람들에게 피해를 준다는 것을 인식하지 못한다. 그들의 수동성과 '난 할 수 없어'라는 생각은 그들 주변 사람들을 매우 힘들게 한다는 것을 인지할 필요가 있다. 사실 '나는 아무것도 할 수 없다'는 말은 '나는 무엇이든지 할 수 있다'는 말과 교만하다는 면에서 똑같다. 따라서 기독교 상담자들은 이들에게 자기를 먼저 노출하고, 인간적으로 약점이 있음을 스스로 인정하고, 먼저 다가가는 모습을 보여주는 것이 필요하다.

  기독교 상담자들은 예수님처럼 회피성 인물들의 고통을 공감해 줄 필요가 있다. 섣불리 그들의 아픔을 다 안다는 식으로 접근하지 않도록 해야 한다. 이들의 아픔과 고통은 본인 밖에 모른다. 비판적인 부모에 의해 끊임없이 공격당한 아이는 성인이 되었을 때 내적 삶이 축출 당하여 마음이 텅 빈 상태를 경험한다. 정신분석학에서는 이것을 '축출적 내사'라고 한다.[8] 끊임없이 비판을 당하는 사람은 주관이 약하고, 감정을 느끼기 어렵고, 문제해결능력이 부족하며, 자기가 누구인지도 정확히 표현하지 못한다.[9] 결국 끊임없이 비판을 하면서 아이의 정신 영역을 침범하는 부모는 아이의 정신의 내용과 정신의 기능 그리고 정신의 과정뿐만 아니라 한 인간으로서 자기 자체를 상실하게 한다. 이것은 회복이 불가능한 개인 역사의 재앙이다.[10] 따라서 상담 과정은 회피성 내담자의 참 자기상을 회복하는 데 많은 시간을 투자해야 한다. 주체성을 강화하고 고통을 느끼는 영역을 살펴보고 스스로 결정하는 능력을 키우는 것에 도움이 필요하다. 이들의 회피 성향은 마치 그렇게 태어난 것과 같기 때문에 이것을 바꾸는 것은 오랜 시간이 필요하다. 이 과정이 항상 순탄한 것만은 아니다. 그때그때마다 상담자는 내담자가 두려움에 그 여정을 그만 두지 않도록 격려하는 것이 필요하다. 그리고 때로 내담자가 관심을 보이는 영역을 민감하게 살펴서 그것을 개발하도록 돕는 것이 중요하다. 회피성 인격 장애자를 대하는 기독교 상담자들은 이들의 고통을 공감하면서 부드럽게 점진적이면서 장기적인 접근을 할 필요가 있다.

교회 공동체는 회피성 인격 장애를 가지고 있는 사람들이 신뢰를 형성하고 마음을 열 수 있는 치유의 공동체가 될 수 있다. 기독교 상담자들은 이들을 교회 소그룹에 참여하도록 권하는 것이 좋다. 사귐의 장을 형성하게 하고 이들이 참 자기의 모습을 찾아가는 여정에 소그룹의 사람들이 함께 동참하도록 격려하는 것도 도움이 된다.

CHAPTER 05
의존성 가면-다른 사람 안의 나

Mask of Dependency

1. 의존성 인격 장애(Dependent Personality Disorder)의 사례

사례 1

M이라는 한 여성이 있다. M의 남편은 애정이 없고 무뚝뚝하고 무심하며 생활력도 없고 시댁은 가난하여 M이 직장 생활을 하여 가계를 꾸려 나갔다. M이 힘들게 모은 돈으로 남편은 사업을 시작하였으나 실패를 하여 다 날려버렸다. M은 무심하고 애정도 없는 남편이 괘씸하여 직장도 그만두어버렸다. M은 힘든 일이 있을 때마다 친정어머니에게 달려가서 다 털어놓고 위로를 받음으로 견뎌왔다. 그런데 몇 년 전에 자신이 그렇게 의지하던 어머니가 돌아가셨다. 어머니는 그녀에게 위로를 주고 그녀가 의존 할 수 있는 대상이었다. 그런데 그 대상이 이제 없어진 것이다. 남편은 그 대상이 되어 주지 못했기 때문에 M은 다른 이존 대상을 찾아 나섰다. 도박, 컴퓨터 게임, 인터넷 채팅에 급기야는 다른 남자까지 만나게 되었다.

사례 2

B는 50대 후반으로 혼자 사는 학원 강사이다. 그는 그의 주변에 한 번도 여자가 없었던 적이 없다. 최근 몇 년간 S라는 여성과 사귀고 있지만 그녀는 자기에게 완전히 마음을 주지 않는 것 같다. 여자친구 S는 B가 자기에게 경제적으로 너무 의지하는 것 때문에 다투다가 관계를 그만 끝내자고 하고 연락을 끊기를 여러 차례 했다. 그때마다 B는 혼자가 되는 상황을 견딜 수 없어서 인터넷 채팅 사이트에 등록해서 자기 프로파일을 올려놓고 이 여자 저 여자와 채팅을 하곤 했다. 1년 전에는 외국에 S와 함께 여행을 가기로 했었는데 그때도 경제적인 문제로 다투게 되어 B는 혼자 여행지에 가게 되었다. 혼자인 것을 견딜 수 없었던 B는 거기서 현지 여자를 만나서 즐기면서 미래에 대해서도 이야기를 나누었다. 여행에서 귀국한 후 얼마 되지 않아서 S에게 이 사실을 들켰다. B는 S에게 '네가 절교를 선언해서 나는 혼자 있는 것이 너무 힘들었다.'며 변명을 하고 무릎 꿇고 용서를 빌었다. 하지만 그 다음 번에도 다툼이 있기만 하면 B는 이 같은 일을 반복했다.

2. 의존성 인격 장애의 특징과 증상

인간은 태어나서부터 누군가를 의지하며 살도록 창조되었다. 하나님 께서 관계적으로 우리를 창조하셨기 때문이다. 특히 갓 태어난 아기는 모든 것을 부모에게 의존하며 살아갈 수밖에 없다. 하지만 성인이 되어서 도 부모나 다른 사람에게 경제적으로나 심리적으로 지나치게 의존하여 관계에서 어려움을 겪는 사람들이 있다. 의존성이 이들의 관계 맺는 양식의 주요 특징이 되어 건강한 관계를 맺는 데 장애가 되는 경우 의존성 인격 장애라고 한다.

의존성 인격 장애는 자기의 주체성이 없어 독립적인 생활을 하지 못하고 다른 사람에게 과도하게 의존하거나 보호받으려는 행동을 하는 특징이 있다. 이들은 일반적으로 다른 사람들에게 우호적이고 친절하다. 다른 사람을 잘 돕고 배려를 잘한다. 또한 온순하고 경쟁을 싫어한다. 다른 사람의 단점에도 관대히 넘어간다. 이들의 이러한 장점은 동전의 양면과 같이 그들의 관계적 삶에 단점으로 작용할 수 있다.[1] 이런 의존적 성향이 지나치면 장애가 되는 것이다.

의존성 인격 장애가 있는 사람들은 어떤 문제를 결정해야 할 경우 혼자서 결정하지 못하고 그 결정을 다른 사람에게 의지한다. 큰일을 결정해야 할 때가 되면 매우 불안해하고 결정하고 나서도 잘했는지 잘못했는지 불안해한다. 이러한 장애가 있는 사람은 의존하는 상대에게 버림받지나 않을까 늘 불안해한다. 그 불안을 극복하기 위해서 상대에게 지나치게 잘 해주며, 상대방의 눈치를 많이 보는 경향이 있다. 지지와 인정을 받으려는 욕구가 매우 큰데, 그것은 욕구의 모양만 바뀐 것이지 의존 욕구와 같은 것이다. 구강기에 의존 욕구를 채우지 못한 사람은 의존 욕구가 인정 욕구로 바뀐다.[2] 이런 식으로 자기 기분을 표현하지 못하는 중에 자기가 어떤 사람인지 자기 자신도 모르게 될 때가 많다.

의존성 장애가 있는 사람들은 어린아이처럼 일상생활을 영위하는 능력이 매우 떨어져서 부모나 배우자에게 작은 일도 모두 의지하는 수동적으로 의존하는 경우가 있다. 한편 일상생활을 영위하는 능력이 있고 활동적이지만 자기가 주체가 되어 살아가는데 불안을 느껴 자기를 지지하고 이끌어 줄 사람을 찾아 능동적으로 의존하는 경우도 있다. 이들은 책임감도 부족해서 리더 역할은 잘 못하지만 총체적 책임을 지지는 않아도 되는 보조적인 일은 잘한다. 이들은 좋은 상대를 만나면 그들의 능력을 잘 발휘할 수 있지만 그렇지 못하면 삶이 불행하게 될 수 있다.

이들은 혼자서는 살 수 없고 혼자 결정을 하지 못하는 사람이다. 자신의 주관이 없이 다른 사람의 생각에 무조건 따르는 경향이 있다. 배우자를 결정하는 문제까지도 부모나 친한 친구의 의견에 따라 결정한다. 이들은 자신을 약한 사람이라고 생각하여 자기가 우월하다고 생각하는 사람에게 의존하는 경향이 있다. 엄마에게 의존하던 사람은 아내에게도 엄마처럼 의존하고 싶어 한다. 아내는 엄마처럼 받아주지 않기 때문에 거기서 갈등이 있게 된다. 때로 의존적인 것을 보이지 않으려고 강한 성격을 드러내기도 한다. 편집적인 성격이 같이 있는 의존적 남편은 아내에게 때로 '평생해온 이런 것도 못해'라는 식으로 강하게 나오는 경우도 있다.

의존적 경향이 있는 사람은 한마디로 스스로 책임지는 주도적이고 독립적인 삶을 살지 못하는 사람이라고 말할 수 있다. 가정이나 공동체 안에서 자기 뜻대로 일이 풀리지 않는다고 상대방에게 화를 많이 내는 사람은 의존성 인격 장애를 가졌다고 말할 수 있다. 모든 것을 전적으로 엄마에게 의존할 수밖에 없는 아기가 무언가 불편하면 우는 것처럼, 의존성 인격 장애가 있는 사람은 필요의 대부분을 남에게 의존하여 얻기 때문에, 자기 뜻대로 사람들이 움직여 주지 않으면 화를 내고 짜증을 낸다. 그래도 반응이 없으면 불안해하고 우울증에 빠지기도

한다. 이런 사람들이 어른이 되었을 때, 배우자와 자녀들과 자기의 권위 아래 있는 사람들에게 많은 것을 요구하며 자기 뜻대로 안 되면 불같이 화를 내고 상처를 준다. 사실상 가정 안에서의 많은 문제들과 상처들은 바로 이 의존성 인격 장애를 가진 가장 때문에 생기는 경우가 대부분이다.

건강한 성인은 가정과 공동체 안에서 자신에게 주어진 일과 책임에 성실하며, 다른 사람들에게 요구하지 않으며, 오히려 자신이 다른 사람들의 필요를 적극적으로 채워 주고 섬기며, 또 어려운 일이 있으면, 그것이 다른 사람들의 실수일지라도 화를 내거나 남을 탓하지 않고 자기의 책임으로 알고 주도적으로 문제 해결에 앞장선다. 그래서 의존성 인격 장애는 반드시 치유 받아야 하는 유아기적 인격 장애라 할 수 있다.

이들은 자신이 맡은 일 내에서는 잘한다. 남들이 자기보다 더 낫다고 여기며, 누군가 자기를 도와주면 잘한다. 한편, 능력이 있다는 말을 듣는 것을 두려워한다. 그러면 자기가 의지하고 있던 사람이 떠날지도 모른다고 생각하기 때문이다. 그래서 상대방이 지나친 요구를 하고 착취를 하는 데도 'No'라고 말하지 못한다. 심지어 심한 폭력이나 매춘을 강요해도 그 남자에게서 벗어나지 못하고 알코올 중독에 폭력이 있는 남편과도 헤어지지 못한다. 이러한 취약점 때문에 이들의 주변에는 반사회적이거나 자기애적 성향의 사람들이 늘 있는데 그들에게 착취를 받을 가능성이 있다. 그들이 착취하고 학대하는 것을 알면서도 분노하고 미워하면서도 의존한다. 이들은 타인의 보살핌과 지지를 얻기 위해 불이익을 당하고 무슨 행동이든 다 할 수 있다. 겉으로는 상냥하고 친절하고 낙천적인 것 같아도 속은 고통 중에 있다. 아이에게 의존

관계에 있는 엄마와의 분리는 죽음과도 같은 것처럼 이들에게도 의존하는 상대방과의 헤어짐은 죽음과도 같이 느껴진다.

위의 사례에서 사례 1의 M은 공허감을 채우기 위해 이러한 것들을 찾았던 것이다. 알코올 중독, 도박, 외도 등은 모두 의존적인 사람들이 공허를 채우기 위해 찾는 의존 대상물인 것이다. 사례 2의 B처럼 의존성 장애가 있는 사람들은 상대방이 없으면 살 수 없다고 하면서도 실제로 그 사람과 헤어지면 금방 새로운 애인을 찾아 같이 다니는 것이 특징이다. 의존성 인격 장애자들은 상대를 고를 때 다른 조건이 필요 없다. 그냥 자기에게 잘해주면 된다고 생각한다.

3. 의존성 인격 장애의 신앙 유형

의존성 인격 장애가 있는 사람은 신앙생활도 매우 의존적이다. 교회에 열심히 나가서 봉사하고 목사님을 잘 섬기지만 그것은 모두 관심과 인정을 받기 위한 것이다. 이들은 관계적 욕구나 상실의 위협에 매우 민감하게 반응하는 경향을 보인다. 그것은 그들이 정규적 혹은 집중적 신앙 활동에 집착하며, 지나치게 의존적으로 반응한다. 겉으로 보기에는 이들의 열심과 섬김 때문에 성숙한 그리스도인처럼 보인다. 하지만 성도들이나 목사님이 자기의 열심과 섬김을 인정해주지 않는 것 같고 다른 사람을 더 인정하는 것 같으면 분노와 원망으로 돌변한다.

하나님도 의존의 대상이다. 이들은 진정한 종교보다 문제 해결만을 위한 기적을 바란다. 나눔이 있는 성숙한 교제보다는 의존적 관계를 유지하려하는 경향 때문에 새벽 기도와 봉사 등도 하나님과 의존 관계를 유지하기 위해서 한다. 구원의 은혜가 고마워서가 아니라 내가 이렇게 하지 않으면 하나님이 떠나 버리실까봐서 그렇게 한다. 기복 신앙도 한편으로는 의존적 신앙이다. 기도도 자신의 욕구 충족을 위해서 한다. 자신이 구한 기도가 성취되지 않으면 하나님께 분노한다. 이들은 하나님과의 관계에서도 체험을 추구한다. 하나님의 분명한 음성 혹은 신비한 체험이나 특별한 은사를 추구하며 이러한 것들은 하나님께서 자기를 사랑하는 증거라고 생각한다. 따라서 눈에 확실히 보이는 것이 없으면 하나님이 자기를 사랑하지 않는 것은 아닌가 하며 불안해 한다. 신앙생활에 있어서 체험은 큰 힘이 되기도 하지만 체험만을 추구하는 신앙은 역경이 올 때 실망에 빠지기 쉽다.

    자아상과 하나님 표상을 연구한 질적 연구 논문에서 자존감이 낮고 불안감으로 관계를 지나치게 추구하는 사람들은 하나님을 그들이 의존할 수 있는 '오직 한 분'이시라고 하면서도 한편으로는 조금만 실망시켜도 화를 내고 벌을 주는 분이라는 양가 감정을 가지고 있음을 밝히고 있다.[3] 이들은 하나님이 자신들을 잘못되지 않도록 채찍질하신다고 생각하면서 한편으로는 꼭두각시를 다루는 것처럼 자신에게 줄을 달아 놓고 간섭하시고 조종하신다고 여긴다. 이러한 사람들의 하나님 이미지는 '벌주시고 상주시는', '엄하시고 자애로운' 등 이중적 상이 다른 애착 유형들에 비해 동시다발적으로 매우 강하게 나타나는 특징이 있다. 이것은 이들의 낮은 자존감과 양가적 성향의 집착에서 오는 표현이다.[4] 이들이 관계적 욕구에 민감하게 반응한다는 점은 긍정적으로 볼 수 있지만, 불안으로 하나님을 온전히 믿지 못하여 신앙 안에서 자유가 없는 것은 문제이다. 성숙한 신앙은 관계 안에서 안전감과 자유를 누리게 하기 때문에 비본질적인 것에 집착하거나 지배를 받지 않는다.

그리스도인에게 의존 욕구는 본질적으로 하나님을 찾고 주를 만나게 하는 매우 중요한 욕구이다. 하지만 의존적인 사람들은 현상적이고 감각적인 것을 추구하는 경향 때문에 진정한 하나님이 아닌 자신들이 만들어 놓은 의존 대상을 찾아 이리 저리 방황하기 쉽다. 물질이나 자극적 관계에 집착하는 등 여러 중독에 빠질 위험이 있다. 이들은 자신은 한없이 나약한 존재이고 이들이 찾는 대상은 절대적인 능력이 있는 존재이다. 따라서 이들은 그러한 것들을 제공하는 듯 보이는 사이비 교주나 종교에 빠질 가능성이 크다. 이러한 종교 집단은 가족적이며 친밀하게 접근하며 만사를 해결해 줄 듯한 강력한 지도자가 있다. 그러한 지도자가 펼쳐 놓은 '영적 유혹'에 매혹을 당한다. 이러한 지도자를 추종하는 수많은 사람들의 '집단적 사고'가 의존성 인물에게 의존심을 더욱 부추기고 이들은 자신의 자유를 스스로 포기하고 종교적으로 포로가 되는 것이다. 사이비 종교에 빠지기까지는 하지 않더라도 의존성 인물들은 계속해서 종교적인 '문제들'을 만들어 상담을 받고자하며 상담자에게 자주 전화하고 집착적으로 의존한다. 분리에 대한 공포 때문이다.

4. 성경에 나타난 의존성 인물

의존성 인물의 장점은 평화주의자라는 점이다. 온유하고 부드러움이 이들의 장점이다. 하지만 때로 이러한 점이 단점이 될 수 있음을 위에서 살펴보았다. 사실 성경에는 의존성 인물에 적합한 인물이 그다지 나오지 않는다 하지만 이삭의 경우 의존성 인물의 장점이 많이 부각된 사례이다. 이삭은 부드럽고 따뜻한 온유와 화평의 사람이었다. 하지만 그러한 그의 인격 때문에 그도 희생을 치러야 했다. 따라서 여기에서는 이삭이라는 인물의 장점을 살펴보면서 혹여 그런 점이 그의 삶에서 그와 그의 주변 사람에게 어려움을 주었을 수도 있었을 상황을 살펴보고자 한다.

첫 번 사건은 모리아 산에서 희생 제물이 될 뻔했던 것이다. 그는 땔감을 등에 지고 갈 정도의 나이였다(창22:6). 그렇게 금지옥엽처럼 자기를 사랑하던 아버지 아브라함이 자신을 모리아산까지 데리고 가는 동안에도 "왜?"라는 질문 한번 하지 않고 따라간다. 희생 제물로 삼아 결박하고 죽이려 할 때도 전혀 반항하거나 저항하지 않고 순종하는 모습을 보인다(창22:1~19). 물론 그의 순종의 모습은 십자가에서 순종하신 그리스도의 모습의 원형으로 추앙을 받는다. 하지만 그러한 하나님의 구속사적인 면을 잠간 접어두고 본다면, 모리아 산에서 일어난 순종적인 삶이 가져왔을 희생은 얼마나 큰 것이었을까?

그 다음 사건은 흉년이 들어 그가 1년 강우량이 300㎜에도 못 미치는 가나안 남방 그랄에 가서 거주할 때 있었던 일이다. 그는 자기가 힘들게 판 우물을 세 번이나 블레셋 사람에게 양보하고 다른 곳으로 이주해야 했다(창 26:12~33). 본래 물이 귀한 지방이라 우물은 값비싼 재산이었으며, 좀처럼 얻기가 힘든 것이었다. 물은 생명과 관련 있다. 21세기에도 우물 하나 파는 것은 많은 돈과 노동력과 기술이 필요하다. 그래서 이러한 것이 부족한 아프리카에서는 우물이 없어서 힘든 삶을 살기도 한다. 이들을 위해 '우물 파주기'를 하는 자선단체도 있다. 아마도 그랄

지방도 이와 같이 물이 매우 귀한 지방이었던 것 같다. 외지인으로서 그런 지방에서 들어와 살고 있던 이삭과 그의 종들은 힘들게 판 우물을 세 번이나 그냥 내주어야 했다. 물론 이삭이 부자였고 평화를 위해 양보한 것이지만 그로 인한 손해와 희생은 작은 것이 아니었다.

이삭은 아버지와 똑같이 흉년이 들어 애굽으로 갔다가 평화를 유지하기 위해 아내가 아름다움으로 그곳 백성이 자기를 죽일까 두려워서 아내를 누이라고 거짓말을 하는 잘못을 범하였다(창26:6-11). 그로인해 하마터면 자기 아내뿐만 아니라 다른 사람에게 죄를 범하게 할 뻔했다. 아비멜렉의 말을 빌리면 "네가 어찌 우리에게 이렇게 행하였느냐 백성 중 하나가 네 아내와 동침할 뻔하였도다 네가 죄를 우리에게 입혔으리라"(창26:10).

이삭은 또한 야곱을 편애한 아내 리브가의 계략에 속아 둘째 아들인 야곱에게 축복하였다(창25:19-26, 창27:5-30). 물론 결과적으로 이 일은 하나님의 약속을 이루는 일에 협력한 것이 되지만, 이삭은 아내와 아들의 계략에 속아 넘어간 것이다. 이로 인해 야곱은 형의 보복이 두려워 도망치게 되고, 첫째 아들인 에서는 자신이 받을 복을 동생에게 빼앗긴 원한을 가지고 평생을 살아간다.

성경에는 의존성 인물의 다른 예가 또 나온다. 예수님의 달란트 비유(마 25:14-30)에서 나오는 한 달란트 받은 종이다. 그는 주인이 엄격한 사람이라 혹시 자기가 받은 것을 가지고 무엇을 하다가 실패해서 그나마도 다 잃으면 어쩌나 하는 두려움 때문에 아무것도 하지 않았다. 한 달란트를 받은 종은 상대가 자기를 싫어할까봐 두려움으로 눈치를 보고 수동적이어서 주도적으로 무엇을 하지 못하는 의존성 인물의 특성을 그대로 가지고 있다. 하지만 성경은 그 한 달란트는 신뢰함으로 맡겨진 것이었으며, 아무리 작은 재능이어도 주체성과 책임감을 가지고 도전하는 데 써야 함을 강조한다. 그 좋은 주인에게 '악하고 게으른 종'이라고 책망을 듣고 가지고 있던 한 달란트도 빼앗기고 바깥 어두운 데로 내쫓기게 된다. 수동적이고 안일하게 살아가는 삶이 하나님보시기에 얼마나 책망받을만한 일인가를 알 수 있다.

의존성 인물로서 이삭의 사례는 좋은 결말로 끝나지만 한 달란트를 받은 종의 경우는 비극으로 끝난다. '착하다'는 것은 동전의 양면과 같이 무능력 혹은 주체성이 부족함으로 나타날 수 있다. 경쟁적인 현대 사회에서는 특히 그렇게 인식된다. 아마도 이러한 사례 분석은 현대를 살아가는 우리에게 적용해 볼 때 중요한 시사점을 줄 수 있다고 생각한다.

5. 의존성 인격 장애의 진단 기준

보호 받고 싶은 욕구가 지나치기 때문에 종속적으로 상대에게 매달리며 헤어지는 것에 대한 두려움이 있다. 성인 초기에 시작되어 다양한 상황에서 나타난다. 다음 중 5가지 이상을 보이면 인격 장애로 진단한다.

1) 다른 사람들에게 지나치게 조언을 구하고 보장이 없이는 일상적인 일도 결정을 하지 못한다.
2) 자기 인생에서 매우 중요한 영역까지도 떠맡아 책임질 수 있는 사람이 필요하다.

3) 지지 또는 인정을 받지 못할까봐 두려워서 다른 사람 특히 의지하고 있는 사람에게 반대 의사를 표현하기 어렵다.
4) 자신이 주도적으로 계획을 세워 일을 실행하기가 어렵다(동기나 활력이 부족해서가 아니라 판단과 능력에 대한 자신감이 부족하기 때문이다).
5) 남에게 사랑받거나 지지를 얻기 위해 불쾌한 일까지도 자원해서 할 정도로 도에 지나친 행동을 한다.
6) 혼자서 무엇을 하다가 잘못될 것 같다는 심한 두려움 때문에 혼자 있으면 불편하고 무기력해진다.
7) 친밀한 관계가 끝났을 때 필요한 지지와 보호를 얻기 위해 다른 상대를 다급하게 찾는다.
8) 자기 스스로를 돌보게 되는 상황에 대해 비현실적인 공포감에 사로잡힌다.

6. 의존성 인격 장애의 원인과 형성 과정

인간은 유아기의 시절을 지나면서 조금씩 부모와 분리하는 것을 시작하고 주체성을 가지기 시작하면서 홀로 서는 연습을 한다. 어른이 될 때까지 조금씩 그 형태가 바뀌기는 하지만 의존은 계속된다. 때로 자녀는 준비되었는데 부모가 아이들을 떠나보낼 준비가 되지 않은 경우도 종종 있지만, 정상적이고 건강한 자녀는 부모와의 관계에서 심리적으로 경제적으로 독립을 준비한다. 하지만 이러한 성장과 분리의 과정이 어딘가에서 순조롭게 진행되지 못했을 경우 인격에 장애를 가져올 수 있다. 특히 생애 초기(생후 24개월까지)에 부모의 안정적이고 충분한 돌봄이 부족하거나 한결같지 않은 경우 아이는 자라면서 부모에 대한 관계 추구 욕구가 팽배해진다. 그래서 자기는 없어지고 온 신경을 부모에게 다 집중한다. 부모의 말이나 행동에 지나치게 눈치를 보고 순응적인 아이로 자랄 가능성이 크다. 그러면 성인이 되어서도 자신감이 부족하고 자기를 책임져줄 능력 있는 누군가를 늘 찾아 방황하게 된다.

지니는 매우 지적이고 다른 사람들을 배려도 잘하고 성격도 좋은 여성이다. 단 한 가지 문제는 자신감과 독립심이 부족하다는 것이다. 결혼 할 때까지 엄마가 청소며 빨래며 다 해주었다. 쇼핑도 혼자서 해본 적이 없다. 자신감 있고 비전이 있지만 성격이 강한 남편을 만나 결혼 생활을 하면서 힘든 점이 있었지만 엄마가 해 주었던 것처럼 남편은 지니를 위해서 모든 일을 다 결정해 주어서 좋았다. 하지만 남편은 결단력 없이 모든 일을 남편에게 의지하는 지니의 모습에 압력을 가하기 시작했다. 역동적 관계 안에서 남편의 간섭과 각종 학대는 커가면서 불편함이 없는 것은 아니지만 지니는 남편에게 그대로 순종적인 모습을 보였다. 간간이 있는 언어적 신체적 폭력 때문에 힘들어 하면서도 남편이 조금만 잘 해주면 다 잊어버리곤 원래의 모습대로 돌아갔다. 몇 년 전 있었던 남편의 외도로 새까맣게 타는 가슴을 가지고 힘들어 하면서도 남편을 떠날 자신이 없다. 남편의 외도와 폭력으로 외상후 스트레스 장애까지 생겼다. 남편이 자기를 또 속이는 것은 아닌가하고 늘 남편의 행동과 말에 일거수일투족 신경이 곤두서있다. 폭력이 있을 것 같으면 가슴이 두근거리고 머리가 텅 비어있는 것 같아서 이성적으로 반응을 할 수 없다. 이런 사실을 아는 주변의 모든 친구들이나 자녀들 까지도 이혼을 생각해 보라고 진심으로 권한다. 폭력이 있는 날은 막상 이혼하려고 마음먹다가도 며칠 지나면 용기가 점점 사그라진다. 남편 없이 혼자서는 도저히 살아갈 수 없을 것 같아서이다.

위의 지니의 사례는 전형적인 의존성 인격 장애의 원인과 형성 과정을 잘 보여주는 사례이다. 어린 아기들은 본능적으로 의존적이다. 생존을 위해 아기들은 필사적으로 엄마에게 의존한다. 하지만 이러한 의존성을 극복하지 못한 채 성인이 된 사람들은 사고나 행동 패턴에 변화가 없다. 꼭 아기 같이 생각하고 행동한다. 요구만 많고 책임질 줄은 모른다. 의존성 인격 장애가 있는 사람들은 지니의 사례처럼 어린 시절부터 주변에 자기를 대리해 줄 누군가가 있어왔다. 태어나자마자 엄마에게 온전히 의존해야 하는 유아는 엄마가 총체적 세계이다. 그래서 엄마가 자기의 욕구를 들어 주지 않고 좌절시켜도 엄마와 떨어질 수 없다. 그것은 유아에게는 죽음이나 다름없기 때문이다. 의존성 인격 장애가 있는 사람들은 이러한 유아처럼 대상과의 분리가 덜 된 사람들이다. 이들은 부당한 대우를 받아도 항변하거나 그 관계를 떠나지도 못하면서 그 대상에게 의존하는 장애가 있는 것이다.

부모의 과잉보호도 의존성 인격 장애의 한 원인이다. 사실 과잉보호는 또 다른 유형의 학대이다. 부모의 과잉보호는 대부분 정서적 유대감이 결여된 위장된 사랑이기 때문이다. 부모는 바쁘거나 자신들의 복잡한 일 때문에 아이가 입만 열면 다 들어주고 욕구를 채워주는 경향이 있다. 그러면 아이는 독립심이 부족하게 될 뿐만 아니라 부모의 위장된 사랑을 다 감지한다. 그래서 아이도 부모의 관심을 끌기 위해 그것을 역이용하게 된다. 아이에게 적절하게 좌절을 경험하게 하는 것도 필요하다. 과잉보호 속에서 자란 사람은 성인이 되어서도 의존적인 성격과 함께 독선적인 성격도 함께 가지고 있는 경우가 있다. 의존성 인격 장애의 다른 일면이다. 이들은 부모나 아내가 평생 그를 위해 무언가를 해왔던 사람이다. 그래서 아내가 아파도 팔짱 끼고 앉아서 아내가 세끼 다 차려주기를 기다린다. 자신은 하지도 않거나 못하면서 아내가 오랫동안 해오던 것을 한번 실수해도 그것도 못하냐고 핀잔을 주기 일쑤다. 자신이 하기 싫은 일을 아내에게 다 시키면서 자기가 원하는 데로 되어 있지 않으면 자기가 나서서 해결할 생각은 하지 않고 아내만 다그친다. 신체는 성인이나 정서나이가 아직 어린아이인 것이다.

7. 의존성 인격 장애를 위한 돌봄과 치유

의존성 인격 장애자가 자신의 의존성의 문제로 상담자나 목회자에게 찾는 일은 드물다. 대부분 이들은 교회에서도 순종을 잘하고 조용하게 열심히 봉사를 잘 하는 사람들이기 때문이다. 그러나 이들이 상담을 받기 위해 상담자를 찾는 경우는 이미 관계가 끝났거나 파괴적으로 끝나가고 있는 경우일 것이다.

의존성 인격 장애가 있는 사람들을 돌보거나 상담을 할 때 가장 기본적으로 알아야 할 것은 이들이 쓰고 있는 가면 뒤에 숨겨진 핵심 신념과 핵심 감정이다. 이들은 자신에게 있는 힘든 역경을 스스로 견딜 수 없다고 생각하며 누군가 자기보다 강한 사람을 의지해야 한다고 믿는다. 이러한 핵심 신념은 이들에게 관계의 문제를 만들기도 했지만 또한 문제를 해결할 수 있는 실마리이기도 하다. 이들이 상담자를 찾는 이유도 자기의 삶의 문제에 어떤 지침을 줄 수 있을 것이라고 믿기 때문이다. 이들은 그동안 다른 사람에게 의지해왔듯이 상담 회기 중에도 상담자를 의존하게 된다. 지금까지 그래 왔듯이 상담 중에도 자기 자신의 문제보다는 상담자를 칭찬하는 것에 집중한다. 그리고 이들은 자기의 문제를 해결하기 위해 자기가 무엇을 하기 원하거나 할 수 있는 것을 말하기 보다는 상담자가 좋아할 것만 골라서 이야기하거나 상담자가 무엇을 원하는지에만 초점을 맞춘다.

이러한 장애를 가진 사람들을 돌보거나 상담을 하는 경우에 주의해야 할 점이 몇 가지가 있다. 우선은 이들은 상담 회기가 진행되면서 자기의 핵심 감정인 인정 욕구와 관계 추구 욕구를 상담자에게 전이시킨다는 것을 알아야 한다. 심리 역동작용을 잘 알고 있는 상담자는 물론 내담자의 이러한 전이를 오히려 잘 이용할 수 있다. 상담자도 자기 자신의 감정을 역전이해 줌으로써 내담자가 자기 자신을 통찰할 수 있는 기회를 제공한다.

의존 욕구를 핵심 감정으로 하는 내담자의 경우 상담 중에 침묵을 사용하도록 격려하는 것이 도움이 된다. 이것은 일종의 퇴행을 허용하는 것이다. 이것은 어린 아이들이 잠들기 전에 침대에 누워 잠간 동안 조용히 생각에 잠기는 것과 비슷하다. 아이들은 이때 낮 동안 있었던 일들을 생각하기도 하고 어떤 것을 소망하기도 한다. "이런 경험에서 침묵은 대개 내적 세계와 외적 현실을 '처리'하는 데 필수적인 조건이다."[5]

상담자는 이때 내담자가 침묵으로 퇴행하는 것을 방해하지 않는 것이 좋다. 의존성 인격 장애가 있는 사람이 침묵을 사용함으로써 자기 대화 혹은 통찰을 할 수 있게 된 사례를 보자.

헤롤드는 전형적인 의존성 인격 장애자로서 늘 다른 사람들의 소망이나 요청에 따라 행동하는 사람이었다. 그리 별난 점도 없었고 까다롭지도 않은 사람이었다. 상담 초기에 그는 상담자를 칭찬하는 것을 통해 중요한 문제를 덮어버리려고 했다. 그리고 그의 무력감과 혼란과 절망의 감정들을 방어하기 위하여 마치 취재 기자처럼 자기와 관련된 사실들을 정확하게 분석하곤 했다. 그런데 그는 아버지에 대한 기억들이 별로 없었다. 상담자는 그에게 침묵을 사용하도록 요청했다. 헤롤드는 아버지의 요트를 회상하였고 그는 '왜 나는 내가 원하는 것을 그냥 하지 않을까요?'라고 물었다. 그는 바로 가서 아버지의 요트와 거의 비슷한 것을 사서 타보고는 매우 전율을 느꼈다. 헤롤드는 자기가 요트를 타고 즐기는 것이 아버지가 한 것이었음을 깨달았다. 그 전까지는 아버지가 늘 지루했던 인물이었다고 가정했었지만 그렇지 않았다는 것을 알게 되었다.6)

이 과정은 여러 해에 걸쳐서 진행 되었고 매우 점진적인 과정이었다. 중요한 것은 의존성 인격 장애자들이 침묵을 사용함으로써 아동기 경험의 순간으로 퇴행하는 것을 허용하라는 것이다. 사실 이것은 정확하게 말하면 생각에 잠기는 것이다. 추상적 사고를 하거나 분석하는 것이 아니고 시적이고 감각적인 것들을 경험하도록 자기를 허용하는 것이다.7) 아동기를 지나면서 손상을 입었던 이러한 능력을 다시 경험하도록 하는 것이다. 헤롤드의 경우 한때는 알았었지만 '상실'하고 있던 아버지의 인격과 속성을 발견하였던 것이다. 바로 이러한 순간들은 내담자가 자기 자신을 안아주는 시간과 공간이다. 그리고 자기 안에 내재해 있는 나쁜 이미지들을 해독하는 시간이기도 하다. 이것은 교정적 정서 경험(corrective emotional experience)을 하고 재양육(re-parenting)을 하는 과정이다. 이러한 통찰의 긴 터널을 지나는 어느 시점에 치유를 경험하게 된다.

의존성 인격 장애를 상담하는 과정에서 주의를 해야 할 다른 것은 상담자와 내담자의 역동 관계이다. 역동 관계 안에서는 무의식적 투사가 쉽게 일어난다. 상담자는 내담자가 투사하는 것이 어떤 대상 이미지인지를 인지하는 것이 중요하다. 의존성 인격 장애는 주로 여성들에게 많이 나타난다. 여성 내담자가 남성 상담자와 상담 관계에 있을 때, 여성 내담자는 늘 그래 왔던 식으로 남성 상담자를 의존의 대상으로 여긴다. 남성 상담자가 목회자인 경우는 그럴 가능성이 더욱 크다. 이때 남성 상담자는 내담자와 낭만적 관계에 빠질 위험에 노출된다. 그러므로 상담자는 적절한 상담거리를 유지하는 것이 중요하다.

또한 의존성 인격 장애자는 자기보다 강한 사람에게 의지하려는 성향이 있기 때문에 상담자는 항상 의존의 대상이 될 수밖에 없다. 특히 상담자가 목회자이고 권위적이라면 내담자는 이러한 성향을 더욱 고수하게 된다. 따라서 의존성 인격 장애자를 상담할 때는 권위적인 자세보다는 동등한 관계를 유지하는 것이 좋고 내담자가 자기의 감정과 욕구와 계획 등을 스스로 말하게 하는 것이 필요하다.

의존성 인격 장애자는 역동 관계 안에서 상대방을 짜증나게 하는 경향이 있다. 상담자는 역전이 과정에서 이러한 감정을 이용해야 하지만 내담자가 안전함을 느끼도록 조심스럽게 해야 할 필요가 있다. 중요한 것은 상담자는 내담자와 적당한 상담 거리를 유지함으로써 역전이를 이용하되 내담자와 동일한 의존성을 보이지 않도록 주의해야 한다.

그 밖에 의존성 인격 장애가 있는 내담자의 치유를 위해서 상담자나 이들을 돌보는 자들이 유의할 것들이 있다. 이들은 실패를 두려워하는 사람들이므로 실패해도 좋으니 스스로 결정하고 시도하도록 격려하는 것이 필요하다. 이들은 두려움 때문에 자기의 생각과 기분을 억누르며 상대방의 생각과 기분에 맞춰 살아 왔다. 의존성 인물들은 '너 안의 나'라는 세계에 살고 있는 사람들이다. 그러므로 이들에게는 자기의 생각과 기분을 적극적으로 표현하도록 돕는 것이 중요하다. 무엇이든 즉각적으로 답을 주지 말고 스스로 자기의 답을 찾을 때까지 기다려 주는 것이 필요하다. 그리고 자기가 생각하고 결정한 것에 대해 책임을 지는 것이 건강한 성인이 되는 것임을 훈련할 필요가 있다. 이들은 자존감이 낮을 뿐 능력이 부족한 것은 아니다.

두 자녀를 둔 한 지혜로운 여성은 남편과 이혼한 후 스스로 열심히 일해서 경제적인 힘을 키웠다. 그런데 아들은 경제적으로 엄마에게 너무 의지하려고 하고 딸은 돈을 쓰는 것을 너무 두려워하는 것 같아서 걱정이 되었다. 그래서 그녀는 대학 3학년인 아들과 이제 막 사회생활을 시작한 딸에게 100만원씩을 줄 테니 너희가 해보고 싶은 데로 해보라고 했다. "100만원을 다 날려도 그것은 엄마 돈이니 걱정하지 마라. 만일 장사를 시작했는데 다 날려버렸어도 너는 거기에서 교훈을 얻을 것이고 네가 그것으로 이익이 나면 그것도 네 것이 되는 거야"라고 말하면서,

주식 투자를 해도 되고 여행을 가도 되고 어떤 기술을 배워도 된다고 덧붙였다고 한다. 지혜로운 부모는 자녀의 성격과 기질에 따라 훈련시키는 방법을 안다. 지혜로운 부모는 가정의 코치나 상담자와 같다. 배우자의 경우도 마찬가지이다. 스스로 해야 할 일을 계속적으로 돕는 것은 의존적 성격을 영구화하는 길이다. 나이와 기질과 상황 등을 잘 고려해서 한계를 잘 정하여 돕는 것이 필요하다. 그래야 정서적으로 건강하고 성숙하고 책임 있는 사람이 된다. 지혜로운 코치는 자기가 뛰지 않고 선수를 잘 뛰게 만드는 자이다.

의존성 인격 장애가 있는 사람들은 늘 의존 대상을 찾아 이리저리 헤매어 왔다. 겉으로 보이는 의존 대상뿐만 아니라 보이지 않는 의존 대상이 무엇인지 살펴보아야 한다. 신앙생활도 의존 대상을 찾는 행위 중의 하나일 수 있다. 의존성 성격 장애가 있는 사람이 의존에서 벗어나 자립한다는 것은 걷잡을 수 없는 불안, 죄악감, 상실감을 의미하기 때문에 큰 용기가 필요하다. 상담자나 이들을 돌보는 사람들은 이들이 비록 고통의 시간이 있을 수 있지만 통찰의 과정을 거치면서 자기 대화를 하여 자기 안에 채우지 못한 의존 욕구가 있다는 것을 알도록 돕는 것이 필요하다. 그러면 종교 활동도 그것을 채우기 위한 것임을 알게 된다. 자기가 그토록 의지했던 대상들이 진정한 하나님이 아니었음을 깨닫게 된다.

우리 모두는 우리가 그토록 의지하던 것이 우리를 지켜주지 못한다는 것을 바라볼 수 있을 때 우리의 영혼은 가난한 영혼이 되고 영원한 것을 찾게 된다. 이때 우리에게 있는 의존 욕구는 사실 우리를 비로소 보이지 않는 하나님께로 인도할 수 있다. 의존 욕구라는 그릇 그 자체가 문제가 있는 것이 아니라 그 안에 무엇을 담느냐가 중요하다. 무의식적으로 추구하던 엄청난 자신의 의존 욕구나 인정 욕구를 깨달으면서 무의식적인 욕구들로 인해 흐리게 가려졌던 하나님의 본래의 이미지를 분별할 수 있게 된다.8) 오직 하나님만이 끝까지 인내하시고 믿어주시는 우리의 대상이 될 수 있음을 고백하게 된다. 이와 같이 자기 대화를 통한 심리적 통찰은 의존성 인격 장애자들뿐만 아니라 우리 모두를 영적 성숙으로 이끄는 중요한 도구가 될 수 있다.

의존성 인격 장애가 있는 사람들의 경우 특히 하나님의 형상으로 지음 받은 고귀한 존재이며 하나님은 사람마다 독특한 은사와 능력을 주셨다는 것을 알 필요가 있다. 성경은 "우리는 그의 만드신 바라 그리스도 예수 안에서 선한 일을 위하여 지으심을 받은 자니..."(엡 2:10)라고 말하고 있다. 하나님이 주신 은사와 능력을 발견하도록 격려하는 것이 이들을 돌보는 자가 해야 할 일이다. 유대인의 성공적인 자녀교육의 원리 두 가지는 하나님의 택한 백성이라는 정체성을 심어 주는 것과 자녀의 재능을 조기에 발견하여 집중적으로 그 재능을 격려하며 키워 주는 것이다. 이처럼 자녀들의 능력과 은사를 발견하여 격려해 준다면 얼마든지 자신감과 사명감을 가지고, 주도적으로 살아가는 자녀가 될 수 있다. 이것은 부모 자녀 관계뿐만 아니라 모든 관계에서 다 적용된다. 우리는 그들이 자신의 숨은 능력을 찾아내고, 그들을 지으신 이가 설계한 원대한 목적을 발견하도록 도와주어야 한다. 그럴 때 그들은 낮은 자아상, 무능력, 두려움에서 벗어나 훨훨 날아오르는 새처럼 기쁨과 생명력 넘치는 인생이 될 것이다.

Mental Health and Christian Counseling

CHAPTER 06

강박성 가면-지나친 완벽주의자

Mask of Obsessive-Compulsiveness

1. 강박성 인격 장애(Obsessive-Compulsive Personality Disorder)의 사례

사례 1

K씨는 50대의 대기업 상무이다. 그는 매사에 완벽하게 일을 잘 처리하는 것 때문에 동료들보다 일찍 출세했다. 하지만 그의 주변사람들은 그의 이러한 완벽주의적 성향을 그다지 좋아하지 않는다. 최근 직장에서 자신의 인격에 문제가 있다는 익명의 항의서가 올라와서 조사대상이 되었다. 이일은 K씨에게 큰 스트레스가 되었다. 그것은 근거가 없는 것이고 누가 자기를 시기해서 그런 것이라고 항변해 보았지만 속에서 분노가 올라왔다. K씨는 어디에서든지 자기의 목소리를 내야하고 거기서 인정을 받아 머리가 되지 않으면 마음이 편하지 않다. 누가 자기를 무시하는 것 같으면 참지 못한다. 자기의 성취를 시기하는 것처럼 보이기라도 하면 가차 없이 질타한다. 자신의 말이 법이고 자신의 방식은 규칙이 되었다. 다른 사람의 추앙을 받는 데 중독되어 있었다. 가정에서도 마찬가지였다. 자기가 원하는 것이 되지 않으면 분노를 폭력적으

로 폭발했다. 위험한 상황을 자꾸 만들면서 스스로 조절 못하는 상황까지 오게 되었다. 자신의 실수는 있어서도 안 되기 때문에 실수를 하면 무의식적으로 부인한다. 그러고는 다른 사람에게서 잘못을 찾으려고 애쓴다. 낯선 장소나 낯선 상황이 되면 불안이 쌓인다. 자신이 다른 사람이나 주변 환경을 통제해야지 그 반대가 되는 상황이 되어 자신의 자유를 제한받게 되면 불안과 분노를 억누를 수 없게 된다. 본인도 자신의 이런 점이 문제라는 것을 알지만 그런 상황이 되면 자신 안에 있는 어디로 튈지 모르는 '럭비공' 때문에 자유롭지 못하다.

사례 2

결혼 한 지 10여년이 된 N씨는 강박적인 남편 때문에 결혼 초부터 노이로제에 걸릴 것 같았다. 아이들이 어릴 때도 남편이 직장에서 돌아올 때쯤이면 방안에 장난감 하나 돌아다니지 않도록 다 치워놓아야 했다. 방바닥에 머리카락 하나라도 보이면 바로 집어서 쓰레기통에 넣어야 했다. 물건을 하나 사러 가도 온 시장을 다 돌아서 가격을 조사한 후 가장 저렴한 곳에 다시 가서 사곤 했다. 불평이라도 할라 치면 호통을 치면서 '가격이 천차만별 아니냐? 그러니 당연히 그렇게 해야지'라며 아내를 나무랐다. 그런 것이 삶이다 보니 아내도 포기하면서 살고 있었지만 최근에 있었던 일은 해도 너무했다. 집에 드라이버 하나가 필요했다. 남편은 바쁘다며 아내에게 사오라고 시켰다. 철물점에 간 아내는 남편의 성격이 마음에 걸려서 삼천 원짜리 드라이버 하나를 고르느라 오랜 시간을 보냈다. 아내는 그래도 나름대로 고민하여 하나를 골랐다. 일반적으로 가장 많이 사용하는 크기의 튼튼하게 생긴 일자형 드라이버였다. 아니나 다를까 집에 들어서자마자 아내가 예상한 대로 남편은 질문을 하기 시작했다. '그거하나 고르는데 무슨 시간이 이리 오래 걸렸냐?', '얼마냐?', '더 싼 것은 없었냐?', '더 비싼 것도 있었냐?', '하나짜리 말고 크기가 여러 개 있는 것은 없었냐?', '일자형과 십자형이 함께 들어있는 것은 없었냐?', '왜 하필 일본 것이냐?', '우리나라 것은 없었냐?' 아내는 정말 돌아버릴 것 같았다.

2. 강박성 인격 장애의 특징과 증상

현대 자본주의 시대로 들어서면서 경쟁이 치열해지고 있다. 능력 있고 경쟁적인 사람이 조직에서 살아남는 시대가 되었다. 사회는 경쟁적인 사람을 더 선호하고 완벽주의가 미덕이 되었다. 삶의 위기를 뚫고 삶의 새 지평을 연 세계 최고의 예술가와 발명가는 모두 '완벽에의 충동'이라는 내적 힘을 가지고 있었다고 말하는 사람도 있다.[1] 글 한편을 내 놓기 위해서 50번 이상을 퇴고하는 작가의 말이다. 완벽을 추구하는 사람들에 의해 이 세상의 문명이 진보되어 왔다는 것을 부인할 수는 없다. 하지만 지나친 완벽주의는 병이다. 완벽에의 충동은 사람을 늘 긴장하게 하고 끊이지 않는 스트레스를 가져온다. 스트레스는 심장병이나 고혈압 등 생명을 단축시키는 병의 주범이다.

성공한 사람들 중 많은 사람들이 완벽주의와 강박의 충동에 사로잡혀 있는 사람들이다. 사실 이 유형의 사람들은 성격이 아주 반듯하고 책임감과 의무감에 충실하며 신뢰를 중시여기는 사람이다. 다른 인격 장애 유형들과는 달리 오히려 자기를 억제하고 자기에게 지나치게 엄격하다.

옳고 그름에 대한 생각이 분명하여 잘못을 범하는 것은 있을 수 없다는 강한 신념이 있다. 또한 이러한 사람들은 대단한 인내와 의지력으로 노력하는 사람들이며 노력한 만큼 반드시 성과나 보답을 얻을 수 있다고 확신한다. 하지만 이러한 장점들은 동전의 양면처럼 동시에 단점이 될 수도 있다.2) 그리고 그 성향이 지나칠 때 인격 장애가 된다.

완벽에의 충동에 사로잡혀 인간관계에 문제를 심각하게 일으키는 사람을 정신 의학에서는 강박성 인격 장애(Obsessed-Compulsory Disorder)를 가지고 있다고 한다. 이 장애가 있는 사람들은 일반인구의 약 1%이며 남자가 여자보다 2배 정도 더 많다. 이들은 질서 유지에 과도한 관심을 갖고 있으며 지나치게 완벽주의자다. 이러한 성향이 이들을 성공으로 이끌기는 하지만 자신뿐만 아니라 다른 사람에게도 완벽성을 요구하기 때문에 대인 관계는 역기능적으로 경직될 수밖에 없다.

강박성 인격의 핵심은 통제이다. 이들은 자신의 주변 환경을 완벽하게 통제해야 한다. 주변의 물리적 환경이 늘 깨끗하게 정리되어 있지 않으면 견디지 못한다. 물건을 사더라도 가장 좋은 것으로 가장 알맞은 가격에 사야만 안심이 된다. 자신을 통제하는 것처럼 다른 사람이나 환경이나 상황도 조정하고 통제하면 된다고 여긴다.

이들의 관심사는 지배와 복종이다. 이들은 칭찬에 인색하고 자신의 지위에는 민감하다. 이들은 강자에게는 약하고 약자에게는 강한 권력지향형의 성격을 가지고 있다. 경쟁적인 현대적 삶을 살기에는 적합하고 성공한 사람들의 경우 이러한 성향의 사람들이 많이 있는 것이 사실이다. 자기가 속한 조직에서도 자신이 어떤 위치에 있느냐 그리고 주도권을 누가 쥐느냐에 매우 민감하다. 대인 관계가 수평적인 관계보다는 지배와 복종의 수직적인 관계로 유지되고 있다. 자신이 윗사람에게 철저하게 복종하듯 아랫사람도 그렇게 하기를 요구한다. 그러니 위의 사례들에서 나온 것처럼 강박성 인격 장애가 있는 사람을 직장상사로 둔 사람들이나 특히 배우자나 자녀들은 매일의 삶이 고역일 수밖에 없다. 이들은 자기 눈에 차지 않는 주위 사람들을 맹렬하게 비난하지만 자신은 주위 사람들의 비난에 매우 민감하다. 특히 권위적인 존재로부터 비판을 받았을 경우 더욱 민감하게 반응하는 경향이 있다.

이들은 진취적이지만 인지적으로 경직되어 있어 생소하거나 예기치 못한 상황에 취약하며, 편협하고 독단적인 특성 때문에 새로운 사상이나 방법을 잘 수용하지 못한다. 그리고 세부적인 사항이나 사소한 일에 붙잡혀 전체를 보지 못하는 경향이 있다. P라는 중소기업에서 부하직원이 회사의 제품을 광고하면서 회사의 이미지를 갱신할 수 있는 참신하고 창조적인 아이디어를 제안하는 기안을 올렸다. 그런데 강박성이 심한 부장이 그 기안이 자기 자신의 방식과 맞지 않는다고 내용을 보지도 않고 퇴짜를 놓았다. 그러나 그 기안은 D라는 다른 경쟁 회사에 팔려서 P회사에는 손실을 D회사에는 엄청난 수익을 남겼다. 강박성 인격 장애가 있는 사람들은 이와 같이 사소한 것 때문에 큰 것을 놓치는 경우가 종종 있다.

이들이 열심히 노력하고 일에 대한 의무감과 책임감이 강하지만 생산성이 그리 높은 것은 아니다. 사실 일을 빨리 시작하지 못하는 사람들은 완벽주의적인 경향이 있는 사람들이다. 그리고 이들은 세부적이고 지엽적인 사항에 얽매여 지나치게 시간을 낭비함으로써 늘 시간에 쫓긴다. 마감 시간을 넘기거나 마지막 순간이 다 되어서야 일을 마친다. 강박적이고 완벽주의적인 목회자들은 설교를 작성하면서도 사소한 역사적 사실이나 원어의 뜻을 정확하게 번역하고 분석하느라 너무 오랜 시간을 보내느라 주일 새벽까지도 원고를 작성하지 못하는 사람들도 있다.[3]

이들은 정서가 전형적으로 냉담하고 활기가 없으며 과도하게 심각하다. 삶의 여유도 없고 휴가를 가도 일을 가지고 간다. 감정을 통제하면서 살았기 때문에 자기의 감정도 잘 모르고 다른 사람의 감정을 읽는 능력도 없다. 유머도 부족하고 공감 능력도 부족하다. 이들이 참여하는 모임이나 토론회는 분위기가 심각하게 경직되고 토론도 논쟁으로 변할 가능성이 많다. 이들은 자신의 논리가 다른 사람에게 '먹히는' 것을 견딜 수 없다. 토론도 주도권의 문제로 다가가기 때문이다.

3. 강박성 인격 장애의 신앙 유형

강박적 성향은 종교 생활에도 그대로 나타난다. 이들은 종교를 무엇을 금지하는 엄격한 가르침이라고 간주한다. 종교 활동을 정규적으로 실천하는 것은 그리스도인의 영적 생활에 있어서 중요한 요소이다. 하지만 강박적 성향이 있는 사람들은 하나님께서 그들을 벌하지나 않으실까하는 강박 관념에 사로잡혀 종교 활동을 한다. 이들은 성구 인용과 적용을 치우치게 하며 그들의 말에 동의하지 않는 사람은 그리스도인으로 취급하지도 않는다. 교회의 질서를 고집스럽게 주장하고 그 결과 다른 사람들에게 상처를 주어서 교회에 나쁜 영향을 끼치고 마침내 교회의 분열을 야기하기도 한다.

노만은 출판사에서 기술 분야 작가로 일하는 34세의 총각이며 수년간 교회 출석을 해 온 교인이다. 두 달 전에 주일학교의 부장으로 임명된 후, '세부 운영'과 '치밀한 기억력'을 보여 다른 교사들이 점점 불쾌감과 불편한 심기를 드러내기 시작하였다. 노만은 매주 장시간의 회의 주제와 모든 지출 경비, 주일학교 교재의 단계별 교사 지침서에 대한 새로운 규정과 과제들을 만들었다. 노만은 여러 차례 목사에게 와서 주일학교에 관한 '교단의 법규'와 '교회의 내규'에 대하여 문의하였다. 그는 불안하고 절제된 표정을 보였으며 웃는 법이 없었다. 교육 과정에 충실하려고 일하였으나, 자신의 역할을 즐기는 것 같지 않았다. 결국, 한 고등부 교사가 학생들을 데리고 물놀이 공원에 가려는 계획을 노만이 거부하자 화가 나서 목사에게 찾아왔다. 노만은 그러한 소풍 활동은 '정해진 교과 과정'이 아니며 그러한 이탈된 활동은 교육위원회와 당회, 더 나아가서 교단 본부의 지침을 받아야 한다고 주장하였다.[4]

에릭슨은 "의식이란 공인된 종교적 형식이며, 이것을 통해 서로 공동체임을 확인하게 되고, 경이로움과 정결케 되는 것을 체험한다"[5]고 하였다. 하지만 강박성 인물들은 종교 의식을 통해서 공동체성을 확인하거나 하나님의 은혜와 사랑을 체험하기 보다는, 그렇게 하지 않으면 하나님께서 그들을 벌하지나 않으실까하는 강박 관념에 사로잡혀 행한다. 이들은 바리새인처럼 의식의 형식과 질서를 지키는데 치중하느라 의식을 통한 신앙의 풍성함을 경험하는 것을 놓친다.

이들의 신앙은 하나님과의 관계 보다 교리와 원리와 규정에 기초하고 있기 때문에 바리새인들처럼 자신과 다른 사람의 도덕적인 판단에 무척 예민하다. 강박 성향의 그리스도인들은 내적으로 하나님과의 개인적인 교제가 거의 없지만 하나님을 믿는 다는 것을 논리적으로는 잘 설명한다. 강박성 인격 장애를 가지고 있는 사람들은 교회 내에서나 개인적 관계 혹은 성경 공부 모임에서 신학적인 문제에 관심이 많으며 이것을 가지고 토론하다가 논쟁으로 가는 경우가 많다. 본인이 생각하는 것을 굽히지 않고 주장하며 그로 인해 모임이나 관계를 경직되고 불편하게 하는 경우가 많다. 이들은 교회 안에서도 누가 주도권을 가지고 있는가에 주로 관심이 많다. '내가 지배하느냐 아니면 상대방에게 내가 지배를 당하느냐'는 생각으로 가득하다. 융통성이 적으며 매우 저항적이다. 형식과 외양적인 것을 중요시한다. 교회에서도 권력을 잡고 중요한 일을 좌지우지하는 것은 잘하지만 감정 처리를 잘 하지 못하여 관계에 문제를 많이 일으킨다. 다른 사람의 마음을 따뜻하게 배려하는 것이 부족하다. 사람의 마음을 상하게 하는 것은 안중에 없고 항상 상대방의 실수나 약점을 잡아내려고 한다.

  강박성 장애가 있는 사람이 담임 목사인 교회의 부교역자들은 그들의 담임 목사의 말을 하나님처럼 따라야 한다. 만일 그렇지 않으면 언제 핀잔과 불호령이 떨어질지 모르기 때문이다. 담임 목사의 스타일에 맞지 않으면 아무리 능력 있고 자질이 뛰어나도 무능함에 대한 자책감을 피할 길 없다. 더욱이 혹여 불만이라도 생기면 죄책감에 시달릴 수밖에 없다. 그래서 스스로 교회를 떠나든지 아니면 상담사를 찾든지 해야 한다.

4. 성경에 나타난 강박성 인물

성경에 나타난 인물들 중 강박성 인물과 가장 관련 있는 인물을 살펴보자면 한사람이 아닌 바리새인이라는 그룹의 모습을 들 수 있을 것이다. 사실 바리새인은 '구별된' 혹은 '분리된' 사람이라는 의미로 좋은 의미를 가지고 있다. 그리고 이들은 포로시대 이후 이스라엘 백성을 신앙으로 이끈 종교 지도자들이었다. 이들은 율법을 열심히 연구하고 타락한 이방 문화와 구별된 삶을 살려고 부단히 노력한 사람들이었다. 마치 강박성 인물들이 그러한 것처럼 이들은 철저한 완벽주의자들이었다. 모세의 율법(모세오경 혹은 토라)은 대략 613조항이다. 그런데 바리새인들은 모세의 율법을 지키는 데 필요한 세부 규정을 만들고 그것을 지키기 위해 또 세부 규정을 만들면서 자신들도 잘 모르는 엄청나게 많은 규칙들을 만들었다. 매우 어리석고 바보 같은 규정들도 생기게 되었고, 그것을 목숨처럼 지키느라 본질을 망각하는 경우가 많았다.

예를 들면, 안식일에 관한 규정들만 가지고도 바리새인들은 여러 차례 예수님과 논쟁을 하고 예수님을 올무에 넣으려고 하였다. 그들은 안식일에 길을 가면서 밀 이삭을 자르는 행위(마 12:2, 막 2:23, 눅 6:1), 병자를 고치는 행위(마 12:10, 막 3:2, 눅 6:7, 8:14, 요 9:14, 16), 자리(bed)를 들고 가는 행위(요 5:10) 등으로 예수님을 정죄하였다. 심지어 예수님을 죽일 궤책을 세워 예수님을 나사렛 동네 밖 골짜기로 밀어 내지만 안식일에 갈 만한 거리(1.6km)를 넘는 거리여서 결국 그 계획은 실패로 끝난다. 그들은 자기들이 만들어 놓은 규정에 자기들이 걸리고 말았다(눅 4:29-30).

예수님은 안식일은 사람을 위하여 있는 것이요 사람이 안식일을 위하여 있는 것이 아니니 이러므로 인자는 안식일의 주인이라고 말씀하시고 (막 2:27-28), 안식일에 선을 행하는 것이 옳다고 하셨다(마 12:12). 예수님은 사람들에게 무거운 종교적 짐을 지우고 있던 당시의 종교 지도자들을 책망하셨다. "너희가 박하와 회향과 근채의 십일조를 드리되 율법의 더 중한 바 의와 인과 신은 버렸도다. 그러나 이것도 행하고 저것도 버리지 말아야 할지니라. 소경된 인도자여, 하루살이는 걸러 내고 약대는 삼키는도다"(마 23:23).

바리새인들은 왜 예수님께로부터 이러한 책망을 받았을까? 그들은 세부적인 규정들을 지키느라 더 큰 것 즉 본질을 잃고 있었기 때문이다. 제도나 방식을 고수하느라고 소중한 관계를 깨뜨리는 강박성 인격 장애자들과 똑같다. 지위와 권위에 예민했고, 약하고 불쌍한 사람들을 돌보기보다는 업신여기고 규정으로 억압하려는 것도 강박성 인격 장애자들과 다를 바 없다. 그들은 특히 종교 지도자들로서 일반 백성들의 본이 되어야 했음에도, 일반 백성들에게 무거운 짐을 지우고 죄책감을 갖게 하였다.

5. 강박성 인격 장애의 진단 기준

정리 정돈에 몰두하고 완벽주의이며 자기의 마음과 대인 관계를 통제하는 데 지나치게 집착하는 행동 양식을 보인다. 이것은 유연성, 개방성, 효율성의 상실이라는 대가를 치르게 한다. 성인기 초기에 시작 되어 다양한 상황에서 나타난다. 다음 중 4가지 이상이 나타나면 인격 장애로 진단한다.

1) 사소한 세부 사항, 규칙, 목록, 순서, 시간 계획이나 형식에 집착하여 일의 큰 흐름을 잃는다.
2) 과제 달성을 방해받을 정도로 완벽주의를 나타낸다(예: 자기 자신의 엄격한 기준에 맞지 않는다는 이유로 계획을 마치지 못함).
3) 여가 활동이나 친구 관계를 희생하면서까지 일과 생산성에 지나치게 몰두한다(명백하게 경제적 필요에 의한 것이 아님).
4) 도덕, 윤리 또는 가치관에 있어서 지나치게 양심적이고 고지식하고 융통성이 없다(문화적 또는 종교적 배경에 의한 것이 아님).
5) 낡고 쓸모없는 물건을 버리지 못한다(개인적으로 특별한 의미를 부여하는 물건의 경우는 제외).
6) 남이 자기 방식을 그대로 따르지 않으면 일을 맡기거나 같이 일하기를 꺼린다.
7) 자기와 남에게 모두 인색하다. 미래의 재난을 대비해서 돈은 가능한 저축해야 한다고 생각한다.
8) 엄격하고 완고하다.

6. 강박성 인격 장애의 원인과 형성 과정

강박성 장애도 부모의 과잉 통제가 주요한 요인이다. 우울 성향이 있는 수동-공격성 장애가 있는 사람들처럼, 이들도 어린 시절 배변 훈련을 할 때 엄마가 통제를 많이 한 경우이다. 생후 8개월쯤부터 유아들은 자기 몸을 움직일 수 있게 되면서 고집이 세지기 시작한다. 걸음걸이가 시작되고 이동성이 커지면서 특히 자기가 하고 싶은 대로 하려는 경향이 커진다. 부모는 아이를 통제하지 않을 수 없게 된다. 그리고 아이가 배변 훈련을 하기 시작하면서 엄마와의 갈등이 극대화된다. 엄마가 자꾸 '이렇게 저렇게 해라'라고 하면서 아이를 통제하면 아이는 엄마의 기대에 미치지 못하는 것 때문에 수치감을 느끼면서 화가 난다. 하지만 엄마에게 화를 낼 수 없기 때문에 무의식 속에 깊이 밀어 넣어 놓는다. 하지만 그것이 없어진 것은 아니기 때문에 마음 속에서 그 분노는 커져간다. 성장해 가면서 이 분노를 건설적으로 해결하지 않으면 분노가 발산할 것 같은 불안을 느끼고 그렇기 때문에 자신의 감정을 더욱 억누르면서 철저하고 완벽한 성격으로 나타나게 된다. 강박성 인격 장애자의 완벽주의는 이들의 내면에 감추어진 분노가 밖으로 드러난 모양이다.

C라는 한 남성은 최근에야 자신의 삶이 왜 이렇게 힘든지 알게 되었다. 그는 강박성이 심한 완벽주의자였다. 그는 자신의 어린 시절을 다음과 같이 회고하였다. 아버지는 매우 가혹한 사람이었다. 아주 작은 실수에도 사정없이 꾸중을 하곤 했다. 여섯 살 때쯤이었다. 눈이 많이 온 날이었다. C는 아버지의 칭찬을 한 번만이라도 받아보고 싶은 심정에 마당과 대문 앞 골목에 소복이

쌓인 눈을 치우고 또 치웠다. 그런데 아버지로부터 돌아온 것은 "눈을 치웠으면 치웠지 왜 빗자루는 부러뜨리냐"는 심한 꾸중이었다.

P라는 여성은 완벽주의 엄마를 둔 전도유망한 피아니스트이다. 그녀는 5세 때부터 피아노를 치기 시작했다. 하지만 자기 자신은 피아노에 전혀 소질이 없다고 생각했다. 어머니는 매우 혹독한 훈련사와 같았다. '이 부분 박자가 틀렸다.' '왼쪽 새끼손가락에 힘이 없다.' '한 시간도 안 됐는데 벌써 화장실에 가느냐?' '기계가 피아노를 치는 건지 사람이 피아노를 치는 건지 잘 모르겠다.' '왜 음악에 감정이 느껴지지 않느냐' 등 어머니가 주문한 것을 힘들여 완성하고 나면 또다시 새로운 주문이 이어지기를 반복했다. P는 어린 시절 어머니의 주문을 이행하는 동안 잘했다는 칭찬을 단 한 차례도 받아보지 못했다고 기억하고 있다.

바람직한 행동을 칭찬하기보다는 기준에 어긋나는 행동을 처벌하는 강압적 훈육 방법은 강박성 장애를 갖게 하는 주요한 요인이다. 강박성 인물은 어린 시절에 무슨 일에나 지나치게 간섭을 받고 자랐기 때문에 자신뿐만 아니라 자신의 주변 환경을 완벽하게 통제해야 한다. 부모가 아이의 실수를 허용하지 않고 지나치게 완벽을 요구하면 아이는 "나는 실수를 하지 않아야만 가치 있는 존재이다."라는 믿음을 가지게 된다. 그래서 무슨 일에나 철저하고 지나치게 신중하게 임하게 된다. 이러한 과정들이 반복되면서 이들은 흑백 논리적 사고, 재난적 사고, 의미 확대 및 축소 등의 인지적 왜곡과 같은 오류를 범하게 된다. 이러한 인지적 왜곡은 경직성과 완벽주의와 같은 행동 패턴으로 나타난다.

7. 강박성 인격 장애를 위한 돌봄과 치유

강박성 인격 장애자들은 대부분 배우자의 이혼 위협에 떠밀리거나 하여 인생의 막다른 골목에 이르러야만 상담을 받으러 온다. 감정 표현이 힘들기 때문에 상담자와의 면담에서도 마음을 잘 열지 못한다. 이들은 자신의 큰 문제는 보지 못하고 상대의 작은 허점을 찾아내서 집중적으로 공격하는 것을 잘하는 사람이다. 상담에서도 주도권을 차지하려고 상담자를 깎아 내리려고 하거나 저항하면서 비협조적으로 대한다. '당신이 알면 얼마나 아느냐'라는 식으로 방어적으로 접근하면서 자기 자신의 문제를 내어 놓으려 하지 않는다. 진짜 문제보다는 지엽적인 문제만을 꺼내 놓을 수도 있다. 또는 문제는 자신이 아니라 다른 사람이라고 그들의 단점을 지적하려 든다. 이들은 논리적이고 늘 논쟁에 익숙한 사람이다. 상담도 자칫 누가 옳으냐를 가리는 논쟁으로 변질될 수 있다. 따라서 이런 내담자와는 상담 과정에서 절대적으로 논리적으로 접근하지 않는 것이 좋다. 상담자는 오히려 자신의 허점을 보이는 것을 주저하지 말고 내담자가 편하게 마음을 열 수 있도록 해야 한다. 감성적인 면에 벽을 쌓고 있는 내담자의 저항과 방어를 감소시켜 주는 것이 필요하다. 내담자의 이러한 모습은 분노를 내면에 억압하고 있기 때문에 오는 것이므로 내담자가 자신의 분노가 어디에서 오는 것인지를 살피고 구체적으로 표현하도록 도우면 상담에 많은 진전이 있다고 볼 수 있다.

신학 대학원에 다니고 있는 S전도사는 찬양을 잘하고 자기 일을 책임감 있게 잘하는 사람으로 학교에서도 인정을 받는다. 초등학생 아들을 하나

둔 40세 남성이며 아내와 함께 살고 있다. 그는 집에서 책장의 책들은 키 순서대로 모두 다 정리해 놓았다. 책상 위는 자로 잰 것처럼 모든 것이 늘 가지런히 놓여 있어야 했다. 자기 물건은 아무도 손을 대지 못했다. 혹시라도 아내가 청소하느라 혹은 아들이 컴퓨터를 사용하느라 자기 책상 위의 물건들이 원래 모습대로 되어 있지 않으면 금방 알았다. 그리고 아내와 아들에게 버럭 화를 내곤 했다. S전도사의 아버지는 군인이셨다. S가 어린 시절, 아버지는 집에서도 군대처럼 매우 엄격하게 하셨다. 한번 잘못하면 무릎 꿇고 몇 시간이고 아버지로부터 꾸중을 들어야 했었다.

S전도사는 지금은 개척을 했지만 몇 년 전에는 한 교회의 전도사로 있었다. 그때의 기억을 회상하면 지금도 끔찍하다. 담임 목사님은 매우 엄격하고 보수적인 분이었다. 학생인 S전도사에게 새벽 기도부터 모든 집회에 다 참석하라고 해서 순종했다. 기도회와 찬양 인도 등 교회 일에 짓눌려 살았다. 기도회를 인도할 때, '주여' 소리가 작으면 그렇게 해서 하나님이 들으시겠냐고 목사님께 책망을 들었다. 목사님 보다 먼저 교회에 나와 있어야 했다. 그때는 그렇게 목사님께 충성하는 것이 하나님을 사랑하는 것이고 신앙이 좋은 것이라고 굳게 믿었다. 그런데 사역에 기쁨이 없었다. 그때는 너무 힘든데도 힘들다는 느낌이 드는 것이 하나님께 죄를 짓는 것 같았다.

S전도사는 아내와 아들이 자기의 완벽주의 때문에 힘들어 하는 것도 알지 못하다가 어느 날 부터인가 그것을 깨닫게 되었다. 그래서 그는 아들과 아내에게 무릎 꿇고 용서를 빌고 자기의 완벽주의를 치유하려고 노력하기 시작했다. 그 해에 목사님께 어렵게 말씀드리고 교회도 사임하고 개척을 시작했다. 요즘은 자기가 가고 싶은 때 교회에 가고, 기도도 크게 하고 싶으면 크게 하고 작게 하고 싶으면 작게 하고, 기도하다가 교회에서 잠들 때도

있고, 찬송도 마음껏 부르고.. 얼마나 자유롭고 행복하고 은혜롭고 그런지 모르겠다.

언제부터 자신의 완벽주의를 깨닫기 시작했고 어떻게 회복되기 시작했는지를 묻는 물음에 S전도사는 "아버지가 어느 날 나에게 전화로 '미안하다'라고 한마디 한 적이 있는데, 바로 그 시점부터 이었던 것 같습니다."라고 대답했다. 길지도 않은 아버지의 그 한마디가 그의 삶을 변화시키기 시작했다고 S전도사는 고백했다.

S전도사는 어린 시절 엄격한 아버지와의 관계에서 내재화된 분노를 완벽주의라는 모습으로 표출한 것이다. 그는 엄격하고 완벽한 내적 자기 대상을 만들었다. 그것은 그의 성인의 삶에서도 상대에게 투사되었다. 하나님과의 관계에서도 그렇게 나타났다. 그는 이렇게 자기가 만들어 놓은 자기 대상과의 씨름을 하고 있었던 것이다. 완벽주의로 무장하고 살던 그가 회복되기 시작한 것은 아버지의 미안하다는 말 한마디였다. 그것은 "너무나 아름답고 낯설고 새로운" 것이었지만 "고통스러운 갈망"을 일깨웠다.6) 그것은 크리스토퍼 볼라스(Christopher Bollas)가 말한 미적 순간이었다. "주체가 대상의 영에 의해 안정되게 안겨 있고 고독하다고 느껴지는, 일종의 시간이 정지하는 순간"7)이었다. 그는 아버지에게 '어린 시절 아버지가 엄격하게 해서 내가 얼마나 힘들고 분노가 있었으며...'라고 대꾸도 하지 않았다. 아니 그럴 필요도 느끼지 않았다. 왜냐하면 그가 지금까지 씨름해 온 것은 실제의 아버지가 아니라 자기가 만들어 놓은 내적 자기 대상이었기 때문이다. 그때부터 S전도사는 자기 대화를 시작했을 것이다. 그리고 이제는 그 싸움을 그만 해도 된다고

느끼기 시작했을 것이다. 완벽주의라는 가면을 벗어 던져도 된다고 생각했고 실제로 삶에서 완벽하지 않으면 안 된다는 두려움에서 자유를 느끼기 시작했을 것이다.

S전도사의 자기 대상과의 씨름은 야곱의 씨름과 매우 유사한 점이 있다. 창세기 27장-32장에 나오는 야곱은 매우 경쟁적인 인물이었다. 야곱은 장자권 때문에 형 에서를 속이고 아버지를 속이고 장자의 축복을 받는다. 그리고는 형의 보복이 두려워 생명을 보전하려고 도망한다. 하란에서 보낸 20년의 세월은 야곱에게 어둠의 터널을 지나가는 시간이었다. 거기서 그는 자기보다 다른 사람을 더 교묘하게 속이고 조종하는 경쟁 상대인 삼촌 라반을 만난다. 평생을 이렇게 주도권 싸움을 하고 성취와 경쟁을 하며 오랜 세월을 보내다가 그는 마침내 자신의 한계에 다다른다. 형 에서를 만나러 가는 중 주의 천사와 씨름하는 사건에서 그 절정에 달한다. 거기에서도 그는 주의 천사와 주도권 씨름을 한다. 축복을 해 달라고 떼를 쓰고 밤새 천사를 놓아주지 않는다. 야곱은 천사가 환도뼈를 내리쳐서 다리를 절게 되었지만 이스라엘이라는 이름을 얻었다. 그 이름은 "네가 하나님과 및 사람들과 겨루어 이겼음이니라"(창 32:28)라는 뜻이었다.

야곱의 씨름은 늘 주체적 자기와 자기를 대상화 시킨 객체적 자기와의 싸움이었다. 쌍둥이 동생으로 태어나서 아버지의 축복을 얻지 못할 수도 있다는 것 때문에 아버지의 인정 혹은 축복을 얻고 싶은 자기와의 싸움이었다. 어머니도 거기에 한 몫을 했지만 그래서 그는 어릴 때부터 경쟁적이었고 속이는 일에 능하게 된 것이다. 그는 그렇게 해서 자기 몫을 챙기지 않으면 자기가 가치 없는 사람이라고 무의식적으로 생각했을 수도 있다. 어머니가 예기해 준 하나님의 약속을 진심으로 신뢰하지 못하고 그것을 자기 힘으로 성취해보려고 했을 수도 있다. 심리학적으로 볼 때, 야곱이 형을 만나러 가면서 만나게 된 주의 사자와의 대화와 얍복강가에서 천사와의 씨름도 모두 두려움으로 대상화된 자기와의 대화와 싸움이라고 해석해 볼 수 있다. 새벽녘까지 싸우게 된 어떤 사람은 바로 자기가 대상화한 객체적 자기라고 할 수 있다. 객체적 자기가 주체적 자기에게 "그래 네가 이겼다"라고 선언해 줄때 그는 더 이상 싸울 필요가 없게 된 것이다. 야곱도 S전도사처럼 볼라스가 말한 미적 공간을 경험한 것이다. 주체적 자기가 객체적 자기에 안정되게 안겨 있는, 미적 순간이 미적 공간으로 변형된 그 경험이었다. 그는 다른 사람이 되었다. 사실 NIV 성경을 보면 "네가 하나님과 사람들과 투쟁하고 그 투쟁에서 견디어내었다(have overcome)"고 번역되어 있다. 그는 사실 하나님과 사람을 이긴 것이 아니라 인정과 축복을 얻고 싶은 핵심 감정이 대상화된 자기 자신과의 투쟁에서 견디어 낸 것이다. 심리학적으로 자기와의 투쟁에서 견디어 내면 혹은 이겨내면 자기는 마음의 평화를 얻게 된다. 그러면 현실 속에서 이기려고 했던 상대를 더 이상 속이면서 이기려고 하지 않아도 되게 된다.

이러한 자기 성찰은 영적 통찰과 치유로 이어진다. "하나님과 대면하여 보았어도 생명이 보전되었다"는 말로 야곱이 가지고 있던 하나님 이미지도 바뀐 것을 알 수 있다. 그에게 하나님은 더 이상 싸워서 축복을 쟁취해야 하는 두려운 존재가 아닌 것이다. S전도사도 자기 대화를 통해 하나님과의 관계를 회복하기 시작하여 진정으로 기쁨으로 사역을 할 수 있게 되었다.

강박성 장애가 있는 사람들을 돌보고 치유로 인도하기 위한 몇 가지 지침이 있다. 우선 이들이 가지고 있는 기질 자체를 바꾸려고 하지 않는 것이 좋다. 그것도 하나님이 그들에게 주신 것이며 하나님께서는 그들이 가진 장점을 사용하실 것이기 때문이다. 중요한 것은 그때그때 완벽에의 충동을 느낄 때 혹은 스트레스가 올 때 가만히 자신의 몸을 살펴보고 숨소리를 들어 보게 하는 것이 필요하다. 상담자는 내담자가 잠시 침묵하고 자기 몸과 그리고 자기 핵심 감정이 만든 객체적 자기 대상과 조용히 자기 대화를 하는 시간을 가지도록 격려하는 것이 필요하다. 이때 이들의 어린 시절의 부모처럼 '이렇게 해라 저렇게 해라'라고 할 필요가 없다. 그냥 격려하면서 안아주는 환경만 조성해 주면 된다. 감정을 억누르고 느끼지도 못했던 이들이 자기에게 떠오르는 감정을 느낄 수 있도록, 정서적으로 과거를 일깨울 수 있도록 돕는 것이다. 필요하다면 상담자는 내담자가 전이하는 분노를 부드럽게 받아 줄 수 있다면 내담자는 그 때부터 자기 대화를 시작할 수 있을 것이다. S전도사가 아버지로부터 미안하다는 말 한마디를 들었을 때 마음의 빗장을 풀기 시작할 수 있었던 것처럼 말이다. 내담자가 이러한 미적 공간을 확보할 수 있도록 돕는 것이 상담자의 역할이다.

그리고는 내담자가 자신에게 있는 스트레스의 근본적 원천이 어디에서 온 것인지를 살펴보도록 돕는다. 깊은 자기 대화가 없이 스트레스의 원인을 찾으면 대부분 자기 밖에서 찾을 것이다. 예를 들어, 직장 상사, 명퇴나 승진 문제, 게임에 빠져 성적이 엉망인 아들 등을 나열할 수 있다. 하지만 깊은 자기 대화는 자기의 스트레스의 원천은 자기 자신에게서 왔음을 깨닫게 한다. 내가 나와 내 주변을 통제하려고 했기 때문임을 알게 된다. 그러면 자기 물건을 건드려 놓은 아내나 아들에게 화를 낼 필요가 없어진다. 스트레스와 관련된 사항들도 한 걸음 떨어져서 살펴볼 수 있게 되고 그것을 줄이고 건설적이고 창조적으로 관리하는 방법도 찾아 볼 수 있게 된다. 아니 스트레스였던 것을 오히려 삶의 에너지를 주는 것으로 혹은 새로운 기회로 여길 수 있게 된다.

강박성 장애가 있는 사람들은 시간을 내어 진정한 휴식을 하는 것이 필요하다. 여행을 하거나 쉬는 시간을 묵상과 관상을 하라고 권하고 싶다. 이들은 스스로 너무 무거운 짐을 지고 가는 사람들이다. 예수님은 "수고하고 무거운 짐 진 자들아 다 내게로 오라 내가 너희를 쉬게 하리라. 나는 마음이 온유하고 겸손하니 나의 멍에를 메고 내게 배우라. 그러면 너희 마음이 쉼을 얻으리니. 이는 내 멍에는 쉽고 내 짐은 가벼움이라"(마 11: 28-30)고 말씀하셨다. 강박성 장애가 있는 사람들은 위에서 분석한 S전도사님과 야곱의 사례처럼 자기 대화가 필요하다. 여행, 독서, 미술품 감상, 음악 감상, 기도, 묵상, 관상 등은 자기 대화로 이끄는 좋은 방법들이다. 볼라스는 인간이 가진 이러한 방법이 가져오는 심리적 영적 치유과정을 멋있게 설명한다. "회심을 경험한 기독교인이든, 자연을 바라보며 몽상하는 시인이든, 심포니를 듣고 황홀경에 빠진 청중이든, 혹은 시에 매료된 독자이든, 그러한 순간의 경험은 시간을 주체와 대상이 친밀한 재회를 성취하는 것으로 보이는 공간으로 변화시킨다."[8] 이러한 모든 자기 대화 방법들은 우리를 미적 순간을 미적 공간으로 변화시키게 한다. 이러한 미적 공간은 모두 신성한 공간이다. 우리를 하나님과 만나게 하는 공간이다.

강박성이 있는 이들은 무엇보다도 자신의 엄격한 하나님 상을 바꾸어야 한다. 이들은 하나님을 바로와 같은 존재로 생각한다. 열심히 일하지 않으면 신께 나아갈 수도 없다고 생각한다. 그들이 조금만 잘못해도 예수님은 용서하지 않고 벌을 주시는 분이라고 생각한다. 하나님에 대한 관념을 바꾸는 데는 위에서 말한 방법들뿐만 아니라 렉시오디비나와 같은 성경 묵상이나 관상, 리트리트가 훌륭한 역할을 한다. 하나님은 우리와 함께 일하시는 동역자이시며, 죄책감과 수치와 죄로부터 구원하시고 구속하신 분이시며, 우리가 생각하는 것보다 훨씬 더 자비와 사랑이 한이 없는 분이시다. 이사야는 치료하시는 하나님의 은총을 노래했다. "너희 목마른 자들아 물로 나아오라. 돈 없는 자도 오라. 너희는 와서 사 먹되 돈 없이, 값없이 와서 포도주와 젖을 사라"(사 55:1). 이러한 하나님과 관계를 맺도록 지속적으로 개인 상담, 소그룹 관계 등을 통해 영적 지도를 해 주어야 한다.

—∞—

Mental Health and Christian Counseling

—∞—

CHAPTER 07
공격성 가면-마음 속의 성난 아이
Marsks of Aggression

1. 분노의 정서와 공격성의 관계

영어 격언에 'Anger is one letter short of danger.'라는 말이 있다. 이 말의 의미는 분노 그 자체는 위험한 것이 아니지만 자칫 우리를 위험한 상황으로 가게 할 수 있다는 말이다. 분노를 잘 해소하지 못하면 정신적, 육체적인 질병을 유발하기 때문이다.[1] 성경은 분노 자체가 나쁘다고 말하지 않는다. 하나님도 예수님도 분노를 표현하셨다. 성경의 가르침은 오히려 분노의 정서는 우리가 어떤 문제를 풀도록 돕는 하나님께로부터 받은 에너지라고 말한다. 그러면 왜 분노가 자칫 위험하게 될 수 있을까? 결국 분노가 어디에서 왔고 그것을 어떻게 표현하는가와 관련이 있는 것이다.

분노는 두 방향으로 터뜨려진다. 밖으로 폭발하기도 하고 안으로 폭발하기도 한다. 분노의 원천은 주로 어린 시절 부모의 지나친 요구와 통제에서 찾을 수 있다. 하지만 부모에게 그 분노를 터뜨릴 수 없기 때문에 분노가 외부로 표출되지 못하고 자기에게 향하게 하거나 무의식 속으로 억압하거나 한다. 분노를 자기 안에 쌓아 두면서 우울증, 자기 비하나 자기 비난으로 나타난다. 심하면 자살까지 가기도 한다.

분노가 밖으로 향할 때는 엉뚱한 대상에게 분노가 터지기도 한다. 어린 시절 무의식 속에 억압해 놓았던 분노가 없어지지 않고 불안을 일으키고 그러면서 강박성과 같은 완벽주의의 형태로 나타난다. 결국 자신과 다른 사람의 약한 모습을 보지 못하고 분노를 밖으로 표출하게 된다. 보통 아내나 아이들같이 만만한 대상에게 화를 낸다. 부모에 대한 분노가 주변 사람들에게 이동한 것이다. 심리적 이동 현상은 무의식의 현상이기 때문에 본인들은 모른다.

사람이 다른 사람에게 화가 나면 그는 그 순간 그 사람에게 불쾌한 감정을 경험한다. 이상적으로 보면 분노는 그에게 즉시 해결해야할 문제가 있다고 알려주는 것이다. 분노를 이런 방식으로 다루는 것은 한계를 넘지 않고 잘 다루는 것이다. 적대감은 해소되지 않은 분노로서 그것은 다른 사람을 해하거나 벌주거나 혹은 복수를 하고 싶은 마음이 들게 한다. 혹은 분노는 우울함을 일으켜 수동적으로 무력감이 들게 한다. 분노가 무력감이나 자기 비난이나 자기 학대와 같은 식으로 고조되면 상대를 공격하는 다른 형태인 수동-공격성이 된다. 한편 해소되지 않은 적대감이 행동으로 고조되면 적대-공격성으로 나타난다. 분노가 적대감이나 공격성으로 고조가 되면 한계를 넘어버리는 것이다.

우리는 적대감을 밖으로 표현하는 것이 사회적으로 용인되는 시대에 살고 있다. 적대감을 사회적으로 받아들여지는 방식으로 표현하는 것을 배워왔다. 예를 들면 만족스럽지 못한 서비스에 화가 나서 웨이트레스에게 욕을 한다거나, 테니스 게임에서 심판에게 소리를 친다거나, 친구들 앞에서 아내를 하찮게 여기는 경시하는 말을 한다거나 하는 것을 포함한다. 어찌 보면, 그렇게 함으로써 자기 자신을 주장하고 자신을 방어하는 것일 수도 있다. 그럼에도 불구하고, 이러한 것들은 죄악스러운 것이고 미성숙한 것이며 비겁한 것이다. 가정폭력은 우리 문화에서 팽만한 문제이다. 왜냐하면 매우 뿌리 깊은 남성적 분노가 적대감으로 잠재되어 있다가 공격성으로 표현되기 때문이다. 한편 태만이나 자기 비난과 같이 적대감을 자신 안으로 표현하는 것도 보이지 않게 대인 관계를 힘들게 하는 요소이다. 왜냐하면 이러한 수동적인 대응들은 상대방에게 공격성을 일으키기 때문이다. 때로 누가 누구를 먼저 공격했는지를 가늠하기 어려운 경우가 많기 때문이다.

이와 같이 공격성은 우리 삶에서 여러 형태로 나타난다. 공격성은 흔히 DSM에서 반사회성 인격 장애(anti-social personality disorder)로 분류하고 있듯이 손에 수갑을 찬 범죄자들의 불법적이고 바람직하지 못한 사회적 결과만을 연상할 수 있다. 하지만 공격성은 보이게 혹은 보이지 않게 우리의 삶에 깊숙이 들어와 있다. 그래서 웨인 오우츠(Wayne Oates)는 데오도르 밀론(Theodore Millon)의 인격 장애 분류에서 반사회성 인격 장애를 적대-공격성(hostility-aggressive)으로 부르는 것에 동의한다.[2] 현대 사회와 같은 경쟁 사회에서는 적대-공격성을 생존을 위해 바람직한 것으로 보기도 한다. 우리 주위에서 적대-공격성이 다양한 방식으로 사용되고 있기 때문이다. 힘과 권력이 체제를 지키는데 남용되고, 종교와 사랑이라는 이름으로 오용되는 것을 볼 때 더욱 그러하다.[3] 또한 공격성 중에 우리가 인식하지 못하고 있는 수동-공격성(passive-aggressive)의 형태도 있다. 수동-공격성은 DSM의 10가지 인격 장애로는 분류되지 않지만 정신 의학자들 사이에서 인격 장애로 고려해 보아야 하는 지를 논의하고 있는 다른 유형의 공격성이다. 수동-공격성은 우리가 인식하지 못하지만 분노가 우리 자신의 내부로 표현되는 것뿐이지 결과적으로 여러 방식으로 상대를 공격하기는 마찬가지이다. 따라서 본 장에서는 분노와 완벽주의와 열등감 등의 문제를 중심으로 적대-공격성과 수동-공격성을 함께 다루어 보고자 한다.

2. 적대-공격성 장애(Hostility-aggressive Personality Disorder)의 사례

사례 1

40대 초반의 여성 최모씨는 30대 초반으로 보일 만큼 주름하나 없다. 최모씨는 최근에 유부남과 5년 사귀다가 헤어졌다. 상대 남성은 아내가 눈치를 챘으니 아내가 좀 잠잠해 지면 다시 만나자고 하다가 이제는 끝내자고 했다. 최모씨는 화도 나고 비참하고 우울해서 상담사를 찾았다. 자신의 남편에게는 대충 둘러 댔지만 잠도 못자고 우울해 하는 모습을 남편은 걱정스러워한다고 했다. 그녀는 오히려 자기가 자살이라도 하지 않을까 남편이 온종일 붙어 있어서 귀찮아했다. 그녀는 그 나이에 애인에게 버림받아서 화가 나고 비참해서 그렇지 실제로 죽고 싶은 마음은 전혀 없다고 했다. 밖에 나가 놀지도 못하고 신이나지 않는다고 불평했다. 죄책감이나 수치심은 찾아볼 수가 없다. 상담사가 "환자분이 벌인 일이니까 정리하는 것도 환자분에게 달렸죠."라고 말하자 아픈 데가 없는데 밖에 나가 놀지 못해서 신이나지 않는다던 사람이

"우울증 때문에 그렇죠. 전 환자란 말예요!"라고 버럭 화를 내고 다시는 진료실에 나타나지 않았다.4)

사례 2

M씨는 한 번도 누군가의 감정을 상하게 한 적이 없는 사람이었다. 그녀는 늘 다른 사람들과 잘 지내려고 노력했고 지금까지 아무 문제없이 훌륭하게 잘 지냈다. 하지만 남편과의 사이에서는 잘 되지 않았다. 남편 K씨는 사람들이 처음에 매력을 느끼는 사람이다. 그러나 조금만 지나면 그의 강한 성격 때문에 다른 사람들이 거리를 두게 된다. K씨는 무엇이든 자기 맘에 들지 않는 것을 견디지 못하는 사람이다. 이들 부부의 대화는 남편이 일방적으로 자기 의견을 말하는 것으로 시작해서 자기가 정리하는 것으로 끝난다. K씨가 하는 말에 토를 달거나 다른 의견을 제시하면 바로 공격이 들어온다. 아내 M씨가 무엇을 말하면 K씨는 '그게 아니고'라고 하면서 자기의 생각을 강하게 피력한다. 아내 M씨는 이러한 대화가 진력이 나서 요즘은 아예 반응을 하지 않기로 했다. 반응을 하다가 기분을 상하거나 비난만 받거나 폭력까지 가는 일이 많았기 때문이다. 똑같은 것을 가지고도 자신이 실수한 것은 다른 사람 탓을 하고 다른 사람이 실수한 것은 그 사람에게 탓한다. 미안하다는 단어는 그의 사전에 없다. K씨는 사소한 일에도 늘 분노가 쌓여 있는 것처럼 말에 힘이 들어가 있다. 상대방의 약점을 집어내는 능력이 뛰어나서 대화하는 과정에 순식간에 그것을 무기로 사용한다. 그를 아는 사람은 아무도 그에게 맞서지 못한다. 맞섰다가 본전도 찾지 못한다는 것을 알기 때문이다.

3. 적대-공격성 장애의 특징과 증상

적대-공격성 장애가 있는 사람들은 초반에는 매력적이고 호감이 간다. 이들은 추진력이 있으며 자신감 있고 유능하다. 옳고 그름에 대한 명확한 견해가 있고 큰 그림을 볼 줄 안다. 성공한 사람들 중에 이러한 유형의 사람들이 많이 있다. 실제로 이들의 장점은 경쟁적인 현대 사회에서 성공하기 위해 필요한 것들이다. 예를 들어, 무능한 사람이나 반대의 목적을 가진 사람을 제거할 수 있고 자신과 같은 방향으로 움직이는 사람은 전적으로 지원해 준다. 다른 인격 장애자들과 마찬 가지로 이들의 장점은 그대로 단점으로 작용된다.5) 적대-공격성 인물은 일에 대한 추진력이 있지만 무모하며 충동적일 때가 많다. 이러한 무모함과 충동성 때문에 한두 번 실패를 하거나 대가를 톡톡히 치렀다 하더라도 다음에도 또 다시 주저함이 없이 시작한다.

이들의 특징은 호불호가 매우 극명하다는 것이다. 자신감이 넘치고 강한 성격을 자랑으로 여기는 반면 자신감 없고 우유부단한 성격의 인물들을 매우 싫어한다. 이들에게 인간관계는 친구관계 아니면 원수 관계이다. 논쟁을 좋아하고 호전적이어서 스스로 늘 적을 만든다. 사람들이 처음에는 이들의 자신감과 매력에 빠졌다가도 이러한 호전적이면서도 투쟁적인 모습 때문에 차츰 거리를 둔다. 이들 자신도 새로운 것에 대한 호기심이 많아서 처음 사람을 만났을 때 자기가 좋아하는 성향에 푹 빠졌다가 싫어하는 성향을 발견하거나 자기를 지지하지 않거나 반대하는 것 같으면 적대적으로 변한다. 그래서 관계는 피상적이고 오래 지속되지 못한다. 적대-공격성 장애가 있는 사람들은 인내심이 부족하여 특히 가정은 이들에게 자기의 스트레스를 풀거나 자기의 작은 왕국을 건설하여 횡포를 부리는 장소이다. 이들은 배우자나 자녀들에게 언어적 신체적 학대를 하고서도 그에 대한 책임이 그들에게 있기 때문에 양심의 가책도 크게 느끼지 않는다.

적대-공격성 장애가 있는 사람들은 다른 장애와는 달리 아동기나 청소년기 때부터 공격적인 성향을 보이는 경향이 있다. 예를 들면, 어려서부터 남의 것을 탐내고 몰래 훔친다거나, 방화나 동물 학대 등과 같은 것을 하면서 스릴을 느꼈던 경험을 가지고 있다. 성인이 되어서도 사회적 규범을 어기는 것은 아니어도 크고 작은 일에서 빈번하게 그 규범을 자기 주관적으로 해석하고 적용하는 경향이 있다. 잘못이 발각되었어도 자신의 행동을 정당화시키려고 거짓말이나 술수를 쓰고 더 이상 피할 수 없는 막다른 골목에서는 어쩔 수 없이 잘못을 인정하고 슬퍼하는 척한다.

적대-공격성 장애가 있는 사람들은 권력에 민감하다. 이들은 다른 사람이 자기를 반대하거나 지지하지 않으면 상처를 입었다고 여긴다. 그래서 속으로 복수의 칼을 간다. 그리고 복수를 하고서는 양심의 가책을 갖기 보다는 빚을 갚은 것이라고 생각한다. 자신이 늘 옳고 모든 일이 자기의 방식대로 진행되어야 한다고 생각하기 때문에 장애물들은 가차 없이 제거되어야 한다고 생각한다. 한편 이들은 원하는 권력을 얻기 위해서라면 때로 선심을 베풀고 매력적으로 행동할 수도 있는 사람들이다. 위에 있는 사람들에게는 굽실거리면서 아래에 있는 사람들은 무시하고 착취한다. 적대공격성 장애가 있는 사람들이 항상 폭력적인 모습으로만 나타나는 것은 아니다. 부드럽고 의젓하며 매력적인 사람으로 전혀

내색하지 않고 다른 사람들을 교묘하게 이용하는 유형이 있는 가하면, 호전적이고 적대적이며 노골적 범죄형이 있다. 두 번째 유형의 경우 적대-공격성으로 쉽게 식별할 수 있지만 첫 번째의 경우는 식별하기가 그리 쉽지 않다. 사실 첫 번째 유형은 우리 사회 안에서 법과 제도와 규범들을 교묘하게 자기의 방식대로 적용하거나 이용하는 사람들이기 때문에 이들을 식별하는 것은 더욱 어렵다. 때로 가정에서는 사랑이라는 이름으로 종교 단체에서는 신앙이라는 이름으로 자행되는 적대-공격성은 개인과 공동체를 멍들게 하지만 너무나 교묘하여서 어디까지 인정할 수 있고 어디부터는 인정되지 않는 것인지를 구분한다는 것이 참으로 어렵다.

4. 적대-공격성 인격 장애의 신앙 유형

적대-공격성 인물들은 교회 공동체에서도 많이 볼 수 있다. 특히 엄격하면서도 종교인일 경우 적대-공격성을 가질 가능성이 많다. 우리 주위에서도 거룩한 척 하면서 겁을 주는 목회자나 기득권을 지키려고 원망과 복수로 가득 찬 장로와 같이 사랑이나 신앙이라는 이름으로 적대감과 공격성을 나타낼 때는 훨씬 더 위험할 수 있다. 다음의 예는 적대-공격성 인격 장애를 가진 사람들이 종교 공동체 안에서도 얼마든지 있을 수 있다는 것을 보여 준다.

『관계의 가면』의 저자인 러셀 윌링엄(Russell Willingham)은 큰 교회 목회자인 윌리엄과의 만남을 서술한 글에서 공격자 유형의 의견에 반대하는 일이 결코 유쾌한 일이 아니었음을 잘 말해준다. 다음은 그 사례를 요약한 것이지만 적대-공격성을 가진 사람들은 종교적인 일에서도 그들의 특성을 그대로 보여주고 있음을 알 수 있다. 우리가 교회와 하나님의 일을 하면서도 신앙과 하나님의 이름을 말하면서도 얼마나 공격적이면서 다른 사람에게 적대감을 표출할 수 있는지 성찰해 볼 일이다.

윌리엄은 큰 교회 목회자였고 복음 전도에 불타는 정력가였으며 유능한 기금 모금가였다. 나는 기금 모음에 관하여 윌리엄 목사의 도움을 받기 위하여 만났다. 나는 이를 의논하는 과정에서 윌리엄 목사의 강요하는 방식의 기금 모음 접근 방법이 마음에 걸린다고 부드럽게 말했다. 윌리엄 목사는 "내가 속임수를 쓴다는 말인가요?"라고 소리쳤다. 그런 말이 아니고 접근 방법에 대한 의견이 다를 수 있음을 예기한 것뿐이라고 내가 아무리 설득을 해도 윌리엄 목사는 고함을 치고 주먹으로 책상을 쾅하고 내리치며 욕설을 퍼부었다. 심지어 소리까지 치며 이렇게 말했다. "사람들이 이렇게 나오면 정말 화가 나!" 그는 거의 밀치다시피 하면서 작별을 고했다. 그가 "음, 하나님의 축복을 빌어요!"라고 말하면서 나의 등을 툭툭 치는데 너무 세게 두드려서 나는 거의 넘어질 뻔했다.[6]

적대-공격성 인물들은 교회나 교단에서도 지도자의 위치에 있는 사람들은 논쟁을 좋아하고 사람을 기용하고 쫓아내는 등의 힘을 과시하고 신학적이 주장으로 상대방을 매도하며 호전성을 나타낸다. 교회 안에도 이처럼 투쟁하고 싸우는 것을 좋아하는 사람이 적어도 한 명씩은 꼭 있다. 이런 교인들은 목사도 조종하고 강요하려고 하며, 이를 위해 온갖 수단 방법을 다 사용한다. 처음에는 선심을 베풀다가도 목사가 자기를 지지하지 않는 것 같으면 목사의 흠을 잡아 퍼뜨리거나 목사를 좋아하지 않는 사람들을 모아서 자기 당을 만들고 목사를 대항하게 한다.

다음의 오스카의 예는 교회에 나오는 사람들 중에 말만 예수님을 믿는다거나 변화되었다고 하지만 실제의 삶에서는 일반 사람들과 전혀 다를 바 없는 경우를 보여 준다.

48세의 오스카는 최근 교회에서 만난 미망인과 데이트를 시작하였다. 그는 예의 바르고 대화를 잘하며 특히 여성들에게 좋은 첫인상을 주는 경향이 있다. 오스카는 새로 만난 여자 친구에게 자신이 그녀의 집으로 이사를 가서 함께 살게 해 달라고 설득하였다. 그는 현재 직업이 없으나 그리 오래가지 않을 것이라고 주장하였다. 오스카는 목사에게 자신이 직장을 잡을 때까지 약간의 돈을 빌려 줄 것을 요청하였다. 목사는 오스카에 관하여 조사해 본 결과 다른 교인들로부터도 비슷하게 돈을 빌렸고, 나이 든 여인들과 짧은 기간 동안 만나면서 재정적으로 갈취한 후에 갑자기 이사 나가 버리곤 했었다는 것을 알게 되었다. 직장에서도 오래 버티지 못했고 감옥에도 드나들었으며 알코올중독 기록도 있었다. 오스카는 목사가 자신의 배경을 알게 되자 자신은 변화되었으며 교회 생활을 열심히 하고 싶다고 했다. 그러나 그는 다음날 교회에서 사라졌다.7)

사실 적대-공격성 장애가 있는 사람들에게 신뢰를 바탕으로 관계를 맺는 교회 공동체 안의 사람들은 먹잇감이 되기 쉽다. 오스카와 같은 사람들은 진정으로 죄의식을 느끼지 못하며 후회하지 않는다. 그들이 원하는 것을 갖거나 돈을 얻기 위하여 또는 이번에는 변화되었다고 자신들의 배우자를 설득시키기 위해 도움을 청할 때만 또는 범법 행위를 하고 나서 일시적인 위기를 느끼는 동안에만 교회 공동체를 찾거나 목사를 찾아올 수 있다. 공동체의 지도자는 이러한 일을 지혜롭게 잘 처리해야 하는 어려운 일을 맡고 있다.

5. 성경에 나타난 적대-공격성 인물

삼손은 적대-공격성의 특징을 잘 보여주는 성경의 인물이다. 그는 20년 동안 사사로 이스라엘을 통치하였다. 그는 나실인으로서 하지 않아야 하는 것들을 주저 없이 했다. 그는 이방 여인과의 결혼을 통해 스스로 함정을 파는 것과 같은 많은 어려움을 겪게 된다. 첫 번째 아내는 변심하여 삼손의 품을 떠나 아버지 집으로 가버린다. 이 일은 삼손의 공격성을 불러 일으켰고 그는 여우 3백 마리의 꼬리에 횃불을 달아 곡식밭과 감람원을 불태우고 그 부녀를 불사르고 많은 블레셋 사람들을 죽인다. 그의 주저 없는 적대-공격 행위로 삼손과 블레셋 사람 사이에는 나쁜 감정이 더해갔고 나귀 턱뼈로 1천명을 살해하는 의미 없는 전쟁을 하게 된다.

그의 타락은 나실인으로서는 상상할 수 없는 창녀를 취하는 데까지 이른다. 그리고 들릴라를 사랑하는 무절제한 도덕성까지 더한다. 그리고 마침내 자신의 힘의 비밀을 누설하고 만다. 하나님과의 서약을 모조리

깨버린 삼손에게서 하나님이 떠나가셨고 그는 밧줄에 묶인 채 두 눈이 뽑혀 옥중에서 맷돌을 돌리게 된다. 그후 머리카락이 자라 다곤의 축제일에 기둥을 뽑아 3천명과 함께 삼손도 세상을 떠난다. 그는 분노를 조절하지 못하고 그것을 적대-공격성으로 그대로 분출하였다. 마치 적대-공격성 인격 장애자들이 사회 규범을 자기 방식대로 이해하고 행하듯이 삼손은 나실인으로서 하나님과의 약속도 자기 마음대로 이해했고, 분노의 감정을 절제하지도 못하고 공격성으로 터뜨리는 삶을 살았다.

신약에도 적대-공격성 유형이 나온다. 다메섹 도상에서 예수님을 만나서 회심하기 전에 바울은 매우 위험한 적대-공격성 인물이었다. 그는 초대 교회를 박해하고 그리스도인들을 잡아 죽이려고 다메섹으로 가고 있었다. 그는 그리스도인들을 잔학하게 대했다(행 7:55-8:3; 9:1-2; 22:4-5; 19-20; 26:9-11; 갈 1:13). 그의 공격성은 율법주의로 드러났다. 그는 유대인 중에서도 가장 율법을 잘 지키는 유대인이 되려고 했었다(행 26:4-5). '하나님을 위한' 그의 열정과 야망이 하나님이 주신 것이 아니라고 누가 했으면 그는 깊이 상처를 받고 분노했었을 것이다.

예수님의 제자 중에서 '우레의 아들들'이라는 별명을 얻었던 야고보와 요한도 적대-공격자 유형이었다. 그들은 사마리아 사람들이 그들 일행을 환영하지 않자 하늘에서 불을 내려 그들을 멸하도록 허락해 주실 것을 예수님께 요청할 만큼 적대적이고 공격적이었다(막 3:17; 눅 9:51-56). 이스라엘의 초대 왕 사울도 적대-공격성 인격 장애가 있는 사람이었다. 다윗을 죽이려고 집요하게 따라다는 그의 모습은 지속적이면서 만성적이며 또한 죄의식이 결여된 행동이었다. 전형적인 리더의 유형으로 성격이 강하며 파괴적인 성향을 소유하고 있었다.

6. 적대-공격성 인격 장애의 진단 기준

DMS-IV에서 기술하고 있는 반사회성 인격 장애 진단 기준은 범법자들의 행동의 결과에 초점이 맞추어져 있기 때문에 여기에서는 일상적 삶에서 부적응이나 인간관계를 해치는 행동의 결과에 관련지어서 기술하고자 한다.

사회 규범의 위반과 다른 사람들의 권리에 대한 무관심의 지속적인 형태를 보이고 무시와 착취가 다음과 같은 것에서 두드러진다.

1) 사회적 규범은 지키더라도 자신이 정한 윤리적, 도덕적 가치로 판단하고 행동한다.
2) 자기의 이익이나 쾌락을 위해서 기만하는 것을 반복해서 한다.
3) 무모하며 충동적으로 일을 시작하고 처리한다.
4) 신경과민성 또는 공격성에 쉽게 노출된다.
5) 자기 또는 타인의 안전에 대한 감각을 무시한다.
6) 직장 생활과 인간관계에서 냉소적이고 책임감이 약하다.
7) 타인에 대한 위해 또는 위반에 대한 양심의 가책이 결여되어 있다.

7. 적대-공격성 인격 장애의 원인과 형성 과정

적대-공격성 인격 장애가 있는 사람들은 어린 시절 부모로부터 실제로 버림을 받아 고아원이나 친척 집을 전전하며 살았던 사람들이다. 혹은 부모가 원치 않는 자녀였거나 경제적 어려움이나 부모 당사자의 원만치 못한 결혼 생활로 인하여 아이를 정서적으로 유기한 경우도 있다. 어린 시절 부모의 정서적 육체적 학대가 있었거나 부모로부터 분노를 건설적으로 표현하는 것을 제대로 배우지 못한 사람들이다. 가정에서 부모로부터 폭력을 당했거나 간접적으로 보고 자란 아이들은 그렇지 않은 아이들보다 성인이 되었을 때 분노를 폭력으로 표출할 가능성이 7배나 더 높다고 한다.

아주 어린 시절에는 아이들은 부모의 거칠고 분별없는 행동을 경험하면서 분노가 일지만 부모에게는 표출할 수 없어서 무의식에 억눌러 놓고 있다가 부정적인 자아상을 형성하게 된다. 또한 부모 사이에서 벌어지는 갈등의 영향을 받고 자주 그 분노를 억제하여 왔다. 성장기에 분노를 제대로 해결하지 않으면 폭발할 것 같은 불안이 느껴지고 그 때문에 그 감정을 억누르고 억압하면서 얼음처럼 차가운 사람이 된다. 눌러 있던 분노는 활화산처럼 안에서 끓고 있기 때문에 스트레스 상황이나 어떤 기회만 되면 폭발하고 만다. 분노를 적대-공격성으로 표출하는 사람들은 자기의 기질도 있겠지만 주로 부모의 양육 환경을 통해서 학습된 것이다. 아이들은 부모가 분노를 표현하는 모양과 가족 간에 용납되었던 화풀이의 모양을 보면서 분노를 푸는 양식을 학습한다. 부모의 양육 태도와 병리적인 가족 체계는 자녀의 적대-공격성에 영향을 주요 요소이다.8) 부모의 삶과 그 자녀들의 공격성도 서로 연관성이 있다.9)

적대-공격성 인격 장애자들을 잘 살펴보면 그들의 가장 큰 문제는 분노라기보다는 두려움이다. 그들이 가진 공격성 가면은 자기 자신을 보호하기 위한 하나의 자기 방어 기제이다. 어린 시절 적대적이고 공격적인 부모 밑에서 자라면서 위협을 느끼고 세상은 적대적이고 위험이 가득한 곳, 믿을 수 없는 곳이라는 신념이 생겼다.10) 회피성 인물들이 갈등이 있으면 도망가는 것으로 자기를 방어하는 반면 적대-공격성 인물들은 다른 사람들이 자신을 거절하기 전에 자기가 먼저 거절하거나 공격함으로써 자기에게 있는 두려움을 없애려는 것이다. 이들은 강하게 보임으로써 자신의 나약함을 즉 버림받을 지도 모른다는 두려움을 가리는 것이다. 이들은 나약해지는 것은 바보가 되거나 불쌍한 사람이 되는 것과 같다고 여기는 신념을 가지고 있기 때문이다.

  그 밖에도 전두엽 손상이나 외상 후 스트레스 장애 혹은 화병 등으로 인한 뇌 신경 물질의 불균형으로 오는 분노 조절 장애가 적대-공격성의 원인 일 수 있다. 남성 우월주의 유교적 문화의 영향도 있다. 한국 사회에서 여성에게 가해지는 횡포로 여성들은 분노를 안고 살고 그러한 환경에서 자란 청소년들은 좌절과 긴장을 경험했을 것이다. 분노를 건전하게 해소하지 못할 경우 낮은 자존감이나 지나친 좌절 등을 경험하게 되고 이것은 완벽주의의 원천이 된다. 그리고 그것은 적대-공격성으로 연결된다. 강박성 인격 장애에서도 살펴보았지만 완벽주의의 뿌리에는 교만이 있으며 교만은 자기를 남보다 낫게 여기고 그 중심에 하나님이 아닌 자기가 있기 때문에 죄이다.

8. 적대-공격성 장애를 위한 돌봄과 치유

  적대-공격성 장애를 치유한다는 것은 다른 인격 장애와 마찬가지로 이들의 방어 기제를 다루는 일이다. 이들은 상처를 받지 않기 위해 자신의 주변에 매우 단단한 보호막을 세워 놓았다. 불안과 두려움을 이기기 위해 연약해지면 안 된다는 생각이 지배하고 있기 때문에 이들은 늘 먼저 다른 사람을 공격하는 것으로 자신들을 방어해 왔다. 이들은 다른 사람을 절대 신뢰하지 않겠다고 다짐했던 사람들이다. 자기를 보호해 줄 부모로부터 학대를 받은 사람들이기 때문이다. 그래서 이들은 자신의 영역은 자신이 지켜야 한다고 굳게 다짐한 사람들이다. 이들은 자신의 영역을 잃을 것에 대한 불안과 두려움이 크다. 때로 그것이 너무 커서 그것을 억누르기가 힘들어서 공격성으로 표출되는 것이다.

이들이 자신의 영역을 지킨다는 것은 절대 사명과도 같다. 적대-공격성 장애를 가진 사람과 더불어 살아야 하는 사람은 이들의 영역을 침범하지 않으면서 자기 자신의 영역을 잠잠히 지켜야 하는 것이 큰 과제이다. "유순한 대답은 분노를 쉐게 하여도 과격한 말은 노를 격동하느니라"(잠언 15:1)라는 잠언의 말씀은 적대-공격성 인물을 대할 때 어찌해야 하는지를 잘 말해주고 있다. 적대-공격성 인물에게 말려들지 않고 자신을 지킬 수 있는 방법은 간단하고 명확하게, 그리고 직접적으로 '아니다'라고 말하는 것이다. 자기들을 환영하지 않는 사마리아 사람들에게 하늘의 불을 내려줄 것을 요청하는 우레의 아들들에게 예수님은 단지 돌아보시며 꾸짖으시고 함께 다른 마을로 가셨다(눅 9:55-56). "오직 너희말은 옳다 옳다. 아니라 아니라 하라 이에서 지나는 것은 악으로 좇아 나느니라"(마 5:37)는 말씀이 도움이 된다. 단호하고 솔직하게 아닌 것은 아니라고만 의사를 전달하되 온유하고 공정한 태도를 유지하는 것이 중요하다.

적대-공격성 장애가 있는 사람들을 상담할 때는 침묵과 전이를 잘 이용하는 것이 도움이 된다. 인내하지 못하는 이들의 특징이 묵상하는 삶과 자기 자신의 깊은 내면을 바라보게 하는 것을 방해해 왔다. 침묵을 통해 자신에게 일어나는 스트레스와 분노의 원천이 어디에서 오는 것인지를 살피는 과정이 매우 중요하다. 그리고 전이를 통해서 분노하고 있는 객체적 자기를 안아줄 수 있는 과정이 필요하다. 다음은 캐나다 맥길대학의 정신과 교수인 다반루 박사가 미국 상담 학회에서 발표한 사례이다.

30대 회사원인 H씨가 있었다. 그는 평소 우울증을 가지고 있었다. 자존감이 낮았고 소심하고 복종적인 사람이었다. 진료실에서 상담사를 만나는데도 다반루 박사를 쳐다보지도 못했다. 의자 끝부분에 겨우 엉덩이를 걸친 채 고개를 숙이고 있었다. 목소리도 떨고 있었다. 박사가 그에게 왜 쳐다보지 못하냐고 묻자 그는 오랜 시간 침묵을 깨고 말하기 시작했다.
"제가... 선생님을 마주 보는 것은 아주 건방진 행동이에요. 선생님은 화나실 거예요. 그리고 제게 고함을 지르시겠지요. 버릇없는 놈이라고요" 울상이 되어 말했다.
다반루 박사는 다시 질문했다. "그리고요? 그때 당신은 어떻게 하십니까?" 한동안 침묵을 지켰던 이 환자는 울면서 큰소리로 말했다. "저도 화가 나요. 의자로 선생님의 머리를 후려쳐 버려요. 선생님의 머리는 박살이 나고 골이 흘러나와요. 선생님의 눈도 튀어나왔어요." 그때 박사가 눈이 무슨 색인지 물었다. 환자는 "초록색이요" 라고 대답하고는 깜짝 놀라 "선생님의 눈은 초록색이 아닌데요" 했다. 여기서부터 환자는 안정을 찾는 것 같았다. 그는 초록색에 대한 기억을 떠올렸다. 아버지에 관한 기억이었다. 아버지는 너무나 차갑고 엄한 분이었다. 동생과 싸우면 억울하게도 그만 나무랬다. 아버지는 몸이 약한 어머니를 무시하고 자주 때렸다. 어머니가 불쌍했지만 아버지가 무서워서 어머니를 보호해 주지 못했다. 어머니를 때리는 아버지를 보며 자기가 커서 힘이 생기면 아버지를 죽여 버리겠다는 상상도 했다. 그러나 그런 상상은 무서웠다.

아버지는 그가 조금만 잘못해도 서재에 불러 놓고 수 시간씩 설교를 했다. 그런데 그 서재에 늘 걸려 있던 그림이 초록색이었다. 아버지 서재의 초록색과 튀어나온 눈알의 초록색이 같았다. 그는 다반루 박사를 아버지로 착각하고 있었다. 전이 현상이었다.11)

어린 시절에 직간접적으로 경험한 가정 폭력이 자녀의 공격성에 미치는 영향은 이처럼 매우 파괴적이다. 위의 사례는 적대-공격성 인격 장애가 있는 내담자의 침묵과 전이를 잘 이용한 사례이다. 내담자는 침묵을 통해 자신의 심리적 현실로 들어갈 수 있게 되고 거기에서 억눌러 놓았던 핵심 감정을 만나게 된다. 그리고 전이를 통해 상담자에게 분노를 적절히 표출하게 해주는 과정은 내담자로 하여금 자기 대화를 하도록 이끈다. 이 사례에서 그는 상상 속에서 박사를 공격하였지만 사실은 아버지를 공격한 것이다. 무의식에 억눌러 놓은 분노는 적절히 해소하지 않고 두면 이와 같이 기회만 되면 적대감과 공격성으로 표출되게 되어 있다. 전이 과정을 통한 자기 대화로 내담자는 상담자에 대한 분노 폭발이 사실은 심리적 현실 속의 아버지를 투사한 자기 대상이었음을 깨닫는다. 자신의 마음 속에서 대상화 시킨 '성난 아이'를 발견하고 주체적 자기가 이를 안아주는 자기 대화는 특히 적대-공격성 인격 장애의 치유에 있어서 매우 중요한 과정이다.

그리스도인에게 분노가 문제가 되는 경우는 특히 분노가 하나님의 목적을 왜곡하거나 해소되지 못하고 있을 때이다. 분노가 죄가 되는 경우는 분노가 일었을 때 분노를 일게 한 문제를 공격하는 것이 아니라 엉뚱한 사람에게 화풀이하는 경우이다(엡 4: 15-19). 또한 분노의 감정에 자신을 내어 맡기어 이성적인 판단을 잃고 사실을 직시하지 못하고 왜곡된 시각으로 판단하는 경우들이다. 그래서 스스로 그 감정을 누그러뜨릴 수 없는 지경까지 가게 되어 다른 사람에 대해 적대감을 가지고 공격하게 될 때이다.

웨인 오우츠는 적대-공격성 인물들에게 꼭 필요한 것들로 분노를 사용하는 책임, 타인의 용납을 받아들이는 태도, 자신에 대한 믿음을 버리고 하나님을 믿음, 배우려는 자세, 그리고 다른 사람의 입장을 생각하는 훈련을 제안한다.[12] 이러한 것들은 모두 잠잠히 묵상하고 기도하면서 자기 대화를 할 수 있을 때 가능하다. 다른 인격 장애자들보다도 적대공격성 인격 장애자들에게 가장 부족한 점이 성찰하는 시간이다. 이들은 어쩌면 이 훈련 자체를 힘들어 할 수도 있다. 이러한 것을 연약한 자들이나 하는 것으로 여겨왔을 수도 있기 때문이다. 하지만 이들에게는 이 훈련만이 자기 자신을 깊이 볼 수 있게 하고 거기에서 온전히 늘 변치 않으시는 하나님을 만날 때 진정한 치유의 순간을 경험할 수 있다.

적대-공격성은 다른 인격 장애와 달리 일찍 그 조짐이 발견된다. 그러기에 청소년기를 잘 보내는 것이 매우 중요하다. 또래 집단이나 공동체가 그들에게 매우 중요한 영향을 미치기 때문이다. 10세 남자아이 때문에 고민이 많은 교육 전도사님이 있다. 이 아이는 설교 시간에

"하나님이 있기나 해요?"라고 비아냥거리는 조로 말하기도 하고, 기도하는 데도 돌아다니며, 드라마화한 이야기를 하는 중에도 아이들이 가지고 있는 물건들을 빼앗아가는 등 여러 방식으로 예배를 방해하는 아이였다. 이 아이를 위해 고민하며 기도하다가 내게 도움을 요청하였다. 나는 전도사님에게 "그 아이는 지금 정말로 하나님의 사랑을 갈구하고 있는 거예요. 정말로 전도사님의 관심을 끌고 싶어서 그러는 거예요."라고 말해주고 가족이 무엇을 하는 그림을 그리게 해보라고 했다. 아이들은 말로는 잘 표현하지 못하는 감정적인 것을 그림으로 표현할 수 있기 때문에 그림치료에서 많이 사용한다. 이 아이가 그린 그림을 분석하면서 이 아이의 가정에서 가정 폭력이 있음을 알게 되었다. 전도사님은 내 말과 그림 분석을 유념하고 이 아이를 위해 계속 기도하면서 따뜻하게 대해 주었다. 몇 달이 지난 후 이 아이는 전도사님에게 산에 놀러가자고 하면서 마음 문을 열기 시작했다. 전도사님은 그날 밤 너무 기뻐서 잠을 한숨도 잘 수 없었다고 했다.

청소년들이나 청년들, 심지어는 장년들도 어느 때인가 영적 변화를 일으켜서 그들의 삶의 방향을 바꾸고, 그들의 분노를 하나님께서 그들을 위해 세워 주신 창조적 계획을 성취하는 데 사용할 수 있다. 이러한 변화는 교회에서 바라는 것처럼 자주 일어나는 것도 아니고 또한 행동과학에서 가정하는 것처럼 드물게 일어나는 것도 아니다. 불우한 어린 시절이 있었어도 청소년기에 좋은 선생님이나 좋은 친구를 만나는 것은 특히 적대-공격성 인물의 예를 본다면 매우 중요한 일이라고 볼 수 있다. 교회 공동체는 이러한 것을 제공해 줄 수 있는 돌봄과 치유의 공동체가 될 수 있다.

9. 수동-공격성 인격 장애(Passive-aggressive Personality Disorder)의 사례

사례 1

프랭크의 아내 에블린은 프랭크가 매춘부와 관계 맺는 것뿐만 아니라 그의 수동-공격적인 행동방식을 더 이상 참을 수 없었다. 에블린의 권유에 프랭크는 어쩔 수 없이 상담사를 찾아갔다. 그룹 상담에 가입했고 개인 상담도 받았다. 불행히도 그는 그 모임에서 거의 아무 말도 하지 않았다. 상담할 때도 마찬가지였다. 묻는 질문에 어깨만 으쓱하고 강요해야 겨우 자신의 생각이나 느낌을 이야기했다. 에블린이 집을 나가거나 그에게 나가라고 위협할 때만 조금 나아지는 것 같다가도 그의 수동성은 바뀌지 않았다. 여러 해 프랭크가 변화되기를 기다렸으나 매춘부를 만나고 수동적인 방식으로 대처하는 것을 끝내지 못하고 폭력으로 행하자 결국 에블린은 프랭크를 집에서 내보냈고 다시는 찾지 않았다. 그리고 프랭크는 차에 가스를 틀어놓고 자살을 하였다.[13]

사례 2

메리는 남편이 아이들을 양육하는 방식이 마음에 들지 않았다. 아이들에 대한 가혹한 비난이 아이들의 자긍심에 나쁜 영향을 줄까봐서 그렇다. 이 일로 남편과 대화를 하려고 하면 늘 싸움으로 번졌다. 메리가 뭐라고 할 때마다 남편은 "또 시작이군!" 하고 소리를 지르고 "난 애들한테 제대로 하는 일이 하나도 없으니까 입 다물고 당신이 부모 노릇을 하도록 내버려두는 게 낫겠지."라고 했다. 그리고는 자신이 얼마나 부족한 부모인지에 대해서 계속해서 말하곤 했다. 메리는 남편의 그런 모습이 변화되지를 원했지만 남편은 자신의 '무가치성'에 대해서만 몸부림쳤다.[14]

10. 수동-공격성 인격 장애의 특징과 증상

적대-공격성 인물들이 공격성을 겉으로 드러내는 것과는 달리 수동-공격성은 상대방에 대한 적대감을 자신에게 돌리는 것처럼 표출하는 경향이 있다. 수동-공격성 역시 장단점이 있다.[15] 수동-공격성 인격 장애는 인격 내부에서는 공격성이 부글부글 끓고 있지만 외형적으로 그런 감정을 표현하지 못하는 사람들에게 나타나는 장애이다. DMS에서는 수동-공격성은 10개의 공식 인격 장애 유형에는 속하지 않지만 정신 의학자들 사이에서 인격 장애로 삼아야 할지를 논의하고 있는 유형이다.

수동-공격성은 불만이 있으면 직접적으로 표시하지 않고 일을 지연시킨다거나 대화를 거부한다거나 상대의 의견에 회의적인 식으로 소극적으로 접근한다. 이들은 적대감을 속에 담아 놓고 자기 감정을 표현하기를 보류하면서 짜증을 내거나 음울한 기분으로 표현한다. 다른 사람의 기대를 충족하는 것을 저항하거나 일부러 비효율적으로 행하거나 다른 사람의 목표를 훼손함으로써 간접적으로 분노를 표현한다. 적대감과 공격성을 수동적으로 표현하는 부정적인 모습들이다. 눈에 띄는 분노와 폭력적인 행동만을 공격성에 해당된다고 보기 쉽지만, 의도적으로 게으름을 피우거나 옹고집을 부리거나 비능률적으로 행동하는 것도 공격적인 행동이 될 수 있다. 이러한 행동은 상대방의 마음을 상하게 하고 분노를 일으킬 수 있기 때문이다. 성격이 급한 사람들은 수동-공격적 성향의 사람들과는 상극이다. 이것은 투사적 동일시라고 하는 무의식적인 심리 기제이다. 특히 이들과 성격이 급한 적대-공격성 인물들과 이들은 서로 열쇠-자물쇠 기제처럼 작동한다.

예를 들어, 수동-공격성 A가 적대-공격성 B에게 자신의 분노를 투사하면 B는 그것을 동일시한다. A는 비협조적인 태도로 투사하지만 B는 무의식적으로 그것이 자기를 무시하는 것이라고 여긴다. 평소 A와 같은 태도를 지극히 싫어하는 B는 A의 태도에 화를 내거나 비난을 한다. 그러면 A는 B가 자기의 인격을 무시했다고 생각하고 이를 되받아 B를 비난한다. A는 처음에 한 자신의 행동은 의식하지 않은 채 B가 자신에게 화를 냈으므로 모든 것이 B의 문제라고 생각하는 것이다. 이와 같이 수동-공격적 성향의 주위에 있는 사람들은 상대방이 투사한 분노를 무의식적으로 동일시하게 된다. 한편 수동-공격적 성향의 사람들도 적대-공격성향의 사람들이 투사한 분노를 무의식적으로 동일시하는 경향이 많다. 이들은 마치 무대에 선 꼭두각시처럼 무의식의 줄이 당기는 대로 움직인다.

　수동-공격성 인물들은 이렇게 수동적으로 행하다가 상대방이 화를 내거나 하면 자기 비난이나 비하하는 식으로 자기 감정을 표현한다. 이러한 수동-공격적 행동은 내적으로 무엇이 뒤틀려 있기 때문이다. 이들은 감정적으로 실패나 좌절 등으로 인한 만성적인 슬픔과 자기 연민, 자기 증오에 빠져 있다. 그래서 모든 일에 대해 비판적이고 냉소적이다. 어떤 사건이 발생하면 이를 중립적인 입장에서 보지 않고 모든 일들을 왜곡된 모습으로 바라본다. 따라서 문제 해결을 위해 접근하기 보다는 비아냥거리며 부정적인 태도로 일관한다. 이들은 신속하고 능률적으로 처리할 수 있는 일도 의도적으로 게으름을 부린다. 다른 사람이 독촉을 해도 자기 고집대로 하고 문제가 생기면 책임을 지려고 하지 않고 이유를 남의 탓으로 돌리려고만 한다. 이들은 불평이나 불만이 생기면 그것에 대하여 명확하게 이야기하기 보다는 혼자 투덜거리거나 물건 등에 화풀이를 한다. 늘 무뚝뚝하고 시무룩한 기분이며 퉁명스럽게 반응한다. 자기보다 위에 있는 사람들을 유난히 두려워한다. 정면으로 이들과 접하면 공손하고 복종하는 듯한 태도를 보일 뿐 불편스러움이나 불만을 전혀 표현하지 못하며 사람들과의 경쟁도 두려워한다. 따라서 다른 사람이 자기보다 잘 하지 않을까 하는 불안감이 심하다.

이들의 소극적 성향은 자신감의 부족에서 오며 삶의 전반에서 나타난다. 이들은 무엇을 결정하는 일을 매우 어려워하는 데 그것은 자기가 원하는 것이 무엇인지를 정확히 모르기 때문이기도 하며, 실수에 대한 두려움이 있기 때문이다. 노력이나 훈련은 하지 않으면서도 작은 시련이나 어려움이 오면 그것을 극복해 나가지 못한다. 자기에게 있는 장애물을 헤아리느라고 그것이 기회가 될 수 있다는 것을 망각한다. 누가 기회를 주고 추천해 주기를 바라지만 스스로 무엇을 개척해서 도전해 보려는 의식이 약하다.

11. 수동-공격성 인격 장애의 신앙 유형

수동-공격성 인물들은 교회에서도 자기가 맡은 일을 제대로 수행하지 않고 안일하게 지낸다. 목사님이 어떤 일을 맡겨도 못하겠다고 하지는 않지만 그것을 잘 해낼 수 없을 것이라고 생각한다. 자기보다 더 많이 훈련받고 더 나은 사람이 있는데 왜 자기에게 맡기는지 모르겠다고 생각한다. 이들은 자신이 무가치하다고 생각하며 하나님도 그렇게 생각하신다고 믿는 경향이 있다. 이들과 함께 성경 공부 모임에서 참석한 다른 사람들에게 이들이 정직하고 겸손하다는 느낌을 받게 할 수 있다. 이들의 하나님 이미지는 엄격하고 무서운 하나님으로 실패하면 꾸짖으시는 하나님이다. 이들은 하나님도 자신의 부모처럼 비판적이고 완벽한 것을 원하신다고 생각한다. 예수 그리스도를 주로 삼기 보다는 두려움을 주인으로 삼고 있다. 이들은 겉으로 보기에는 하나님의 주권을 믿고 그들의 삶을 하나님께 맡기는 것 같다. 그러나 실제로 이들이 믿는 것은 요행이나 행운이다.

12. 성경에 나타난 수동-공격성 인물

다윗의 아들 압살롬은 다른 인격 장애도 보이지만 수동-공격성 인격 장애의 특징을 특히 많이 보여주는 인물이다. 압살롬은 다윗이 각기 다른 아내들로부터 낳은 여섯 아들 중 셋째이었다. 성경은 압살롬을 그야말로 역기능 가정에서 태어나 아버지의 사랑을 갈구했던 인물로 그린다. 그의 수동-공격성은 배다른 첫째 형 암논에게 압살롬의 친 여동생 다말이 강간을 당하는 사건에서 드러난다(삼하13장). 그는 그 분노를 직접 표현하지 못하고 마음에 두고 있다가 한참 후에 암논을 죽이고, 아버지로부터 숨어 산다. 2년 동안이나 아버지를 만나지 못하자 압살롬은 다윗의 장군 요압을 만나기 원하여 사람을 여러 번 보내지만 요압이 응대하지 않자 종들을 시켜 요압의 밭에 불을 지르게 한다(삼하 14: 29-30). 아버지에 대한 불만과 불평을 이렇게 직접적으로는 표현하지 못하고 다른 식으로 다른 사람들에게 표현했다. 그의 아버지에 대한 분노는 반역 사건 후에 압살롬이 전략가 아히도벨의 조언을 받아들여 아버지의 후궁들을 대낮에 강간하는 데서 다시 드러난다(삼하 16: 21-22). 아버지로부터 충족되지 못한 '인정받고자 하는 욕구'를 채우기 위해 그는 자기를 위해 스스로 '왕의 계곡'에 비석을 세우고 '압살롬의 기념비'라고 자화자찬했다(삼하 18:18). 압살롬은 아버지 다윗에게 강하게 의사를 표현하지 못하면서 그것을 복수심으로 키워갔다. 그는 아버지에게 한 번도 직접 적대감을 표현하지 못했다. 자기의 여동생이 강간을 당하는 사건에서도, 2년 동안 가까이에 있으면서도 아버지 얼굴을 한 번도 보지 못할 때도 아버지에게 직접 불만을 표현하지 못했다. 결국 자신의 분노를 눌러 놓고 있다가 나중에 살인, 강간, 방화, 내란 등으로 간접적으로 표출하였다.

13. 수동-공격성 인격 장애의 진단 기준

수동-공격성 인물을 진단하는 기준으로 일반적으로 다섯 가지 항목을 말한다. 그것은 일을 지연시킴, 빈둥거림, 고집을 부림, 의도적으로 비효율성을 보임, 건망증을 보임이다. 웨인 오우츠는 여기에 두 가지 행위를 더 첨가한다. 미래를 예비하지 않는 것과 훈련이나 교육 받는 일에 소극적인 것이다.16) 이충헌은 수동-공격성은 "사회생활에서 요구받는 일들에 대해 부정적인 반응을 보이며, 불평불만이 많고 만족할 줄 모르는 성향을 가지고 있다고" 하면서 다음의 4개 이상의 항목에

해당되면 수동-공격성 인격 장애가 있다고 진단한다고 하였다.[17]

1) 끝마쳐야 될 일을 일부러 질질 끌면서 끝내지 않는 때가 많다.
2) 항상 내 자신이 제대로 평가받지 못하고 있다는 생각이 든다.
3) 평소 뚱하고 논쟁적인 편이다.
4) 윗사람이 하는 일은 무엇이든 마음에 들지 않는다.
5) 잘되는 사람을 보면 화가 치밀면서 심한 질투를 느낀다.
6) 세상은 불공평하고 나만 불행하다는 생각이 든다.
7) 심술을 부리고 까다롭게 굴다가도 이를 후회하는 일들이 많다.

14. 수동-공격성 인격 장애의 원인과 형성 과정

아이가 대소변 가리기 훈련을 할 무렵 부모의 간섭과 이에 반항하는 아이들의 갈등이 시작된다. 부모의 간섭은 아이들에게 분노를 불러일으킨다. 가끔씩 터져 나오는 아이들의 반항적인 행동을 적절히 감싸주는 부모의 따뜻한 애정이 절실한 시기이다. 이 시기에 아이의 자율적인 행동을 자꾸 제한하고 아이를 야단치고 하면 아이는 '나는 엄마에게 야단맞는 존재밖에 안 되는구나.'라고 생각하며 수치심과 자책감과 부정적인 자아상을 가지게 된다. 그것은 우울한 성향을 갖게 하고 자책과 자기 비난을 하는 식으로 분노를 자신에게 향하게 한다. 이 시기에 부모가 지나치게 권위적인 경우 아이들은 자신감을 잃고 수동적으로 반항한다. 아이 입장에서 부모의 힘이 너무 크기 때문에 분노를 감추고 복종할 수밖에 없다. 아이는 피해 의식에 시달리면서 불안감이 쌓인다. 이런 불안감은 적절한 자아 기능의 성장을 막는다. 부모의 금지와 자신의 욕구 사이에 적절한 타협점을 찾아나가는 기능 말이다. 자아 기능은 타인과 타협하면서도 자신이 원하는 것을 충족해 나갈 수 있는 힘이다. 자아 기능이 부족하면 분노를 간접적으로 표현하는 수동-공격적인 성향이 생겨난다. 부모를 대항할 수 없기 때문에 아이는 분노를 억압하고 고집을 부리거나 꾸물대거나 핑계를 대거나 하는 수동적인 방법으로 그 분노를 표출하는 것을 배우게 된다. 이것은 성인이 되어서도 분노를 터뜨릴 수 없을 때 상대에게 비협조적으로 대함으로 상대방을 화나게 하는 수동-공격성을 만든다.

수동-공격적인 성향을 갖게 되는 것은 양육 환경의 영향을 많이 받는다. 어린 시절 상당한 기간 동안 화목하지 못한 가정 분위기를 경험했거나, 보호자들의 보살핌을 제대로 받지 못 했거나, 또는 지나치게 엄격하고 요구조건이 많았던 부모 아래에서 늘 억압감을 느끼며 살았을 경우 평소 자기의 생각이나 주장을 자유스럽게 표현하지 못하게 된다. 또한 부부가 화목하지 못하고 자녀들 앞에서 서로 비난하고 싸우는 가정 환경도 아이들이 자기 주장을 뚜렷하게 하지 못하게 하는 요인이 될 수도 있다. 어린 아이들 앞에서 부모가 서로 비난하는 경우 아이들은 누구의 편을 들어야 하는지 혼란이 온다. 혹은 자기가 무엇을 잘못했는지 걱정하게 되고 혹시라도 부모가 이혼하는 것은 아닌지 불안과 두려움을 느낀다. 그래서 권위에 대항하지도 못하고 자기 주장도 뚜렷이 세우지도 못하게 된다.

또한 부모가 매우 성공적인 사람들이어서 아이의 역량보다 부모의 기대가 지나칠 경우에도 이와 비슷한 결과를 낳을 수도 있다. 결국 아이는 실패에 대한 두려움이 생기고 쉽게 무엇을 시작하지도 못하면서 완벽을 추구하는 사람이 된다. "완벽하지 않으면 나는 실패한 사람이야." 라는 신념을 가지게 된 것이다. 강박성 인물이나 적대-공격성 인물들은 완벽주의자들이면서 무엇을 지나치리만큼 추진하지만, 수동-공격성 인물들은 실패에 대한 두려움 때문에 시작도 잘 못한다. 이런 과정에서 거절되는 느낌을 반복적으로 느끼게 되면서 아이는 실제로 자신이 열등하다고 느끼는 신념을 가지게 된다. 아이들은 방어 능력이 약하기 때문에 작은 말 한마디 표정 하나에도 이처럼 큰 상처를 받을 수 있다. 특히 수동-공격성 인물처럼 자존감이 낮은 사람들에게는 작은 비난이나 지적도 메가폰처럼 크게 울려온다. 그런 면에서 수동-공격성 인물의 자기를 방어하는 자아 기능은 아직 아이와 같아서 성숙되고 치유되어야 한다는 의미이기도 한다.

15. 수동-공격성 장애를 위한 돌봄과 치유

배우자의 상실이라든지 어떤 큰 외상을 경험했을 경우 애도가 필요하다. 그러나 일정 기간이 지났는데도 계속 만성적으로 거기에 빠져 있는 것은 생의 만족과 기쁨을 잃게 된다. 슬픔은 거절당하는 아픔이 계속될 때 나타나는 반응으로 하나의 대처 감정이다. 지나친 슬픔은 죄가 될 수 있다. 자기 연민은 단지 나쁜 습관일 뿐 아니라 하나의 죄다. 자기 증오 또한 이 유형의 사람들이 가지는 감정이다. 자기 증오는

'다른 사람에게 거절을 당한 후에 스스로 거절하는 것'이라고 정의할 수 있다. 우리가 인식하지 못하는 사이에 이러한 지나친 슬픔, 자기 연민 혹은 자기 비난이나 증오는 사탄이 그 틈을 타게 만들 수 있다. 이러한 것에 우리를 내어주는 것은 죄라는 것을 알 필요가 있다.

앞에서 소개한 프랭크의 사례는 이것을 잘 보여준다. 프랭크가 매춘부와 관계를 맺는 것은 수동-공격성으로 반응하는 그의 인격 장애 때문이었다. 프랭크는 성경의 인물 압살롬처럼 어린 시절 아버지의 사랑을 갈망하면서 자랐다. 그는 그의 삶에 정서적으로 부재했던 아버지로부터 버림받았다고 생각했다. 아버지는 부부 싸움 할 때마다 말을 하지 않고 수동적으로 대응했었는데, 프랭크은 자기 아내 에블린과의 관계에서 아버지와 똑같이 수동-공격적으로 대응했다. 단지 그는 나가서 매춘부와 관계를 맺고 며칠씩 집에 들어오지 않는 식으로 했다. 중요한 것은 이러한 수동-공격성이 적대-공격성 만큼이나 자기와 주변 사람들의 삶을 피폐하게 하고 파괴할 수 있다는 것이다.

수동-공격성 인격 장애를 치유하기 위해서는 근본적으로 자존감을 회복하는 문제를 다루어 주어야 한다. 자존감(self-esteem)은 나의 모습 그대로 나를 수용해 줄 수 있을 때 생긴다. 열등감과 마찬가지로 자존감도 매우 주관적인 것이다. 내가 어떤 사람이고 무엇을 하느냐가 중요한 것이 아니라 내가 그것을 어떻게 생각하느냐가 중요하다. 최고의 대학을 나왔어도 그것에 열등감이 있을 수 있듯이 대학을 나오지 않았어도 자기 자신에게 자존감을 갖는 사람이 있다. '나'를 평가하는 기준을 나에게 둘 때 남의 눈치를 보지 않고 자기를 아끼고 또 용서하고 받아줄 수 있게 된다. 자존감은 자신감(confidence)의 씨앗이다. 자신감이 부족하여 늘 핑계를 대거나 부정적인 사고로 상황을 보는 경향이 있는 수동-공격성 인격 장애가 있는 사람들에게는 자존감 회복은 치유의 과정에서 꼭 이루어져야 할 과제이다.

자존감은 일반적으로 가족의 내력과 같은 혈통에서 얻기도 한다. 예를 들어, 할아버지는 독립 운동가였고 재력이 있어 교육 재단을 세웠으며 아버지는 대학 총장이라는 혈통은 아이들에게 자존감을 줄 수 있는 것이기도 하다. 하지만 우리가 자존감을 가지고 당당하게 세상을 살아가는 데는 그보다 더 중요하고 근본적인 것이 필요하다. 정서적 지원이다. 아무리 어렵고 힘들게 살아도 가족이 서로를 아껴주고 지원해 주는 부모는 화려한 혈통보다도 더 강한 혈통이다.

그리스도인들에게는 이보다 더 훌륭하고 영원한 혈통이 있다. 이 세상을 만드시고 주관하시는 하나님이 우리의 아버지이시며 늘 돌보아 주신다는 사실은 세상의 어떤 혈통보다도 귀한 것이다. 수동-공격성 인격 장애를 돌보고 치유의 길로 인도하려는 기독교 상담자들은 이 점을 기억하고 내담자들의 자존감 회복에 도움을 줄 필요가 있다. 영원한 타자에게 사랑받을 가치가 있다는 것은 자존감의 중요한 기초가 된다. "주의 손가락으로 만드신 주의 하늘과 주께서 베풀어 두신 달과 별들을 내가 보오니 사람이 무엇이기에 주께서 그를 생각하시며 인자가 무엇이기에 주께서 그를 돌보시나이까 그를 하나님보다 조금 못하게 하시고 영화와 존귀로 관을 씌우셨나이다"(시 8: 3-5).

시편 139편 묵상은 자존감이 약한 사람들에게 특히 도움이 된다. 시편 139:13-15은 우리가 하나님의 창조물임을 말해준다. 우리가 기묘하게 만들어진(fearfully and wonderfully made) 존재라고 선언하고 있다.[18]

*Fearfully Wonderfully Made*라는 책이 있다.19) 복음주의 작가 필립 얀시(Phillip Yancy)와 외과의사 폴 브랜드(Paul Brand)가 밝히는 인체의 신비에 관한 책이다. 저자들은 현대 과학과 의학 지식을 바탕으로 인간의 세포와 뼈, 피부, 근육 그리고 신경의 세계를 깊이 탐색하면서 우리의 몸이 얼마나 영적이고 오묘한가에 관하여 말하고 있다. 바울도 "우리는 그가 만드신 바라"(엡 2:10)라고 말하고 있다. 우리는 기묘하고 놀랍게 만들어진 하나님의 걸작품이다.

바울은 계속해서 하나님께서 미리 예비하시고 어떤 선한 일을 위해서 우리를 지으셨다고 한다(엡 2:10). 그러므로 자기 비하나 자기 학대 혹은 자기 증오와 같은 것은 하나님의 문화법을 어기는 것이다. 하나님의 계획을 다 헤아리지 못하고 절망하고 낙망하고 자살하는 것은 하나님에 대한 반역이다.

더욱이 자존감이 약한 수동-공격성 인물들은 자신의 부모들과는 달리 하나님께서는 당신의 창조물을 정서적으로나 어떤 모양으로도 그냥 유기하거나 방치하지 않으신다는 사실을 알 필요가 있다. 시편 139편 23-24절에서는 하나님이 우리를 위해서 하시는 4가지 일을 밝히고 있다.

> 하나님이여 나를 **살피사** 내 마음을 **아시며** 나를 **시험하사** 내 뜻을 아옵소서 내게 무슨 악한 행위가 있나 보시고 나를 **영원한 길로 인도하소서**
> **Search** me, O God, and **know** my heart; **test** me and know my anxious thoughts. See if there is any offensive way in me, and **lead** me in the way everlasting(NIV).

첫째, 하나님은 우리를 살피신다. 우리가 길을 몰라서 헤매고 있을 때, 다른 곳으로 향하고 있을 때, 하나님은 우리를 그냥 방치하지 않으시고 우리를 애타게 찾아 나서신다. 둘째, 하나님은 우리 마음을 아신다. 자기 자신도 자기 마음을 모를 때도 있다. 하지만 하나님은 우리를 아신다. 우리의 불안과 두려움 그리고 한계점과 가능성을 모두 알고 계신다. 이 사실이 얼마나 위로가 되는지 모른다. 우리가 우리 자신을 아는 것은 매우 중요하다. 왜냐하면 그것은 하나님을 아는 것과 매우 관련이 있기 때문이다. 셋째, 하나님은 우리를 시험하신다. 우리의 성장을 위해 그리고 지평을 넓히기 위해 우리에게 과제를 주신다. 고난이나 환란은 하나님이 우리에게 주시는 과제 혹은 모험거리이다. 시험을 치러보지 않으면 자기 실력을 제대로 평가 할 수 없는 것처럼, 우리가 장애물보다 훨씬 더 크다는 것을 알게 하시기 위해서 주시는 것이다. 넷째, 하나님은 이 모든 것을 다하여 우리를 영원한 길로 인도하신다. 비록 우리가 악하고 하나님을 대항하는 행위를 하는 것을 알고 계셔도 우리를 버리지 않고 방향을 돌이키게 하여 하나님을 향한 길로 인도하신다는 말이다.

열등감은 비교되는 사회나 세상에서는 누구나 조금 씩은 가지고 있다. 그러나 지나친 열등감은 자기 학대이며 그것은 죄이다. 성경석이고 신학적인 자존감의 개념을 이해한다면 자기 비하나 자기 학대는 죄라는 것을 알게 된다. 왜냐하면 내가 하나님의 창조물이며 하나님은 나를 위해서 놀라운 계획을 가지고 계신다는 것을 부인하는 것이기 때문이다. 성 어거스틴은 사람들이 이세상은 놀라운 하나님의 피조물이야, 참 아름다워라 주님의 세계는... 주 하나님 지으신 모든 세계... 하면서 노래를 부르지만, 자기에 대해서는 감탄하지 않는다고 말했다. 심리학에서도 자기 학대나 자기 비하는 인격 장애를 일으키는 병적 요소로 본다. 이와 같은 행위는 자기를 대상화시키는 행위이기 때문이다.

수동-공격성 인격 장애자가 기억해야 것 일은 자신들의 행동이 아무에게도 해를 끼치지 않는다거나 혹은 상대방에 대한 반응이라는 식으로 책임을 지지 않으려는 것도 문제가 되지만, 자기 비하와 같은 행위는 자기 자신과 상대방을 죄에 노출되게 한다는 점이다.

적대-공격성 인격 장애자도 마찬가지이지만 수동-공격성 인격 장애자도 분노로 인한 각종 방어 기제들을 하나님 앞에 내어놓고 회개해야 한다. 내면에 일고 있는 분노의 원천을 자기 대화를 통해 살펴보고 그것이 어떻게 표출되고 있는지를 성찰해 보아야 한다. 그로 인해서 자기 자신이나 주변 사람들이 죄에 노출되도록 하지는 않았는지 회개해야 할 것이다. 하나님께 뿐만 아니라 상대방에게도 또한 자기 자신을 위해서도 잘못을 고백하고 용서를 구해야 한다. 자기 자신을 객관적으로 보는 통찰의 과정은 매우 고되고 힘든 과정이지만 이를 통해 온전히 하나님의 주권을 인정하고 진정한 평화와 안정을 누릴 수 있을 것이다.

CHAPTER 08
히스테리성 가면-꿈꾸는 거짓말쟁이

Mask of Histeria

1. 히스테리성 인격 장애(Histrionic Personality Disorder)의 사례

사례 1

훤칠하고 깔끔한 외모에 자의식이 강한 40대 후반인 남성 C씨는 주변에 사람들이 많이 모이는 편이다. 그는 처음 만나는 사람에게 자기의 이야기를 하고 사적인 질문도 거리낌 없이 하면서 다른 사람과 쉽게 친해지는 편이다. 하지만 가까운 사람들은 그가 자기 이야기만 많이 하고 다른 사람을 깎아내리는 것을 별로 좋아하지 않는다. 그가 주변 사람에 대해서 말할 때는 늘 '내가 아는 누구'라는 말로 시작해서 'S대를 나온', '유명한 법인 소속의 변호사', '형제들이 모두 의사', '남편이 무슨 대학의 교수' 등과 같은 수식어를 붙인다. 이성 간에도 사적인 이야기를 쉽게 하는 편이어서 직장 후배 J씨가 자기 남편과 자녀 문제로 힘들어 하는 이야기를 들어 주다가 그녀와 가까워지게 되었다. 자신도 아내와의 관계가 소원했던 때라 사근사근하고 자기를 의지하던 미모의 J씨와 잠자리까지 하게 되었다. 그러나 그 관계는 그다지 오래

가지 못하였다. J씨는 자기의 남편에게 그 관계가 들통이 났고, C씨의 아내도 어느 정도 눈치를 챘기 때문이기도 했다. 하지만 J씨가 이 관계를 청산하게 된 가장 큰 이유는 끊임없이 자신에게만 관심을 가져주길 바라면서 놓았다가 당겼다가 하는 C씨의 태도에 J씨가 진력이 났기 때문이다.

사례 2

진료 기록지에 연필로 별이 다섯 개나 그려져 있는 할머니 환자가 있었다. 별은 병원 직원들만 알 수 있는 일종의 암호이다. '몸을 사려야 하는 환자'라는 표시이다. 할머니는 병원에 진료 받으러 오면서도 진한 화장에다 머리부터 발끝까지 화려하게 치장을 하고 나타난다. 할머니는 병원의 직원이나 간호사나 할 것 없이 모두 자기의 종을 부리듯이 했다. 진료를 받으러 앉으면 의사에게 이 무슨 대학 총장이 자기 조카라고 하고는 그 전에 진료를 받았던 유명한 의사들의 이름을 거론하면서 그들이 마치 자신의 수하인 것처럼 얘기했다. 한번은 간호사가 친절하게 "할머님, 들어가시지요."라고 했다가 "난 너처럼 늙은 손녀 둔 적 없어!"라고 소리를 지르는 바람에 곤욕을 치렀다. 의사가 비유를 맞추어주면, "지금도 교회에 가면 대시하는 남정네들이 많거든. 난 별 관심이 없는데 말이야. 근데 영감탱이들은 늙어 보여서 맘에 안 들어"라고 하면서 자신을 과장하고 주변 사람들을 깎아내리곤 하였다.[1]

2. 히스테리성 인격 장애의 특징과 증상

히스테리성 인격 장애(histrionic personality disorder)라는 말에서 '히

스트리오닉'(histrionic)이라는 단어는 라틴어 '히스트리오'(histrio)에서 파생된 말로 배우라는 의미이다. 히스테리성 인격 장애는 연극성 인격 장애라고도 하며 그러한 성향의 사람들을 배우형, 포장된 인격의 가면 혹은 비껴가는 자 등으로도 부른다. 다른 사람을 지나치게 의식하고 화려한 외모나 과장된 언변으로 다른 사람의 관심을 자신에게 집중하게 하는 식으로 자기 존재를 유지하는 사람들을 배우형 인물이라고 한다.[2]

히스테리성 인물은 다른 사람의 애정과 관심을 끌기 위해 자기를 과장되게 표현하는 것이 특징이다. 자신이 관심의 대상이 되지 못하면 어떻게 해서라도 그렇게 되게 만든다. 이들은 다른 사람들이 관심을 가져주지 않으면 우울해하거나 화를 내기도한다. 이러한 면에서 의존성 인물과 비슷하다. 하지만 의존성 인물이 상대방에게 수동적으로 의존하는 반면 히스테리성 인물은 다른 사람의 인정을 받기 위해 공격적으로 인간관계를 맺는다. 이들은 자기의 감정이나 사고를 쉽게 극적으로 표현하는 능력이 있으며 주위의 관심 대상이 되는 천부적인 능력이 있다. 이러한 것으로 상대방을 조종하며 다른 사람이 자기보다 더 관심을 받는 것은 참을 수 없다. 상대방이 관심을 보여주지 않으면 버럭 화를 내거나 한다.

다른 사람에게 칭찬받기를 갈구한다는 점에서는 자기애성 인물과 비슷하다. 자기애성 인물들은 다른 사람의 시선이나 평가를 그다지 신경 쓰지 않지만 히스테리성 인물은 다른 사람의 관심과 주의를 끄는 것이 주요한 목적이다. 이들에게 다른 사람의 시선이나 평가는 매우 중요하다. 그래서 이를 위해 이들은 무엇이든 할 준비가 되어 있다. 그런 면에서 이들은 자기애성 인물들보다 정서적으로 훨씬 불안정하다.

마치 무대의 배우가 관객의 관심을 끌기 위해 어떤 모습이라도 보여줄 수 있는 것처럼 이들은 어떤 희생도 불사한다. 충동적이고 성적 경계선을 아슬아슬하게 넘나드는 말과 행동도 태연하게 할 수 있다. 다른 사람의 관심을 끌기 위해 이야기를 포장하거나 부풀리거나 조작하는 것도 쉽게 한다. 이들은 그것은 거짓말이 아니라고 말한다. 자기를 나타내기 위하여 다른 사람을 깎아 내리는 것도 쉽게 한다. 이들은 그것도 단지 관계와 분위기를 좋게 하기 위한 윤활유라고 여긴다. 이들은 그것을 즐기고 또한 그것을 자기의 능력이라고 자부한다. 그렇게 하지 못하는 사람이 무능한 사람이라고 여길 정도이다.

이들은 외향적이고 우호적이며 말하기 좋아하고 극적인 분위기를 띠므로 초기에는 긍정적인 인상을 주고 매력적으로 보인다. 이들은 특히 이성에게 공을 많이 들인다. 이들의 목적은 이성을 매료시킴으로써 자신의 존재감을 증명하려는 것이다. 그러므로 상대가 한번 매료되면 점점 관심을 지나치게 요구하는 모습을 드러낸다. 이기적이며 미숙하고 신뢰할 수 없는 모습에 상대방은 부담을 느끼게 된다. 그래서 이들은 깊고 성숙한 관계를 유지하기 어려우며 항상 새로운 자극과 새로운 '관객'을 찾아 나선다. 이런 사람들은 역동적이어서 주변에 이러한 사람들이 있으면 인생의 활력소가 되지만, 그 관계가 비극적으로 끝날 수도 있다. 이런 사람들의 배우자는 아주 피곤하다. 다른 장애가 함께 있을 경우 그 고통을 감내하는 것은 매우 힘들다.

히스테리성 인물들은 화려한 의상, 액세서리, 헤어스타일이나 모자 등으로 자신을 표현하는 데 적극적이며 그러한 것으로 자신을 인정받으려 한다. 또한 상대방에게 과도하게 필요 이상으로 자기를 개방하고 친절을 베푼다. 이러한 모든 것들은 이들이 내적으로 공허한 것을 감추기 위한 것이다. 내적으로 부족함, 공허, 고통 등을 포장한 것이다. 이들은 자신의 내면 깊은 곳에 있는 고통을 보는 것이 두려워서 이러한 식으로 비껴가는 것이다. 이들은 인정을 받지 못하는 상황이 되면 불안을 느낀다. 그것은 손이 절이다거나 호흡 곤란이 온다거나 머리가 아프다거나 등과 같은 신체적인 증상으로도 나타난다. 이 장애는 전체 인구의 2-3%이며 남성보다 여성에게 더 흔하게 진단된다.

　영화 바람과 함께 사라지다의 여자 주인공 스칼렛 오하라는 대표적인 히스테리성 인물이다. 스칼렛과 비슷한 키도 크고 매력적인 여성이 있었다. 과 대표도하고 학회 활동도 하여서 다른 학교 학생들에게까지 인기가 있었다. 여럿이 미팅에 나가도 늘 모든 남학생들이 이 친구에게만 관심이 있었다. 옷차림, 헤어스타일 등 늘 톡톡 튀게 하고 다녔다. 말도 드라마의 주인공처럼 마치 대사를 하듯이 했다. 감정 표현도 매우 극적이고 화려했다. 친구 결혼식에 가면 신부의 남편 친구들이 이 친구의 주변만 맴돌았다. 피로연에서 신랑도 이 친구가 말하는 것에 쑥 빠져서 동화가 되었다가 신부에게 '난 이런 여자가 좋아'라고 했다가 신부에게 큰 상처를 주었다. 30년이 지난 후에 이제 막 작은 사업을 시작했는데 자기가 하는 일이 경쟁사와 어떻게 다른 지에 대해서 얼마나 잘 설명하던지 그 사업에 대해 처음 듣는 사람도 '아, 그렇구나'라고 할 정도였다. 드라마의 주인공처럼 마치 연기를 하듯이 말을 하는 것은 여전했고, 아직도 결혼을 하지 않고 혼자 살고 있다.

3. 히스테리성 인격 장애의 신앙 유형

히스테리성 인격의 교인들은 신앙생활도 아주 감정적으로 몰두하는 경향이 있다. 찬양도 뜨겁고 열정적으로 하는 집회를 선호한다. 감정적인 분위기에 몰두할 수 없으면 예배를 드린 것 같지 않다. 부흥 집회나 신유 집회에서 일어난 일을 매우 강조하며 극적인 신앙 체험을 마치 영웅담처럼 과장하여 이야기하는 경향이 있다.

이들은 교회에서 앞에 나서기를 좋아하고 성적으로 문제를 가장 많이 일으킨다.

말리는 26세로 한 교회에 새로 나온 여성이다. 말리는 청년 모임에 나온 지 두 달 밖에 되지 않았지만 공동체의 분위기를 엉망으로 만들어 놓았으며 구성원들 간에 상당한 긴장 상태를 조성하였다. 말리는 이 모임의 초점을 거의 자신과 자신의 대인 관계 문제에 맞추었다. 여러 명의 남성 회원들에게 지나치게 유혹적인 행동을 하고, 그 가운데 두 사람과는 성관계도 맺었으며 모든 회원들 사이에 상당한 분노와 갈등을 자아냈다. 청년 모임의 한 사람이 이 여성을 담임 목사에게 의뢰하여 만남이 이루어졌다. 목사와의 만남에서 그녀는 눈물을 흘리면서 이야기하였지만, 그녀의 슬픔에는 깊이가 없어 보였다. 그녀의 감정은 양극단을 오갔다. 그녀는 자신이 오해받고 착취당한다고 호소했지만 구체적으로 어느 부분이 그러한지는 꼬집어 내지 못했다. 목사는 그녀가 앉아 있는 자세와 옷차림이 무척 유혹적인 것에 주목하지 않을 수 없었다. 상담이 끝날 무렵 말리는 안절부절못하였으며 다음 약속을 청하였지만 목사는 그녀와의 만남이 편치 않았다.[3]

Y집사는 새벽기도, 성가대, 교사 등 교회 일에 열심인 미모의 여자 집사이다. Y집사는 학교 교사였는데, 승진을 위해서 교감 교장 선생님들에게 자신의 선정적인 외모와 옷차림을 적극 이용한다고 스스로 말했다. 교회에서도 늘 우리 남편, 우리 아들, 우리 딸 하면서 자기에 관한 이야기를 많이 했다. '어우, 우리 남편 넥타이 멋있어~~' 하면서 콧소리에 온 몸으로 말을 하곤 했다. 다른 사람들과 말할 때도 마찬가지였다. 미소와 눈짓으로 콧소리로 온 몸으로 과장된 표현으로 말을 했다. 목사님도 모든 일에 열심이고 자기에게 호감을 가지고 있는 Y집사가 든든하고 호감이 갔다. Y집사는 자신의 남편이 자기의 이런 성향을 알기에 제발 앞에 나서고 설치고 다니지 말라고 늘 단속한다고 말했다.

이 부부의 관계가 그리 나쁘지 않아서 다행이지 만일 그렇지 않았다면 이런 경우 보통 이 여성은 부부 문제로 목사님을 자주 만나자고 하고 그러면서 히스테리성 여성의 특성을 잘 알지 못하는 목사님은 그런 것은 자기에게 호감이 있어서 그런다고 착각하기 쉽다. 이러다가 교회 안에서 성적인 문제가 생기는 경우가 종종 생긴다.

남성 목회자는 직임 상 여자 성도들이 이상화시킨 '아버지'나 '남편'의 역할을 하도록 기대된다. 또한 남성 목회자들의 많은 사람들이 무의식적으로 이러한 역할을 함으로써 존재감을 느낀다. 특히 카리스마가 있는 목회자는 더욱 그렇다. 상담 문제로 만났다가 성적인 관계로 발전하기도 한다. 목회자가 히스테리성 인물일 경우 성도들이 보이는 관심을 자신에게 성적 호감을 가지는 것으로 오해하기 쉽기 때문이다. 목회자가 히스테리성 인물 일 때는 평신도가 조심해야 한다. '가족'같은 교회 안에서 목사와 성도라는 힘의 불균형 관계 안에서 교묘하게 일어나는 성적 문제이기 때문이다.4) 위의 사례에서처럼 성도들 중 히스테리성 인물이 있을 경우 이들은 목회자의 시간과 관심을 지나치게 요구하는 경우가 종종 있다. 교회에서 성도들 간에도 서로 사랑하고 돌아보고 교제를 나누는 것이 자칫하면 낭만적이고 성적인 관계로 변질되기 쉽다. 웨인 오우츠는 "다양한 사람들이 영적 가족으로서 함께 모인 곳에서는 정말로 마치 가족을 대하듯 하려면 지혜와 근신이 절대적으로 필요하다"고 하였다.5)

히스테리성 인격 장애가 있는 사람들의 사고 과정은 변덕스럽다. 내면적인 생활이 거의 없으므로 자신이 만들어 낸 문제에 대한 비난을 자신에게 돌리지 않는다. 이들의 감정의 피상성 때문에 종교와 교회 생활 역시 피상적이며, 관심 끌기에 집중되어 있다. 이러한 사람은 한 사람에게 상처를 받으면 전체에게 상처를 받았다고 한다. 교인들의 관심이 이들에게서 멀어지거나 이들의 행동에 짜증을 내게 되면, 이들은 더 이상 교회에 출석하지 않는다.

목회자가 히스테리성인 경우에는 더욱 위험하다. 어느 교회에서 새로운 목회자를 초빙해야 했다. 대부분의 교회 중직자들과 회중들이 유쾌하고 외향적이며 매력적인 목사를 찾는 경향이 있는데, 이 교회도 그랬다. 히스테리성 목회자가 부임하여 직무를 수행하기 시작했다. 그는 일대 변혁을 일으키며 지금까지 해 왔던 방식을 새롭게 뜯어 고치기 시작했다. 성도들 가운데 저항이 일어났고 목사는 기분 나빠하며 격노하여 감정적으로 그들을 대했다. 성도들은 전통적인 방법을 고수했으나 신임 목사는 새로운 것, 무엇인가 흥분되는 것을 추구했다. 이런 경우 교회는 진통을 겪게 된다. 목사를 지지하는 그룹과 배척하는 그룹으로 나뉘게 되고 때로는 불행하게도 둘로 나뉘는 경우도 생긴다.

4. 히스테리성 인격 장애의 진단 기준

광범위하고 지나친 감정 표현 및 관심 끌기의 행동 양상이 성인기 초기에 시작하여 여러 가지 상황에서 나타나며, 다음의 5개 이상의 항목에 해당되면 히스테리성 인격 장애가 있다고 진단한다.

1) 자신이 관심의 초점이 되지 못하는 상황에서 불편해한다.
2) 다른 사람과의 관계에서 부적절하게 성적으로 유혹적이거나 도발적인 행동을 하는 특징이 있다.
3) 감정이 변덕스럽고 진솔하지 못하고 피상적 관계를 맺는다.
4) 관심을 끌기 위해 항상 육체적 외모를 사용한다.
5) 지나치게 인상적으로 말하면서도 내용은 없는 대화 양식을 갖고 있다.
6) 자기 연극화, 연극조, 과장된 감정 표현을 한다.
7) 피암시성이 높다. 즉 타인이나 상황의 영향을 받기 쉽다.
8) 대인 관계를 실제보다 더 친밀한 것으로 생각한다.

5. 히스테리성 인격 장애의 원인과 형성 과정

연극성 인격 장애 역시 부모와의 관계를 들 수 있다. 3-6세 때를 정신분석학에서는 오이디푸스 콤플렉스시기로 보는데 이때는 성적으로 인격적으로 정체성을 형성하는 시기이다. 이때 아이들은 주도성(initiative)을 갖느냐 혹은 그것에 죄책감을 갖느냐의 문제에 봉착한다. 아이들은 상상력이 풍부해지며 무언가를 시도하기 시작한다. 이때 부모가 아이들의 호기심 어린 시도와 행동들을 심하게 비난하면서 제한하면 아이들은 죄책감을 느끼고 주도적인 삶을 일찍 포기할 수도 있다.

이 시기에는 성기에 관심을 가지기 시작하며 반대 성의 부모를 소유하려는 욕구를 가진다. 남자 아이는 어머니에게 아버지라는 더 힘 있는 존재가 있음을 의식하고 아버지가 없으면 좋겠다고 갈등을 하지만 오히려 아버지와 동일시하면서 남성으로 성장할 준비를 한다. 이것을 오이디푸스 콤플렉스라고 부른다. 여자 아이도 엄마와 경쟁심을 느끼면서 그것을 극복하기 위해 엄마의 여성성을 배우는 현상을 엘렉트라 콤플렉스라고 한다. 유아기에 오직 자기에게만 애정을 쏟던 엄마가 점차 아빠에게 다시 애정을 쏟게 되자 엄마의 애정 부족에 실망을 느끼고 자신의 의존 욕구를 충족시켜 줄 대상으로서 아버지에게 집착하며 아버지의 관심을 얻기 위해 애교스럽고 유혹적이며 과장된 감정 표현 양식을 습득하게 된다.

이 시기에 문제가 있는 사람은 히스테리적인 인격을 형성한다. 이들은 자기 주장이 강하고 자기 과시가 심하며 다른 사람의 관심을 끌기 위해 과장된 생각과 느낌을 표현한다. 이들은 진짜로 표현하고 싶은 것을 억압하고 피하기 위해 무의식적으로 생각과 느낌을 과장되게 표현하는 방어 기제를 발달시켰다. 이들은 어른이 되어서도 아버지의 영원한 '공주'로 남으려 한다, 남성의 경우 엄마의 영원한 '왕자'로 남으려 한다.

어린 시절 자주 이사를 다닌 경우나 그들을 돌본 사람이 여럿이었을 경우도 히스테리성 인물이 될 가능성이 크다. 그들은 새로운 지역, 일시적인 관계 속에서 살아남으려면 매력적이어야 하고 다른 사람을 잘 조종해야만 한다는 것을 체득했을 것이다.[6] 한편 부모가 자신의 만족을 채우기 위해 자녀가 준비가 되기도 전에 대중 앞에 내세우는 부모들이 있는데, 이것은 아이로 하여금 목회자나 크리스천 예능인이 되도록 소명을 주셨는지도 모른다고 생각하여 그것을 부모의 성공이나 된 것처럼 받아들이게 할 수 있다.[7]

6. 히스테리성 인격 장애를 위한 돌봄과 치유

히스테리성 인격 장애가 있는 사람들이 가장 깊이 그리고 중요하게 다루어야 하는 문제는 내면의 공허함 문제이다. 이들이 이렇게 인간적 성적 매력으로 자신을 포장하는 이유는 내면의 공허함을 감추기 위함이다. 이들은 자신이 '성적 게임'을 잘 하고 있을 때는 이것을 잘 모른다. 그러나 그것이 잘 되지 않아 문제가 심각해지거나, 다른 사람이 자신의 게임에 반응하지 않을 때가 되면 공허함을 느낀다. 공허함은 불안을 일으키고 불안은 두려움을 일으킨다. 그러나 이것도 잠시이다. 이들은 자신의 공허함의 문제의 원천을 다루기보다는 불안과 두려움을 견디지 못하고 또 인간적 성적 매력을 내뿜으면서 다음 관객을 찾아나서는 악순환을 거듭한다.

모든 인격 장애의 문제가 그렇듯이 이러한 악순환적인 증상은 개인이 진정한 주체적 인격으로 살 수 있는 기능을 앗아간다. 히스테리성 인격 장애가 있는 사람들은 "욕망이 만족으로부터 해리되고, 진정한 삶의 대상들이 돈이나 획득될 수 없는 이상화된 대상을 위한 대가로 좌천된 곳에서 외재화된 연극 속에서 살아간다."[8] 이들의 포장된 모습은 진정한 자기의 모습이 아니다. 이들도 잠시 동안은 자신의 진정한 존재감을 느낀다. 그러나 오래 동안 발달시켜온 연극성 가면을 쓰고 자신을 방어하고 있기 때문에 거짓 존재감이 진정한 자기라고 느끼는 것뿐이다. 이러한 가면의 모습은 참 자기가 대상화시켜놓은 객체적 자기의 모습이다. 따라서 이들의 과제는 자기 대화를 통해서 자신의 깊은 내면을 바라보게 하는 것, 즉 자기의 그림자를 투사시킨 객체화된 자기의 모습을 직면하도록 하는 것이다.

히스테리성 인격 장애를 치유할 수 있는 가장 근본적이고 중요한 방법은 자기 대화의 시간을 갖는 것이다. 사실 여러 인격 장애자들 중에서 이 과정을 가장 힘들어하는 사람들이 히스테리성 인격 장애가 있는 사람들일 것이다. 그리고 자기 자신과 마주하는 시간이 처음에는 그리 성공적이지 않을 수도 있다. 주변 사람들로부터 인정과 사랑을 받고 싶은 그들의 방어 기제가 자꾸 이 과정을 방해할 것이기 때문이다. 그럼에도 불구하고 이들에게 이것은 필수불가결한 과정이다. 일기쓰기, 독서, 혼자 하는 여행 등도 도움이 된다. 이들에게는 자기 자신과 정직하게 대화할 수 있는 시간이 정말로 필요하다. 자신의 치부까지도 모두 이야기할 수 있는 신뢰할 수 있는 친구나 멘토를 가지는 것도 중요하다. 이들이 역동 심리에 관하여 조금 알고 있다면 훨씬 도움이 될 수 있다. 역동 심리 상담의 과정에서 내담자는 상담자에게 자신의 객체적 자아를 전이하고 상담자는 그들의 느낌을 역전이 해주는 과정이 반복되면서 통찰이 진행될 수 있다.

히스테리성 인격 장애가 있는 사람들이 직면해야 할 객체화된 자기의 모습 중의 하나는 피상적 경험을 과대 포장하여 말하면서 세상이 다 그런 것처럼 일반화시켜 단정하는 언어습관이다. 이들은 '전부', '모든 사람', '아무도' '결코' '항상' '누구도' 등의 반응을 보이는 경향이 있다.9) 이러한 언어습관의 뒷면에는 '흑백 논리'가 숨어 있다. 이러한 것이 거짓말이며 그것은 자기 자신과 다른 사람을 거짓된 세상에 살게 하는 것임을 인정하고 중단해야 한다. 이 장애를 가진 사람들의 65%가 반사회성 혹은 적대-공격성 인격 장애의 진단 기준에도 해당된다.10)

히스테리성 인격 장애가 있는 사람들이 하는 병적인 거짓말은 이들이 자신의 고통스러운 내적 현실로부터 도피하기 위해서 일시적으로 자신을 해리시키는 현상이다.11) 그리고 이러한 방어 기제는 주로 어린 시절 부모와 오래 함께 정서적인 공유를 하고 싶었지만 그렇게 하지 못한 것에 대한 고통을 거짓말을 지어내면 사람들이 그것을 진짜처럼 넘어가는 순간에 심리적 현실에서 부모와 함께 있는 자기의 존재를 느끼고자 하는 것이다. 물론 이때의 자기는 거짓 자기인 것이다. 하지만 거짓말쟁이 히스테리성 인물의 경우 문제는 거짓말을 하는 순간은 자기 자신이 해리되는 순간이지만, 정상으로 되돌아오는 순간 어느 자기가 거짓 자기인지가 불분명해 지는 것이다. 이들이 느끼는 고통은 바로 현실과 환상을 구분하지 못하는 무능력이다.12) 거짓말을 일삼는 히스테리성 인물을 상담할 경우 상담자는 역전이 과정에서 이러한 고통을 느끼게 된다. 히스테리성의 경우 진실이 말해지는 것은 개인의 멸절과 같은 것이다. 때문에 이들은 자기와 다른 사람의 주의를 진실을 말하는 것으로부터 다른 곳으로 돌리는 것이다. 하지만 상담자의 역전이 과정 중에 내담자가 제시하는 세계가 진짜가 아니라는 것이 밝혀지는 순간 이러한 모든 것이 환각적인 것의 덧없음을 깨닫게 된다.

크리스토퍼 볼라스(Christopher Bollas)는 히스테리성 인격 장애가 있는 사람들은 "일종의 공연 예술이라는 수단을 사용하여 분석가로 하여금 자신의 내사물들을 관찰하도록 강요한다"고 하면서, 이들과의 상담 과정은 이들이 만들어낸 "희극의 포로가 되는 것의 본질을 밝혀내고 연출적 힘을 분석적 성찰로 전환"시키는 데 있다고 보았다.13) 하지만 이들의 특성이 감각적인 공연을 통해서 분석적이고 지적인 사고를 하는 것을 방해하기 때문에 이는 매우 힘든 과정이다. 따라서 이들을 상담할 때는 다른 어떤 인격 장애자들과 상담할 때보다도 상담자는 자기 분석의 과정이 더욱 수반되어야 한다.14) 역전이를 하는 과정 가운데 내담자의 대상화된 객체의 소리를 들어 반영해 줌과 동시에 더욱 자기 자신의 소리를 함께 들을 수 있는 귀가 필요하다. 자기 성찰이 잘 되지 않을 경우 히스테리성 인격을 상담하는 것은 매우 위험한 것이다. 이 모든 과정은 무의식에 의해 매우 많이 지배를 받는 과정이기 때문이다. 이런 의미에서 상담자는 상담 과정에서 자기 자신에게 정직함으로 임해야하며 특별히 주의를 해야 한다. 자신의 한계를 넘는 것 같으면 전문가에게 위탁을 할 것을 권한다.15)

히스테리성 인격 장애가 있는 사람들의 또 다른 과제는 상대방을 인격적으로 대하는 것이다. 이들의 인간관계는 피상적인 것이 특징이다. 이들은 상대방을 자기의 연극을 관람하는 관객 정도로 여기기 때문이다. 이런 관계는 상대방을 인격이 아닌 대상으로 보는 관계이다. 마틴 부버의 말대로, 우리는 나와 그것(I-It)의 관계가 아니라 나와 너(I-Thou) 즉 인격적 관계일 때 진정한 관계를 맺을 수 있다. 더 나아가 우리의 중심에 하나님이 있을 때, 우리는 하나님과의 관계 때문에 우리가 진정으로 서로 연결되고 함께 시간과 공간을 공유하며 살 수 있다. 하나님과의 관계가 우리의 진정한 존재를 보증한다.[16] 다른 사람들로부터 받는 인정이나 칭찬으로 존재가 보증되는 것이 아니다. 따라서 히스테리성 인격 장애가 있는 사람들은 하나님과의 관계를 먼저 회복하는 것이 중요하다. 이것이 이들의 궁극적인 과제이고 이들을 심리적 영적으로 성숙한 인격으로 회복되게 하는 길이다. 하나님을 너무 자신의 감각적 세계 안에서만 경험하려고 한 것은 아닌지 성찰해 볼 일이다. 이들은 언제나 변함없으신 신실하신 하나님을 신뢰하는 것이 필요하다. 신실하신 하나님과의 관계가 회복될 때 다른 사람들과의 관계도 신실하게 될 수 있다. 신실함은 그리스도인의 덕이다(히 6: 17-20).

다음은 히스테리성 인격 장애가 있는 사람들과 더불어 살기 위한 몇 가지 조언들이다. 이들의 가면을 억지로 벗기려 하지 말고 그러려니 하고 받아주는 것이 좋다. 이들의 과장된 말이나 거짓말 등을 받아주지 않으면 이들은 사실이 아닌 일을 거짓으로 뒤집어씌울 수도 있다. 거짓말이나 연기는 애정이나 관심을 끌기 위한 행위이므로 책망하지 말고 받아주기만 하면 된다. 이들이 이렇게 하는 것이 이들에게 전적으로 만족만을 주는 것은 아니다. 히스테리 뒤에 숨겨진 이들의 고통을 인정하면서 도움을 주어야 한다.

히스테리 증상이 신체적 증상으로 나타나는 경우가 있다. 신체적 증상은 두통, 현기증, 마비나 손발 저림 등과 같은 것에서부터 경련을 일으키거나 의식을 잃거나 걸을 수 없게 되는 등 매우 다양하게 나타난다. 검사를 해보면 특별한 이상이 없는 것으로 나오지만 이 증상들은 본인들에게는 실제적인 것이기 때문에 꾀병을 부린다는 식으로 치부하지 않는 것이 좋다. 이는 애정이나 정신적인 휴식과 안정이 필요하다고 몸이 보내는 신호이다. 필요하면 병원에 데려가거나 편히 쉬도록 해주고 스스로 알아서 해결하게 하는 것이 좋다. 이들은 '1시간 쉬고 나면 좋아질 거예요.'라는 식의 암시를 하면 효과적이다. 한편 혹시 히스테리 증상을 호소하는 사람들에게 나타나는 신체적 증상이 실재로 신체적 질병일 가능성이 있음을 간과해서는 안 된다.

CHAPTER 09

자기애성 가면-자기 이상주의자

Mask of Narcissism]

1. 자기애성 인격 장애(Narcissistic Personality Disorder)의 사례

사례 1

N 교수는 훤칠한 키에 첫인상도 좋고 강의도 열정적으로 하여 학생들이 많이 몰렸다. 하지만 교수들은 그를 좋아하는 사람이 드물었다. 학회나 학교에서 자기 주장이 너무 강하여 굽힐 줄을 모르기 때문이었다. N 교수는 다른 교수의 학식이나 글에 대해서는 깎아내리면서 자기가 쓴 글이나 학식은 늘 찬양받기를 기대했다. 수업 시간에 학생들이 강의 내용에 대해서 이해하지 못하거나 반대 외견을 내놓으면 "너무 기본이 안 되어 있어"라며 매우 기분 나빠하며 "내 강의는 실력 있는 사람이 좋아해'라고 말했다. 다른 사람과 이야기를 나눌 때도 거의 혼자서 이야기 하고 다른 사람이 자기의 이야기에 조금이라도 동의하지 않거나 사족을 달면, 그것을 교묘하게 분석하고 그 사람의 의견은 틀리고 자기가 옳다는 것을 지적해야만 했다.

사례 2

중소기업을 운영하는 박 사장은 소위 공주병을 앓고 있는 사람이었다. 마음속에 '잘난 체하는 아이'를 갖고 있었고 병적으로 자기애를 보여 주었다. 직원들을 종 부리듯 하기로 소문이 났고, 여왕처럼 행세했다. 박 사장은 직원들에게 마치 여왕을 보호하는 병사처럼 충성과 헌신을 요구했고, 밤늦게까지 일을 시키고도 월급은 쥐꼬리만큼 주었다. 또 부려 먹다가도 쓸모없다 싶으면 가차 없이 쫓아냈다. 어느 날 한 임원이 교통사고를 당해서 응급실에 실려 갔다. 그 시간에 회사에서는 중요한 회의가 열리고 있었다. 갑작스러운 사고로 회의에 참석하지 못하겠다는 전화를 받은 박 사장은 "전화할 정도면 죽을 정도는 아니네. 그럼 어떻게든 회의는 참석해야지!"라고 했다. 그녀의 비정함은 충격적이었다.[1]

2. 자기애성 인격 장애의 특징과 증상

자기애성 인물은 영어권에서는 나르시스트라고 불린다. 19세기 말에 심리학자들이 처음으로 자아도취적인 사람들을 일컬어 나르시스트라고 명명하기 시작했고 지금도 이러한 사람들을 말할 때 이 용어를 그대로 사용한다. 잘 생긴 청년 나무꾼 나르시서스와 숲속의 아름다운 요정 에코의 이야기는 많은 사람이 알고 있다. 나르시서스에게 사랑을 고백하고 싶었지만 제우스의 아내 헤라의 벌을 받아 남의 말의 끝부분만 따라할 수밖에 없는 에코는 슬픔으로 야위어 가다가 죽게 된다는 이야기이다. 하지만 나르시서스가 왜 자신의 모습에만 반하게 되었는지는 많은 사람들이 잘 모른다. 사실은 이 부분이 자기애적인 사람을 나르시스트라고 말하는 이유를 더 확실히 말해준다.

나르시서스는 강의 신 세피서스가 물의 요정 리리오프를 겁탈하여 얻은 아들이다. 리리오프는 아들 나르시서스의 운명을 알고 싶어서 눈먼 예언자 티레시아스를 찾아간다. 그녀는 '아들이 스스로를 알지 못하는 한 오래 살 것이다'라는 알쏭달쏭한 예언을 듣는다. 그래서 리리오프는 아들 나르시서스가 자기를 알지 못하도록 늘 주의 하면서 키웠다. 숲속의 요정들이 나르시서스를 그렇게 좋아해도 돌아보지도 않은 이유는 그가 자기 자신을 모르기 때문이었다. 그러나 그가 숲속을 다니다가 연못에 비친 자기의 얼굴을 보게 되는데 그는 그것이 자기의 얼굴인지도 모르고 그 모습에 도취되어 거기를 떠나지 못하고 물속으로 점점 빠져 들어가서 죽게 된다. 나르시서스는 자기애 혹은 자기도취적인 사람을 일컫는 말로 쓰이지만 사실은 자기 자신을 모르는 사람이다. 더 정확히 말하면 19세기 말 처음으로 자기도취적인 사람을 나르시서스라고 명명할 때, 심리학자들은 겉으로는 자기도취적이지만 실제로는 자기 자신을 잘 모르는 사람을 의미했던 것이다.

그러면 자기애가 왜 그렇게 문제가 되는가? 자기 자신을 사랑하는 것은 자연스럽고 건강한 것이다. 대부분의 사람들은 자기애를 다른 사람들과 비교하여 자기가 더 훌륭하다고 느끼는 것으로 확인하려는 경향이 있다. 사실 사람들은 자기와 비슷한 사람의 흠을 들어 자신과 비교하면서 자아를 강화하기도 한다. 평가가 좋지 않은 사람들과 자신을 비교함으로 자신의 주관적인 훌륭함을 증가시키려고 하는 경향이 있다. 대부분의 사람들은 자기 자신이 다른 사람보다 낫다고 여기며 살아간다.

하지만 이러한 자기애가 지나쳐서 건강한 관계를 해칠 때 문제가 된다.

사람이 자기 자신을 비현실적으로 과대평가하고 다른 사람을 무시하며 자기중심적인 행동을 나타내게 되면 대인 관계의 갈등과 부적응을 초래하게 되는데, 정신 의학에서는 이러한 경우를 자기애성 인격 장애라고 한다. 자기애성 인격 장애는 흔히 공주병 왕자병이라고 불리는 사람들이 가지고 있는 인격 장애를 말한다. 이들은 크게 세 가지 특징을 보인다. 자신의 중요성에 대한 과장된 감각, 찬양받는다는 선입견, 공감이나 다른 사람들의 관점을 취할 수 없는 무능력이다.

자기애성 인격 장애가 있는 사람들의 가장 주된 특징은 오만 혹은 교만이라는 말로 함축된다. 이들은 자신이 일반 사람들보다 우월하다고 생각하며 존재감을 느낀다. 자신이 더 강하고, 더 똑똑하고, 더 멋있고(예쁘고), 더 실력 있고, 뭐든 더 잘한다고 생각한다. 실수도 훨씬 더 적게 한다고 생각한다. 그래서 무엇이 잘못되면 즉흥적으로 다른 사람 탓을 하는 경향이 강하다. 사실 이들이 어떤 면에서는 보통 사람들보다 뛰어난 재능이나 능력을 가진 경우도 많다. 그러나 자세히 살펴보면 부모로부터 받은 것이나 다른 사람의 도움에 의한 것들이다. 이들은 만일 자신이 무엇을 성취했다면 그것은 누구도 할 수 없는 자신만의 위대함이 이룬 성과라고 생각한다.

자기애성 인격 장애가 있는 사람들은 칭찬과 인정에 지나치게 예민하다. 사람들의 사소한 말 한마디에도 상처를 받는다. 자기에 대한 사람들의 평가에 매우 민감하다. 이들은 자기를 칭찬해 주는 추종자를 찾는데, 그것은 이들이 칭찬을 먹고 살고 칭찬이 그들의 활력소이기 때문이다. 이들은 다른 사람의 칭찬을 통해서 존재감을 느낀다. 이들은 자기의 우월성이 인정되기를 지나치게 기대하며, 주변 사람들이 모두 자기를 위해서 존재하는 사람들인 것처럼 행동한다. 자신의 우월함을 나타내기 위하여 이들은 연약한 사람들을 무시하고 경멸한다. 이들은 다른 사람들에 대하여 때로 매우 교묘하게 혹은 신랄하게 무시하는 말을 하면서, 다른 사람들이 자신에 대해서는 자기 특유의 놀라운 재능을 인정해 주기를 기대한다.

대학원생 P씨는 강의 성적이 예상보다 낮게 나와 담당 교수에게 따지러 갔다가 심한 언쟁을 하게 되었다. P씨는 성적도 우수하고 집안도 부유하여 스스로 부족한 점이 없다고 생각하는 자신만만한 학생이다. 그동안 주로 A학점을 받아온 P씨는 이번 학기에 한 과목에서 B학점을 받게 된 것이 무척 자존심이 상하고 납득이 가지 않았고, 무엇보다 너무 화가 나서 담당 교수에게 따져야겠다고 생각했다. B학점이 어떻게 산출되었는지 설명하는 교수에게 P씨는 '시험 문제가 편중되게 출제된 것은 아닌가' '강의 내용이 모호했다' '나보다 열등한 애가 A학점을 받은 것은 성적 평가가 불공정했기 때문이다'라고 주장하며 따졌다. 이에 교수도 화가 나서 언쟁으로 발전하게 되었지만, P씨는 그 교수를 '무능하고 인격적으로 문제가 있는 교수'라고 무시하며 교수 연구실을 나와 버렸다.

다른 사람의 칭찬과 인정을 추구한다는 점에서 이들은 히스테리성 인물들과 비슷하다. 그러나 자기애성 인물들은 히스테리성 인물들보다 더욱 적극적이며 감정적인 경향을 갖는다. 자기애성 인물들은 칭송을 구하는 반면 히스테리성 인물들은 관심을 얻으려고 애를 쓴다. 인간관계에서 자기애성 인물들은 자신의 권한으로 다른 사람을 이용하는 반면 히스테리성 인물은 받고자하는 욕망 때문에 그렇게 한다. 히스테리성 인물들은 그 사람들과의 관계에서 애정을 추구하지만 자기애성 인물들은 자기의 욕망을 채우기 위한 것 외에는 없다. 자기애성 인물들은 다른 사람이 자기에게 아첨하고 자기의 위대함을 나타내 주기를 바라는 것이지 그 사람들과의 정서적인 친밀감을 원하는 것이 아니다. 이들이 주로 다른 사람을 이야기할 때는 자기가 얼마나 특별한 사람인가를 나타낼 때이다. 예를 들어, 유명한 사람이나 고위층이나 인기인 등의 이름을 거론하면서 "oo가 내 사촌이야"라든지 적어도 어떤 식으로든 자기와 연관을 지으려고 한다.

자기애성 인격 장애가 있는 사람들의 또 다른 특징은 공감 능력이 부족하다는 것이다. 이들의 대인 관계는 자기의 욕망을 채우기 위한 것뿐이기 때문에 다른 사람의 권리를 무시하는 것에 대해 부끄러움을 느끼지 못한다. 정서적으로 다른 사람의 아픔이나 고통을 느끼지 못한다. 이들은 정서적으로 무관심하고 냉정하다. 이들의 특권 의식은 다른 사람을 착취하고 자신은 특혜를 누려도 된다는 생각을 내포하고 있다. 얼마 전 '땅콩 회항' 사건 등과 같이 직원을 마치 자기 종처럼 생각하는 기업의 오너나 오너의 자녀들의 행태를 보면 알 수 있다. 사회적 양심도 결여되어 있어서 극상위 부자이면서도 사회적 배려자에게 가는 혜택으로 자녀를 국제 학교에 입학시키려는 사람들도 있다. 인기 연예인들의 경우 자기애성 인물들이 많은데, 인기가 떨어지면 그것을 견디기 힘들어서 자살을 하거나 혹은 스캔들을 일으켜 세간의 관심을 모으려하는 경우를 볼 수 있다.

자기애성 인격 장애가 있는 사람들과 함께 살아가는 주변 사람들은 고역이다. 이들은 자기 몰입적이며 다른 사람들에게서 칭송받는 데 사로잡혀 있기 때문에 이들과 함께 일하는 것은 상당히 불쾌하다. 이들은 자신의 능력에 대해 부풀려서 평가하는 경향이 있다. 다른 사람의 성과를 자기가 가로채거나 일을 같이 했어도 공은 자기에게 돌리는 경우가 많다. 그들은 자신의 능력은 자주 과대평가하면서 주변 사람들의 능력에 대해서는 평가절하 한다. 그런 식으로 자신의 위대함을 증명하려고 한다. 이들의 이러한 자기 방어는 무의식적인 것이어서 자기 자신도 모른다. 매우 교묘하고 재빠르게 이루어지기 때문에 상대방도 그 순간에는 웃고 넘어가지만 불쾌함을 느낀다. 그래서 이들은 때로 혼자 남겨지는 경우가 많다. 자기애성 인격 장애의 유병률은 일반인구의 1% 미만이며 이러한 진단을 받는 사람의 50-77%가 남자이다.[2]

3. 자기애성 인격 장애의 신앙 유형

교회 안에도 겉모양만 종교적이고 실재 삶이 영적이지 못한 사람들이 많다. 이들은 성경 공부 제자 훈련 등 많은 것 교육과 훈련을 받았다고 말하지만 삶에 나타나지 않는 신앙생활을 한다. 교회 안에서 이들은 대부분 과대 자기 감각 때문에 일거리를 찾는다. 이들은 자신이 주목받고 칭송을 얻을 수 있는 위치와 관계에 흥미를 갖는다.

자기애성 인물들은 하나님께서 자신들에게 무엇을 원하시는 지에는 별 관심이 없다. 이들은 하나님은 '내가 기도하면 무엇이든 다 들어주시는 분'이라고 생각한다. 그러나 이러한 일이 일어나지 않게 되면 하나님께서 자신들을 실망시켰다고 느낀다. 이들은 하나님께서 자신들의 욕구에 부응해 줄 것이며 자기의 기도에 자상하게 응답해 주시기 위하여 존재하신다는 기대감이 지배적이다.

　이들은 하나님께서 나를 위해 무엇을 하셨는가를 과장되게 설명하곤 한다. 이들은 하나님께서 어떻게 자기에게 "말씀"하셨는지 구체적인 이야기가 있다. 그리고 그것을 주변 사람들에게 때로 강요하기도 한다. 이러한 자기애성 인격 장애를 가진 사람이 종교지도자가 되면 성도들을 권위주의적 주장이 강하여 자기 신조만이 옳다고 한다. 이들은 자신이 하나님과 특별한 관계라는 확고한 신념을 가지고 있기 때문에 많은 사람들이 이들의 맹목적인 말에 빠지기 쉽다. 다미선교회나 오대양 자살 사건 등이 말해 주듯이 여러 사이비 종교의 지도자들이 자기애성 인격 장애자일 가능성이 크다. 자기애성 종교 지도자들은 자기를 따르는 사람들이 외부와 접촉하는 것을 엄하게 금한다. 혹여 이들이 자기 신조를 비판한다거나 집단을 떠나기 원하면 강한 보복을 예상해야 한다. 이들은 배반한 사람들은 어떤 보복을 받아도 되며 하나님께서 그것을 허락하신다고 생각한다. 꼭 사이비 집단이 아니어도 건전한 기독교 단체에서도 이런 일이 하나님과 신앙이라는 이름으로 알게 모르게 일어나고 있다.

　P씨는 최고의 대학을 나와서 정부 기관에서 평생을 근무한 엘리트 남성이다. P씨는 60평생을 어떤 기독교 단체에서 헌신해 왔다. 그 단체의 설립자는 매우 권위적이며 자기애성이 강한 인물이었다. 그 단체에 발을 들여놓으면 외부 단체와는 인연을 끊고 거기에만 헌신해야 했다. 그 단체에서 헌신하느라

가족과도 여행한번 제대로 다녀본 적이 없었다. 결혼도 거기서 했고 집도 그 단체의 본부가 있는 동네에 마련했다. 직장 외에는 그의 모든 시간을 그 단체에 바쳤고, 딸이 정신 질환이 발병했는데도 제대로 돌보지 못한 채 가정 생활도 부차적일 수밖에 없었다. P씨는 이에 가책이 들어 가정에 더욱 관심을 가져야겠다는 생각에 몇 년 전에 그 단체를 떠났다. 그런데 그렇게 가족보다도 더 친밀하게 지냈던 단체의 사람들이 이제는 동네에서 길가다가 보아도 아는 척도 안했다. 마음이 몹시 씁쓸했다.

자기애성 교인들은 자신들이 칭송과 인정을 받기에 적합한 특별하고 유일무이한 영적인 재능을 지니고 있다고 생각한다. 그들은 자신을 이상화하고 특별한 인식을 통하여 기쁨을 찾는다. 자기애성 교인들은 권한에 대한 감각을 갖고 있다. 즉 어떤 상황에서든지 특별한 인정과 특권을 누리고자 한다. 자신에 대한 과대평가의 결과로 높은 지위에 속한 사람들만이 자신을 이해할 수 있다고 믿는다.

존은 24세의 신학생으로 훈련을 받기 위해 한 교회에 왔다. 자신에게 중고등부 사역이 맡겨진 것에 대해서 강한 '우려'를 가지고 존은 목사를 찾았다. 존은 목사가 자기의 이력서와 추천서를 읽지 않은 것이 아니냐고 물어보면서, 교수들이 자신을 보통의 다른 신학생과는 다르게 평가했을 것이라고 주장하였다. 존은 자신이 신학교 동료들보다 상당히 우수하며 '좋은 설교'를 할 준비가 되어 있다고 강조했다. 그는 교묘하게 목사의 설교를 평가절하하면서 자기라면 지난주 설교를 다르게 접근할 것이라고 주장하였다. 목사가 자신에게 정기적으로 설교를 맡겨 준다면 무척 깊은 인상을 받을 것이라고 말했다. 그는 또 자신이 다니는 신학교의 교수들이 자신의 재능을 알아보지 못하고 자신의 설교 능력에 대하여 아마도 질투하고 있는 것 같다고 말했다. 그는 자신이 하는 말을 목사가 어떻게 받아들이는 지 알아차리지 못하는 것 같았다.[3)]

4. 성경에 나타난 자기애성 인물

성경은 자기애성 인물의 특징을 여러 모습에서 보여 주고 있다. 이스라엘의 초대 왕 사울은 자기애성 인물의 특징을 많이 가지고 있었다. 자기 자신을 과대평가하고 있었으며, 자신의 끝없는 성공, 권력, 과다한 찬사를 추구하며 자신의 목적 달성을 위해 다른 사람을 이용하는 인물이었다.

유대인의 선민사상은 아주 뿌리 깊은 집단적 자기애성의 대표적인 모습이라고 볼 수 있다. 하나님께서 유대민족을 택하시고 그 민족을 통해 이 땅에 메시야를 보내시고 그 메시야를 통해서 이 땅을 구원하시고 축복하실 것을 언약하셨는데, 유대인들은 이것을 자신들이 특권을 가진 민족이라고 착각한 것이다. 그래서 유대인들은 이방인들을 마치 개처럼 취급했고 같이 식사도 하지 않고 같은 공간에 있으려고 하지도 않았다. 유대인들은 이방인들은 다 죄인이고 자신들은 다 의인이라고 생각하며 다른 민족들을 멸시하고 무시했다(롬 2:17-29).

유대인들 중 특히 모세의 율법을 기록하고 가르치는 서기관과 바리세인들은 더욱 특권 의식을 가진 자기애성 인물들로 묘사된다. 이들은 잔치 자리와 회당에서 상좌에 앉으려고 하며, 시장에서 문안받고 사람들에게 랍비라 칭함 받는 것을 좋아하고, 사람들에게 자기 자신을 뽐내기를 잘했다(마 23:1-7). 예수님은 언행일치가 되지 않는 이들의 행위를 본받지 말라고 하셨다.

바리세인들은 자기를 높이기 위해 다른 사람을 깎아 내리는 자기애성 인물의 특성을 그대로 보여준다(눅 18:9-14). "바리새인은 서서 따로 기도하여 이르되 하나님이여 나는 다른 사람들 곧 토색, 불의, 간음을 하는 자들과 같지 아니하고 이 세리와도 같지 아니함을 감사하나이다 나는 이레에 두 번씩 금식하고 또 소득의 십일조를 드리나이다"(11-12절)라고 하였다. 하지만 예수님은 "자기를 의롭다고 믿고 다른 사람을 멸시하는 자들" 즉 바리세인들을 책망하기 위해서 바리새인과 세리의 기도에 관하여 말씀하시고(9절), "무릇 자기를 높이는 자는 낮아지고 자기를 낮추는 자는 높아지리라"라고 하셨다(14절). 자기가 높아지려고 한다고 해서 높아지거나 의롭다고 믿는다고 해서 의로워지는 것은 아니라는 이 비유는 자기애성 인물들이 기억해야 할 성경 말씀이다.

5. 자기애성 인격 장애의 진단 기준

자신의 위대함에 대한 생각이나 행동, 칭송받고 싶은 욕구, 공감의 결여가 광범위한 양상으로 나타난다. 성인 초기에 시작되어 다양한 상황에서 나타나며, 다음 항목 중 5가지 이상에서 나타나면 장애로 진단한다.

1) 자신의 중요성을 과장되게 지각한다(예: 자신의 업적이나 재능을 과장한다. 뒷받침할 만한 충분한 업적이 없는데도 뛰어나다고 인정받기를 기대한다).
2) 끝이 없는 성공, 권력, 탁월함, 아름다움, 또는 이상적인 사랑에 대한 공상에 자주 사로잡힌다.
3) 자신이 특별하고 남과 다르기 때문에 특별한 사람이나 상류층의 사람들만이 자신을 이해할 수 있고, 또한 그런 사람들(혹은 기관)하고만 어울려야 한다고 믿는다.
4) 과도한 찬사를 기대한다.
5) 특권 의식이 있다. 특별 대우를 받을 만한 이유가 없는데도 특별 대우나 복종을 바라는 불합리한 기대감을 가진다.
6) 대인 관계가 착취적이다. 자기 자신의 목적을 달성하기 위해 타인들을 이용한다.
7) 공감 능력이 결여되어 있다. 타인의 기분이나 욕구를 인식하지 않거나 알려고도 하지 않는다.
8) 자주 타인들을 질투하거나 타인들이 자신에 대해 질투하고 있다고 믿는다.
9) 거만하고 방자한 행동이나 태도를 보인다.

6. 자기애성 인격 장애의 원인과 형성 과정

대부분의 어린아이는 세 살 정도까지 마치 온 세상이 자기를 위해 존재하는 것처럼 느낀다. 부모도 자기를 위해 존재하는 것처럼 느낀다. 자기에게 필요한 것은 엄마가 모두 다 해결해 주는 것을 당연한 것으로 여긴다. 조금만 웃어도 좋아하고 자기를 마치 공주나 왕자처럼 대하기 때문이다. 이 시기에 이런 대우를 받고 자란 아이들은 자기애적 욕구가 적절히 충족되었기 때문에 건강한 인격으로 자란다. 하지만 성장 과정에서 필연적으로 이러한 웅대한 자기상은 좌절과 상처를 경험하게 된다. 유아기의 적절한 좌절 경험은 정서적으로 성장하는 데 필수적이다. 좌절 경험이 너무 심하거나 좌절 경험이 거의 없는 경우 모두 자기애성 인격 장애로 발달할 수 있기 때문이다. 전자의 경우 쉽게 상처를 받고 예민한 유형의 자기애성을 발달시킬 수 있고, 후자의 경우 안하무인격의 웅대한 자기애성을 발달시킬 수 있다.[4]

유아기에 좌절 경험이 너무 심하면, 성인이 된 후에도 남의 인정과 칭찬을 받아 그 공허한 자리를 메우려 한다. 칭찬받지 못한 마음 속 아이가 끊임없이 칭찬의 말을 찾아 헤매는 것이다. 어느 모임에 가든 자기가 좌중을 압도하며 대화를 이끌어 나가야 직성이 풀린다. 인기를 독점해야 하고 좋은 것은 무엇이나 자기가 소유해야 한다. 유아기에 자기상에 대한 좌절 경험이 없이 부모가 과잉 돌봄을 제공했더라도 인격적인 돌봄이 부족한 상태에서 이루어진 것이라면 부모는 아이에게 부모 자신의 욕구를 충족시킨 것이므로 아이는 자신의 진정한 욕구가 충족되었다고 느낄 수 없다. 부모의 욕구를 채우느라고 아이는 자신의 진정한 욕구를 강박적으로 비워낸 것이다. 신화의 나르시서스처럼 과도하게 과잉보호를 받았기 때문에 진정한 자기 자신을 느낄 기회가 없게 되고, 진정한 자기 자신으로 살지 못하도록 금지가 된 상태로 살게 된다.

한편, 어린 시절에서 어머니와의 상호 작용 속에서 형성한 이상적 자기상과 어머니상이 혼합된 웅대한 자기상을 통해 자신에 대한 과장된 생각을 갖게 된다는 견해도 있다.5) 이 견해에 의하면, 자기애적 신념이 형성되면 자신의 신념에 일치하는 긍정적 정보에 주의를 기울이고 그에 중요성을 부여하여 긍정적 자기상을 강화하는 반면, 자기 신념에 상치되는 부정적 정보는 무시하거나 왜곡한다. 이러한 과정을 통해 자기애적 신념은 더욱 강화되어 인격 장애의 형태로 발전하게 된다.

「찰리와 초콜릿 공장」(Charlie and the Chocolate Factory)이라는 영화에서 버루카 솔트(Veruca Salt)라는 소녀가 나온다. 버루카는 초콜릿 공장의 주인 윌리 웡카의 황금 티켓을 가지고 공장을 견학하게 된 5명의 아이들 중의 한 인물이다. 그녀의 어머니는 차갑고 거만한 사람으로 등장한다. 아버지는 큰 회사를 운영하는 부자였다. 자신의 지위와 재력을 이용하여 자기가 원하는 것을 이룰 수 있다고 하는 특권 의식을 가진 아버지였다. 또한 자기 딸에게 작은 좌절이라도 주어서는 안 된다고 생각하는 아빠였다. 초콜릿 속에 감추어 놓은 황금 티켓을 버루카가 갖고 싶어 하자 그녀의 아버지는 엄청남 양의 초콜릿을 사서 자기 회사의 수백 명의 직원들에게 그 티켓을 찾도록 시킨다. 버루카는 초콜릿 공장 견학 중에 황금알을 낳는 거위를 갖고 싶어 아버지에게 졸랐다. 아버지가 "나중에... 내일..."이라고 말하자 버루카는 "내게 내일은 없어요. 지금 당장 주세요.

지금!"하고 소리를 지른다.

　부모의 정서적 친밀감이 부족한 과잉 사랑은 웅대한 자기상을 가진 '공주병' '왕자병'을 만든다. 본 장의 사례2에서 나온 공주병에 걸린 중소기업 박 사장도 엄마와의 관계가 문제였다. 어머니는 몸종을 둘 정도로 부자였다 그러나 차갑고 거만한 사람이었다. 아이를 돌보지 않았고 딸을 몸종에게 맡겼다. 따뜻한 보살핌이 결여된 과잉 사랑은 아이들도 안다. 사례1에서 나온 '왕자병' 노 교수는 어린 시절 종손으로서 부모도 손을 대지 못하는 식으로 할아버지의 절대적 보호를 받으면서 자랐다. 그 과정에서 노 교수는 자기 자신으로서 자란 것이 아니라 할아버지의 신화로써 자랐던 것이다. 자기 자신의 참 모습을 알지 못하도록 금지된 삶이었다.

　자기애성 인물들은 찬양받는 자기를 이상화한 거짓 자기상을 만든다. 이 이미지는 자기 자신이 아니고 사실상 참 자기의 실체를 직면하지 못하게 하는 가면이다. 자기애성 인물들은 이렇게 이상화한 거짓 자기 이미지를 거울처럼 사용한다. 그러나 나이가 들면서 점차 '자기 거울'을 들여다보는 대신 다른 사람을 거울로 간주하는 것이다. 하지만 자기애성 인물들은 자신이 스스로 충족하다고 여기기 때문에 대상을 애써 찾아다닐 필요가 없다. 즉 자기가 만든 이미지를 상대방에게 던져 주면 상대방은 그 이미지와 사랑에 빠지는 것이다. 이들은 결국 다른 사람들이 자기의 거짓 자기상에 빠지도록 유혹함으로써 다른 사람들을 통제하는 것이다.

7. 자기애성 인격 장애를 위한 돌봄과 치유

자기애성 인격 장애가 있는 사람들은 "우상화된 자기와 이상화된 대상 표상에 대한 침울한 축하 안에서 살아가면서, 세상이 자신이 경험하는 것을 확인해주지 않는다고 격노한다. 하지만 그의 대상관계 능력은 너무 마비되어 있어서 그의 삶은 만성적인 고통과 좌절에 처해 있다."[6] 다른 인격 장애자들과 마찬가지로, 이들의 증상은 이들이 참 자기로 존재감을 느끼면서 살아가게 하는 기능을 앗아간다. 이들 역시 자기의 그림자를 투사해 놓은 대상화된 객체적 자기의 모습을 성찰해 볼 수 있도록 하는 것이 치유의 과제이다.

이들이 자기의 그림자를 투사해 놓은 대상화된 객체적 자기의 모습은 거대하게 팽창된 자기상과 칭찬과 인정에 예민함 그리고 공감 능력의 결여이다. 따라서 이들을 치유로 인도하기 위해서는 첫째, 비대해진 자기상을 현실적으로 바라볼 수 있도록 돕는 것이 필요하다. 과도하게 비대해진 이들의 자기상 이면에는 열등감이 숨어있다. 최고와 최상이 되려는 완벽주의를 내려놓을 때 열등감도 옅어지고 그와 함께 과도하게 비대해진 자기상의 거품도 빠져서 진정한 자기를 들여다 볼 수 있게 된다.

둘째, 자신에 대한 다른 사람의 평가에 상처를 받지 않도록 돕는 것이 필요하다. 자기애성 인격 장애가 있는 사람들이 다른 사람의 평가에 예민한 이유는 이들의 파국적, 이분법적, 양자택일(all or nothing)적 사고 때문이다. 그래서 이들은 다른 사람들의 의미를 왜곡하거나 확대 해석하여 감정적 반응을 하게 된다. 이를 치료하기 위해서는 인지적 왜곡을 자각하고 이를 수정하도록 도와야 한다. 타인의 평가를 현실적으로 해석하고 극단적 정서적 반응을 완화하여 이를 자기를 개선하는 데 활용할 수 있도록 돕는다.

셋째, 다른 사람들의 감정을 자각할 수 있도록 돕고 이기적이며 착취적인 행동을 수정하도록 돕는 것이 필요하다. 이를 위해서, "그때 상대방은 어떤 기분일까요?" "상대방은 당신의 행동에 대해서 어떻게 생각할까요?"와 같은 질문이 효과적이다. 역할 연습이나 역할 전환 등의 기법을 통해 상대방의 입장에서 그 사람이 느꼈을 감정을 체험해 보도록 유도한다. 그리고 상대방의 입장과 감정을 고려하여 어떻게 행동하는 것이 좋을 지 논의하는 것도 도움이 된다.

다른 인격 장애자들과의 상담에서도 마찬가지이지만 자기애성 인물들과의 상담에서는 특히 전이와 역전이의 역동을 잘 이용하는 것이 중요하다. 자기애성 인물들을 상담하는 상담자는 내담자에 대해서 매우 불쾌한 감정을 느낄 것이다. 내담자들은 상담 중에도 스스로 자기는 특별한 사람인 것처럼 말하고 자기를 칭찬해 주기 바라며 상담자의 전문성이나 역량을 평가절하 할 것이기 때문이다. 약속 시간에도 늦는다거나 자기가 원하는 시간에 약속을 정해주기를 기대한다. 이러한 모든 것들은 내담자가 자기를 방어하는 것들임을 기억할 필요가 있다.

상담자는 아마도 불쾌한 마음에 자신을 그들과 **따로 떼어서** 보면서 그들을 비방하고 싶고 그들과 **같지 않은 것을 감사하는 마음**이 들 수도 있다. 바리새인도 "**서서 따로** 기도하여 이르되 하나님이여 나는 다른 사람들 곧 토색, 불의, 간음을 하는 자들과 같지 아니하고 이 세리와도 **같지 아니함을 감사하나이다**"라고 했다. 그것은 바로 자기애성 인물들의 거울이 되는 것이다. 그 거울 속의 상담자 자신의 모습이 성경의 인물 중 자기애성 인물과 가장 닮은 바리새인들의 모습을 보는 것 같으면 역전이가 되고 있는 것이다.

상담자가 이들에게 거울이 되어 주기 위해서는 먼저 자기의 분노를 조절하는 것이 중요하다. 그리고 자신의 불편한 마음을 내담자에게 솔직하게 그러나 담담하게 전달하는 것이 필요하다. 이 때 내담자는 "내가 불편하다고요?" "무엇이 불편하게 하는 데요?"라고 물을 수도 있다. 상담자가 이때 "나만 아는 것처럼 말씀하시네요"라고 하면 내담자에게 자신의 거짓 자기의 모습을 스스로 볼 수 있는 계기를 마련해 주는 것이다. 거짓 자기의 환상 속에서 살고 있던 자기애성 인격 장애자들은 환상을 깨고 나올 수 있다. 이들은 자기 자신을 깊이 들여다보는 자기 대화를 해보지 못한 사람들이다. 이러한 상담자의 역전이는 이들을 도전하는 것이고 거짓 자기와 직면하게 하는 매우 중요하고 효과적인 방법이다.

상대방이 하고 싶지 않은 것을 무의식적으로 강요하는 이들의 태도를 변화시키는 것은 쉬운 일이 아니다. 이들이 사용하는 같은 방법으로 이들이 자기의 거짓 자기와 직면하게 함으로써 이들의 태도에 혼란을 주는 것이다. 이때부터 이들은 자기 대화를 시작하고 통찰을 통한 치유와 성숙의 길로 나아갈 수 있다.

자기애성 인격 장애자들은 자기 자신을 잘 모르는 사람들이다. 어린 시절부터 진정한 자기로 살지 못하도록 방해를 받았기 때문이다. 그러므로 이들에게 가장 중요한 것은 거울을 보듯이 자기의 깊은 심연을 볼 수 있는 기회를 갖는 것이다. 자기 안에 일어나는 인정받고 싶은 욕구들, 자기의 실제 모습보다 과대하게 팽배해진 거짓 자기의 모습, 다른 사람이 자기를 평가하는 데 상처를 받거나 민감하게 반응하는 모습, 약한 사람들을 교묘하게 경멸하는 자신의 언어 습관들, 다른 사람을 깎아 내림으로써 자기를 높이려는 태도, 다른 사람의 공을 자기 것인 양 가로채는 태도, 다른 사람의 아픔을 공감하지 못하는 모습 등을 거울을 보듯이 들여다보는 것이 필요하다.

우리 주변에 자기애성 인격 장애까지는 아니지만 그러한 성향이나 특성을 가지고 있으면서도 그럭저럭 살아나가는 사람이 있다. 하지만 이들 주변에 있는 사람들은 고역스럽다. 그래서 이들과 더불어 살아가려면 지혜가 필요하다. 우선은 욕 먹을 각오를 하더라도 내 일과 다른 사람의 일의 경계를 확실히 구분할 필요가 있다. 자기애성 인물들은 이 경계를 넘나드는 사람들이다. 이들과 더불어 살아가려면 일방적인 관계가 되지 않도록 하는 것이 중요하다. 자기애성 인물들은 상대방의 인내심의 한계를 시험하는 사람들이다. 이들과 더불어 살려면 분노를 조절하는 방법을 개발해야 한다. 이들과 감정적으로 정면 대결하는 것은 화약을 들고 불에 뛰어드는 것과 같다. 자기 자신을 보호하기 위하여 안에서 일어나는 분노의 감정을 달래면서 겉으로는 아무렇지도 않은 것처럼 대할 수 있는 전략을 개발할 필요가 있다. 혹시라도 이들의 감정적 착취에 말려들지 않도록 가급적 말을 적게 하고 감정도 개입시키지 않는 것이 좋다.

Mental Health and Christian Counseling

CHAPTER 10

경계성 가면-애정 있는 증오자
Mask of the Borderline Syndrome

1. 경계성 인격 장애(Borderline Personality Disorder)의 사례

사례 1

티나는 25세 여성으로 목사에게 찾아와 '영적 상담'을 요청하였다. 그는 첫 회기에 눈물을 흘리면서 남자들과 짧지만 깊은 관계를 가졌다는 말을 하다가 결국은 갑자기 분노로 얼룩졌던 과거를 이야기하였다. 티나는 '잘못된 남자'들과 자기 파괴적 관계를 맺었다. 마약을 사용하고 단시간에 성관계로까지 가는 등 그녀의 관계들은 자기 파괴적이었다. 대부분의 남성들이 처음에는 '완전'히였고 '전혀 다른' 사람이라고 믿었으나 얼마 후 그들에게 이용만 당했으며 어떤 때는 학대를 당하였다. 티나는 우울증에 빠졌으며 심지어는 자살도 생각하였다. 우울할 때 그녀는 '고통을 멈추게 하려고... 내가 살아있다는 것을 확인하고 싶어서' 몇 차례 칼로 손목을 긋기도 했다. 티나는 목사에게 평소에는 마음속이 '텅 비었다'고 느끼지만 남자와 함께 있을 때는 '누군가와 함께 있다'는 느낌을 받는다고 했다. 티나는 다음 주부터 목사의 휴가가

시작되는 것을 알고 초조해하며 휴가 중에 연락할 수 있는 방법을 물어보았다.1)

사례 2

30대 후반 남성은 폭력과 외도에 자살 소동까지 벌이는 등 주변 사람을 정신 차리지 못하게 하는 사람이었다. 두 살 연상의 직장 동료가 엄마처럼 잘 챙겨주고 따뜻하게 해 주어서 결혼을 했다. 그런데 결혼해 보니 그렇지 않다며 폭력을 하기 시작했다. 얼마 전에는 다른 여자와 만나고 있는 것을 아내가 알고 이혼하자고 해서 '다시는 안 만나겠다. 나를 떠나지만 말아달라'고 사정했다. 그러다가 외도한 사실 때문에 아내가 자기에게 조금만 차갑게 하면 외롭고 불안해서 또 아내를 구타를 하고 자살을 시도하곤 했다. 외도를 한 여자와의 관계도 마찬가지였다. 아내에게 외도 사실이 발각된 이후에도 이 여자 없인 못살 것 같아서 전화해서 만났는데 헤어지자고 해서 자살 시도를 했다. "수면제 10알을 먹었는데 이틀 동안 잠들었다가 그냥 깨더라고요." "나뭇가지에 목을 매서 죽으려고 했는데 나뭇가지가 끊어져 버리더라고요." 의사에게 자기의 자살 시도 이야기를 하는 데도 남의 이야기를 하는 것처럼 했다.2)

2. 경계성 인격 장애의 특징과 증상

'경계'(Borderline)라는 용어는 심리학자들 간에도 견해가 다르고 시대의 흐름에 따라 달라져 왔다. 현대 심리학에서는 DSM에서 제시하는 9가지 경계성 인격 장애의 진단 기준에 들어맞는 사람을 말한다. 한편,

학적인 것은 아니지만 치료하기 어려운 환자를 그냥 경계성이라고 부르기도 한다. 또한 환자의 증상이 신경증(neurosis)과 정신증(psychosis)의 경계 상에 있다는 의미로 보기도 한다.[3] 인간관계에서 의존적이고 우울감이 있고 고독과 외로움에 고통스러우며 돌발적으로 적개심과 분노를 표현하는 환자들을 말한다.

경계성 인격 장애가 있는 사람들의 가장 주된 특징은 자기 정체성의 불안정이다. 자신이 누구인지, 어떤 사람이 되어야 하는지에 대해서 혼란스러워 한다. 정서, 행동, 대인 관계가 매우 불안정하고 심한 충동성이 생활 전반에 나타난다. 감정의 기복이 심하고, 권태감과 공허감이 만성적으로 있으며, 우울 증세와 때로 자해나 자살 욕구를 느낀다. 이들은 자제력이 부족하고 매우 충동적인 행동을 보인다. 행동은 폭발적이고 예측할 수 없으며 낭비, 도벽, 도박, 자해, 자살 시도, 약물 남용 등의 가능성이 높다. 대인 관계에 있어서 긴장이 있으며, 특히 가까운 사람들과 갈등관계에 있다. 애정과 분노가 교차하는 불안정한 대인관계를 갖는다.

이들은 애정에 굶주려 있는 사람들이다. 이들은 만성적인 공허감을 채워줄 사람을 찾아서 그 사람을 이상화하면서 관계를 맺다가 금방 실망하거나 상처를 받는다. 상대방에게 버림받을 것을 심히 두려워하면서 관심과 애정을 요구하지만 반항적이고 변덕스러운 모순된 행동을 보이면서 상대방을 조종하려는 경향이 있다. 이들은 거절이나 버림받는다는 말을 "나는 나쁜 사람"이라는 의미로 해석한다. 때문에 행여나 버림받는 경험을 하지 않기 위해 많은 시간을 들이지만, 그러한 위협을 느끼면 분노의 폭발로 이어지고 심지어 자해나 자살 시도를 하기도

한다. 이들의 자살 시도는 상대방을 심리적으로 통제하려는 전시용이다. 때문에 자살 성공률은 8-10%정도이다. 다른 경우에 비하면 자살 성공률이 낮지만 항상 죽음에 이를 수 있는 위험이 있으므로 주의할 필요가 있다. 경계성 인격 장애로 진단되는 경우는 일반 인구의 2%이며 그 중 75%가 여성이다.

3. 경계성 인격 장애의 신앙 유형

30대 초반의 여성 B씨는 B씨 어머니를 전도한 J집사님이 자기 교회에 나오라고 권유하여 K목사가 시무하는 교회에 나오기 시작했다. B씨가 예배를 드리고 처음 한 말은 "예배에 열정이 별로 없는 것 같아요."였다. K목사님은 처음에 그 말이 예배가 열정적이지 않다는 말인지 아니면 자기가 예배에 열정이 없다는 얘기인지 이해하지를 못했다. K목사님은 그 전 주에 J집사님의 권유로 B씨 어머니를 만나 B씨에 관하여 이야기를 들었었다. B씨는 객지에서 대학 다닐 때 어떤 교회에 다녔었다. 학교 가는 것 외에는 교회에서 살다시피 했다. 교회가 집이고 가족이었다. 거기서 먹고 자고 할 정도로 모든 시간과 열정을 다 바쳤다. 그러다가 그 교회 목사님과 어떤 문제로 크게 다툰 이후로 상처를 크게 받았다. 그 목사님이 공개적으로 자기를 비난하고 모욕을 주었기 때문이었다. B씨 어머니의 말로는 그 일 이후로 B씨는 정신적으로 충격을 받아서 우울증을 호소하고 자살 시도를 몇 번 씩 하여 병원에도 입원하곤 했었다. K목사는 딸 때문에 자기도 화병이 났다는 B씨 어머니를 위해 기도해 주고 필요하면 전화하라고 개인 전화번호를 주었다. K목사는 B씨가 교회에 한두 번 나온 이후로 몇 주가 지나도 나오지 않자 J집사님에게 B씨에 관하여 물었다. J집사님은 B씨가 "교회 성도들이 별로 환영을 하지 않는다."며 비판을 하고, 특히 "목사님이 전화번호만 주고 전화도 하지 않는다."며 불평한다고 전해 주었다.

경계성 인격 장애가 있는 교인들은 교회의 예배나 상황, 교인들이나 목사에 대해서도 흑백 논리의 경직된 사고를 가지고 극단적으로 평가한다. 처음에는 매우 좋아하다가 나중에는 모두 싫어한다. 교회 공동체 안에서도 친밀감을 원하거나 목사나 교인들에게 의존하고 싶어 하다가도 가까워지는 것에 대한 두려움을 느끼는 등 심리적 변화가 심하다. 교회 공동체는 위험할 수도 있고 교인들에게 실망하고 버림받을 수도 있을 것이라는 생각 때문이다. 교회 활동도 아주 적극적이거나 전혀 참여하지 않거나 한다. 이들이 교회에 가는 것은 단지 사람을 만나기 위해서이다. 교회에 가면 사람들이 많이 있어서 혼자 있지 않아도 되기 때문이다.

이들은 하나님의 임재와 속성에 대해서도 혼란을 느낀다. 기도를 해도 공허감이 없어지지 않고 하나님이 가까이 계시다는 느낌이 들지 않는다. 자기 기분에 따라 하나님이 살아계신 것 같다가도 어느 때는 그렇지 않은 것도 같다. 하나님이 함께 하시는 것 같다가도 무슨 일이 자기 마음대로 되지 않으면 '하나님이 날 버리셨나봐'라고 생각한다. 분리 불안으로 오는 정신적 공허감은 영적 공허감과 같이 온다.

4. 성경에 나타난 경계성 인물

성경상의 대표적인 경계성 인물로는 삼손을 들 수 있다. 그는 나실인으로서의 자기 정체감이 늘 흔들렸으며, 다른 사람을 매우 의식하고, 절제력이 약하고 충동적이며, 성관계가 복잡하고, 만성적인 공허함이 있었다.

삼손은 태어날 때부터 나실인으로 살아야 하는 것이 그의 정체감이었다(삿 13:5). 포도주나 독주를 마시지 않고 부정한 것을 먹지 말아야 하며 머리를 깎지 말아야 했다. 그러나 그는 이방인과의 결혼을 금하는 율법을 어겨가면서까지 블레셋의 여인들에게 더 매력을 느꼈다. 한 여인도 아니고 세 명의 여인에게 매력을 느꼈다. 그는 성적으로도 절제력도 없었고 충동적이었다. 부모의 실망스러워하는 말에도 불구하고 블레셋 여자와 결혼하였다. 물론 성경에서는 여호와께서 하신일임을 부모는 알지 못하였다고 기록하고 있다(삿 14:4). 그는 수수께끼를 푸는 사건에서 부인의 강박에 못 이겨 답을 가르쳐준 후, 아내가 자기를 배반하고 수수께끼의 답을 자기 백성에게 가르쳐준 것에 화가 나서 자기 부모에게로 돌아가고 그의 아내는 잔치에 참여했던 블레셋 동무들 중 한 사람과 다시 결혼한다. 나중에 이 사실을 안 삼손은 배신감과 상실감을 느끼고 보복한다(삿 14-15장). 결국 아내와 가족들은 불에 타 죽게 된다.

그 후에 삼손은 가사 지역에서 한 기생을 보고 그녀와 함께 밤을 보낸다. 여기에서 사사로서의 모습과 성적으로 연약하며 충동적인 그의 모습 사이의 괴리가 나타난다. 정체성이 쉽게 흔들리는 모습을 볼 수 있다. 그 밤에 삼손은 특이한 행동을 한다. 매복한 사람들의 예상과는 달리 그는 밤중에 일어나 성 문짝과 기둥과 빗장을 빼어 모두 어깨에 메고 가사에서 헤브론 앞산 꼭대기까지의 먼 길을 행한다. 처음에는 하나님의 능력에 대하여 전적으로 의지하는 겸손한 모습을 가지다가 나중에는 그 초인적인 능력을 사람들에게 과시하는 모습은 자기애성이나 히스테리성 특성이 보이지만 이 모든 행동들은 매우 충동적이며 자기 정체감의 불안정에서 온 것이라고 볼 수 있다.

삼손의 블레셋 여인들과의 관계를 살펴보면, 경계선 인격 장애자들이 대상관계에서 보이는 '이상화'와 '가치 절하'가 두드러지게 나타난다. 삼손은 첫 번째 아내와도 한 눈에 반해서 결혼 했다가 자기를 배반하자 죽음으로 몰아넣고 바로 기생과 함께 밤을 보내고 초인적 능력을 과시하고 난 일이 있은 후에 삼손은 소렉 골짜기에 사는 여인 들릴라에게 사랑을 금방 느낀다. 한 여성과의 헌신된 사랑의 관계보다는 계속해서 새로운 자극과 관심을 추구하는 대인 관계에서 불안정하며 성적인 면에서 충동적인 경계성 인격 장애의 증상이 드러난다. 이성 관계에서 깊고 가까운 관계를 오래 지속하지 못하고 조그만 변화에도 지나치게 반응하는 변덕스러운 모습을 그에게서 찾을 수 있다. 첫 번째 아내와의 관계가 자신의 부주의함으로 끝나버리자 분노의 표현으로 여우 삼백 마리를 붙들어 꼬리에 불을 붙여 온 곡식을 불질러버린 그의 행동에서도 그의 변덕스러운 모습을 발견할 수 있다.

5. 경계성 인격 장애의 진단 기준

대인 관계, 자아상 및 정동에서의 불안정성, 심한 충동성이 광범위하게 나타나며, 이러한 특징적 양상은 성인기 초기에 시작하여 여러 가지 상황에서 일어난다. 다음 항목들 중 5가지 이상의 증상이 나타나면 경계성 장애로 진단한다.

1) 현실 혹은 상상 속에서 버림받지 않기 위해 필사적으로 노력한다(자살 또는 자해 행동은 포함되지 않음).
2) 대인 관계에서 극적인 이상화와 평가절하가 반복되는 불안정하고 강렬한 양상으로 나타난다.
3) 정체감 혼란: 자아상이나 자신에 대한 지각이 심각하게 불안정하고 그것이 지속적으로 느껴진다.
4) 자신에게 손상을 줄 수 있는 충동성이 적어도 2가지 영역에서 나타난다 (예: 낭비, 성 관계, 물질 남용, 무모한 운전, 폭식).
5) 반복적인 자살 행동, 자살 시늉, 자살 위협, 자해 행위.
6) 현저한 감정의 불안정성(예: 가끔 일어나는 심한 불쾌감, 과민성, 불안이 수 시간 지속되며 아주 드물게는 수 일간 지속되기도 함).
7) 만성적인 공허감.
8) 부적절하게 심한 화를 내거나 분노를 조절하지 못한다(예: 자주 분노를 터뜨림, 항상 화를 내고 있음, 자주 몸싸움을 함).
9) 일시적인 스트레스에 의한 망상적 사고 또는 심한 해리 현상이 있다.

6. 경계성 인격 장애의 원인과 형성 과정

아이는 태어나서 만 2세 까지는 부모에게 전적으로 의존해 있다가 점차 분리된 하나의 인격체로 개별화하는 단계를 밟는다. 이것을 분리개별화(separation-individuation)라고 한다. 이 과정은 보통 생후 15-24개월에 이루어지는데, 그 전까지 아이는 놀다가도 엄마가 보이지 않으면 울며 엄마가 있는지 확인을 하곤 한다. 이때 까지도 엄마는 온 세상이고 자기와 엄마가 완전히 분리되지 않은 상태이다. 그러나 24개월이 지나면서 아이는 자기와 엄마가 분리된 존재라는 것을 경험하기 시작한다. 때로 자기를 안아주고 먹을 것을 주기도 하지만 때로 자기가 하고 싶은 것을 하지 못하게 하며 혼내기 때문이다. 아이는 '전적으로 좋은 엄마'(all good mother)와 '전적으로 나쁜 엄마'(all bad mother)라는 두 이미지로 엄마를 경험하다가 점차 이 둘이 다른 대상이 아니라는 것을 깨닫게 되고 하나의 이미지로 통합하기 시작한다. 이 시기에 통합된 엄마의 이미지가 아이에게 '비교적 좋은 엄마'(good enough mother)로 자리를 잡으면 정서적으로 안정되고 건강한 독립적인 개체로서 자라게 된다. 그러나 그렇지 않으면 경계성 인격을 가지게 된다.

경계성 인격 장애는 한 가지 원인에 의해서만 발병하는 것이 아니라 환경적 요인, 유전적인 요인과 생물학적 요인 모두가 영향을 미쳐 발병하는 것으로 추측된다. 환자들 중 일부에서는 특정 뇌 영역의 크기와 기능의 변화, 호르몬 수준과 면역 체계의 변화가 발견되기도 했다. 그럼에도 불구하고 어린 시절 부모의 양육 환경과 부모와의 관계에 의해 가장 영향을 많이 받는 것으로 알려졌다. 만 3세 이전에 정서적으로 적절한 돌봄을 받지 못했거나 부모(특히 엄마)가 정서적으로 매우 불안정한 경우 아이는 좋은 엄마와 나쁜 엄마의 이미지를 통합하지 못한다. 대상 이미지가 분리된 채로 있으며, 대상에 대한 좋은 이미지와 나쁜 이미지의 심리적 경계를 잘 융합하지 못하게 된다. 이것은 자기 정체성이 불안정한 경계성 이상심리를 형성하게 한다.

아이의 공격적 특질 때문에 엄마와의 관계에서 불안정한 정서적 관계가 형성되었을 수도 있지만, 이 시기에 엄마가 아이에게 안정된 애정을 보여줄 수 없는 여건(부모의 정서 불안, 부재, 약물 남용, 인격 장애, 혹은 잦은 이사 등)이었을 경우 그것은 아이에게 각종 학대로 경험된다. 자신의 원치 않는 분열된 요소들을 아이에게 주입하는 엄마는 아이에게 매우 복잡하고 혼란스러운 내적 세계의 짐을 지운다.[4] 이런 부모를 둔 아이가 성인이 되면, 그는 자신의 타고난 자기의 원치 않는 부모의 내사물들을 통합하지 못한 채 지니고 살게 된다.

아동기에 학대나 방임이 경계성 인격 장애를 일으키는 요인으로 작용한다고 알려져 있다. 경계선 인격 장애가 있는 사람들의 72%는 언어적 학대, 46%는 신체적 학대, 26%는 성적 학대, 76%가 부모의 양육태만, 74%가 18세 이전에 부모의 상실이나 이별을 경험했다.[5] 이러한 이유로 이들은 성인이 되어서도 3가지 독특한 내면적 신념을 가지게 된다.[6] 첫째, '세상은 위험하며 악의에 가득 차 있다'고 믿는 세상에 대한 부정적인 신념, 둘째, '나는 힘없고 상처 받기 쉬운 존재이다'라는 자신에 대한 신념, 셋째, '나는 원래부터 환영받지 못할 존재이다'라는 상대에 대한 신념이다. 이러한 신념은 불안정한 관계 속에서 거부와 버림을 받을지 모른다는 두려움을 일으키고 그것은 극단적 감정과 행동으로 이어진다.

7. 경계선 인격 장애를 위한 돌봄과 치유

다른 인격 장애자들과 마찬가지로 경계선 인격 장애가 있는 사람들은 나름대로 가면 혹은 거짓 자기의 모습을 가지고 살아간다. 이들이 보여주는 여러 증상들은 이들로 하여금 진정한 자기 주체로서 기능하지 못하도록 방해한다. 경계선 인격 장애자들은 "그를 편집적 세계 안에 사로잡고 있는 외적 대상들과 함께, 격렬하게 분열된 자기 표상들을 통해 살아간다."[7] 따라서 이들로 하여금 진정한 자기로서 기능하지 못하도록 오랜 기간 동안 만들어놓은 분열된 자기 표상들을 다루어 주는 것이 치유의 과제이다.

경계성 내담자는 상담자에게 매우 의지하며 '최고'라고 칭찬했다가 어느 순간에는 '형편없다'고 버럭 화를 내곤 한다. 어린 시절의 통합되지 못한 엄마의 이미지를 투사해 놓은 거짓 자기의 모습을 상담자에게 전이시키는 것이다. 이들은 이 두 가지의 감정이 한 대상으로부터 일어나는 것임을 잘 모른다. 크리스토퍼 볼라스는 이것을 '애정 있는 증오'라고 부른다.[8] 왜냐하면 경계성 인격 장애자들이 상대방(특히 가까운 사람)에게 폭발적인 화를 내는 것은 그들이 그 상대에게 그 만큼 사랑받고 싶은 기대가 크기 때문이다. 이러한 애정 있는 증오는 내담자가 평생 발달시켜 놓은 것이고 무의식적으로 진행되고 있는 것이기 때문에 내담자는 모른다. 거짓 자기가 하는 이러한 방어는 참 자기가 사랑하지도 받지도 못하도록 방해한다. 이들은 그래서 사람들에게 분노를 표출하고 말다툼을 걸고 무례하게 행함으로서 사랑을 증오로 대체할뿐만 아니라 상대방도 그를 사랑하는 대신 증오하도록 유도한다.9)

상담자는 내담자의 전이를 알아차리기 때문에 이를 느끼고 내담자의 거짓 자기의 역할을 받아서 그 느낌이 어떤 것인지를 내담자에게 다시 역전이 해 줄 필요가 있다. 투사시켜 놓은 엄마의 역할을 상담자가 해 주는 것이다. 중요한 것은 '전적으로 좋은 엄마'도 아니고 '전적으로 나쁜 엄마'도 아닌 '비교적 좋은 엄마'의 역할을 해 주어야 한다. 상담자가 '비교적 좋은 엄마'의 모습을 보여 준다는 것은 내담자의 기분에 장단을 맞추거나 갈팡질팡하지 않고 느긋하게 냉정을 잃지 않고 한결같이 대한다는 말이다. 그렇게 경계성 내담자가 어린 시절 이루지 못했던 통합된 엄마의 이미지를 경험함으로써 경계를 스스로 인식하도록 돕는다. 이러한 과정을 통해서 내담자는 분열된 감정의 폭을 차츰 좁혀가고 극단적 사고도 줄여가고 충동적인 행동도 점점 덜 하게 되는 것이다. 역동 심리 이론들에서 말하는 교정된 정서 경험(corrective emotional experience)과 재양육(re-parenting)이 필요하다.

경계성 인격 장애가 있는 사람들은 다른 사람과의 경계를 파고드는 경향이 있는데, 이것은 이들이 어린 시절 엄마에게 채우지 못했던 애정을 갈구하는 것 때문이다. 어느 누구도 이것을 온전히 채워줄 수는 없다. 따라서 이들을 돌보거나 상담하는 사람은 경계를 명확하게 하는 것이 중요하다. 이들이 원하는 대로 도와주다가는 경계를 파고드는 그들에게 말려들게 된다. 따라서 역설적이지만 이러한 문제는 밖에서 채워줄 수 없는 것임을 스스로 인식하도록 돕는 것이 이들을 위한 치료 방법이다.

어린 시절 자신을 돌보아 주던 엄마의 이미지가 자기의 마음 속에 들어오지 않음으로써 여러 증상들이 생겼다는 것을 스스로 깨닫도록 도울 필요가 있다.

상담자도 자신이 내담자의 영원한 대상이 되어줄 수 없음을 고백하고 내담자도 상담자가 자기가 찾아 헤매던 그 대상이 될 수 없음을 인식하는 순간이 온다. 바로 그 때 통찰의 순간이 온다. 상담자는 자기는 성령님의 도구로서만 일할 수 있음을 고백하고, 내담자는 오직 예수 그리스도만이 그의 영원한 대상이 될 수 있음을 고백하는 통찰의 순간이다. 내담자는 예수 그리스도만이 늘 한결같이 그와 함께 하신다는 것을 깨닫는다. 그리스도의 십자를 묵상하면서 그는 고통의 순간에도 예수님이 그와 함께 하셨음을 깨닫는다. 이때 심리적 치유와 함께 영적 성장이 있게 된다.

경계성 인격 장애가 있는 사람들을 돌보고 치유하기 위한 구체적 방안들을 살펴보면, 이들의 불안을 극복하는 방법으로 이분법적 사고를 교정해 줄 필요가 있다. 현실의 삶이 흑과 백처럼 보여도 그 사이에도 수많은 경우들이 있음을 인식시켜주어야 한다. 또한 이들이 가진 자아상과 대상 표상이 긍정적인 이미지와 부정적인 이미지를 통합시킬 수 있도록 도와주어야 한다. 자극적이고 충동적인 인간관계를 추구하기보다는 진득하게 오래갈 수 있는 인간관계를 맺도록 하는 것이 좋다.

경계성 인격 장애는 종종 정신 분열, 망상 장애, 충동 조절 장애, 기분 장애, 물질 남용과 연관이 있기 때문에 분별이 필요한 경우가 있다. 경계성 인격 장애 증상이 있는 사람들에 대해 이러한 가능성을 충분히 고려해야 한다. 특히 이들은 자해나 자살 시도 등으로 주변 사람들을 위협하기도 하는 데, 주로 전시용이므로 섣부른 동정을 하지 않는 것이 좋다. 그럼에도 불구하고 자살을 시도하는 사람들 중 약 8-10%의 사람들이 자살로 이어지기 때문에 이들을 돌보는 사람들은 유의해야 한다.

CHAPTER 11
분열성과 분열형 가면-사회 속의 외톨이

Masks of the Schizo Personality Syndrome

　분열성과 분열형이라는 용어가 우리에게 친숙하지 않아서 잘 이해가 되지 않을 수 있다. 분열성은 분열적 속성이 있다는 말이고 분열형은 분열적 형태를 보여준다는 말이다. 분열성과 분열형 모두 일반 사람들에게 그리 많이 나타나지 않는 유형이어서 더욱 생소하다. 이 두 유형의 인격 장애자들은 대개 괴짜나 사회부적응자라는 조롱을 당하며, 고립된 삶이나 기이한 존재로서의 삶을 추구하기 위해 거의 혼자 지낸다. 이들의 행동이 다른 사람들을 불편하게는 하지만 위험하지는 않기 때문에 안타까움으로 사람들이 도움의 손길을 뻗기도 하지만 대개의 경우 반복적으로 되찌를 맞고는 포기하게 된다. 가족들은 그들에게 매우 화를 내기도 하고, 치료할 수 있는 곳으로 데려가려 하기도 한다. 이들의 가족 중에는 정신 질환과 관련된 사람들이 상당히 있다. 분열성과 분열형은 정신분열병의 가벼운 전조 증세를 보이는 것이므로 가족들은 이들의 증상이 더 심해지지 않도록 주의를 기울여 주는 것이 필요하다.

1. 분열성 인격 장애(Schizoid Personality Disorder)의 사례

사례 1

K씨라는 여성은 자기 일에 푹 빠져서 살다가 C씨라는 남성이 너무 착하고 바른 사람이라 40대 후반이 되어서야 결혼을 하였다. C씨의 부모와 형제는 모두 매우 지적인 사람들이고 C씨도 역시 그랬다. K는 요즘 남편 C가 착한 것 외에는 마음에 드는 구석이 없다. K는 원래 활달한 편이었지만 C가 뭔가 먼저 알아서 해주기를 바랐다. 하지만 시키는 일 외에는 혼자 스스로 하는 일이 없었다. 최근에는 직장에서도 한직으로 발령이 나도, 의료규정 해석 차이로 한 달 치 월급을 받지 못하는 불이익을 당해도 항의 한번 하지 않았다. 외식을 하러 가도 무엇을 먹고 싶은지에 대해서도 확고한 생각이 없다. 집안의 대소사가 있을 때도 모든 일을 결정하고 추진하는 것은 늘 K가 나서서 해야 했다. 여행을 가는 것도 K가 다 알아보고 여행지에서도 C는 K 뒤만 따라다녔다. 화가 나서 C에게 좀 어떻게 하라하면 마지못해서 시키는 데로만 했다. K가 "나랑 사는 게 행복하지 않아요?"라며 화를 버럭 내도 C는 그저 "그렇지 않아요."라고 짧게 대답할 뿐이다. K가 가장 화가 날 때는 다른 사람들이 자기 남편을 바보 취급할 때였다.

사례 2

38세 김모씨는 수십 권의 책을 번역한 전문번역가다. 아직 독신인 김씨는 경제적으로 안정되어 있지만 결혼할 생각은 전혀 없다. 사람들과 어울리는 것을 별로 좋아하지 않기 때문이다. 김씨의 유일한 사회적 활동은 가끔씩 서점에 가서 책을 고르는 일이다. 주말이면 공원에서 산책을 하고 돌아오는 길에 마트에 들러 일주일치 음식이나 필요한 것들을 구입한다. 거의 10여 년간 같은 일을 해왔지만 지겹다는 생각이 들지 않는다. 김씨의 생활은 매우 단출하다. 외모에도 신경을 쓰지 않고 더 좋고 더 비싼 것들을 갖고 싶은 욕구도 없다. 밖에서도 필요한 말 외에는 그 누구에게도 먼저 말을 건네는 일이 없다. 어느 날 보통 때처럼 주말 산책을 끝낸 후 가게에 들렀을 때 가게 주인이 그에게 말을 걸려고 시작했다. 그는 처음에는 무성의하게 대답했다. 그런데 그 다음번에 가게에 들렀을 때 주인이 또 말을 걸어왔다. 그는 가까스로 그 상황을 모면하곤 했다. 주인은 계속 말을 건네 왔고, 그는 아무런 의미도 없는 말들을 늘어놓곤 했다. 몇 달 정도 견디다 못한 그는 마침내 가게 주인에게 "나는 혼자 있기를 원해요. 그러니 더 이상 아무것도 묻지 말아주세요."라고 말했다. 그 후로 가게 주인은 그에게 더 이상 아무 말도 하지 않았다.[1]

2. 분열성 인격 장애의 특징과 증상

분열성 인격 장애를 다른 말로 표현하면 '사회 속의 외딴 섬' 혹은 '군중 속의 외톨이'라는 말이 어울린다. 분열성 인격 장애는 사랑, 인정, 소속감에 대한 정상적인 욕구가 부족하며 타인과의 친밀한 관계 형성에 관심이 없다. 감정 표현이 부족하여 사회적 적응에 현저한 어려움을 겪는다. 가까운 가족 외에는 사회적 유대 관계가 거의 없다. 고독한 삶을 산다는 점에서 회피성 인격 장애자와 유사하다. 하지만 회피성 인물들은 다른 사람과 어울리고 싶으나 상처를 받을지도 모른다는 두려움 때문에 사람들을 회피하는 반면 분열성 인물들은 사람들과 어울리고자 하는 욕구 자체가 없다. 분열성 인물들은 은밀한 삶을 이어가는, 거짓 자기에 의해 숨겨지고 보호되는 사적인 내적 삶이 있다. 분열성 인물들은 복잡하지만 어쩌면 풍요로울 수도 있는 내적 환상 생활을 갖고 있다. 분열성 인격 장애를 가진 사람들의 특징은 크게 다음의 다섯 가지로 요약해 볼 수 있다.

첫째, 이들은 삶의 문제에 있어서 수동적이고 비자발적이다. 이들은 인생의 목표가 없는 듯이 무기력하거나 표류하는 삶을 살아간다. 인생의 목표나 미래에 대한 비전이 뚜렷이 없다. 부모나 주변 사람들은 이들이 늘 수동적이고 인생의 중요한 문제에 있어서는 결정을 잘 못하는 경향 때문에 답답하다고 느낄 수 있다. 아동기와 청소년기부터 친구 관계가 빈약하고 제한된 감정 반응을 보이며 학교 성적 저하 등 분열성의 조짐을 조금씩 보인다.

둘째, 인간관계가 매우 제한되어 있다. 주로 혼자 지내며 가족을 제외하면 친밀한 관계를 맺는 사람이 없으며 이성에 대해서도 무관심하여 독신으로 생활하는 경우가 많다. 배우자를 구하는 것보다 자기 세계를 지키는 것을 더 중요하게 여긴다. 대인 관계에 관심이 없어 우정을 나눌 친구가 없거나 적다. 편집성과 비슷한 점이 있지만 편집성은 관계에 집착하는 반면 분열성은 고립이나 단절된 삶에 오히려 평화를 누린다. 분열성 인물들은 내성적이고 은둔적 성향을 가지고 있으며, 다른 사람이 자기 삶에 간섭하려고 하면 민감하게 반응한다. 이들은 타인을 기피한다는 점과 외적으로 고립되어 있다는 면에서는 회피성과 비슷해 보인다. 회피성은 사실 남과 어울리고 싶은데 상처받을지도 모른다는 두려움때문에 피하는 것이다. 반면 분열성은 남과 어울리기 보다는 자기 혼자만의 고독한 환경을 좋아하는 특징이 있다. 분열성은 고립 그 자체를 스스로 선택한 경우이다. 회피성은 남들이 나를 어떻게 보느냐에 예민하지만 분열성은 남들이 나를 어떻게 보느냐에 관심이 없다. 교회, 학교, 직장에서 고립된 외톨이로 말없이 조용히 지낸다.

셋째, 이들은 단조로운 사고 패턴을 가지고 있다. 어떤 경우 초점이 분명치 않아 이야기의 핵심을 잘 파악하기 어려우며, 생각이 단조롭거나 줄거리가 옆으로 빗나가서 이야기의 줄거리를 잘 전달 못하는 경우도 있다. 화제의 내용이 빈약하여 의사소통을 잘 하지 못한다. 상대방의 말을 표면적으로 이해하지만 그 말에 담긴 숨은 의도를 파악하는 데 어려움을 겪는다. 정서가 실린 대화를 하지 못함으로 복잡한 의미를 담은 말을 다양하게 전달하는 데 어려움을 겪는다.

넷째, 이들은 자족적인 삶을 산다. 편집성이 현실에 불만이 많은 반면 분열성은 자족적이고 자기 불만이 없다. 이들은 조용하고 담담한 생활을 즐기며 대체적으로 사치나 화려한 것을 싫어한다. 외모에는 그다지 신경 쓰지 않지만 감성이나 취미는 의외로 세련될 때가 많다. 물질적인 것보다도 정신적인 것을 추구하여 내면적인 가치에 중점을 둔다. 탈속을 원하여 수도사나 홈리스가 되는 사람도 있다. 말수가 적고 사색적이며 종교적인 영성이나 예술적 감성을 지니고 있는 경우가 많다. 친해지면 의외로 이들의 풍부한 내면을 볼 수 있다. 종교인들이나 예술인들 중 분열성 성향이 있는 사람들이 많은 것은 이러한 이유 때문이다.

다섯째, 이들은 정서 상태가 매우 단조롭다. 타인의 칭찬이나 비판에도 무관심한 듯이 감정 반응을 나타내지 않으며 감정이 메말라 있다는 인상을 준다. 희로애락에 대한 감정도 담백하여 무덤덤해 보인다. 한마디로 담담한 것이 특징이다. 정서적으로 메마르고 냉담한 것처럼 보인다. 히스테리성 장애가 있는 사람은 희로애락에 매우 민감하고 그것을 과장되게 표현하지만 분열성은 감정의 기복이 거의 없다. 이들은 칭찬을 해줘도 별다른 반응을 보이지 않는다. 운전을 하다가 차가 끼어들거나 누가 소리를 질러대도 무덤덤하다. 격한 감정을 불쾌하게 여겨 감정을 드러내지 않기 때문에 때로 회색주의자라는 오해를 받기 쉽다. 십년이 지나도 한결같은 양순한 평화주의자이다. 남의 험담도 하지 않아 마치 산소와도 같은 사람이다.

타인과 그다지 접촉하지 않는 직종에서 자기의 실력을 발휘한다. 역동적이지는 않지만 꾸준하여 이런 사람의 장점을 알아볼 수 있는 사람이 있으면 신뢰를 얻을 수 있다. 인간관계에 시간이나 에너지를 쓰지 않는 만큼 자기 일에 집중할 수 있어 지식이나 정보에서 뛰어나다. 컴퓨터 관계 직종에 이런 유형이 많고 또 잘 어울린다. 이들은 대자연 속에서 소요하거나 고독을 즐긴다.

실존주의 선구자로 사색을 즐겼던 덴마크의 철학자 키에르케고르는 청년 시절에 매력적인 연인인 레기네 올센과 약혼을 하지만 1년이 채 지나지 않아 파혼한다. 그는 평생을 독신으로 살면서 레기네를 잊지 못한다. 레기네가 싫어져서 파혼한 게 아니었기 때문이다. 키에르케고르는 그 당시의 일기에서 파혼의 계기는 자신의 내면에 존재하는 불안 때문이라고 적고 있다. 그는 결혼이 표상하는 시민적 삶과 철학자의 길 사이의 대립에서 약혼을 파기함으로써 절대성을 찾고자 했다는 것이다. 그는 살아 있는 생명체가 아닌 영원한 상상 속의 존재를 사랑했던 것이다. 정신 의학적인 면으로 보면, 현실적인 존재인 레기네라는 생명체가 그의 삶 속에 끼어드는 것을 키에르케고르의 정신이 견뎌내지 못한 것이었다고 볼 수 있다.

「남아있는 나날」(The Remains of the Day)2)이라는 영화에서 주인공 스티븐슨씨(안소니 홉킨스 분)는 분열성 성격을 가지고 있다. 이 영화는 1930년대부터 이차대전이 있기까지 20여 년간의 영국 사회를 배경으로 그려지고 있다. 주인공은 영국의 귀족 달링턴가의 큰 성을 관리하는 집사 스티븐슨씨와 하녀장으로 새로 들어온 샐리 켄튼양(에마 톰슨 분) 간의 잔잔한 로맨스 이야기이다. 스티븐슨은 분열성 성격의 특징을 그대로 가지고 있다. 새로 들어 온 켄튼이 스티븐슨의 기분을 좋게 하기 위해 꽃을 가지고 자신의 방에 들어오자 "내 방은 일을 하기 위한 사적 공간이기를 원한다. 내 일이 방해받기를 원하지 않는다."고 말한다. 하녀장은 이해할 수 없다는 듯이 "꽃이 방해되는 것이냐"고 되묻는다. 집사로 일하던 아버지가 몸이 쇠약해졌지만 자신의 일을 계속 수행하다가 디너 파티에서 쓰러져서 죽게 되었다. 그 소식을 전하는 켄튼에게 스티븐슨은 "아, 그렇군요. 난 오늘 해야 할 일이 남아 있어서 이만"이라며 감정의 미동이 조금도 없이 평소 자신이 하던 일을 계속하러 간다. 하루는 미스 켄튼이 또 꽃을 가지고 스티븐슨의 방에 갔는데 스티븐슨이 책을 읽고 있었다. 켄튼이 "무슨 책을 읽느냐"고 묻자 스티븐슨은 "책"이라고만 대답한다. 무슨 종류의 책이냐고 여러 번 물어도 그냥 책이라고만 말한다. 무슨 책인지 보려는 캔튼에게 책을 빼앗기지 않으려고 가슴에 꼭 붙잡고 있으면서 "이렇게 하는 것은 내 영역을 침범하는 것입니다."라고 한다.

철학자 키에르 케고르나 영화의 인물 스티븐슨처럼 분열성 성격이 추구하는 바는 자기를 완결시키는 것이고, 자기의 삶의 영역에 다른 사람이 침범하는 것을 불편해 한다. 이런 의미에서 보면 이들은 지극히 자기애적인 성향도 가지고 있다. 하지만 이들은 자기애성 인물처럼 자기를 칭찬해 주기를 지나치게 기대한다거나 다른 사람을 무시하거나 하지는 않는다. 단지 자기 자신이 분열되어 있어 그것을 표현해 내는 데 어려움이 있을 뿐이다.

3. 분열성 인격 장애의 신앙 유형

이들은 공동체 활동을 적극적으로 하지 않으며 자신의 신분을 드러내지 않는다. 소극적이고 무감각한 신앙생활을 하고 그룹에서도 조용히 참여하기만 한다.

도널드는 51세의 교회 관리인이다. 일 년 전에 이 일을 시작하기 전까지 도널드는 한 사업체에서 30년 동안 관리직에 있었다. 그의 말소리는 부드럽고 결코 다른 사람들과의 대화를 주도하지 않는다. 그러나 천천히, 꾸준히 일하며, 교회 내에 사람들이 출입하지 않는 밤에 일하는 것을 선호하였다. 그러던 어느 날 교회의 사무원 두 사람이 목사에게 와서 도널드가 '괴짜'이며 '귀신 들린 것'이 아닌가 싶다며 강한 우려를 표명하였다. 그들은 도널드가 냉정하고 감정 표현이 없으며 사람들과 사귀는 것을 심하게 회피하는 것을 그 증거로 들었다. 도널드를 만난 목사는 그가 사람을 사귈 줄 모르며 대화하는 것이나 사람 만나는 것을 아주 싫어한다는 사실을 알았다. 그는 혼자 있고 싶다고 하며, '늘 그래 왔다'고 말했다. 도널드는 정신 질환이나 법적인 문제는 없었으며 다른 질환도 없었다고 한다.3)

이들은 사교적이며 경쟁적인 현대 교회 공동체에서는 적응하기 쉽지 않다. 이들은 자비와 청빈과 순종의 삶을 훈련하며 하나님께 영광을 돌리는 한적한 수도원 생활과 같은 신앙생활의 모습을 선호할 것이다. 감정적이며 소란스러운 신앙생활은 이들에게 어울리지 않는다. 하나님께서 내게 어떻게 해주셨다는 식의 개인적 경험을 다른 사람에게 이야기하는 사람들을 부담스러워 할 것이다. 하나님을 경험함에 있어서도 감성적인 면을 자제하고 사색적인 면에 치중한다.

4. 분열성 인격 장애의 진단 기준

사회적 관계에서의 고립 양상과 대인 관계 상황에서의 제한된 감정 표현이 광범위한 양상으로 나타나고, 이런 양상이 성인기 초기에 시작되며 다양한 상황에서 드러나며, 다음 항목 중 4개 이상의 증상이 있으면 분열성 인격 장애로 진단한다.

1) 가족의 일원이 되는 것을 포함하여, 친밀한 관계를 바라지도 즐기지도 않는다.

2) 거의 항상 혼자서 하는 활동을 선택한다.

3) 다른 사람과 성 경험을 갖는 일에 거의 흥미가 없다.

4) 기쁨을 느낄 수 있는 활동을 거의 하지 않는다.

5) 직계 가족 이외에는 가까운 친구나 마음을 털어놓는 친구가 없다.

6) 타인의 칭찬이나 비평에 무관심해 보인다.

7) 정서적으로 냉담하거나 유리되어 있거나 감정이 무덤덤하다.

5. 분열성 인격 장애의 원인과 형성 과정

분열성 인격 장애가 있는 사람들은 관계 능력이 근본적으로 결핍되어 있는데 이의 주요한 원인은 양육의 부적절함으로부터 비롯된 것이다. 이들은 신경증 환자들과는 달리 타인과의 관계에 대한 어려움이 갈등이 아니라 기본적인 능력의 부재로부터 기인한다. 정신분석적 입장에서는 분열성 인격 장애를 기본적으로 신뢰의 결여에서 기인한 것으로 본다. 부모로부터 충분히 수용되지 못했거나 거부당하는 경험을 가졌다고 이해한다. 분열성 인격의 가장 큰 원인은 유대나 대화가 단절된 성장 환경이다. 부모 자체가 정서적 유대가 결핍된 분열성 인물이었을 수 있다. 또는 부모가 맞벌이를 하여 홀로 지내는 시간이 많은 경우나 대체 부모 역할을 해 주는 사람으로부터도 정서적 유대를 얻을 수 없었을 수 있다. 말을 못하는 아이들은 울음으로 모든 것을 표현하는 데, 돌보는 이들이 정서적으로 안정되지 못했거나 아이의 표정이나 몸 언어를 잘 해석하는 능력이 없는 경우였을 수도 있다. 지나치게 간섭을 하거나 이랬다저랬다 하는 등 일관성이 없는 경우도 마찬가지이다. 특히 어린 시절 육체적, 성적 학대나 정신적 충격을 받을 경우 외부는 위험한 곳이 된다.

 이러한 이유들로 아이는 엄마가 나를 거부했다고 혹은 밀어냈다고 느끼고 마음을 닫고 세상으로부터 거리를 두게 된 것이다. 이런 경우 아이는 대상을 향한 에너지를 모두 거두고, 바깥세상과 두꺼운 벽을 치게 되는 것이다. 타인과 관계하고 싶은 바람과 그들의 갈급함이 타인에게 해를 끼칠 거라는 두려움 간의 갈등에 대한 방어라고 볼 수 있다. 그 결과로 모든 관계는 위험하고 회피해야만 하는 것으로 경험된다. 분열성 환자의, 아무 관계없이 홀로 지낼 것에 대한 결정에는 대개 환자의 매달림과 밀어냄 간의 분열성 타협이 존재한다. 이런 패턴이 굳어지면 외부와의 의사소통 없이 내면의 세계에만 침잠하는 분열성 성격이 생긴다.

 분열성 인격 장애가 있는 사람들은 어린 시절 어머니와의 특정한 관계 경험으로 인하여 자신의 사랑이 파괴적이라고 간주하게 된 사람이다. 그러므로 분열성 관계의 가면의 목적은 자기 자신을 다른 사람들로부터 고립시키는 것이다. 다른 사람이 이들을 사랑하지도 못하고 다른 사람들로부터 사랑을 받지도 못하도록 하는 것이다. 따라서 이들이 발달시킨 방어 기제는 사람들과 말다툼하고, 불쾌하며, 무례하게 행하는 것이다. 그렇게 함으로써 이들은 다른 사람들과의 관계에서 "사랑을 증오로 대체할 뿐만 아니라, 사람들이 그를 사랑하는 대신 증오하도록 유도한다."[4]

6. 분열성 인격 장애를 위한 돌봄과 치유

대인 관계로부터 철수하는 분열성 환자들의 고립은 자신이 선택한 하나의 자기표현의 방법이다. 거절의 경험으로 인해 모든 것을 자기 안으로 거두어들이는 철수라는 방식을 택한 것이다. 이들은 다른 사람들과 소통을 해야 하는 경우 참 자기를 희생시키면서 거짓 자기가 소통하는 것이다. 그러므로 이들의 소통하지 않을 권리와 요구를 존중해야 한다. 왜냐하면 이들은 고립을 통하여 참 자기와 소통하고 있는 것이기 때문이다.

어린 시절부터 고립된 삶을 살고 있는 E씨는 여러 해째 정신과 의사 D씨의 환자였다. E씨의 아버지는 E씨 어머니와 이혼하고 다른 여자와의 사이에서 자녀 둘을 두고 있으며 관계를 끊은 채 멀리 살고 있었다. E씨 어머니의 말에 의하면 E씨 아버지 쪽 사람들 중에 정신 질환자들이 유독 많았다. 다른 두 자녀들도 정신 질환을 앓고 있었다. E씨 어머니는 E씨와 함께 살았었지만 2년 전부터 몸이 많이 약해지면서 요양원으로 이사를 나갔다. 아들 E씨에게 부담이 될 것 같아서였다. 비록 따로 살고 있었어도 E씨 어머니는 자주 아들의 건강을 체크하고 전화도 하고 그랬다. 그러던 그녀가 세상을 떠났다. E씨가 오직 관계를 맺고 있는 어머니가 돌아가셨다는 소식을 들은 E씨는 남의 이야기를 하듯이 "그래요."라고 한마디 반응만 했다. 그 후 그는 한참동안 상담 회기에 나타나지 않았고 집에서도 종적을 감추었다. 한 세 달 정도 후에 이웃 사람이 그를 마지막으로 본 옷차림 그대로 다시 나타났다. 의사가 어찌 지냈냐고 여러 번을 물어도 "잘 지냈어요."라고만 대답했다. 나중에 안 사실이지만 먼 곳에 이모가 살고 있다는 것만 알고 그 이모를 찾아갔었던 것이다. E씨는 이모를 찾아가는 동안 약을 먹지 않았다. 그는 자기에게 약을 먹지 말라는 소리가 가끔 들리는데 그때는 그 말대로 했다는 것이다. 그리고 이모가 사는 곳을 찾아가는 동안 여러 사람들이 차도 태워주고 먹을 것도 주고 돈도 주어서 별 어려움이 없었다고 했다.

분열성 인격 장애자들은 "오래 전부터 자신의 정동적 참 자기 없이 살면서 쉼이 없는 자아의 조숙성을 통해 자신을 거짓 자기"인 대상화된 객체적 자기를 만들어서 "놀라운 전능성과 완전한 고립을 즐기는 정도에 이르기까지 주지화된 세계" 안에서 살아가도록 하였다.5) 따라서 이들을 치유로 이끄는 과제는 이러한 대상화된 객체적 자기를 그동안 잃어버린 진정한 자기와 연결시켜 주는 것이다.

이들을 돌보는 자들이나 상담자들은 이들이 안전함을 느낄 수 있는 관계를 형성하는 것이 일차적 과정이다. 이들은 안전감을 느끼기 전에는 자신의 전능 환상에 대해서 다른 사람에게 알리는 것을 주저한다. 안전함을 느끼는 내담자는 치료자에게 자신의 내적 세계로의 접근을 허용하며 종종 전능 환상을 드러낸다. 전능 환상은 이들에게 숨겨진 자기의 다른 측면들과 같이 빈약한 자존감을 떠받치고 자기 분열에 대한 불안을 가라앉히기 위한 하나의 피난처 역할을 한다. 이런 순간들을 반복적으로 경험하도록 도와서 이들이 진정한 자기를 회복하도록 돕는 것이 중요하다.

분열성 인격 장애가 있는 사람들은 자아가 섬세하고 깨어지기 쉽다. 섣불리 접근하거나 지나친 친밀감을 보이면 당사자는 침입당한 듯한 위협으로 간주한다. 개인적인 질문도 이들에게는 침입하는 듯한 인상을 준다. 이들은 천성적으로 거짓말을 하거나 남을 속이지 못하기 때문에 어리석을 정도로 솔직하게 대답할 때가 많다. 이들과 함께 잘 지내려면 이들의 영역을 침범하지 않도록 세심한 주의를 기울이며 시간을 갖고 조금씩 접근해야 한다.

이들은 자아가 너무 약하기 때문에 지지상담으로 시작해서 차츰 통찰상담으로 옮겨가는 것이 좋다. 지지상담은 "위로, 충고, 격려, 권고, 이해 등의 방법을 사용하여 내담자가 빨리 불안을 감소시킴과 동시에 내담자가 현재 갖고 있는 문제점이나 갈등만을 다루며, 내담자의 핵심 역동은 그대로 둔 채 그의 방어 기제만을 임시로 지지해 주어 문제가 일어나기 바로 직전의 평형상태로 빨리 돌아가게 하는 것이다."6) 요한복음 15장의 포도나무 비유와 예수님이 잡혀 돌아가시기 전날 밤, 두려움에 싸여 있는 제자들에게 위로의 말씀으로 주신 16장 말씀은 특히 분열성 인격 장애자들이 인간관계에서 그리고 사회적 환경 속에서 두려움을 이기고 용기 있게 나아갈 수 있도록 돕는 말씀들이다.

수동적으로 자신을 고립시키는 분열성 인물들을 돌보기 위해서는 먼저 이들이 하나님의 형상을 따라 지음 받았으며 예수님이 그를 위해 죽음으로 그를 사신 귀한 존재임을 일깨워주는 것이 필요하다. 이들이 자신을 지속적으로 비하하고 무가치하게 생각하지 않도록 돕고 언어를 활용하여 따뜻하게 혹은 열정적으로 자신을 표현하도록 격려하는 것이 좋다. 또한 이들은 말로 표현을 잘 하지 않기 때문에 표정이나 몸짓 등의 비언어적 메시지에 관심을 보이고 주의를 기울여야 한다. 무엇보다 그들의 한적한 삶의 가치를 인정하는 것이 필요하다. 이들이 세상에서는 고립되었을지라도 그들의 삶을 존중하면서 하나님과의 관계에서 풍성한 삶을 살 수 있도록 도울 필요가 있다.

　자녀들 중에 자기 방에서만 칩거하고 있거나 직장도 안가고 사회생활도 하지 않거나 미래도 비전도 없이 방에서 컴퓨터만 하고 밥 먹을 때만 나왔다가 또 다시 자기 방으로 들어가는 자녀가 있다면 이들이 좋아하는 사람을 찾아보는 것이 중요하다. 이들을 세상으로 나오게 하려면 이들이 좋아하는 것이 무엇인지 찾는 것이 중요하다. 이들의 마음 문을 열게 하려면 이들이 관심 있는 것을 살피고 이들과 말이 통하는 사람이 해야 한다. 분열성이 있는 사람들은 주위 사람들의 강한 권유나 다른 문제로 인하여 치료를 받게 되는 경우 외에 스스로 치료를 받으러 가지 않는다. 이들은 다른 사람의 명령이나 간섭을 싫어한다. 이들은 그것을 자신의 세계를 침범하는 것으로 여긴다. 이들을 대하는 치료자의 최고의 덕목은 인내심이다. 너무 친밀해지려고 노력하지 않는 것이 좋다. 분열성 내담자의 침묵이나 소극적 태도를 수용하면서 점진적으로 관계를 형성해 나가야 한다. 치료 목표는 사회적 고립에서 벗어나 사회적 상황에 적응하도록 돕는 것이다.

　이들을 무리하게 사교적으로 만들어 사람들과 어울리게 하기보다는 자기 특성에 맞는 것을 하도록 돕는 것이 필요하다. 정서적 즐거움을 표현할 수 있는 프로그램이 좋다. 소그룹이 적절하고 일대일 관계를 경험할 수 있는 프로그램이 좋다. 예를 들면, 자연 속에서 혼자 할 수 있는 일(산간벽지의 의료진, 측량사, 동물사육사, 공원관리사무소 등)이나 승려, 학자 예술가와 같이 정신적인 세계를 추구하는 일에도 어울린다.

　반평생을 아프리카 밀림에서 보낸 세계적인 영장류 연구자 제인 구달

(Jane Goodall)은 자신의 분열성 성격을 최대한 살린 사람이다. 한 인터뷰에서 그녀는 이렇게 말했다. "나는 밀림 속의 생물들에게 완전히 마음을 뺏겼다. 번잡스런 속세를 떠나서 살기에 이보다 더 좋은 환경은 이 세상 어디에도 없었다. 존재의 의미나 자기 역할에 대해서 명상하기에 완벽한 환경이었다... 동식물, 산과 들에 젖어들수록 나 자신의 핵심에 다가가 내 주변에 있는 충만한 영적인 힘을 느낄 수가 있었다."[7]

7. 분열형 인격 장애(Schizotypal Personality Disorder)의 사례

사례 1

H씨는 40이 다되도록 혼자 산다. 교회에는 가끔 한 번씩 나오며 교인들 중에도 그와 가까운 사람은 거의 없다. 교회에서 봉사도 하지 않고 어떤 그룹 모임에도 참석하지 않고 있다. 교회에 가끔 한 번씩 나오지만 그의 옷차림 때문에 눈에는 띄었다. 다른 성도들은 깔끔한 정장을 착용하고 오는 반면 H씨는 늘 다 헤어진 옷에 모자를 푹 눌러 쓰고 예배를 드렸다. 예배 시간에도 한쪽 구석에 혼자 앉아 있다가 축도가 끝나서 보면 자리에 없었다. 특별한 직업도 없고 학력도 어느 정도인지 아무도 모른다. 그런데 외국에서 학교를 다니는 목사님의 아들 Y군이 한국을 방문하여 교회에 나오는 여름 방학 두 달 동안은 축도가 끝나도 가지 않았다. Y군은 영국의 축구 클럽 첼시의 팬이어서 첼시 옷을 입고 있었는데 H씨는 자기가 그 클럽의 구단주와 러시아의 거대 부호와의 관계에 대하여 잘 안다면서 점심시간이 지나도록 밥도 먹지 않고 이야기했다. 이것은 교회에서 H씨가 누구와 처음으로 이야기

하고 처음으로 축도가 끝난 후에 까지 남아 있던 사건이었다. 그는 자기가 영어도 잘해서 원서를 많이 읽는다고 하면서 그 다음 주에는 자기가 읽고 있는 기사들을 가지고 왔다. 그리고 일반인들이 잘 알지 못하는 역사의 미궁 속으로 빠진 미스터리한 사건들에 관하여 열심히 설명하는 데 횡설수설하여 이야기의 초점을 따라가기 힘들었다. 두 달이 지나 Y군이 영국으로 돌아간 후에는 다시 원래 패턴대로 돌아갔다. 교회에도 뜨문뜨문 나오고 여전한 옷차림에 축도가 끝나기 전에 사라졌다.

사례 2

래리는 31세로 교회 출석이 뜸한 교인이다. 그는 낮 예배보다는 저녁 예배에 가끔 나오는 편이나 출석해서도 예배당 뒤편에 불편한 모습으로 앉아 있곤 한다. 래리의 위생 상태는 좋지 않고, 그와의 몇 차례의 만남을 통하여 다른 사람들이 그를 '이상한 사람'이라고 말하는 것에 목사도 동의한다. 그는 대인관계가 좋지 않고 다른 사람들과 교제하는 것을 무척 불편해한다. 집을 떠난 이후 간간히 직장을 잡았지만, 한 가지 일을 지속하지 못하는 것 같았다. 목사는 래리와 몇 마디 대화를 나누는 동안 그의 말을 알아듣기가 어려웠다. 그의 말은 두서가 없었으며 무엇을 말하는지 알아들을 수 없을 만큼 애매하게 말했다. 그는 예언의 은사에 사로잡혀 있었으며 하나님께로부터 직접 '말씀'을 계시받았다고 생각하였다. 그는 이 주제에 관한 모든 자료를 읽었으며 목사에게 자신이 최근에 계시받은 예언을 자주 설명하였다. 이러한 이유로 다른 사람들이 자신을 거부할 것을 염려하였다.[8]

8. 분열형 인격 장애의 특징과 증상

분열형 인격 장애는 기본적으로 정신 분열증의 범주에 속하는 것으로 여겨진다. 이들의 증상 때문에 때로 정신 분열증으로 오인되는 경우가 있다. 이들이 기이하며 사회적으로 거리감을 두는 것뿐이지 정신 분열증 환자는 아니다. 분열형 인격 장애는 정신 분열증 환자와는 다르게 현실감각을 유지하는 편이지만, 사회적으로 고립되어 있으며 기이한 생각이나 행동을 나타내어 사회적 부적응을 초래하는 인격 장애이다. 분열형 인격 장애는 인간관계가 매우 제한되어 있다는 점에서는 분열성 인격 장애와 유사한 특성이 있다. 분열성 인격 장애가 대인 관계에 있어서 아예 철수를 하는 반면 이들은 대인 관계에 대한 불안감을 가지고 있으며 경미한 사고 장애와 다소 기괴한 언행을 나타낸다는 점에서 구분된다. 대인 관계에서 불안감을 가지고 있으며 의심과 편집적인 사고를 하며 다른 사람들이 자기에 관하여 이야기를 한다는 망상을 하기도 한다. 이러한 점은 경계성이나 편집성과 유사하지만 분열형은 이들과는 달리 정서 표현이 둔하다. 또한 의존성에 비해서 분열형은 대인 관계에서 더욱 쉽게 좌절을 하며 관계 맺기를 피한다. 처음부터 마음에 상처를 받을 까봐 마음을 닫아 놓고 거리를 두며 다른 사람과 가까이 하는 것을 두려워한다. 이들은 남과 마음을 열고 대화하는 것 자체를 부담스러워 한다.

분열형 인격 장애의 주요한 특징은 영감이 풍부하고 직관적이라는 점이다. 이들은 사고가 독특하고 직감으로 행동하는 경향이 있다. 일반 사람들에게 이들의 사고와 행동이 비상식적으로 비치지만 이들의 머릿

속에서는 매우 활발한 정신 작용이 일어나고 있다. 단지 그것이 일반 상식적인 것에서 벗어나 있다는 것뿐이지 때로 이들의 생각은 매우 독창적인 것일 때도 있다. 자기중심적인 삶 때문에 이들은 주변사람들로부터 기이한 사람이라는 취급을 받는다. 이들의 자기중심적인 면은 성인이 되어서도 자기 위주로 생각하고 소통하는 아스퍼거 증후군(Asperger Syndrome)과 비슷하다. 하지만 아스퍼거 증후군은 매우 분석적인 반면 분열형 인격 장애는 초월적 존재나 비논리적 사고에 익숙하다.

분열형 성향이 있는 사람들은 내면세계에 몰두해 있기 때문에 외부세계에서 일어나는 일에는 그다지 신경을 쓰지 않는다. 옷차림이라든지 자신의 외모도 자기중심적으로 하고 다닌다. 이들의 정신세계를 인정해 주고 잘 일구어 줄 수 있는 사람과 환경을 만나면 훌륭한 학자나 종교가 혹은 문학인으로 성공할 가능성이 많다. 칼 융이나 헤르만 헤세와 같은 사람은 분열형 성향이 있는 사람들이다. 하지만 자기의 정신세계를 잘 발전시킬 수 있는 환경을 만나고 또한 스스로 그것을 보편적으로 적용하거나 공상이 아닌 현실 세계에 연결시킬 수 있었기 때문에 훌륭한 업적을 남길 수 있었다. 분열형 인격은 또한 군대나 관공서와 같은 규격화된 조직 사회에는 잘 적응하지 못하기 때문에 자영업자나 프리랜서로서 더 적합하다. 한편 이들의 능력을 잘 살릴 수 있는 환경이 제공되지 못하면 고립되고 소외되는 삶을 살 수도 있다. 이들의 비현실성 때문에 학교와 직장을 자주 옮긴다든지 결혼 생활이 평탄하지 않을 수도 있다.

분열성 인격 장애는 왜곡된 사고와 특이한 지각을 경험하는 특징이 있다. 다른 사람들은 느끼거나 보지 못하는 것을 이들은 감지할 수 있다고 생각한다. 어떤 일이나 상황이 동시에 일어난 것에 특별한 의미를 부여하고 그것을 자기에게 적합하게 해석하는 경향이 있다. 이들은 환상과 현실의 경계선이 뚜렷하지 않다. 환청을 듣고 환상을 보며 텔레파시나 예언 등을 하는 점에서는 정신 분열증의 증세와 유사하다. 하지만 분열형은 환청과 환상이 가끔씩 있지만 그 밖에 정신 분열증이 나타내는 다른 증세는 보이지 않는다. 상식적으로는 통하지 않는 것들에 사로잡혀 있다. 예를 들면 자신은 다른 별에서 왔다거나 자신이 죽은 사람을 볼 수 있다거나 미래를 예견하는 능력이 있다고 생각하고 그대로 믿는다. 분열형 인격 장애는 일반 인구의 3%에서 발생한다는 보고가 있으며 여자보다는 남자에게 약간 더 많다.

9. 분열형 인격 장애의 신앙 유형

분열형 인격은 DSM에서도 편협한 종교적 신앙 등 괴상한 신념을 갖는 경향이 있다고 한다. 이들의 비현실적인 기이한 생각과 신념들은 이들이 정상적인 신앙생활을 하는 것을 방해한다. 어떤 사람들은 하나님께 기도하면 교회에서 일어날 일에 관하여 환상을 보여 주신다고 말한다. 또는 동물과 대화를 할 수 있다고 하거나 다른 사람의 마음을 읽을 수 있다고 한다. 어떤 경우에는 나무 사이에서 거니시는 하나님을 보았다고 하기도 한다.

한 남성은 평소에는 아무 증상을 보이지 않다가 보름달이 뜨는 날이면 아내를 데리고 산으로 가서 '성스러운' 종교 예식을 거행한다. 캄캄한 밤에 이상한 옷을 입고 신도는 오직 두 사람밖에 없다. 남편은 아내에게 자신이 말하는 신의 계시를 큰 소리로 따라하라고 한다. "oo님은 신의 계시를 직접 받아서 이 세상을 변화시킬 전능한 능력을 위임받은 이 세상에 오직 한 명밖에 없는 놀랍고 위대한 사람이다." 아내의 소리가 작거나 조금이라도 틀리면 똑바로 하라고 하며 가지고 있던 몽둥이로 내리친다.

정도의 차이가 있는 것뿐이지 우리 사회 곳곳에 편협하거나 왜곡된 종교적 신념들을 가지고 가족이나 공동체를 잘못된 길로 인도하거나 영적으로 정신적으로 심지어 신체적으로 상해를 입히는 분열형 인물들이 적지 않다. 분열형 인격 장애를 가지고 있는 사이비 종교 집단의 교주들로 인해 집단 자살이나 집단 살해와 같은 끔찍한 일들도 우리 사회에서 벌어지고 있다.

10. 분열형 인격 장애의 진단 기준

A. 친밀한 관계를 불편해하고 그러한 관계를 맺는 능력이 현저히 제한되어 있어 인지나 지각에 있어서 왜곡과 기이한 행동을 보인다. 성인 초기에 시작되며 여러 가지 상황에서 나타나는데, 다음 항목들 중 5개 이상에서 증상이 나타나면 분열형 인격 장애로 진단한다.

1) 관계를 염려한다(관계 망상은 제외).
2) 문화적 규범에 맞지 않는 기이한 믿음이나 마술적 사고를 가지고 있어 행동에 영향을 준다(예: 미신, 천리안, 텔레파시나 육감 등을 믿음. 소아나 청소년에게는 보이는 기이한 공상이나 집착으로 나타나

기도 함).

3) 신체적 착각을 포함한 이상한 지각을 경험한다.
4) 기이한 생각이나 말을 한다(예: 애매하고, 우회적이고, 은유적이고, 지나치게 수식적으로 또는 판에 박은 듯 하게 말하거나 생각함).
5) 강한 의심이나 편집적인 사고를 지닌다.
6) 감정이 부적절하거나 메말라 있다.
7) 기이하거나 특이한 행동이나 외양을 지닌다.
8) 직계 가족 외에는 가까운 친구나 마음을 털어 놓을 수 있는 사람이 없다.
9) 사회적 불안이 과하여 관계가 친밀해져도 줄어들지 않고, 이는 자신에 대한 부정적인 판단 때문이라기보다는 망상적인 공포 때문이다.

B. 장애가 정신 분열증, 정신증적 양상이 있는 기분 장애, 기타 정신증적 장애, 또는 광범위성 발달 장애의 경과 중에만 나타나는 것이 아니다.

11. 분열형 인격 장애의 원인과 형성 과정

분열형 인격 장애는 유전적 요인과 관련되어 있다는 주장이 제기되고 있다. 정신 분열증 환자의 직계 가족에서 유병률이 높으며, 이 장애를 지닌 사람의 가족에는 정신 분열증의 유병률이 높다.9) 이 장애는 다른 장애들과 마찬가지로 유아기에 경험한 부모와의 불안전한 애착 관계에 기인한다. 어린 시절 부모의 무관심과 무시, 학대와 외상을 받았거나 역기능 가정에서 성장했을 경우 분열형 발병율이 증가한다. 이들은 기질적으로 외부 자극에 대해 수동적인 반응 패턴을 나타내는데 이러한 수동적 반응은 외적 환경으로부터 발달에 필요한 풍부한 자극을 이끌어 내는데 비효율적이고 부모로부터도 별다른 관심과 주의를 받지 못하게 된다. 부모와의 긴밀한 상호 작용이 빈약하여 건설적인 인간관계를 맺는 데 필요한 기본적인 애착 행동을 학습할 기회를 갖지 못하게 된다. 이들이 성장할 때의 가정 분위기도 가족들 간의 교류가 별로 없어서 냉담하고 가족 간의 의사소통도 단절되어 있는 경우가 많다. 그 결과 다른 사람들과 관계 맺는 것에 대한 강화를 받지 못하고 의사소통 기술을 제대로 학습하지 못한 것도 분열형 인격 장애의 주요한 요인이다.

부모로부터 무시나 비난 또는 모욕을 당하면서 자라나는 경우가 많다. 이렇게 자란 청소년들은 자기 스스로에 대한 존중감이 낮고 자기 비하를 하고 다른 사람들에 대한 기본적인 불신을 발달시키게 된다. 이들은 갈등 해결 방법들을 제대로 학습하지 못했기 때문에 또래들로부터 받게 되는 무시나 비난을 제대로 해결하지 못한다. 그리고 자기를 보호하기 위한 방어 기제가 부적절하여 주위로부터 더 큰 비난과 조롱을 불러일으키게 된다. 그 결과 이들은 더욱더 사람들로부터 철수하게 되거나 관계 맺기를 더 두려워하게 되고 지속적으로 불신을 발달시켜가고 더욱 자기 비하를 하게 되는 악순환이 되풀이 된다.

12. 분열형 인격 장애를 위한 돌봄과 치유

분열형 인격 장애는 진단하기 가장 쉽지만 치료하기는 가장 어려운 장애로 여겨진다. 이들은 스스로가 다른 사람들보다 좀 더 기이하고 창조적이고 상식에 제한을 받지 않는 것뿐이라고 여기기 때문이다. 또한 친밀감과 라포를 형성하는 것에 대한 불안과 두려움이 있기 때문에 심리 상담을 진행하는 것도 어려움 많이 따른다. 따라서 분열형 인격 장애가 있는 사람을 상담할 때는 지나치게 지지해 주거나 해서 너무 가까워지려고 하지 않는 것이 좋다. 상담 시간을 잘 지키고 내담자의 말을 잘 수용하고 공감해 주는 정도의 거리를 유지하는 것이 필요하다. 내담자가 안정감을 느끼고 불안해하지 않을 때까지 여유 있게 기다려 주어야 한다.

분열형 인격 장애자는 스스로 도움을 요청하는 경우는 극히 드물기 때문에 이들의 장애가 드러나는 것은 이들의 증상이 심해져서 다른 정신증이 함께 나타났을 경우이다. 병원에서 이들을 치료할 때에도 정신 분열병과 같은 약을 준다. 증상이 거의 정신 분열병과 유사한 경우와 강박성 장애와 유사한 경우를 구분해서 치료한다. 분열형 인격 장애 환자의 관계망상적 사고, 기이한 언행, 사회적 고립이 항정신병 약물에 의해 개선된 보고들이 있다.[10]

분열형 인격 장애가 있는 사람들과의 상담을 위해 벡(A. Beck)과 프리맨(A. Freeman)은 네 가지 제안을 한다.[11] 우선적으로 사회적 고립을 줄이는 건전한 치료적 관계를 수립하는 것이 중요하다. 둘째, 사회적 기술 훈련과 적절한 언행의 모방 학습을 통해 사회적으로 적절한 행동을 증가시킨다. 셋째, 내담자가 두서없이 사고하는 양식에 의해 방해받지 않도록 치료 회기를 구조화하여 체계적으로 진행한다. 넷째, 내담자가 정서적 느낌보다는 객관적 증거에 의하여 자신의 사고를 평가하도록 가르친다.

분열형 인격은 영감이 풍부하고 직관적이며 창조적인 사고를 하는 장점을 현실에 잘 연결하도록 도와 줄 수 있는 멘토가 필요하다. 이들은 알맞은 일을 주면 잘 처리하는 능력이 있다. 융은 어린 시절부터 신비주의, 심령 현상과 신화 등에 심취하고 동서양의 방대한 양의 책을 읽었다. 정신분석학의 거장 프로이드 밑에서 있었지만 나름대로 프로이드의 성리비도 이론을 비평하면서 집단 심리학과 집단 무의식 등의 이론을 세웠다.

이들의 심리적 영적 성장을 돕기 위해서는 이들의 내적 질서를 세우도록 해야 한다. 그리스도인의 삶의 질서에 관하여 성경은 "그러므로 너희 마음의 허리를 동이고 근신하여 예수 그리스도께서 나타나실 때에 너희에게 가져다주실 은혜를 온전히 바랄지어다"(벧전 1:13)라고 말한다. 성경 읽기와 묵상과 기도 같은 절제된 삶을 '율법적'이라고 하는 것은 옳지 않다. 절제된 삶이 문제가 아니라 그러한 삶을 절대시하는 율법주의가 문제이다. 그리스도인들이 삶에 질서를 세우기 위해서 이러한 성실한 훈련은 필수요소이다. 오히려 질서 없이 사는 삶이 믿음의 삶을 약화하고 파괴한다. 그러기에 신앙의 성인들은 시편과 같은 말씀을 묵상하는 질서 있는 삶을 강조하였다. 우리 영성의 근원은 하나님의 은혜와 사랑, 그리고 성령님이 주시는 삶의 풍성함에 있다. 영적 질서를 회복하기 위해서는 성령의 도우심이 있어야 하고, 적절하게 규칙적인 일상을 유지할 필요가 있다.

Mental Health and Christian Counseling

CHAPTER 12

편집성 가면-자기 상실의 애도자

Mask of Paranoia

1. 편집성 인격 장애(Paranoid Personality Disorder)의 사례

사례 1

K씨는 40대 중반의 학교 선생님이다. 겉으로 보기에는 성공한 사회인이다. 그러나 K씨의 아내 D씨는 다른 사람을 신뢰하지 못하는 K씨 때문에 괴로운 삶을 살고 있다. K씨는 지난 10년 동안 주말 부부 생활을 했다. 5년 전쯤 남편은 아내를 의심하기 시작했다. 그러다가 2-3년 지난 후 갑자기 조용해졌는데 그때 아내 D씨는 남편 K씨에게서 이상한 조짐을 발견했다. 무언가를 숨기고 눈치를 보며 이메일을 보내고 하는 것을 발견했다. K씨가 다른 여자와 주고받은 문자와 이메일 내용을 발견한 순간 D씨는 거의 쓰러질 뻔하였다. K씨는 온갖 거짓말에 '너랑은 상관없는 일이야'라면서 폭력까지 하고 이제는 드러내놓고 메일을 주고받았다. 어느 날은 전화에다 대고 소리를 지르고 욕을 하고 그랬다. 알고 보니 사귀던 여자가 전화도 받지 않자 그 여자에게 다른 남자가 생겼다고 불같이 화를 내고 그 여자의 위치를 추적하느라 밤새

컴퓨터에 앉아 있는 거였다. D씨가 발견한 이메일 내용에도 상대 여자가 K씨에게 의처증이 있으니 병원에 가보라는 내용도 있었다. 아내 D씨는 기가 막히기도 하고 외도에 폭력에 마치 정신 나간 사람처럼 날뛰는 K씨랑은 더 이상 같이 살 수 없을 것 같아서 집을 나갔다. 그랬더니 K씨는 D씨의 이메일과 핸드폰에다가 수십 번씩 온갖 욕과 저주를 다 퍼부은 메시지를 남겨 놓았다. D씨는 이 일로 이른 폐경기가 오고 외상 후 스트레스 장애까지 생겼다.

사례 2

S씨는 미모의 대학 4학년 여학생이며 현재는 사귀는 남자 친구가 성격이 좋아 앞으로 결혼도 생각하고 있다. 그런데 대학 2학년 때 사귀던 남자 친구 P씨를 생각만 해도 지금도 끔찍하다. P씨는 체육과 유도 선수로 지역 대표로 전국 체전에 나갈 만큼 운동에 소질이 있었다. 친구의 소개로 만난 P씨는 그 전에 사귀던 여자 친구가 있었다. 학교 내에서는 유명한 커플이었는데 S를 만나자 마자 그 여자와 헤어졌다. 그녀가 남자 관계가 복잡하다는 것이 주요한 이유였다. S씨는 자기에게 잘해주고 늘 집까지 바래다주거나 집에 잘 도착했는지 전화로 확인도 하고 그래서 P씨가 자기를 많이 좋아한다고 생각했다. 그런데 갑자기 집 근처에 나타나서 지금 집 근처이니 몇 분 안에 나오라고 했다. 준비해서 나가는데 시간이 좀 거리면 "뭐 시간이 이렇게 오래 걸리냐?" "집 근처에 나오는데 화장할 필요가 뭐가 있냐?" 등 잔소리가 심해졌다. 이런 식으로 간섭이 점점 심해지면서 자주 싸우게 되자 S는 P씨에게 그만 헤어지자고 했다. 그 후부터는 하루에도 몇십 번씩 전화하고 집 근처까지 찾아오곤 했다. S씨는 너무 무서워서 할 수 없이 아버지에게 사실을 다

말했다. P씨는 S씨의 집까지 찾아가서 행패를 부리다가 경찰을 부르겠다는 S씨 아버지의 위협에 그 후로부터는 나타나지 않았다.

2. 편집성 인격 장애의 특징과 증상

편집성 인격 장애는 타인에 대한 강한 불신과 의심을 지니고 적대적인 태도를 나타내어 사회적 부적응을 나타내는 망상성 인격 특성을 보인다.[1] 편집성 인격 장애의 가장 두드러진 특징은 다른 사람을 믿지 못한다는 것이다. 주변의 일은 의심부터 하고 인간관계에서는 늘 불안하다. 이들이 다른 사람을 믿지 못하는 것은 배신당할지도 모른다는 불안 때문이다. 친밀한 관계 안에서도 배신당하지 않을까 항상 두려움이 있어서 어느 정도 이상은 가까워지지 못한다. 주변 사람들과 지속적인 갈등과 불화를 보이고 자기 통제력을 상실할 수도 있다고 생각되는 밀접한 관계는 맺지 않으려고 한다. 친한 사람이 자기를 버리거나 다른 사람에게 자기를 욕하고 다니는 것은 아닌지 늘 의심한다. 그래서 그들을 자기 옆에 두고 감시하거나 통제해야지만 불안함이 줄어든다. 이들은 늘 상대를 감시, 추적, 파악하려고 하기 때문에 친밀한 친구가 별로 없다. 늘 자신을 방어하고 주변을 경계하며 항상 지나치게 과민한 상태에 있다. 다른 사람에 대한 불신감으로 항상 방어적으로 경계하며 통제력과 자율성을 상실할까 두려워하고 만성적으로 적대감을 가지고 있다. 대인관계에서 까다롭고 시비조의 태도를 가지며 도발적이다. 따라서 가까이서 지내면 피곤하다. 피곤해서 관계를 끊으려고 하면 저주하거나 협박하거나 하여 끊기도 힘들다. 편집성 인격 장애는 정신 분열증이나 편집적 망상 장애의 증상을 보이지만 환각, 망상, 분열 등과 같은 증상이 없다는 점에서 구별된다.[2)]

이들은 자신에 대해서는 관대하고 다른 사람에 대해서는 의심과 의혹이 많고 감정적으로 냉정하고 차갑다. 이들은 어떤 일이 일어나면 잘못이나 결함을 다른 사람에게 찾아서 그들에게 책임을 전가하는 경향이 있다. 자신의 잘못이나 실패를 받아들일 수 없기 때문이다. 다른 사람의 허물을 캐내는 데 탁월하며 상대의 결점을 찾아내면 그것에 집착한다. 다른 사람이 자기를 해치거나 흉보지는 않을까 혹은 이용당하지는 않을까 늘 불안해한다. 이들은 일상적인 대화에도 매우 예민하여 상대방이 한 말 안에 숨겨진 의미나 위협이 있는 것은 아닌지 의심하며 읽어 내려고 한다.

이들은 다른 사람의 결점에는 집요하지만 자기 자신은 베일에 가려둔다.[3)] 학생의 경우 시험 성적 점수가 잘 나오지 않았으면 그 탓을 자기에게서 찾는 것이 아니라 자기애성 인격 장애처럼 교수에게 돌린다. 자기애성 인물들은 이런 경우 자기의 탁월함에 대한 신념이 확고하기 때문에 교수가 자기의 답안을 잘 읽지 못했거나 문제를 잘못 냈다고 생각한다. 하지만 편집성 인물들은 교수가 점수를 잘 주지 않은 것이 자기를 미워해서 그렇다고 생각하고 그 원인을 추적하고 모든 것을 자기 위주로 추측한다. 이들과 가깝게 지내는 데는 어려움이 있다. 이들은 마음속에 시기와 질투가 많고 적개심이 많아서 한번 관계에 문제가 생기면 쉽게 회복되기 어렵다. 모임에서는 최고로 인정받기 원하고 작은 일로 무시당하거나 소외되는 것을 매우 예민하다. 이들은 인정을 받기 위해서 열심히 일하기 때문에 직장에서 윗사람에게 인정받으나 이들이 리더가 되면 그 조직에는 문제가 생긴다. 이들은 자기 외에는 누구도 믿지 않으려 하며 다른 사람들을 경쟁자나 적대자로 여기기 때문에 그 조직은 투쟁의 장으로 변질될 수 있다. 그러면 사람들이 일보다는 관계적 문제에만 예민해져서 거기에 너무 많은 에너지를 소비하기 때문에 일의 효율성이 떨어질 수 있다.

이들은 좋은 점도 있다. 자신감이 있고 과시적이어서 자기 일에 대한 자부심이 높다. 하지만 교만하고 거만하다는 느낌을 준다. 이들은 자기애성 인물들처럼 자기에 대해 말해주기를 바라는 반면 작은 일에 상처를 잘 받는다. 이들은 겉으로는 자신만만하지만 그 이면에는 열등감이 많다. 경제력, 외모, 학력 등에 열등감을 가지고 살아 온 경우가 많다. 열등감은 자신을 다른 사람과 비교할 때 생긴다. 이러한 열등감이 편집성을 만든다. 다른 사람이 이들을 배려하는 말이나 행동에도 이들은 자신을 무시한다고 생각한다. 다른 사람을 비난하는 사람은 그 안에 자기의 열등감 혹은 그림자가 있는 것이다. 어린 시절 경제적으로나 정서적으로나 어렵게 자랐을 경우 소유하지 못함에 대한 분노가 생길 수가 있다. 그러면 결혼하여 아내와 자녀를 소유하고 지배하려는 독재자처럼 행동하는 경우가 많다. 집 밖에서는 잘하지만 집안에서는 소유하려는 자신의 의도가 잘 먹히지 않으면 폭군으로 변한다. 이들은 융통성이 적기 때문에 작은 말 한마디에도 상처를 잘 받는다. 대부분의 독재자들은 편집성과 반사회성을 같이 가지고 있다. 스탈린과 히틀러 등이 대표적인 인물이다.[4]

편집성 인격 장애의 극적 증상은 의처증이나 의부증으로 나타나는데 이것은 망상 장애 정신병에 속한다. 이러한 증상이 있는 사람들은 결혼

전 데이트할 때 상대에게 열정과 혼신을 다하며, 상대방은 이들의 이러한 모습에 감동하여 결혼을 결정할 수 있다. 하지만 조심해서 잘 살펴보아야 할 것은 이들의 편집성이다. 이들은 혼신을 다해서 사랑하는 모습을 보이는 것뿐이다. 자신이 상대에게 사랑받지 못한다거나 상대가 떠날지도 모른다는 불안과 두려움 때문에 혼신을 다하다가도 상대를 전적으로 믿지 못하기 때문에 언제든지 의처증이나 의부증 증상을 보일 수 있다.

3. 편집성 인격 장애의 신앙생활

교회 공동체에서도 이러한 사람들이 있다. 편집성 인격 장애가 있는 사람들은 열정적이고 야심적이며 성취욕이 강하여 프로젝트를 맡기면 탁월한 열정을 발휘한다. 하지만 독선적이고 지배욕과 소유욕이 매우 강하여 인격적 관계를 맺는 것은 약하다. 이들은 권력과 힘을 좋아하므로 관계도 그 연장선 상에서 해석한다. 이런 사람이 교회 공동체에 있으면 공동체가 성장한다. 그러나 이들이 지도자가 되면 그 공동체는 깨지기 쉽다. 항상 불만이 있고 내 뜻대로 되지 않으면 파벌을 조장하기 때문이다. 부목사가 회의 중 편집적인 성향의 장로를 반대하거나 이견을 내놓았을 경우 장로는 부목사가 교회를 떠날 때까지 괴롭힌다.

교회에서 반대하는 사람과 지속적으로 불화한다. 교회 내에서 갈등이 있으면 거기에는 늘 편집성이 끼어 있다고 보면 된다. 권력에 집착하고 교회의 권력을 잡기 위해서 당을 잘 짓는다. 사랑보다는 공의를 내세우고 규정 법률 규칙 등으로 따진다. 다른 사람에겐 공의라는 잣대를 들이대고 자기는 그리스도의 사랑으로 덮어주기를 바란다. 고무줄 잣대로 사람을 평가 한다.

이들은 다른 사람들을 자신들의 대적자로 보는 경향이 있으며 목사와 다른 교인들을 불신한다. 이들은 교회 내에서도 가장 완고하고 교리적인 사람일 수 있다. 이들의 삶은 율법적이고 형식적이며 깊이가 없다. 교회에서도 자신의 행위는 정당화시키기고 다른 교인들에게 화를 내며 비난하는 경향이 있다. 목사의 관심이나 의견이 자신에게 대항하는 것으로 여긴다.5)

4. 성경에 나타난 편집성 인물

사울이 왕위에 오르기 전과 왕위에 오른 후에 사울이 보여준 몇 가지 행동을 분석해 볼 때 그는 정신 의학에서 분류되는 인격 장애들 중에 몇 가지의 인격 장애들을 함께 가지고 있다고 볼 수 있는데 그 중 하나가 편집성 인격 장애이다. 다윗이 골리앗과의 전투에서 승리하고 돌아왔을 때 그는 다윗을 공신으로 대우하기보다 라이벌로 의식하였다.

사울은 블레셋 사람 골리앗을 두려워하였으나 다윗이 물맷돌로 골리앗을 죽이고 블레셋과의 전쟁에서 승리하고 돌아오자 이스라엘 사람들이 "사울이 죽인 적은 천천이요, 다윗이 죽인 적은 만만이라네"(삼상 18:7)라며 노래를 부르자 사울은 그 노래를 듣고 심한 열등감을 느끼고 자존심이 상하였다. 사울은 다윗이 이런 인기에 힘입어 왕이 되려하는지 의심하고 다윗을 죽이려고 궤책을 꾸미기도 한다. 다윗이 전쟁에서 승리할 때마다 백성들은 다윗을 칭송하는 노래를 부르고(21:11; 29:5), 사울은 다윗이 왕의 자리를 빼앗으려한다고 의심하고 다윗의 충성심을 불신한다. 사울은 다른 사람이 인정받는 것에 대한 질투를 느끼고 비난하는 행동을 하는 편집성 인격 장애를 가지고 있었다. 많은 편집성 인물들이 반사회적 혹은 적대-공격성 인격 장애를 함께 가지고 있는데 사울의 경우 특히 더욱 그러하다. 경계심이 많고 쉽게 성내며, 다윗을 죽이려 할 때도 양심의 가책이나 죄책감 없이 공격하고 만성적인 거짓말을 하였다. 메랍을 다윗의 아내로 삼게 해주겠다 하였으나 아드리엘에게 주고 미갈을 아내로 삼게 하여 블레셋 사람에게 죽게 하려는 속셈도 있었다(삼상 18장). 사울은 아들 요나단에게 결코 다윗을 죽이지 않겠다고 맹세하였지만 손에 든 창으로 다윗에게 던지고, 다윗의 아내인 미갈에게 다윗을 죽이라 명령하기도 한다.

5. 편집성 인격 장애의 진단 기준

A. 다른 사람들의 동기를 악의에 찬 것으로 해석하는 등 광범위한 불신과 의심이 성인기 초기에 시작되어 다양한 상황에서 나타나며 다음 항목들 중 4개 이상에서 증상이 나타나면 편집성 인격 장애로 진단한다.
1) 충분한 근거 없이도 다른 사람들이 자신을 이용하고 해를 주거나 속인다고 의심한다.
2) 친구나 동료의 성실성이나 신용을 부당하게 의심하며 집착한다.
3) 정보가 자신에게 악의적으로 사용될 것이라는 부당한 공포 때문에

터놓고 예기하기를 꺼린다.
4) 사소한 말이나 사건을 자기를 욕하거나 위협하는 의도가 숨겨져 있는 것으로 해석한다.
5) 원한을 오랫동안 풀지 않는다. 예를 들면, 모욕, 상해, 혹은 경멸당했던 일을 용서하지 못한다.
6) 다른 사람이 보기에는 그렇지 않지만 자신의 인격이나 평판이 공격당했다고 느끼고 즉시 화를 내거나 반격한다.
7) 정당한 근거 없이 배우자나 애인의 정절을 계속 의심한다.
B. 정신 분열증, 정신증적 양상을 보이는 기분 장애, 혹은 기타 정신증적 장애의 결과 중에만 나타나는 것이 아니고 일반적인 의학적 상태의 직접적 생리적 효과에 의한 것이 아니어야 한다.

6. 편집성 인격 장애의 원인과 형성 과정

편집성 인격 장애에 대한 유전적 요인에 대한 연구는 별로 없는 편이다. 환경적 요인으로 부모의 인격 특성과 양육 태도가 편집성 성격을 발달시키는 원인이 될 수 있다. 편집성 인격 장애 환자의 부모가 강한 분노감을 지니고 있는 경우가 많이 보고되고 있다. 부모의 학대가 주 원인이다. 부모의 학대로 아이의 심리적 기능이 추출당한 경우 아이는 일종의 상실을 경험하고 무의식적으로 애도를 하면서 다른 사람에게 폭력적으로 행함으로써 상실된 자기를 회복하려 한다.6) 정신분석적 입장에서는 편집성 인격 장애의 원인을 망상 장애와 비슷한 방식으로

설명하고 있다.7)

편집성 인격 장애는 주로 기본적 신뢰의 결여에서 야기된다. 어린 시절 폭력에 노출 되거나 하였을 때 매를 맞지 않기 위해 방어 기제로 울지 않는 것을 습득한다. 이들이 겉으로 울지 않는다고 하여도 상처가 없거나 두렵지 않거나 한 것은 아니다. 상처를 스스로 보듬을 수 없을 경우 자기 울타리를 친다. 그래서 상대를 의심하게 되는 경향이 생긴다. 부모가 사업상 바빠서 폭력은 아니어도 따뜻한 사랑을 받지 못한 사람이나 칭찬보다는 비난을 많이 받았을 경우 편집성이 생길 가능성이 크다. '넌 잘하는 게 뭐가 있니?'라는 비난을 듣고 자란 아이는 '나는 그런 사람이야'라고 내면화를 시킨다. 어른이 되어서도 이러한 말들은 환청과 망상으로 들린다. 인지적 입장에서는 편집성 인격 장애 환자의 행동적 특징을 그들이 지닌 독특한 신념과 사고 과정에 초점을 두어 설명한다. 부모가 잘 키웠어도 불신풍조 사회나 자기 자신의 기질이 편집적인 사람으로 만들기도 한다.

7. 편집성 인격 장애를 위한 돌봄과 치유

편집성 인격 장애가 있는 사람들이 자신의 인격 문제로 상담자를 찾아오는 경우는 드물며, 대부분 우울증이나 불안 장애와 같은 문제로 치료를 원하게 된다. 일반적으로 인격 장애는 오랫동안 지속되어 온 성격의 문제이므로 수정과 변화가 쉽지 않다. 편집성 인격 장애에 대한 치료는 매우 어려운 것으로 알려져 있으며, 이에 대한 연구도 부족한 상태이다. 치료자와 환자의 깊이 있는 관계 형성이 중요하며 갈등의 원인이 환자 자신에게 있음을 자각하고 자신을 변화시키도록 격려하는 것이 치료 목표가 된다. 상담자는 내담자가 편집 성향이 있는지 정신병을 앓고 있는지 그 양상들을 우선 구분하는 것이 중요하다.

이들의 치유를 돕기 위해서는 우선 이들도 하나님의 창조물이며 하나님께서 이런 사람도 쓰신다는 것을 기억하는 것이 중요하다. 하나님께서는 사울과 같은 사람도 사용하셨다. 하나님의 사역을 위해 그 사람의 감정을 쓰신다. 편집성 인물들은 어린 시절부터 자신이 의지의 대상인 부모로부터 각종 학대를 받은 경험이 있다. 학대와 불신의 악순환의 고리를 끊는 방법은 사랑밖에 없다. 따라서 이들에게는 공의보다는 사랑의 체험이 필요하다. 작은 것이라도 칭찬하고 먼저 믿어주는 것이 필요하다. 공감하는 마음으로 내담자의 이야기를 들어주어야 한다. 열린 대화와 진솔한 대화를 통해 마음을 전달하도록 하는 것이 중요하다. 이들의 의심과 불안 뒤에는 열등감이 자리해 있다는 것을 인지하고 이들의 능력이 인정되는 체험을 할 수 있도록 돕는 것이 필요하다.

이들을 치유의 길로 안내하기 위해서는 인내가 필요하다. 왜냐하면 여러 인격 장애들 중에서도 반사회성 인물들과 편집성 인물들은 어린 시절부터 부모와의 관계에서 신뢰가 형성되지 않은 경우가 많기 때문에 성인이 되어서 새로이 누군가와 신뢰를 형성한다는 것은 대단히 어려운 작업이다. 이들을 치유로 인도하기 위해서 상담자가 다루어 주어야 할 부분은 이들 스스로 다른 사람의 마음을 힘이나 권력으로 지배할 수 없다는 것을 인정하게 하는 것이다. 이들은 또한 지는 법을 배울 필요가 있다. 무엇보다도 상담자 스스로 연약함을 보여주면 이들도 마음의 경계를 풀 수 있을 것이다.

이들은 부모의 비난이나 학대로 인하여 상실한 자신을 찾으려고 찾아 나서면서 거짓 자기의 모습, 즉 원치 않는 자기의 모습을 상대방에게 투사한다. 그러면서 상대방의 마음의 평화를 훔쳐간다. 투사를 받는 사람은 혼동 상태에 남겨진다. 상담자는 이러한 역동 심리를 알고 투사에 잘 대처할 필요가 있다. 상담자는 내담자가 투사한 원치 않는 거짓 자기의 모습을 잘 간직하고 견디어 주는 역할을 해 주어야 한다. 또한 상실한 자기 마음을 되찾으려고 하는 내담자의 경우는 상담자를 그들의 사랑받고 싶은 욕구를 충족해 줄 대상으로 여기며 반응할 수도 있다. 따라서 상담자는 내담자의 상태를 잘 살펴보고 알맞게 다루어 주어야 한다.[8]

인간의 인격은 한 번 형성되면 쉽게 변하기 어렵다. 물론 하나님의 전권적인 은혜와 오랜 시간에 걸쳐서 본인들과 가까운 사람들의 피나는 노력이 있을 경우 변화가 가능하기는 하다. 한편 인간의 인격도 하나님께서 허락하신 것이므로 장점까지도 모두 없앨 필요는 없다. 그럼에도 불구하고 인격 장애가 있는 사람들과 함께 사는 것은 쉬운 일이 아니다. 편집성 인격 장애가 있는 사람들과 더불어 살기 위해서 이들의 가족과 가까운 사람들이 유의해야 할 점들이 있다. 오카다 타카시가 제안하는 것을 요약하면 다음과 같다.[9] 첫째, 이들과의 관계에는 늘 위험성이 있음을 인식할 필요가 있다. 따라서 너무 친하려고 하지 말고 적당한 거리를 두는 것이 필요하다. 믿고 모든 것을 말했을 때 그것이 걸림돌이 될 수 있음을 기억하는 것이 좋다. 둘째, 이들과는 정면충돌을 하지 않는 것이 좋다. 손해를 보더라도 정면으로 맞서는 것은 피해야 한다.

이들은 싸움이 활력소가 되어온 사람들이어서 한 사람과 싸우다가 그가 없으면 다른 사람도 또 싸운다. 셋째, 이들에게 서투르게 변명하거나 타협하지 않는 것이 좋다. 이들은 모든 잘못의 탓을 남에게 돌리는 경향이 있어서 이들은 집요하게 따지는 것이 특기이다. 넷째, 상대방이 겸손하게 나가면 수그러드는 경향이 있으므로 이들과는 힘겨루기 파워 게임을 하지 않는 것이 좋다. 다섯째, 이들은 작은 말 한마디에 생사를 거는 경향이 있으므로 이들의 자존심을 건드리는 말을 하지 않도록 조심할 필요가 있다.

Mental Health and Christian Counseling

CHAPTER 13

영적 중독의 가면-자기 두려움의 은폐자

Mask of Spiritual Addiction

1. 영적 중독(Spiritual Addiction)의 사례

사례 1

A장로는 6남매의 장남으로 일찍 아버지를 여의고 가난한 가정의 홀어머니의 밑에서 자랐다. 할아버지로부터 '너는 이 집안의 가장이다'라는 말을 듣고 자랐다. 어린 시절에 어머니가 직장에서 오기 전에 집안을 다 청소해 놓으면 칭찬을 들으면서, 밖에 나가 놀고 싶어 하는 자기의 욕구를 희생하는 법을 배웠다. 결혼해서도 이러한 그의 '이타주의'적인 행동이 계속 되었다. 집안에 먼지가 쌓이기 전에 청소하고, 김치를 담을 때도 힘든 일을 다해주었다. 아이들의 방도 깨끗하게 정리하며 쓰레기도 버려주었다. 물론 가정의 경제를 책임지는 경제 활동도 자기의 몫이었다. 아내와 아이들은 자기가 그렇게 도와주는데도 감사하는 마음이 없는 것 같아 서운해지고 때로는 화가 났다. 자기가 힘들게 도와주는데도 아내는 감사하지는 않고 오히려 잔소리한다고 짜증만 내고, 아이들은 허락도 없이 자기 것을 만지거나 버린다고 신경질을

부렸다. '나는 이 집의 돈만 벌어오는 기계인가?'라는 회의가 들기 시작했다. A장로는 H교회의 '구세주'였다. 그가 없으면 교회가 돌아가지 않았다. 그는 당회원, 남선교회 회장, 교육위원회 회장과 중고등부 부장 그리고 성가대 대장을 여러 해 동안 해오고 있다. 몇 년 전에는 직장 야근에다가 특별 새벽기도를 하루도 빠지지 않고 참석하다가 과로로 쓰러져 병원에 입원해야 했다.

사례 2

S씨라는 여성은 고등학교밖에 나오지 않았지만 오빠의 소개로 일류 대학을 나오고 신문사 기자인 지금의 남편을 만나 결혼 생활을 잘 해나갔다. 유능한 남편을 맞아 경제적으로는 어려움 없이 살지만 회사 일로 출장이 잦은 남편 때문에 늘 외로웠던 S씨는 친구의 전도로 교회 생활을 시작했다. 교회 공동체는 S씨의 외로움을 채우기에 너무 알맞았다. 하나님처럼 인자해 보이는 목사님과 성도들은 S씨를 한 가족처럼 인정해주고 따뜻하게 맞아주었기에 S씨는 교회 활동에 더욱 열심을 내었다. 새벽 기도회도 다니기 시작했다. 방언 기도를 하면서 한번 기도하기 시작하면 시간가는 줄 몰랐다. 심야 기도회에 와서도 밤을 새며 기도하다 보면 집에 갈 생각도 들지 않았다. 그때만은 세상을 다 얻은 것 같고 하나님과 직접 대화하는 것 같고 외로움도 잊었다. 하지만 정갈하던 집은 엉망이 되기 시작했다. 아이들 학교 가는 것을 챙겨주는 것도 잊은 지 오래다. 남편이 집에 들어오지 않는 것도 잘 몰랐다. 남편은 S씨가 너무 교회에만 빠져 집안을 돌보지 않자 더욱 밖으로 돌면서 결국 다른 여자와 외도를 하는 상황까지 갔다. S씨는 하나님이 왜 나에게 이런 힘든 상황을 허락하시는지 분노하고 괴로웠다. "혹시 하나님이 날 사랑하지

않는 것은 아닐까? 내가 더 열심히 기도를 하지 않아서 일까?"하면서 이제는 기도원을 찾아다니기 시작했다.

2. 영적 중독의 특징과 증상

우리는 앞 장들에서 정신 의학회의 진단 기준에 의하여 10가지 인격 장애들에 관하여 살펴보았다. 그리스도인들도 이 인격 장애들에서 예외는 아니었다. 한편 그리스도인들에게 나타나는 인격 장애의 또 다른 유형이 있다. 일종의 영적 중독으로 인한 인격 장애이다.

성경은 인간의 삶의 근원에 대하여 말하고 있다. 그러나 성경의 가르침을 잘못 가르치고 잘못 이해하여 많은 그리스도인들이 잘못된 혹은 해로운 신앙을 가지는 경우가 많다. 이러한 해로운 신앙은 그리스도인들을 종교적이고 영적인 중독에 빠지게 한다. 위의 사례들에서 A장로와 S씨처럼 성경의 가르침을 잘못 이해하여 실제로는 내적 평안이 없고 내적 갈등으로 황폐되어 있음에도 그것을 가장하기 위하여 더 종교적이고 더 이타적이며 더 영적임을 보이려고 노력하는 경우가 종종 있다.

스티븐 아터번(Stephen Arterburn)과 잭 펠톤(Jack Felton)은 그들의 책 『해로운 신앙』(Toxic Faith)에서 해로운 신앙에서 나타나는 21가지 신념들에 대해서 논하고 있다.[1)]

1) 하나님의 사랑과 은혜는 내가 하는 행위에 달려있다.
2) 비극이 닥쳐올 때, 진정한 신자라면 그것에 대해 참된 평안을 가져야만

한다.

3) 만약 내가 참된 신앙을 가지고 있다면, 하나님은 나를 혹은 내가 기도하는 사람들을 치유해주실 것이다.

4) 모든 사역자들은 하나님의 사랑으로서 신뢰할 수 있다.

5) 물질적 복은 영적 능력의 상징이다.

6) 하나님께 더 많은 돈을 헌금하면 할수록, 그분은 나에게 더 많은 물질을 허락하실 것이다.

7) 나는 행위로 천국에 갈 수 있다.

8) 삶 가운데 일어나는 여러 가지 문제들은 내가 지은 특별한 죄로 인한 것이다.

9) 나는 끊임없이 다른 사람의 필요를 채워주어야만 한다.

10) 나는 항상 권위에 복종해야 한다.

11) 하나님은 영적인 거인들만을 사용하신다.

12) 진정한 신앙이란 하나님이 도와주시기를 기다리면서 그분이 행하실 때까지 아무것도 하지 않는 것을 의미한다.

13) 성경에 없는 것은 무엇이든 적절하지 않다.

14) 하나님은 나에게 완벽한 짝을 주신다.

15) 나에게는 모두 좋은 일만 일어난다.

16) 강한 신앙은 문제와 고통에서 나를 보호해줄 것이다.

17) 하나님은 죄인을 싫어하셔서 나에게 화를 내고 벌주시기를 원하신다.

18) 그리스도는 단지 위대한 스승이셨을 뿐이다.

19) 하나님은 너무 위대한 존재이기 때문에 나처럼 미약한 존재를 돌보실 수 없다.

20) 하나님은 그 무엇보다 내가 행복하기를 원하신다.
21) 나도 하나님이 될 수 있다.

이러한 해로운 신앙과 종교 중독의 신념들은 하나님과의 진정한 관계를 방해하고 우리 개인의 삶을 통제하는 신념들이다. 이러한 신념들은 왜곡되어 있으며 비현실적이고 파괴적이다. 이러한 왜곡은 이들의 하나님 상과 성경에 대한 이해가 왜곡되어 있기 때문이다. 따라서 이러한 왜곡된 신념들에 의해 지배를 받는 신앙은 진정한 신앙이 아니며, 이러한 신념을 가진 사람들이 믿는 하나님은 진정한 하나님이 아니다. 종교 중독자들이 믿는 하나님은 그들의 욕구나 신념에 의해 만들어 놓은 진정한 하나님의 대체물일 뿐이다. 하나님의 모조품들이다. 보이는 것, 즉각적인 것, 감각적인 것, 자극적인 것, 배타적인 것, 이기적인 것들이다. 단지 그것이 하나님, 성경, 신앙 혹은 기도라는 이름으로 가면을 썼을 뿐이다.

제랄드 메이(Gerald G. May)는 그의 저서 『중독과 은혜』(Addiction and Grace)에서 중독 상태를 나타내는 다섯 가지 중요한 특징들을 말하고 있는데, 그것은 내성, 금단 증상, 자기기만, 의지력 상실, 주의력 왜곡이다.2) 첫째, 내성은 만족감을 느끼기 위해 중독 행위 또는 집착의 대상을 지속적으로 더 필요로 하거나 원하는 현상이다. 둘째, 금단 증상으로 스트레스 반응과 반동 혹은 역행하는 행동을 유발한다. 셋째, 중독된 행동들을 지속하기 위하여 다양한 방어 기제들을 이용하여 지적으로 자기를 기만한다. 넷째, 중독된 행동을 그만 두려고 시도해도 계속적으로 실패한다. 다섯째, 중독은 우리의 주의력을 왜곡하여 사람에게 상해를 입히거나 절도를 하거나 심지어 살인을 자행하게 한다. 메이는 우리가 무엇인가 어떤 순간엔가 하나님보다 더 관심을 가지고 더 집착을 하는 것이 있으면 그것은 하나님에 대한 우리의 관심을 몰아내 버린다고 하면서 이러한 주의력 왜곡을 '궁극적 관심의 왜곡' 즉 우상 숭배라고 하였다.3)

아터번과 펠톤은 중교 중독자들이 보여주는 여러 가지 해로운 신앙의 형태들로 강박적인 종교행위, 게으름, 주고받기(거래), 자기 강박, 극단적인 폐쇄성, 종교적인 절정감에 대한 중독을 말하고 있다.4) 종교 중독자들의 신앙은 죄책감이나 하나님으로부터 은혜를 얻으려는 욕망에 근거해 있다. 종교 행위를 위해서 위안을 얻으려는 것으로 하나님을 기쁘게 해드리려고 무엇을 열심히 하고 노력한다. 한편 이들은 정작 자신들이 해야 할 일에는 게으르다. 예를 들면, 대학 입시를 앞둔 학생이 공부에 집중하지 않고 좋은 성적을 주시기를 기도하는 경우이다. 이들의 신앙은 하나님과 거래를 하는 형식을 취한다. 예를 들어, '내가 일천번제를 드릴 테니 하나님 우리 아들 서울대에 합격하게 해 주세요'와 같은 식으로 기도하거나, 중세 시대의 면죄부와 같이 예물을 드리거나 무엇을 열심히 하면 하나님이 복을 주실 것이라고 믿는 것을 말한다.

종교 중독자들의 신앙의 또 다른 특징은 하나님을 자기를 위해 축복해 주시는 하나님으로 여기는 것이다. 따라서 이들은 하나님을 믿는 것이 아니라 하나님이 주시는 기적을 믿는다. 이들의 신앙은 또한 매우 폐쇄적이다. 편집성 인격 장애가 있는 사람들처럼 이들은 자기와 다른 어떤 것을 잘 수용하지 못한다. 다른 교단, 다른 교리, 다른 교회 등 자기와 다른 것을 죄악시하고 거부한다. 종교 중독 현상의 가장 두드러진 현상은 감정적 절정감에 취하는 것이다. 마치 베드로가 변화산 상에서 변화하신 예수님의 모습만을 계속 간직하고 싶어서 초막을 짓고 거기에 있자고 한 것과 같다. 이러한 감정적 절정감에 중독된 사람들은 영적 경험의 달콤함에 취해서 일상적인 삶의 중요성을 망각해 버린다. 마치 약물 중독인 사람들이 약물이 주는 흥분의 효과가 떨어지고 나면 우울이 오고 즉각적으로 다시 약물 주사를 원하는 것과 마찬가지이다.

중교 중독 현상의 가장 해로운 면은 해로운 신념으로 자신과 다른 사람을 학대하고 조종하고 또 중독에 빠뜨리는 것이다. 메이가 지적했듯이 중독은 우리의 주의력을 왜곡시키기 때문에 자신의 왜곡된 신념을 지키기 위해 가족이나 친구들을 억압할 수 있다. 마치 알코올이나 약물 혹은 도박 중독이 있는 사람들이 중독 현상을 지속시키기 위하여 자신과 가족이 파괴되는 것을 무릅쓰는 것과 같다. 중독자들은 마치 무엇엔가 홀린 것처럼 다른 사람을 학대하고, 어떠한 손해와 손상이 있더라도 그것을 지속하려고 한다. 영적 중독에 빠진 종교 지도자가 교인들이 하나님을 섬기기보다는 자신이나 자신의 신념을 신봉하게 하는 결과를 많이 볼 수 있다. 이러한 일들이 꼭 사이비 종교에서만 있는 것은 아니다.

해로운 신앙이나 신념에 중독된 사람들은 나름대로 중독된 행동들을 지속하기 위하여 다양한 방어 기제들을 사용한다. 모든 것을 영적으로 해석하려는 그러한 방어 기제들을 영적 가면이라고 말할 수 있다. 영적 가면은 대표적으로 아터번과 펠톤이 열거한 21가지 해로운 신념들은 크게 두 가지의 행동으로 나타날 수 있다. 내가 무엇을 해야만 사랑받고 구원받을 수 있다는 신념과 모든 것이 영적으로 의미 있는 것이라는 신념이다. 이것을 그리스도인의 삶에서 살펴보면 영적 가면이라고 말할 수 있다. 러셀 윌링엄은 그의 책 『관계의 가면』에서 이것을 구세주 가면과 영적인 해석자 가면으로 묘사하고 있다. 본 장에서는 이타주의 가면과 영적 해석자 가면으로 살펴보려고 한다.

3. 이타주의 가면

이타주의는 이타적 행동을 일으키는 관념을 말하며 그리스도인이 가져야 할 중요한 덕목 중의 하나이다. 많은 그리스도인들이 자기 자신의 유익을 구하기보다는 다른 사람을 배려하고 돌보는 것을 귀하게 여긴다. 다른 사람의 심리적 고통과 안녕에 깊은 관심을 기울이고 돌본다는 점에서 상담 활동도 가장 이타적인 행동의 하나라고 할 수 있다. 이타적인 사람의 대표적인 예를 들자면 마더 테레사 (Mother Teresa)와 슈바이쳐 (Schuweitzer)가 있다. 한편 이타적 행동이 반드시 그렇게 찬양받을 만한 것이 아닐 수도 있다. 왜냐하면 이타적 행동으로 보이는 것도 이기적 동기에 의해서 나온 것일 수도 있기 때문이다. 이때는 이타주의가 하나의 가면으로서 기능하고 있는 것이라고 볼 수 있다.

이타주의는 다른 사람을 위해 살고자 하는 욕구가 행동으로 표현된 것을 말한다. 철학자 로렌스 블럼(Lawrance A. Blum)은 이타주의를 "자신을 희생하고 타인의 행복에 관심을 갖는 것, 혹은 그런 관심에 따라 동기화된 행동"으로 정의했다.[5] 이러한 행동은 깊은 동정과 공감이나 관심에 의해 촉발된다고 본다. 또한 외적 보상을 기대하지 않고 자기를 희생하는 행동이다.[6] 이타주의는 남을 돕고자하는 마음이 내적으로 동기화가 된 경우를 말한다.

　타인의 고통에 대하여 공감적인 정서 반응을 통하여 동기 자체가 이타적일 수 있다. 공감적 감정을 느끼면 문제를 자기의 입장이 아니라 타인의 입장에서 볼 수 있게 되고 상대방을 진정으로 도와주려는 이타적 동기가 발생한다. 이타적 동기는 이타적 행동으로 연결이 된다. 이타적 동기는 여러 가지가 있을 수 있다. 우리 속담에 '팔이 안으로 굽는다'는 말도 있듯이 가족과 같이 가까운 사람들의 경우 이타적 동기가 일어나기 쉽다. 서로가 혜택을 입는 경우도 그렇다. 우리 조상들의 '두레와 품앗이' 같은 전통이 이의 대표적인 예이다. 또한 자기와 상관없는 공동체 보다는 자기가 속한 공동체 내에서 더욱 이타적인 동기가 일어날 수 있다. 문화적으로도 이타적 동기와 행동이 학습될 수도 있다. 예를 들어, 알래스카 노인들이 이동을 하려는 부족에게 짐이 될까봐 스스로 남아서 죽음에 이르는 문화도 학습에 의해 고귀한 행동으로 받아들여지는 경우를 들 수 있다.

　한편, 남을 위해 살고자 하는 욕구나 마음 혹은 내적 동기화 등 어떤 단어를 사용하든지 그것이 자기 이익이나 자기 만족을 위한 것인가를 살펴볼 필요가 있다. 왜냐하면 그 동기가 동정이나 죄책감 혹은 자신의 내적 가치와 연결된 자기 평가적 반응에 의해서 동기화가 될 수 있기 때문이다.[7] 남을 돕는 행위의 궁극적인 목적이 불편한 각성 상태를 감소시키기 위한 것이거나, 벌을 회피하거나 보상을 얻기 위한 이기적 동기에 의한 것일 수도 있다. 이기적 동기에는 겉으로 드러난 것 외에도 자기 스스로 느끼는 벌이나 보상도 포함된다. 예를 들면, 남을 돕지 않으면 불편함을 느낀다든지 남을 도움으로써 심리적 우월감이나 만족을 얻는 경우들이다. 이러한 경우 이타주의는 가면이 될 수 있다.

정신분석학적 입장에서는 이타주의적 행동은 내면화된 표준에 따라 살아야 한다는 초자아의 요구들에서 비롯된다고 본다. 초자아는 초기 아동기(3세 이후)에 발달을 하는 데, 이때 부모-자녀 상호 작용이 구체적으로 어떠했느냐에 따라 크게 달라진다. 이때 아동의 초자아가 적합하게 발달되면, 개인이 이기적으로 행동할 때는 불유쾌한 죄책감이 경험되기 때문에 도덕성과 이타성에 따라 행동하게 된다. 이것도 이타적인 부모와의 동일시의 결과로 볼 수도 있다. 하지만 때로 이타적 행동이 자신의 무력감이나 박탈감을 부정하기 위한 표현일 수도 있다. 자신의 이기심을 가장하기 위하여 자선이나 이타적인 행동을 할 수도 있다. 따라서 이타적 행동 뒤에 숨겨진 무의식적인 동기를 탐색하는 것이 필요하다. 그 동기가 이기적인 것이라면 그 사람은 이타주의라는 가면을 쓰고 행하는 것이기 때문이다.

4. 이타주의 가면의 특징과 형성 과정

이타주의라는 가면을 쓰고 사는 사람들도 장단점이 있다.[8] 이타주의라는 가면은 다른 가면들처럼 그 가면 밑에 숨어 있는 두려움과 부정직이 문제이다. 자기 자신의 고통을 다루는 것을 회피하기 위해서 이타주의라는 가면 뒤에 숨는다. 이타주의 가면을 쓰고 있는 사람들은 이러한 것이 성숙에서 도피하는 것임을 모른다. 러셀 윌링엄은 구세주 유형들이 이타주의라는 가면을 쓰고 산다고 하면서 그 특성을 다음과 같이 설명하고 있다.9) 그것을 요약하면, 이들은 다른 사람의 필요가 나의 필요보다 더 중요하고 여긴다. 늘 어떤 일을 하고 있어야 하며 여러 개의 사역에 관여한다. 이들은 하나님과 다른 사람들을 섬기는 것이 좋지만 때로 자기 자신의 필요를 희생해야 될 때는 화가 날 때도 있다. 특히 다른 사람들이 이들의 희생을 알아차리지 못할 때 상처가 된다. 이들은 일반적으로 남에게 일을 위임하는 것이 쉽지 않다.

이들은 어린 시절부터 그들이 다른 사람들을 위해 존재하고 그 속에서 자신의 정체성을 발견하도록 프로그램 되어 왔다. 누군가를 도울 수 없을 때 그들은 매우 불편해진다. 그들이 무엇을 필요로 하는 것이 생길까봐 두려워한다. 자기 자신에게 필요한 것이 무엇인지 모른다. 자신의 필요를 보기를 두려워한다. 이것을 겸손 혹은 영성으로 혼동한다. 자신이 무엇인가 필요로 하는 상태와 약한 것과 동일시한다. 따라서 자신의 행동이 희생으로 비쳐지면 모욕으로 느낀다. "난 도움이 필요 없어요."라는 곳에는 부정직과 교만이 싹트고 있는 것이다.

불우한 가정의 장남이나 장녀는 주로 '애 어른'으로 자란다. 동생이나 우울한 어머니를 돌보거나 집안일을 할 때마다 칭찬을 들어왔다. "참 착하기도 하지." 그런 모습에 주변 사람들도 거든다. "어린 것이 자기도 하고 싶은 것이 많을 텐데, 참 어른스러워"라는 말을 들으며 자란다. 이렇게 자란 사람은 자신의 필요를 생각하고 채우려고 하면 죄책감을 느끼게 된다. 즉 이러한 강화 과정을 통해 자기의 필요에 대해 무감각해지기까지 한다. 그리고는 자신의 모든 에너지를 다 소진할 때까지 자기 자신을 다 내어준다.

건강하고 성숙한 관계는 상호 의존적인 관계이다. 어느 한 사람의 과도한 희생에 기반을 둔 관계는 언젠가는 왜곡되게 되어 있다. 효과적인 상호 의존은 오직 개인의 독립성 기반 위에서만 이룩된다. 자기 개발 및 자기 수양과 자기 절제가 대인 관계의 밑바탕이다. 다른 사람을 돕기 전에 먼저 자기를 도와야 한다. 이타적 사랑은 자기애의 기반 위에서만 건강하게 표현될 수 있다. 예수님도 "네 이웃을 네 몸과 같이 사랑하라"고 하셨다(눅 10:27). 이웃을 사랑하는 것은 자기 자신을 사랑하는 분량과 비례한다는 말씀이다. 자기 자신을 사랑한다는 말은 자기 자신에 대해서 잘 안다는 말과 같다. 자기 자신을 잘 모르고 잘 통제하지 못하면 자기를 사랑하기 어렵다. 우리가 살펴보았던 여러 인격 장애의 문제들은 참 자기를 잃어버리고 거짓 자기의 모습으로 살아오면서 발생된 것들이었다. 자기애성 인격 장애도 참 자기를 잃고 지나치게 팽배해진 거짓 자기의 모습으로 사는 경우이다. 낮은 자존감이나 열등감도 자기 자신을 모르기는 마찬가지이다. 모두 자기 자신의 가치를 존중하지 않고 자기를 남과 비교하면서 늘 외부의 가치에 의존할 때 일어나는 현상이다.

    자기 존중이 결여된 이타적 행동의 이중성은 상대방도 곧 알아차린다. 따라서 대인 관계의 출발점은 자기 존중이며, 우리가 독립적이 될 때, 주도적이고 올바른 원칙에 가치를 두게 된다. 자기 존중에 바탕을 두고 자기의 삶의 필요를 먼저 채우고 자기 삶의 우선순위를 성실히 수행할 때 다른 사람과의 관계도 풍성하고 윤택해질 수 있다.

5. 이타주의 가면과 기독교 상담

우리는 도움이 필요한 사람을 많이 만나게 된다. 그 가운데는 정말로 사정이 딱한 경우가 많다. 그리스도인들은 교회 안팎에서 이러한 사람들을 많이 만나게 된다. 남편에게 끊임없는 폭언과 신체적인 폭력에 시달리는 여성이나 학대받는 아동, 왕따를 당하고 자살을 기도한 학생 등 무수히 많은 사례들을 접하게 된다. 사역자로서 혹은 상담자로서 보살펴야 하는 안타까운 사연들을 수없이 대하게 된다. 그리스도인으로서 혹은 사역이나 직업상으로 우리는 다른 사람의 관점에서 생각하고 이해하려는 노력을 많이 한다. 상담자나 목회 사역자들은 어린 시절부터 다른 사람을 돕는 역할을 해온 경우도 많다. 원가족의 문제를 짊어진 채 성장한 경우가 많다. 이들은 이미 어려서부터 자기를 내세우기보다는 자신을 다른 사람에게 맞추고 다른 사람의 정서적 요구에 주의를 기울이는 데 노력을 해온 경우가 많다. 이들은 어린 시절 부모로부터 자기 자신을 알지 못하도록 양육된 혹은 자아 방치의 한 유형으로 위장시킨 학대를 다시 재연하고 있는 것이다.10) "자기 자신을 보지 못함(not seeing)으로써 눈에 띄지 않았던(not being seen) 어린 시절의 경험을 연기하고 있다. 그들 자신의 모습 그대로를 그들의 부모가 기뻐하지 않았던 상담자들은 '영혼 학대'를 경험한다."11)

이러한 식으로 다른 사람을 도우려는 사람들은 정서적으로 힘들고 탈진하는 소진 현상을 일으키기도 한다. 이것은 다시 공감 능력을 상실하게 하거나 공감을 적극적으로 회피하게 하는 현상을 일으키기도 한다. 다른 사람을 돕기 위해 준비해야 하는 노력의 정도가 극도로 커야하거나 돕는 행동 자체가 거의 불가능할 경우에는 이타적인 동기를 불러일으키는 공감이 차단될 수 있다. 대표적인 예로 부모나 배우자 혹은 자녀의 오랜 지병으로 병원비가 많이 드는 경우를 들 수 있다. 또한 불치병에 걸린 자녀를 둔 부모는 둘 중 한 명이 직장을 그만 두고 자녀를 돌보는 일에 전념해야 하는 경우가 있을 수 있다. 이런 경우 소진 현상은 만성 피로와 황량함, 우울증, 삶의 의욕 감소 등과 같은 증상으로 나타난다. 목회 사역자들이나 상담자들의 소진 현상으로 자신의 사역의 열정이 없이 단지 연기(acting)를 한다거나 혹은 부적절한 성적 관계에 빠지거나 직권의 오용이나 남용을 하는 식으로 나타날 수 있다.12) 소진 현상으로 사역자들은 자기 자신의 필요를 인식하지 못함으로 기계적이고 일상적으로 일하게 된다. 이런 과정들이 지나면서 사역자들과 상담자들은 점점 더 자기 자신과의 거리감을 느끼게 된다.

　이러한 구세주 유형의 사람들은 다른 사람들을 돌보듯이 자기 자신을 돌보는 것이 필요하다. 자기 자신의 욕구를 자각하고 자기 신체와 정서의 필요를 살펴야 한다. 하지만 이들이 가장 어려워하는 것이 그것이다. 왜냐하면 구세주 유형들은 사역을 통해서 다른 사람들을 돕는 것을 통해서 자기 자신의 중요성을 발견해왔기 때문이다. 이들이 가장 어려워 하는 것이 누군가의 도움을 받는 것이다. 이들이 진정으로 성장하고 변화하기 위해서는 자신의 삶과 사역으로부터 자유로울 수 있어야 한다. 그러면 다른 사람의 도움이 필요 없다고 생각하는 완벽주의와 교만으로부터 자유롭게 될 수 있고, 다른 사람을 도우면서 누리는 우월감도 사라지게 된다.13) 어떤 일을 해야지만 하나님께서 기뻐하실 것이라는 부담도 가벼워진다. 하나님을 기쁘시게 하려고 노력하는 것이 아니라 우리를 향하신 하나님의 사랑 속에서 기쁨을 누리는 법을 배울 필요가 있다.

자기 자신을 돌보는 방법 중의 하나는 짐을 가볍게 지는 것이다. 자기 자신에 대한 비현실적 기대를 깨닫고 무거운 짐을 내려놓을 필요가 있다. 캐롤 트라빌라(Carol Travilla)는 그녀의 저서 『소진하지 않고 돌보기』(Caring Without Wearing)에서 영적 돌보는 자의 다섯 가지 비현실적 기대 목록을 나열하고 있다.14)

1) 나는 다른 사람을 변화시킬 능력이 있다.
2) 나는 모든 사람을 도울 수 있는 수용력이 있다.
3) 내가 할 수 있는 것에 결코 한계가 있을 수 없다.
4) 오직 나만 도움을 줄 수 있다.
5) 나는 결코 실수를 해서는 안 된다.

우리는 무엇보다도 자기 자신과 다른 사람과 하나님 앞에 정직할 필요가 있다. 자기 스스로의 그림자를 고찰해 볼 필요가 있다. 자기 자신의 미약함, 연약함, 나약함 등의 한계점을 파악하고 능력의 한계를 직시할 필요가 있다. 진지하게 자기 자신의 깊은 내면을 바라볼 수 있어야 한다. 내게 어떤 두려움이나 불안이 있는지, 내가 나를 뽐내고 싶은 구석이 어디에 있는지를 살피는 것이 필요하다. 리차드 던(Richard R. Dunn)과 재나 선딘(Jana L. Sundene)은 "어디에서 실족됨이 일어나는지 살피고, 자신의 영적 조건에 관하여 성령님의 격려와 깨닫게 하심을 경청"하라고 촉구한다.15) 자기 성찰과 경청의 부족은 수치심 때문이다.

많은 그리스도인들이 자기를 돌보지 않는 것이 마치 하나님을 위한 거룩한 희생인 것처럼 여기는 경향이 있다. 하지만 제프 반본더렌(Jeff VanVonderen)은 자기를 돌보는 것이 부족한 것은 수치심 때문이라고 하며, 수치심은 사람들을 "하나님을 단번에 만족시킬 방법"을 찾도록 부추긴다고 했다.16) 인간은 통전적인 존재이다. 몸과 마음과 영혼이 유기체처럼 연결되어 있다. 우리의 몸에 귀를 기울일 시간을 갖지 않거나 정서적 관계적 긴장의 소리를 들을 에너지를 남겨 놓지 않는 영적 봉사는 통전적이고 유기체적인 인간의 본성을 무시하는 것이다. 그것은 오히려 허망한 실천일 뿐이다. 이는 "우리가 누구인가 보다는 무엇을 할 수 있는가에 우리의 정체성을 뿌리내리게 인도 한다."17)

C. S. 루이스(C. S. Lewis)는 그의 소설 『스크루테이프의 편지』(Screwtape Letters)에서 고위급 악마 스크루테이프(Screwtape)가 그의 부하인 유혹자 웜우드(Wormwood)를 책망하는 내용이 나온다. "적[하나님]으로부터 그 자신을 분리하기 위한 사전 준비로, 너는 그를 그 자신과 분리시키기 원했고, 그렇게 함으로써 어느 정도 진보를 이루었다. 그런데 이제 모든 것이 수포로 돌아갔다."18) 웜우드는 그리스도를 유혹하라는 사명을 받았지만 그것을 실패했다. 사탄이 우리가 무너지도록 혹은 실족하도록 하기 위해 가장 잘 사용하는 수단은 바로 우리를 우리 자신으로부터 분리시키는 것이다. 거짓 자기를 만들어 놓고 참 자기로부터 자신을 분리시키는 것이다. 우리가 영적인 일을 한다는 명목으로 우리 자신을 돌보지 않는 것은 바로 이와 같이 우리 자신을 분리시켜서 사탄으로 하여금 틈을 타게 하는 것이다. 이를 저항하기 위해서는 우리 자신을 돌보아야 한다. 우리 안에 다루어져야 하는 영역들을 정직하게 살펴볼

수 있어야 한다. 우리의 필요를 살피고 상처를 보듬어 안기 위해서 시간과 에너지가 필요하다. 구세주 유형의 사람들 즉 이타주의라는 가면을 쓰고 사는 사람들은 쉼의 창조성을 깨달을 필요가 있다.

6. 영적 해석자 가면

　영적 해석자 가면은 모든 것을 영적으로 해석하는 식으로 자기 자신을 방어하는 사람을 말한다. 영적 해석자 혹은 영적 거장도 종교 중독의 한 증상이라고 볼 수 있다. 종교 중독 현상의 결과로 초래된 역기능적 가정이 이러한 유형을 만들 수 있다. 중독된 사람들이 살아남기 위해서라면 무슨 짓이라도 서슴지 않듯이 이들의 부모는 신앙 혹은 하나님이라는 명분으로 아이들을 학대하고 희생시키는 결과를 낳았다. 이러한 환경에서 자란 아이들은 오로지 하나님께 헌신하기를 원한다. 모든 것을 영적으로 해석하고 삶의 문제를 모두 영적으로만 해결하려고 한다. 이들의 신앙은 기본적으로 자신들이 만들어 놓은 하나님 즉 진정한 하나님의 대체물을 우상화하는 방식으로 나타난다. 모든 것을 하나님의 이름을 빌려 자기를 위해서 한다. 하나님께 온전히 신뢰하기 보다는 자기 자신을 신뢰하기 시작한다. 선물을 준 사람이 아니라 선물과 사랑에 빠지는 것과 같다. 수단이 목적으로 둔갑한 것이다. 하나님과의 관계보다 그 관계의 부산물을 더 숭배하고 우상화한다. 예를 들면, 방언이나 예언의 능력이 하나님과의 깊은 관계로 이끌지만 그것 자체를 너무 강조하거나 그것만을 즐기는 결과를 초래할 수 있다. 또한 고아원이나 양로원 혹은 교회에서 식사 봉사와 같은 헌신이 하나님을 섬기며 하나님과의 깊은 관계로 이끌 수 있지만 때로 이로 인한 자기 만족과 같은 느낌에 중독될 때 이것은 다른 형태의 우상 숭배이다.

러셀 윌링엄은 영적 해석자들 혹은 영적 거장들의 특징을 몇 가지 나열하고 있다.[19] 그 특징들을 요약하면, 이들은 다른 신념이나 종교적 습관을 가진 그리스도인들을 자신보다 영성이 약하다고 생각하고, 성경과 영적 지도자 그리고 교단과 같은 문제에 있어서 매우 폐쇄적인 생각을 가지고 있다. 믿는 사람에 대한 선입견을 가지고 있어서 이들과 더불어 사는 것을 불편해 한다. 이들은 자기의 신앙이나 영적 문제에 관하여 확고한 신념이 있기 때문에 자신의 실수를 지적 받으면 깊이 상처를 받는다. 한편 이들은 그 확고한 신념을 다른 사람에게 강요하는 특성이 있다. 영적인 사람으로 인정받기를 갈망하고 모든 것을 영적으로만 해결하려고 한다. 이들은 삶의 모든 문제는 성경 말씀에 의해 해결될 수 있다고 여기고 다른 시도를 하지 않는다. 인간관계 안에서 갈등과 문제가 생겨도 다른 방도를 강구하지 않는다. 부부 관계의 문제를 해결하기 위하여 상담을 받는 것은 신앙에 문제가 있는 것으로 여긴다. 이 특징들은 앞에서 설명하고 있는 아터번과 펠톤이 지적한 종교 중독의 특징들과 매우 유사하다. 이들의 특징은 강박적으로 모든 신앙의 문제들을 해석하는 경향이 있으며, 폐쇄성이 강하고, 자신들이 영적인 문제라고 생각하는 것 외에는 시도하려 들지 않는다는 것이다.[20]

영적인 해석자 유형들의 헌신은 거짓이 없고 진실하지만 그들의 내부 깊숙한 곳을 살펴보면 두려움이 존재한다. 어린 시절 권위의 인물인 부모를 실망시키지 않기 위해 애를 썼던 것처럼 그들의 헌신은 두려움을 포장하기 위한 하나의 방편이다. 물론 우리에게 어떤 두려움이 있으면 그것을 예수님 앞에 가지고 나가야 한다. 하지만 영적인 해석자 유형들은 기독교라는 종교 뒤로 숨는다. 무의식적으로 그들을 위협하는 불안들을 성찰하려고 하지 않는다. 아니 그렇게 할 능력이 부족하다.

영적 해석자 유형들은 그들이 하나님을 이해하는 대로 자신들의 문제를 해결하려고 한다. 러셀 윌링엄은 고린도전서 13장을 중심으로 다섯 가지 영적인 해석자 유형에 대하여 살펴보고 있다.21) 다섯 가지 유형을 요약해 보면, 능력 있는 해석자는 자신의 성격상 결점으로부터 즉각적으로 해방시켜 줄 수 있는 기도를 받으려고 애쓰거나 그런 모임에 참석한다. 통찰력 있는 영적인 해석자는 자신의 문제에 해답을 주고 자신의 삶을 변화시켜 줄 새로운 정보를 추구한다. 혈통 있는 영적인 해석자는 그들이 추구하는 변화를 얻기 위해서 고대의 문서나 상징이나 의식에 의존할 것이다. 혁명적인 영적인 해석자는 대의를 실행하는 데 노력을 배가시킬 것이다. 그들은 자신들이 매우 중요하게 느끼는 사회 문제를 공격하면 그 과정에서 자신들이 변화될 것이라고 믿는다. 고통 받는 영적인 해석자는 더욱 완벽한 고통 가운데 들어갈 수 있다면 자신들이 변화될 것이라고 믿는다.

문제를 해결하는 데도 이렇게 자신들이 고수하는 방식 혹은 방어기제를 사용하는 것은 제랄드 메이(Gerald G. May)가 말하는 '우상'과 비슷하다. 의식적으로든 무의식적으로든 우리는 습관적으로 고수해왔던 것들에 시간과 에너지와 관심을 모두 바치게 되어있기 때문에 그 대상에 집착하는 것은 일종의 중독이며 영적으로 집착과 중독의 대상은 우상이 된다.22)

7. 영적 해석자 가면과 기독교 상담

변화와 영적 회복을 위해서는 다루어져야 할 부분을 다루고 제거해야 할 부분을 제거해야 한다. 영적 해석자 유형들이 깨지는 지점도 이들이 스스로 문제를 해결하려고 하는 그 지점이다. 이들이 다루어야 할 부분이기 때문이다. 예수님이 이들을 치유의 길로 인도하시는 지점도 바로 그 지점이다. 이들이 신앙을 어떻게 방어 기제로 혹은 가면으로 이용하고 있었는지, 그것이 어떻게 자기 자신과 다른 사람들과의 관계에 영향을 미쳤는지를 깊이 성찰해 볼 필요가 있다.

러셀 윌링엄은 영적 해석자 유형들이 치유의 길로 인도될 수 있는 지점에 대하여 각 유형별로 서술하고 있다.[23] 그에 의하면, 능력 있는 해석자는 살면서 아무리 노력해도 신앙의 정도가 조금도 변한 것 같지 않은 삶 속에서 시련에 직면할 때이다. 통찰력 있는 영적인 해석자는 자신의 어떤 지식으로도 처리할 수 있을 것 같지 않은 문제들을 다루고 있는 자신을 발견할 때이다. 혈통 있는 영적인 해석자는 그들이 어떤 영적 혈통을 가지고 있더라도 상관없이 불행함을 경험할 때이다. 혁명적인 영적인 해석자는 자신의 마음 속에 위선이 있다는 것을 알고 자신도 원수와 똑같은 사람이라는 것을 깨닫게 될 때이다. 고통받는 영적인 해석자는 아무리 자진해서 고행을 한다 해도 자신의 문제를 해결하지 못한다는 것을 깨달을 때이다.

이 때 영적인 해석자 유형들은 그들이 지금까지 고수해 왔던 신학이나 열심이나 훈련이나 정규적 종교행위나 봉사 등을 통해서도 기쁨이 없고 영적 공허함이 채워지지 않는 경험을 한다. "영적인 해석자 유형들은 이러한 시련이 성장하기 위한 필수 요소라는 것에 동의는 하지만 이런 고통을 실제로 경험하는 것을 두려움과 충격으로 받아들인다."24) 변화하고는 싶지만 그 과정이 힘들기 때문에 무의식적으로 회피하고 싶어한다. 이를 역동 심리학에서는 저항이라고 말한다. 저항이 있는 곳에 핵심 감정과 방어 기제가 있다.25) 상담의 상황에서 저항의 표현은 여러 가지로 나타난다. 침묵으로 나타나기도 하고 자기의 이야기의 내용을 편집한다거나 자신의 문제를 알고 있다는 식으로 이지화(intellectualized)하거나 원래의 방식대로 행한다거나 한다.26) 저항은 이와 같이 자신의 핵심 감정과 방어 기제를 그대로 유지하려는 경향을 가지고 있다. 영적 거장들은 하나님에 대해 그동안 알고 있던 모든 것에 의문을 품을 수 있다. 영적 거장이었던 사람들도 "하나님이 있기나 해요?"라고 말하던 10살 소년이나 다름없이 된다. "내가 왜 이런 고통을 받아야 하는가?" "하나님께서는 왜 나에게 이런 고통을 주시는가?" "하나님이 계시다면 이러한 고통이 왜 이렇게 계속되는 것일까?" 등 하나님이 정말로 선하신 분인지 의문을 품을 수 있다.

성찰의 과정을 통해, 영적 해석자들이 성령님이 자신이 알고 있는 성품을 만지시고 자신을 무언가 다른 존재로 만드신다는 것을 알게 되고, 마음 속 깊은 곳에 있는 두려움이 무엇인지에 대해서 인지하게 된다면, 성령님이 그들을 어디로 인도하시려고 하시는지 알게 될 것이다.27) 하지만 그곳은 지금까지 자기 자신이 지키고 싶었던 세계를 이전처럼 유지하지 못하게 되는 것, 즉 어떤 종류의 죽음을 의미할 수 있다. 그것이 너무 생생하고 힘든 과정처럼 느껴질 수 있다. 하지만 "이런 죽음이 없이는 그리고 그것에 자발적으로 복종하지 않고는 어떤 부활도 없다."28)

모든 영적인 해석자 유형들은 각각 어떤 지점에서 자신의 진정한 모습을 바라보게 된다. 이들이 어린 시절부터 발달시킨 가면 혹은 거짓 자기의 모습을 직면하는 순간을 경험하게 된다. 역동 심리학에서는 이러한 순간을 통찰이라고 한다. 통찰의 과정을 통해 "내 속에는 있었지만 내가 모르고 있던 어떤 부분, 혹은 알았더라도 내가 수용하지 못해서 내 것으로 인정하지 않던 부분을 이해하게 되는 것이다. 그러므로 이를 통해 자신에 대해 더 알게 되고, 이전에는 모르고 행동했던 것이 왜 그랬는지 깨닫게 되며, 이제까지 나를 끌고 가면서 힘들게 에너지를 소모하게 만들던 핵심적인 역동을 분명히 이해하게 된다."[29] 통찰은 단시간에 이루어지는 것은 아니며 일련의 깨달음의 과정이라고 볼 수 있다. 왜냐하면 통찰이 이루어지면 부인(denial)과 같은 저항을 경험하게 되고, 그 저항이 극복되면 또 다시 더 깊은 통찰을 얻게 되기 때문이다.[30]

기독교 상담에서는 통찰의 과정을 통해 자기 자신에 대한 인식을 넓히게 하여 자신과 하나님 사이의 관계를 새로운 각도에서 바라보게 함으로써 진정한 자유를 얻게 한다.[31] 통찰의 과정 끝에 우리는 진정한 자유와 평화를 누릴 수 있게 된다. 핵심 감정이 역동을 일으켜 우리의 삶을 회오리바람처럼 휘몰아가고 있는 순간은 자유롭지 못하고 평화가 없다. 너무 많은 에너지를 소비하게 하게 했기 때문이다. 통찰의 과정을 통해 하나님의 자녀로서의 자아상을 새롭게 함으로서 얻은 깨달음은 진리가 우리를 자유하게 하는 것과 같다. 그동안 무엇을 함으로써 자신을 방어해왔던 것을 더 이상 하지 않아도 된다는 것은 마치 밭에 숨겨진 보화를 발견하는 것과 같은 깨달음이다. 그것은 하나님이 주시는 진정한 자유와 참된 평강이다.

8. 통찰과 영혼의 어두운 밤

　역동 심리학에서 말하는 통찰의 과정은 중세 교부들이 말하는 영혼의 어두운 밤과 매우 유사하다. 십자가의 요한의 영혼의 어두운 밤은 각종 통찰까지도 비우는 과정을 말하지만,32) 역동 심리학을 기초로 하는 기독교 상담의 통찰의 단계에서도 상담자도 내담자도 자신이 무엇을 하려고 하는 것을 내려놓고 위로부터 오는 은혜를 힘입을 때가 있다. 결국 통찰은 위로부터 주어지는 은혜의 산물이라고 할 수 있다.33) 통찰은 자신의 거짓 자아를 직면함으로써 점차 참 자아를 알아가는 과정이다. 많은 신앙의 조상들 그리고 위대한 성경의 인물들이 이 통찰의 과정을 경험하였다. 이 과정을 통과하면 비로소 변화와 성장이 온다. 하지만 이 과정은 그리 쉽거나 편안한 과정만은 아니다. 그리고 짧은 순간이 아닐 수도 있다. 외롭고 괴롭고 힘들고 때로 지루한 항해와도 같다. 이 과정을 통해 지금까지 가지고 있던 신념이 모두 무너지는 순간을 경험하게 된다. 많은 '왜?'라는 의문이 생기고 저항하거나 퇴보하기도 하면서 자신의 한계를 경험하는 과정이다. 앞으로도 뒤로도 옆으로도 움직일 수 없는 무능 상태의 경험이다.34)

　중세 교부들은 이러한 현상을 '영혼의 어두운 밤'이라고 불렀다. 영혼의 어두운 밤은 우리가 감각적이고 자기 만족적인 신앙의 한계를 인식할 때 온다. 우리가 무엇을 하기를 멈추고 하나님께서 우리 안에서 일하시게 하는 과정까지 나아가는 심오하고 지속적인 과정이다.35) 영혼의 어두운 밤은 그리스도인들의 삶의 여정에서 피할 수 없는 고통이기도 하지만 또한 믿음의 사람들을 온전함으로 세워주는 은혜의 수단이기도하다.

이와 같은 사실은 우리가 영혼의 어두운 밤을 만났을 때 어떤 태도를 가지고 그 밤을 통과하느냐에 따라 믿음의 삶에서 넘어지기도 하고 보다 더 온전함으로 세워지기도 한다는 것을 말해 준다. 따라서 우리가 믿음을 보다 더 온전함으로 세워가기 위해서는 영혼의 어두운 밤이 무엇인지 그리고 어떻게 이 밤을 은혜 가운데 통과할 수 있는지 알아야 한다.

영혼의 어두운 밤이라는 것은 16세기 수도사 십자가의 요한에 의해 잘 정리된다. 그는 스페인의 젊은 수도사로서 아빌라 테레사 수녀가 개혁 운동을 일으키고 있던 맨발 가르멜 수도원에 지도 수도사로 있다가 개혁 운동을 반대하는 다른 수도사들에게 납치되어 감옥에 갇혀 있으면서 영혼의 어두운 밤을 경험한다. 그는 수도원의 쪽방에서 감금된 채 9개월 동안 톨레도의 수사들로부터 갖은 협박과 회유, 인격 모독을 받으며 정신적, 육체적으로 엄청난 고통을 당해야 했다. 그가 옥살이했던 방은 아주 작은 방인데다가 창문도 없어 빛이 전혀 들어올 수 없는 구조에 견고한 나무 문으로 닫혀 옴짝달싹할 수 없던 곳이었다. 열악한 환경, 빈약한 식사 등으로 인해 그는 이질을 비롯해 여러 가지 질병으로 고생해야 했다.

그는 생명의 위협까지 느끼는 상황에서 여러 물음을 하게 된다. "도대체 왜 내게 이런 고통이 주어지는 것일까?" "하나님은 어디에 계시다는 말인가?" "혹시 나를 버리신 것은 아닌가?" 이러는 가운데 그는 그동안 자신이 믿어왔던 모든 것이 무너져 버리는 체험, 자신은 아무것도 아니라는 체험, 자기 나약함의 밑바닥까지 내려가는 체험을 하게 된다. 이런 암흑의 고통 속에서 그는 점차 정화되어 갔고 하나님의 부재(不在) 속에서 오히려 선명하게 빛나는 하나님의 현존, 하나님의 깊은 사랑을 깨닫게 된다. 마침내 그는 고통과 시련 속에서 영적으로 새로 태어나기에 이른다. 그리고 그는 이러한 영적 여정을 영혼의 어두운 밤이라고 명하면서 설명한다. "빛이 좀 더 밝아질수록 영혼의 눈은 앞을 못보고 어두워진다. 그리고 사람이 태양을 똑바로 보면 볼수록 어둠과 박탈은 더 심해져서 앞을 볼 수 없게 된다."36) 이 어두움은 인간이 영적 진보를 이루기 위해서 피할 수 없는 경험이다. 영혼의 어두운 밤은 일상적으로 생각하는 심리적인 어두움이나 고난과 같은 경험으로부터 오는 어두움과는 다른 것이다. 영혼의 어두운 밤은 영적 삶의 수동적 차원을 말한다.

성경의 욥도 영혼의 어두운 밤을 경험했다. 하나님의 부재를 경험하는 욥의 고백(욥:23:1-9)은 십자가 요한이 말하는 영혼의 어두운 밤을 잘 설명해 준다. "오늘도 내게 반항하는 마음과 근심이 있나니...내가 앞으로 가도 그가 아니 계시고 뒤로 가도 보이지 아니하며 그가 왼쪽에서 일하시나 내가 만날 수 없고 그가 오른쪽으로 돌이키시나 뵈올 수 없구나"는 말은 "하나님이 계시면 어찌 이런 일들이 내게 일어날 수 있는가?"라는 탄식이었다. "하나님이 있기나 해요?"라고 소리치는 10살 소년의 반항 섞인 외침과 별반 다를 것 없다. 욥이 직면한 이와 같은 환경이 바로 영혼의 어두운 밤이다. 영혼의 어두운 밤은 우리에게 긍정과 부정이라는 두 가지 반응을 일으키고 이와 같은 상반된 반응들은 내적으로 심각한 갈등을 가져다준다. 여기서 부정적 반응이란 하나님의 선하심뿐만 아니라 그의 존재하심조차 의심하게 하는 것을 말하고 긍정적인 반응이란 그럼에도 불구하고 하나님만이 구원이라는 믿음을 가지고 하나님께 좀 더 가까이 나가게 하는 것을 말한다. 그리스도인들의 삶의 여정에서 영혼의 어두운 밤은 피할 수 없는 것이다.

그러면 하나님께서 왜 우리에게 영혼의 어두운 밤을 허락하시는가? 그것은 하나님의 주권에 속하는 것으로서 우리에게 모든 위로의 원천이 하나님이심을 알게 하여 하나님만을 의뢰하도록 해 주시기 위해, 우리에게 허락해 주신 다양한 은혜들을 알게 하도록 해 주시기 위해, 죄를 약화시키고 방지해 주시기 위해, 계속 거역하는 자들을 징계하시기 위해, 자기 백성들을 가까이 두시기 위해, 고통의 경험을 통하여 고통받는 자들을 위로할 수 있도록 해 주시기 위해서다. 욥은 "내가 가는 길을 그가 아시나니 그가 나를 단련하신 후에는 내가 순금 같이 되어 나오리라"(욥 23:10)라고 고백한다. 영혼의 밤이 우리에게 고통스러운 것이지만 믿음으로 통과한다면 반드시 유익을 가져다준다.

영혼의 어두운 밤을 경험하고 있을 때, 위로부터 오는 은혜가 주어질 때까지 기다릴 필요가 있다. 우리의 노력을 그만두고 있을 때 성령님께서 일하시는 공간이 생긴다. 우리에게 미지의 영역으로 알려져 있는 그 부분도 하나님께서는 알고 계심으로 우리의 내면 깊은 곳을 바라볼 수 있을 때 하나님이 우리를 변형의 순간을 경험하게 해 주실 것이다. 우리는 단지 정직하게 나아가는 것이 중요하다. 기도와 묵상과 관상과 상담자나 멘토와의 진실한 대화 속에서 혹은 영적 지도를 받는 가운데 성령님께서 일하심을 잠잠히 기다릴 필요가 있다.

CHAPTER 14
기독교 돌봄에서 정신 질환과 귀신들림[1]
Mental Illness and Demonic Insanity in Christian Care

1. 교회와 마녀사냥

역사상 교회의 돌봄 사역에서 가장 소외되어 온 영역이 아마도 정신 건강에 관한 부분일 것이다. 그중에서도 기독교 상담 사역에서 정신 질환과 인격 장애를 다룰 때 가장 문제가 되어 온 부분이 바로 귀신들림과 정신 장애를 제대로 이해하지 못함으로써 발생하는 부작용일 것이다. 이 둘을 잘못 다룸으로써 치료의 시기를 놓치거나 나아가 더 큰 고통을 주는 경우가 상당히 많이 발생했다. 안타까운 것은 이러한 일들이 교회의 돌봄 사역 안에서 아직도 존재한다는 것이다.

사실 이 부분은 책의 성격상 깊이 다루지 못하여 아쉬웠던 부분이기도 하다. 따라서 이 마지막 장에서는 인간의 정신세계와 정신 질환에 관한 잘못된 이해로 교회 역사상 행해져 왔던 마녀사냥의 역사가 모양만 다르게 아직도 존재한다는 점을 강조하고, 귀신들림과 정신 질환을 분별할 수 있는 지혜를 담고 있다. 목회자, 돌봄 사역자, 기독교 상담

사역자들에게 많은 도움이 되기를 바란다.

교회 역사의 소용돌이 속에서 간과할 수 없는 단어가 바로 마녀와 마녀사냥이다. 교회는 어떤 일이 잘못되거나 문제가 생기면 마귀의 역사로 생각하는 문화가 있었다. 교회는 교리에 위배되는 악마적인 세력이 존재한다고 믿었다. 이러한 문화는 사람들을 공격하는 방편으로 사용되었다. 교리에 조금만 어긋나는 발언을 해도 마녀로 몰아세웠다. 다른 사람과 싸우고 분이 안 풀리면 서로 마녀로 고발했다. 이들은 즉시 종교 재판에 회부되었고, 대개는 처참한 결말을 맞이했다.

특히 중세에는 교회의 가르침을 따르지 않는다고 단죄받은 여자들을 마녀로 단정하고 핍박했다. 그녀들을 마귀와 소통하는 존재들이고 기독교의 신을 모독하는 죄인으로 간주하였다. 물론 당시의 마녀는 배경 없이 갑자기 발생한 것은 아니다. 중세 교회의 마녀의 유래를 거슬려 올라가면 유럽의 토속 종교와 관계되어 있었다. '비카'같은 종교가 그런 예이다. 비카는 자연 종교이자 신비 종교였고, 마녀의 종교로 알려져 있다. 이 종교에서는 달의 움직임에 따라 제례를 진행하며 자연을 '신'으로 숭배하였다. 자연이 인간의 몸과 영혼에 신적인 근원을 제공한다고 여겼다. 이런 토속 종교는 사람들에게 영향력을 발휘하고 있었다. 토속 종교는 당연히 기독교 교리와 충돌했다. 이런 문화 속에서 교회 수장들은 자기들 교리에 어긋나는 행동과 말을 하면 마녀로 간주하고 무자비하게 탄압을 했다. 천하보다 귀한 생명보다 교리를 중요하게 여기고 생명을 핍박하고 죽였다. 학자마다 다소 차이는 있지만, 몇백 년간 지속된 가혹한 마녀사냥으로 전 유럽에서 5만에서 6만 명이 희생되었다.

여기에서 주목할 것이 있다. 처음에는 종교적인 숙청으로 시작한 마녀사냥이 나중에는 전혀 다른 양상으로 변질되었다. 이웃끼리 조금만 화가 나도 서로 상대를 고발하는 방편으로 마녀사냥이 이용됐다. 마녀사냥 문화는 가족, 친척 간에도 자주 발생했다. 이런 현상은 원한, 시기, 질투 등의 감정이 서로 얽혀 있던 여성들 사이에서 먼저 출발했다. 시간이 흐르면서 그 양상은 점점 확산하여 급기야 공무원, 귀족, 사제, 법정인, 시장 상인들에게서도 나타나게 되었다. 심지어 어린이에게까지 이러한 문화가 영향을 미쳐 사소한 일로도 서로 마녀라고 고발하는 풍조가 유행했다.

종교적 이유든 개인적 감정이든 간에 마녀사냥에 한 번 걸려들면 대부분 처참한 최후를 맞이했다. 한 마을에서 이상한 징조가 나타나면 어김없이 누군가 마녀로 몰려 처형당했다. 마을에서 어느 아이가 갑자기 아프거나, 갑자기 어느 집에 불이 나거나, 키우던 소가 갑자기 죽거나 하면, 그 마을에 의심의 대상이 되는 사람이 마녀로 몰렸다. 흉년이 들거나 나쁜 날씨가 계속되어도 마녀의 역사로 규정했다. 이미 마녀로 찍힌 집의 친척도 고발의 대상이 되었다. 이상한 옷차림을 해도, 이상한 반점이 몸에 생겨도, 매우 아름다운 여인도 쉽게 마녀로 고발당했다. 이런 분위기로 인해 교회와 사회는 늘 음산했고 살벌했다.

교회가 사회와 문화를 지배하던 당시에 관청에서 마녀인지 아닌지 테스트하는 방법은 여러 가지가 있었다. 눈물 시험, 바늘 시험, 불 시험, 물 시험 등이었다. 몸에 있는 사마귀나 반점 같은 것을 바늘로 찔렀을 때 아프다는 소리를 내지 않으면 마녀로 간주했다. 고문을 받으면서 눈물을 덜 흘릴 경우도 마녀로 몰렸다. 그 외에도 주기도문을 외우지 줄줄 못하거나, 혐의를 받은 자가 말을 더듬어도 마녀로 몰렸다. 물

시험은 일종의 신의 심판으로 알려져 있다. 마녀 혐의자를 꽁꽁 묶어 물에 넣고는 세 차례 테스트했다. 이때 몸이 물에 둥둥 뜨면 마녀로 몰았다. 마귀가 마녀를 물에 가라앉지 못하게 했다는 것이다. 게다가 물은 깨끗한 속성을 지니고 있으므로 추악한 마녀를 물 밖으로 밀어낸다고 믿고 해석했다. 물 위로 떠오른 사람은 무조건 화형에 처했다. 반대로 테스트 대상이 물에 가라앉아도 마녀로 몰아 죽였다.

오늘날 눈으로 보면 정말 코미디 같고 무지하고 결코 용납할 수 없는 어리석은 것이다. 하지만 중세 교인들은 그들만의 교리에 충실하면서 신에게 충성을 했다. 그 신에게 충성을 바치기 위해서 살아있는 생명을 쉽게 죽였다. 기독교 문화가 꽃을 핀 유럽의 여러 나라에서 죄 없는 사람을 마녀로 몰아 죽인 기록이 방대하게 남아 있다. 도미니크 수도원은 이런 자료를 소장하고 있는 대표적인 곳이다.

이렇게 어리석고 죄악 된 행동이 오늘날에도 다른 형태와 모습으로 얼마든지 발생될 수 있다. 특히 교회 안에서 영적 지도자들이 인간의 정신에 대한 몰이해와 함께 자신의 교리나 신념이나 욕구에 반대하는 사람이나 세력을 마귀로 몰아세우는 일이 오늘날에도 발생하고 있다. 이런 영적 지도자들과 함께하거나 가까이 하는 것을 매우 주의해야 한다.

2. 교회와 정신세계

교회 안에서 인간의 정신세계에 대한 이해 부족으로 인해 가장 빈번하게 발생하는 영역이 영적인 문제와 정신적인 문제의 혼동이다. 기독교 역사에서 영적 지도자들이 큰 악을 저지른 사건인 마녀사냥도 인간의 정신에 대한 몰이해로부터 발생하였다. 마녀사냥으로 인해 가장 큰 피해를 본 사람들은 나약한 여성들이었다. 교회가 그들의 정신적 아픔과 상처를 치료하고 돌봐주기보다는 정신세계에 대한 몰이해로 인해 영적 학대와 폭력을 행하였다. 이러한 영적 학대와 폭력은 지금도 다른 양상과 방법으로 지속되는 경향이 있다. 교회 공동체 안에서 정신세계, 특히 무의식 세계에 대한 이해 부족으로 인해 영혼을 잘못 인도하고 씻을 수 없는 상처를 주는 경우가 종종 발생한다.

한 여성 성도에게 있었던 일이다. 이 여성은 중고등학교 교사로서 일하다가 모 선교 단체에서 은혜를 받은 후 교사를 그만두고, 그 선교 단체에서 헌신하기 위해 훈련 과정에 참여하였다. 그러던 중에 이 여성은 저녁이 깊어지면 매일 비슷한 시간에 괴이한 언어와 행동을 하며 괴로워했을 뿐만 아니라 마치 무엇에 사로잡힌 듯이 소리를 지르며 이상한 행동을 했다. 이 선교 단체 지도자들은 이 여성이 귀신에 사로잡혀 있다고 판단하였다. 선교 단체 지도자들은 이 성도가 중고등학교 교사를 퇴직함으로 인해 발생할 수 있는 미래에 대한 불안과 두려움으로 이러한 현상이 일어날 수 있다는 것을 전혀 생각하지 못했다. 정신세계에 대한 몰이해로 인해 너무도 쉽게 귀신에 사로잡혔다고 생각하고 판단했다. 이러한 행위는 인간의 정신세계에 대한 무지로부터 비롯된 것이다.

선교 단체에서 귀신에 사로잡혔다고 판단을 받은 이 여성은 조용하고 아름다운 자연 속에 자리하고 있는 다른 돌봄 공동체에 보내졌다. 이 공동체에 와서도 거의 비슷하게 밤이 깊어지면 매일 같은 시간에 괴이한 언어와 행동을 하며 괴로워했다. 이 공동체의 지도자는 이 성도를 귀신에 사로잡힌 것으로 생각하지 않고 따뜻한 사랑으로 보살펴 주었다. 그러자 이 여성은 정신적으로 심한 불안한 상태에서 벗어나 건강한 모습으로 회복되었을 뿐 아니라 결혼하여 건강한 가정을 이루고 행복하게 살아가고 있다.

우리는 이 성도의 사례를 통해 많은 도전과 교훈을 얻을 수 있다. 영혼을 돌보는 사역자들이 한 영혼을 건강하게 보살필 수도 있지만, 인간의 정신과 영혼에 대한 그릇된 이해와 판단으로 영혼을 파괴할 수 있다. 특히 정신 현상에 대한 왜곡된 이해를 영적인 이름으로 선하게 포장하여 영혼을 파괴할 수도 있다는 것을 깨닫게 된다. 영적 지도자는 많은 아픔과 상처와 고통 가운데 있는 영혼이 내뱉은 언어를 매우 주의하여 듣고 해독하는 능력이 있어야 한다.

3. 정신 질환과 귀신들림의 차이

우리에게는 영적 분별력이 있어야 한다. 정신 질환과 귀신들림을 구별하는 것은 매우 어렵고 혼란을 초래할 수 있는 문제이다. 정신 질환을 귀신들림으로 잘못 이해하고 규정할 때 당사자에게 매우 큰 상처를 줄 수 있고, 정신 질환의 현상을 사탄에게 책임을 전가하는 결과를 초래할 수 있기 때문이다. 우리가 잘못된 영적 진단을 함으로써 정신적으로 많은 아픔을 가지고 살아가는 사람을 치료하기보다는 말할 수 없는 큰 상처를 줄 수 있을 뿐 아니라 비극을 초래할 수 있다. 다음 사례는 특히 영적 지도자가 범하기 쉬운 실수와 그 실수로 인해 돌이킬 수 없는 비극을 초래할 수 있다는 것을 보여준다.

> 내가 사역을 하던 중에 어떤 것보다도 나를 화나게 했던 사건 중의 하나가 있는데, 그것은 내 생각에 분명히 조현병 환자로 진단이 내려진 어떤 사람과 상담을 하고 있었던 때에 일어났다. 그는 정신 병원의 외래 환자였는데, 정기적인 치료와 심방, 기도, 사랑 어린 도움 등으로 점차 완쾌되고 있었다. 그러던 중에 그는 그 도시에 새로 부임한 목회자에게 가서 상담을 받았다. 그 목회자는 그 환자로부터 15분 정도 이야기를 듣고 나서 그가 귀신들렸다고 단언하고는 "귀신 쫓기"를 시작하였다. 그 결과 이 환자의 상태는 전보다 더 악화되었다. 나는 지금도 그 사실을 생각하면 나 자신도 믿을 수 없을 만큼 화가 난다. 이런 것은 전적으로 독단이라는 것은 두말할 필요할 필요가 없으며 그는 불확실한 많은 편견들을 근거로 해서 상담하다가 우연히 자기의 전제를 뒷받침하는 어떤 상황을 발견하고는 그 사실을 확신하게 되었으며 무책임하게 그 환자를 이전보다 더 심해지게 만들었다. 다행히 그 가련한 환자는 사람들에게 발견된 후 완치될 수 있었다. 몇 년 전에 분명히 정신 분열증을 겪고 있는 사람이 귀신 들렸다는 판단을 받고 "귀신 쫓기" 의식을 행한 직후, 집에 돌아가 자기 아내를 잔인하게 살해한 끔찍한 사건이 있었다.[2]

우리가 귀신들림과 정신 질환을 혼동해서는 안 된다. 우리가 정신 질환을 겪으며 고통당하는 사람을 귀신들린 사람으로 여기고 그 사람을 잘못 대할 때 그에게 이중의 고통을 가하며 상처를 줄 수 있다. 우리가 자신의 판단에 확신이 서지 않을 때에는 함부로 추정해서는 안 되며,

전문가의 도움을 받거나 전문가에게 보내야 한다. 의사라는 직업도 하나님이 주신 놀라운 은사이다.

성경에는 악한 영의 존재와 영향력에 대하여 진술하고 있다. 정신 질환자의 밖으로 드러나는 현상들이 악한 영의 역사와 유사한 현상이 있기 때문에 자칫 이 둘을 혼동하기 쉽다. 따라서 세심한 주의를 기울이지 않으면 많은 부작용을 초래할 수 있다. 그리스도인 정신과 의사들 간에도 정신 분열증과 귀신들림과 같은 악한 영의 현상과 차이점들에 대해 많은 논란이 있어 왔다. 성경에서 묘사하고 있는 내용과 전문가들의 의견을 종합하여 정신 질환과 귀신들림의 차이점을 매우 조심스럽게 다음과 같이 분별해 볼 수 있다.

정신 분열증	귀신들림
• 말이 조리가 없고 횡설수설한다	• 의식이 뚜렷하고 합리적이다
• 눈의 초점이 없다	• 눈에 사악한 빛을 발한다
• 초인적인 힘을 발휘하지 않는다	• 초인적인 힘을 발휘한다
• 예수님에 대해 특별한 거부 반응이 없다	• 예수님에 대해 적대적 반응을 보인다
• 초능력이 없다	• 투시 등의 능력이 있다
• 목소리에 변화가 없다	• 목소리의 변화나 이상한 방언을 한다
• 관계에 의기소침하다	• 관계성을 추구한다
• 장기간의 치유가 필요하다	• 치유가 갑자기 일어날 수 있다
• 심리 치료도 효과가 있다	• 영적 치료만이 효과가 있다

정신 분열증과 귀신들림 모두 괴상한 행동이나 현상이 나타날 수 있다. 하지만 정신 분열증과 귀신들림의 차이점을 다음과 같이 정리할 수 있다.[3]

첫째, 마귀들은 합리적이다. 성경에 언급된 마귀들이 합리적인 태도로 말한 것은 특기할 만한 사실이다. 그들은 자기가 원하는 곳과 원치 않는 곳을 진술하였다. 그들은 논리적인 태도로 의사를 표현하였다. 그들은 매우 실제적인 대화를 나눌 수 있는 능력이 있으면서 목적과 의미를 지니고 명백하게 이야기한 사단과도 같았다. 그러나 임상적으로 볼 때, 정신 분열증 환자들은 말과 논리에 있어서 매우 일관성이 없다. 그들의 말은 뒤죽박죽이며, 성경에 나타난 마귀들의 언행과는 대조적으로 비합리적이고 조리가 없다.

둘째, 두 경우 관계성을 싫어하는 것처럼 보인다. 귀신들린 사람은 항상 예수님과 제자들에게 강하게 반항했다: "하나님의 아들이여 우리와 당신과 무슨 상관이 있나이까 때가 이르기 전에 우리를 괴롭게 하려고 여기 오셨나이까"(마 8:29). 정신 질환이 있는 사람들은 예수님에 대해 특별히 거부 반응을 일으키지 않는다. 편집증적인 사람은 예수님이나 그리스도인들만을 의심하고 있는 것이 아니라 모든 사람을 두려워한다. 정신병적 환각 상태에 있는 사람은 정서적으로 사람들로부터 움츠러든다. 정신적 질환이 있는 사람은 자신을 감추려는 경향이 있다.

셋째, 두 경우 모두 이상한 방언이나 소리를 내거나, 이상 행동을 할 수 있다. 정신 질환자들에게 나타나는 환상이나 환청은 자신의 초자아 또는 양심의 투사지만, 귀신들린 자들에게서 나타나는 이러한 현상은 그 사람의 병이나 공상적인 투사가 아닌 실제적이고 분리된 영들에 의한 것이라고 할 수 있다. 따라서 정신 분열환자들의 목소리는 자신의 목소리를 그대로 가지고 있으나, 귀신들린 자들은 자기의 소리가 아닌 이상한 다른 목소리를 낸다.

넷째, 마귀들은 뚜렷한 자아정체성을 지니고 있다. 그리스도와 마귀를 묘사하고 있는 복음서의 예화는 마귀가 현실에 관여하고 있음을 보여주고 있다. 그들은 자신을 알고 있고 그리스도가 누구인지도 알고 있었다. 이러한 이유로 상호 의사소통 관계가 가능하다. 이와는 대조적으로 정신 분열증이 있는 사람들은 여러 가지 상실로 인해 고통을 겪고 있으므로, 현실감이 현저하게 떨어지며, 자아 정체성도 희미하다. 이들과의 대화가 잘 이루어지지 않는 것이 바로 그러한 이유이다.

다섯째, 귀신들림과 정신 분열증의 치료를 생각해 볼 때도 그것들 사이에서 두드러진 차이점이 있음을 살펴볼 수 있다. 성경은 귀신들린 사람을 다루는 데 필요한 특별한 치료법을 말해 준다. "기도와 금식이 아니면 이런 유가 나가지 아니하느니라"(마 17:21). 예수님은 마귀들을 오직 영적인 방법으로만 쫓아낼 수 있다고 하였다. 와이트는 귀신을 쫓아내는 일은 신적 특권을 가진 사람 혹은 지식이 많은 사람만 할 수 있는 일은 아니지만, 귀신들림을 치유하는 일에는 하나님의 은혜와 그 사람의 그리스도와의 관계를 중요시하여야 한다고 하였다.

반면, 정신 분열증의 치료 방법은 귀신들림과는 아주 다른 것이다. 정신 분열증이 있는 사람들은 누가 그것을 치료하고자 할지라도 즉각 치료되지 않는다. 만성일 경우에는 대부분 장기간이 걸린다. 정신 분열증의 환각은 심리적인 치료 방법이 큰 효과를 거두고 있다. 정신 분열증은 대인 관계를 개선시키며, 보충적으로 진정제를 투여하여 증상을 치유할 수도 있다. 심리 치료사와 견고하고도 안정된 관계를 발전시킨다면 상당한 도움을 받을 수 있다. 치료 과정에서 반드시 기도나 금식이 개입되어야 하는 것은 아니다. 물론 기도로 지원하는 것은 중요하다.

4. 그리스도의 영과 악한 영

그리스도인들은 무엇보다도 그리스도가 악한 영보다 강하다는 확신이 있어야 한다. 우리가 바르게 인식해야 할 내용은 그리스도를 영접하지 않은 사람들을 향한 악한 영의 권세는 아직도 여전히 남아 있다. 악한 영은 그의 올무로 그리스도를 모르는 사람들을 사로잡을 수 있다(딤후 2:26). 하지만 악한 영은 믿는 자들을 더 이상 사로잡을 수 없다. 하나님의 은혜로 그리스도인들은 악한 영을 이길 수 있다(롬 12:21). 성경은 진정한 믿음을 가진 그리스도인은 악한 영에게 유혹을 받고 어려움은 당할 수는 있지만 완전히 사로잡히지는 않는다고 말한다. 그리스도인은 악한 영의 권세로부터 구출되어 빛의 나라로 옮겨졌기 때문이다(골 1:13). 성경은 그리스도의 십자가의 죽으심과 육체의 부활로 인하여 악한 영, 사단의 권세는 제한되고 억제된다고 말한다(살후 2:2 이하). 사단은 신자들에게는 전혀 힘을 쓸 수 없게 되었다(히 2:14). 사단은 그리스도인들을 만질 수 없다(요일 5:18). 사단은 그리스도인의 증거에 패한다(계 12:11). 따라서 그리스도인은 악한 영에게 고난은 당할 수 있지만 사로잡힐 수는 없다고 보는 것이 성경적이라 할 수 있다. 제이 아담스(Jay Adams)는 "그리스도인의 삶에서도 귀신에 사로잡히거나 놀림을 받을 수 있다고 생각하는 것은 성경적인 근거가 없다. 하나님의 참된 자녀안에 거하시는 성령과 더러운 영이 동시에 존재한다는 것은 불가능하다. 이것은 마가복음 3장 2-30절에 언급된 두 가지의 완전한 대조에서 분명히 나타난다. 여기에서 또한 예수님은 성령의 사역을 마귀에게 돌리는 태도는 용서받을 수 없는 참람함이라고 경고하신다(막3:30)"고

하였다.4) 물론 악한 영은 그리스도인들을 대적하는 영이므로 예수님의 이름의 권세를 의지하여 성령의 능력을 힘입어 대적해야 한다. "그런즉 너희는 복종할지어다 마귀를 대적하라 그리하면 너희를 피하리라"(약 4:7).

성경에서 사람을 향해 "사탄아 물러가라"라는 내용이 나온다. 그 대표적인 경우가 베드로가 예수님의 뜻을 모르고 어리석게 말했을 때 예수님은 베드로에게 "사탄아 물러가라"(마 16:23)라고 한 경우이다. 구체적으로 상황을 서술하면, 예수님께서 어느 날 제자들과 함께 빌립보 가이사랴 근처 마을을 향하여 길을 떠나셨다. 그리고 길에서 제자들에게, "사람들이 나를 누구라고 하느냐?"라고 물으셨다. 그때 제자들이 대답하였다. "세례자 요한이라고 합니다. 그러나 어떤 이들은 엘리야라 하고, 또 어떤 이들은 예언자 가운데 한 분이라고 합니다." 예수님께서 제자들에게 다시 물으신다. "그러면 너희는 나를 누구라고 하느냐?" 베드로가 "주는 그리스도이시요 살아계신 하나님의 아들이십니다."라고 대답하였다. 그러자 예수님께서는 제자들에게 당신에 관하여 아무에게도 말하지 말라고 말한 후에, 예수님은 많은 고난을 겪으시고 배척을 받아 죽임을 당하셨다가 사흘 만에 다시 살아나신다는 것을 제자들에게 가르치기 시작하셨다. 이때 베드로가 예수님을 꼭 붙들고 반박하기 시작하였다. 이런 베드로를 향해 예수님은 "사탄아, 내게서 물러가라. 너는 하나님의 일은 생각하지 않고 사람의 일만 생각한다."라며 꾸짖으셨다.

예수님이 베드로를 향해 말한 '사탄'이 상징적인 의미인지 아니면 베드로의 배후에서 역사하는 사탄인지를 이해할 필요가 있다. 여기서 예수님이 베드로를 향해서 '사탄'이라고 한 것은 '하나님의 뜻을 대적하는 자'라는 뜻이다. 왜냐하면 "사탄아 내 뒤로 물러가라"라는 예수님의 말은 "내 뒤로 물러가라, 너는 대적자야"(get behind me, thou adversary)라는 의미이기 때문이다. 그러므로 예수님께서 베드로를 향해 말한 '사탄'은 하나님의 뜻을 깨닫지 못하고 있는 베드로를 '꾸짖고 있는 것'이라고 할 수 있다. 하지만 마태복음 4장 10절에 예수님이 사탄으로부터 유혹을 받았을 때 "사탄아 물러가라"(be gone Satan, away from me Satan)라고 했을 때의 사탄은 실체적인 존재이다.

여기서 우리는 하나의 교훈을 발견하게 된다. 그것은 하나님의 뜻을 대적하는 자들을 향해서도 예수님처럼 선포 기도와 명령 기도를 할 수 있다는 것을 시사해 준다고 할 수 있다. 하지만 이런 기도는 정죄하는 행위가 되어 버릴 수 있기 때문에 함부로 해서는 안 된다. 또한 하나님의 뜻을 대항한다는 것의 판단 기준이 매우 주관적인 관점이 될 수 있으므로 사람을 향해서 함부로 예수님과 같은 명령 기도를 해서는 안 된다. 예수님의 판단은 완전하시지만, 우리의 판단은 불완전할 수 있기 때문이다.

5. 엔돌의 마녀와 악한 영

성경에서 엔돌의 마녀가 죽은 사무엘을 이 세상으로 다시 불려오는 이야기(삼상 28장)는 매우 특별한 영적 현상이기 때문에 해석이 다양하다. 이 이야기를 한국 무교에서 말하는 죽은 사람이 귀신이 되어 사람들의 선악의 행위에 관여한다는 종교적 사상을 정당화하는 증거로 삼기도

한다. 또한 이 이야기가 비물질적이고 불멸하는 영혼의 존재를 증명한다고 여기는 사람들도 있다. 즉 엔돌에 정말 사무엘의 영혼이 나타났다면 인간은 몸과 영혼의 두 실체로 구성된 존재라는 것을 증명하기 때문에 일원론적 인간관은 유지될 수 없다고 주장하기도 한다. 그러나 성경에서 귀신이나 악한 영은 죽은 인간과는 관계가 없고 하나님의 종인 영의 타락으로 인해서 나타난 파괴하고 죽이는 영들이다.

아놀드는 엔돌에 나타난 존재가 "사무엘이 아니라 악마적 세력에 기원을 두고 거짓 예언을 일삼는 망상적이고 기만적인 환영"이라고 하였다.[5] 이러한 이해는 사도 바울이 말한 "사탄도 빛의 천사로 가장합니다. 그렇다면 사탄의 일꾼들이 의의 일꾼으로 가장한다고 해서, 조금도 놀랄 것이 없습니다"(고후 11:14-15, 새번역)라고 말한 것을 통해서 가능하다. 아놀드는 아우구스티누스를 포함한 많은 초기 주석가가 바울의 관점을 통해서 엔돌의 이야기를 이해했다고 하였다. 하지만 엔돌의 이야기를 바울의 관점으로 해석하는 것에 동의하지 않았던 사람들도 있다. 그 중 잘 알려진 이들로는 니사의 그레고리우스이다. 그는 이미 죽은 거룩한 선지자가 강령술 의식으로 불러 나오는 것이 불가능하다고 생각했다. 따라서 악마나 사탄이 사무엘로 나타나 사울 왕과 그 여자를 속였다는 결론을 내렸다. 아놀드에 따르면 당시 대부분의 주요 주석서들은 죽은 선지자가 나타났을 가능성을 고려하는 것조차 거부했다고 기술하였다.

사무엘상의 이 구절을 다룬 초기 저작들 중에는 사무엘의 출현을 사실로 받아들이는 이들도 있었다. 하나님이 직접 부활시켰는지 아니면 여자가 효력 있는 불법 강령술을 써서 부활시켰는지는 몰라도 분명히 사무엘이 직접 엔돌에 나타났다고 믿었다. 순교자 유스틴은 이 본문을 근거로 인간 영혼이 존재하며 죽음 이후에도 생존한다고 주장했다. 오리게네스와 암브로시우스 그리고 역사가 요세푸스도 사무엘이 엔돌에 정말 나타났다고 믿었다. 아우구스티누스는 사무엘이 진짜 나타난 것인지 아니면 기만적인 영이 나타난 것인지 혼란스러워 했지만 말년에는 기만적인 영이라고 이해했다.

아놀드는 중요한 것은 역사가 진행되면서 같은 본문을 가지고 전혀 다른 해석을 내릴 수 있다는 것을 알아야 한다고 하였다. 그는 사무엘이 물리적 몸으로 소생하여 엔돌에 나타났다고 보는 것은 고대 이스라엘의 인식에 더 가깝다고 보았다. 그는 성경 본문을 해석할 때 주석적 문제를 검토하기 전에 지금까지의 해석의 역사를 살펴보아야 한다고 말한다. 아놀드는 이런 관점 안에서 "고대 이스라엘 민족에게 이 질문을 던진다면, 그들은 '물론 육신과 별개의 존재는 없다'고 대답할 것이다. 그러므로 사무엘의 엔돌 출현이 망상이 아니라고 받아들인다면, 그가 어떤 식이 되었건 물리적으로 나타난 것이라고 생각해야 한다"라고 말한다.6) 더 나아가 그는 이런 고전적 해석이 오늘날의 새로운 성경해석에 비추어 어떤지 물으면서, "이 본문은 구약의 규범적 종교가 인정하지 않았지만 가나안 일부들과 일부 이스라엘 사람들에게 남아 있던 관습과 종교적 관행을 보여준다"라고 하였다.7) 그러나 아놀드는 "이 내용이 육체적이나 소생 개념의 사례를 제시하긴 하지만 히브리 성경의 다른 자료들이 그렇듯이 기독교 인간론의 문제를 확정할 만한 결정적인 단서를 제공하지 않는다"는 것을 기억하는 것도 매우 중요하다고 하였다.8)

오늘날 그리스도인들 중에는 사무엘상 28장을 문자적으로 해석하여 사무엘의 영이 직접 나타났다고 주장하기도 한다. 하지만 성경의 전체적인 맥락에서 보면 죽은 사람이 영이 되어 다시 나타났다는 관점은 성경적 지지를 받기가 빈약하다. 성경은 한국 무교에서 말하는 것처럼 죽은 사람이 악한 영 또는 귀신이 된다는 증거가 없기 때문이다. 따라서 성경의 전체적인 맥락에서도 엔돌에 나타난 영을 사무엘의 영으로 보는 관점보다는 악한 영으로 보는 것이 더욱더 설득력 있는 해석이라고 할 수 있다.

6. 질병의 유형과 치유 방법

프랜시스 맥너트(Francis MacNutt)는 치유에 대한 자신의 연구에서 기본적인 네 가지 질병에 대해서 설명하였다.[9] 그것은 개인적인 죄 때문에 생기는 영의 질병, 과거의 정서적인 상처와 손상 때문에 생기는 정서적 질병, 질환이나 사건 때문에 생기는 육체적 질병, 그리고 앞의 세 가지 질병 때문에 생기는 악마적인 압박감이다. 맥너트는 각 유형의 질병에는 상응하는 기도 방법도 세분화하여 제시했다. 회개를 위한 기도, 내면세계의 치유를 위한 기도, 신체적 치유를 위한 기도, 구원을 위한 기도가 그것이다.

맥너트에 의하면, 영과 관련된 질병은 종종 정서적인 질병을 가져다주기도 하고 육체적인 질병을 가져다주기도 한다. 영과 관련된 질병의 원인은 개인적인 죄이고 효과적인 기도는 회개이다. 기도하면서 개인의 죄를 인정하고, 죄를 실토하고, 상처를 준 사람들로부터 용서를 구하면서 기도할 때 더 효과적이다. 정서와 관련된 질병은 종종 영적인 질병을 가져다주기도 하고 육체적인 질병을 가져다주기도 한다. 질병의 원인은 관계 속에서 받은 상처 때문에 주로 발생하기 때문에 효과적인 기도는 내면세계의 치유를 위한 기도이다. 정서적인 질병을 위해서는 상담과 기도가 병행될 때 더 효과적이다. 육체와 관련되는 질병은 종종 정서적인 질병이 가져다주기도 하고 영적인 무력감을 가져다주기도 한다. 육체와 관련되는 질병의 원인은 질병과 사고와 심리적인 스트레스이다. 이 질병에 유익한 기도는 육체적인 치유를 위한 믿음의 기도이다. 이 질병은 의학적인 돌봄과 규칙적인 식사와 알맞은 운동과 함께 기도하는 것이 바람직하다. 상황에 따라 악한 영이 위의 질병 또는 모든 질병의 원인이 될 수 있다. 악한 영에 의한 질병은 악한 영 축출 기도만이 효과적이다. 악한 영에 의한 질병에는 인간적인 처방은 효과가 없다.

유대 사회에서 예수님이 사역을 하실 때도 적지 않은 사람들이 복음의 논리보다는 왜곡된 영 또는 마귀의 논리에 빠져있었다. 유대 사회에서 많은 사람은 이해할 수 없는 것과 뜻대로 되지 않는 것을 죄와 마귀의 탓으로 돌리는 경향이 많았다. 실제로 예수님 시대에 유대 사회에는 가난하게 사는 것도 병에 걸리는 것도 모두 죄 때문이라는 잘못된 영적 공식이 만연했다. 나아가 유대 사회에는 어떤 잘못된 일이 일어나면 불순종과 거짓의 아비인 악한 영 때문이라는 잘못된 영적 공식에 노출되어 있었다. 오늘날 그리스도인들도 복음의 논리보다는 잘못된 영의 논리에 노출되기 쉽다. 그리스도인들의 영의 논리는 복음에 기초해야 한다. 그리스도인들의 영의 논리는 사탄은 그리스도인들을 만질 수 없다(요일 5:18)는 복음에 기초해야 한다. 우리가 어떤 성도에게 귀신에 사로잡혔다고 공격하거나 정죄하는 것은 복음이 아니다.

APPENDIX A
부록 A: 나의 애착 유형 파악하기[1]

다음의 항목들 중에 나를 가장 잘 설명하고 있는 것에 O표를 한다.

1.
(1) 가까운 사람에게는 별 어려움 없이 내 감정을 털어놓을 수 있다.
(2) 상대방이 자기 감정을 나에게 털어놓는 게 좋다.
(3) 사람들과 가까워져도 전혀 마음 불편할 게 없지만, 혼자 있는 것도 별 불편함이 없다.
(4) 상대방이 나를 있는 모습 그대로 존중해 주기를 기대한다.
(5) 상대방이 나의 필요에 민감하고 적절하게 반응해 주기를 기대한다.
(6) 친밀한 관계를 맺는 일이 나에게는 상대적으로 수월하다.
(7) 내 감성을 있는 그대로 느낄 수 있지만, 그 감정에 압도당하는 경우는 거의 없다.
(8) 나는 상대방의 감정을 이해하고 민감하게 반응할 수 있다.
(9) 나는 친밀함에 대한 욕구를 성취와 성공에 대한 욕구와 적절히 조화시킨다.
(10) 스트레스를 받을 때 나는 동료나 배우자 혹은 친한 친구에게

거리낌 없이 위로를 구할 수 있다.

2.

(1) 나는 상대방에게 내 기분을 털어놓는 것을 좋아하는 데 상대방은 나만큼 자기 자신을 열어 보이지 않는 것 같다.

(2) 내 감정은 순식간에 통제 불가능이 된다.

(3) 나는 혼자가 되는 것을 걱정한다.

(4) 나는 가까운 사람과의 관계에서 버림받는 것을 걱정한다.

(5) 상대방은 내가 자기에게 너무 매달리고 지나치게 감정적이라고 불평한다.

(6) 나는 사람들과 친밀해지기를 강력하게 원한다.

(7) 나와 가장 친밀한 관계를 맺고 있는 사람은 나만큼 서로 가까워지기를 바라는 것 같지 않다.

(8) 남들에게 거부당하는 것을 크게 염려한다.

(9) 개인적 성취와 성공보다는 가깝고 친밀한 관계를 더 소중히 여기는 경향이 있다.

(10) 스트레스를 받을 때 나는 다른 사람의 도움을 간절히 구한다. 그리고 나도 다른 이들에게 그런 도움을 주는 사람이 되고 싶다. 하지만 그런 나와 달리 어느 누구도 선뜻 내게 도움을 주려고 하지 않는 것 같다.

3.

(1) 내 기분을 다른 사람에게 이야기하기 싫다.

(2) 상대방이 내 기분에 대해 이야기 하는 것이 싫다.

(3) 다른 사람의 기분을 이해하는 것이 힘들다.

(4) 스트레스를 받을 때 그 상황을 혼자 처리하려고 애쓴다.

(5) 내 기분을 이야기하기 싫어하는 것에 대해 상대방이 자주 불평한다.

(6) 사실 나는 친밀한 관계가 필요하지 않다.

(7) 나는 내 독립성과 자급자족하는 태도를 높이 평가한다.

(8) 혼자가 되거나 버림받는 것에 대해 걱정하지 않는다.

(9) 남에게 인정받는 것에 대해 걱정하지 않는다.

(10) 나는 친밀하고 가까운 관계보다는 개인적 성취와 성공을 더 소중하게 여기는 경향이 있다.

4.

(1) 내 감정이 나를 매우 혼란스럽게 만든다. 그래서 감정을 느끼지 않으려고 애쓴다.

(2) 내 감정은 매우 격렬하고 압도적이다.

(3) 다른 사람들과 가까워지고 싶기도 하고 멀리 떨어지고 싶기도 한 마음 사이에서 이러지도 저러지도 못하는 기분이다.

(4) 내가 어느 날은 애정에 굶주려서 매달리다가 어느 날은 거리를 둔다고 상대방이 불평한다.

(5) 사람들과 가까워 지기가 힘들지만, 일단 가까워 지고 난 뒤에는 버림받거나 거부당하는 것을 걱정한다.

(6) 친밀한 관계에서는 아주 쉽게 상처받을 것 같다.

(7) 때로 내가 내 감정과 몹시 단절된 것 같은 기분이다.

(8) 내가 과연 친밀한 관계를 원하는 것인지 원하지 않는 것인지 확언할 수가 없다.

(9) 사람들과 너무 가까워질 경우 실제로 그들에게서 상처를 입을 수 있다.

(10) 사람들은 어떻게 행동하고 처신할지 예측할 수 없는 경향이 있기에 그들과 친밀한 관계 맺기가 힘들다.

판정방법

각 유형별로 해당 항목수를 기입하고 해당 항목수가 가장 많은 유형이 어느 것인지 알아본다.

1. 안정적 애착 유형 (　　)
2. 불안 양가 애착 유형 (　　)
3. 불안집착 애착 유형 (　　)
4. 두려워하는 애착 유형 (　　)

해당 항목수가 가장 많은 유형이 나의 애착 유형이다. 하지만 다른 유형의 해당 항목도 나를 설명하고 있는 것이므로 참고할 필요가 있다.

APPENDIX B

부록 B: 성격 자기 진단 질문지(DMS-IV에 근거)[1]

이 간단한 질문지는 성격의 유형을 파악해서 성격 장애 여부를 체크하기 위한 것이다. 각 질문에 해당되면 (O), 해당되지 않으면 (X), 애매하면 (△)로 체크한다. 현재 자신의 기분이나 행동뿐만 아니라 과거 수년 간 자신이 어떠했는지를 잘 생각해서 가장 가까운 항목을 선택한다.

1.

1) 거절당하거나 배척당하는 것이 싫어서 사람들과 접촉이 많은 일은 하고 싶지 않다.( )
2) 나에게 호감을 갖고 있지 않은 사람과는 그다지 관계를 맺고 싶지 않다.( )
3) 다른 사람이 나를 싫어하면 안 되므로 친한 사이에서도 자신을 억제하며 사귀는 편이다.( )
4) 바보 취급당하지나 않을지, 동료들 사이에서 외톨이가 되지는 않을지 항상 불안하다.( )
5) 만나기로 한 약속을 바로 직전에 취소할 때가 자주 있다.( )
6) 어쨌든 나는 매력적이지 않으므로 다른 사람들이 나를 그다지 좋아하지 않는 것 같다.( )

7) 새로운 일을 하려 해도 잘 되지 않을지 모른다는 불안감에 실행하지 못하다가 포기해 버릴 때가 종종 있다.( )

2.

1) 대수롭지 않은 일도 혼자서는 결정하지 못하는 편이다.( )
2) 중요한 일이나 귀찮은 일은 다른 사람에게 시킬 때가 많다.( )
3) 부탁 받으면 거절하지 못하고 응한다.( )
4) 일을 스스로 계획해서 솔선수범하기보다는 다른 사람들 하는 대로 따라서 하는 편이 속 편하다.( )
5) 상대방에게 잘 보이려고 하기 싫은 일을 할 때도 있다.( )
6) 나 혼자서는 살아갈 자신이 없다.( )
7) 애인이나 친구와 헤어지면 바로 대신할 사람을 구하는 편이다.( )
8) 소중한 사람에게 버림받을까봐 불안하다.( )

3.

1) 사소한 데에 지나치게 얽매인다.( )
2) 일을 완벽하게 하려다 때를 놓칠 때가 많다.( )
3) 일이나 공부에 열중한 나머지 오락이나 사람들과의 교제는 뒷전으로 미루기 일쑤이다.( )
4) 부정이나 대충 넘어가는 것을 용납할 수가 없다.( )
5) 도움이 되지 않는다는 걸 알면서도 잘 버리지 못한다.( )
6) 자신의 말을 듣지 않는 사람과는 잘 지내지 못한다.( )
7) 돈은 가능한 한 절약해서 장래를 위하여 저축한다.( )

8) 완고하다는 소리를 자주 듣는 편이다.( )

4.

1) 다른 사람을 방심해서는 안 되는 존재라고 생각한다.( )
2) 친구나 동료라도 믿지 못할 때가 있다.( )
3) 내 비밀이나 개인 신상에 관하여 다른 사람에게 말하지 않는 편이다.( )
4) 다른 사람의 말에 쉽게 상처받는다.( )
5) 받은 상처나 원망을 잘 잊지 못하는 편이다.( )
6) 다른 사람이 나를 빈정거리거나 비난하면 톡 쏘는 편이다.( )
7) 배우자나 애인이 몰래 바람피우지 않는지 의심할 때가 있다.( )

5.

1) 고독을 즐기고, 아무하고도 친밀한 관계를 맺고 싶지 않다.( )
2) 혼자서 행동할 때가 많다.( )
3) 섹스에는 그다지 흥미가 없다.( )
4) 무엇을 해도 가슴 설레는 기쁨이나 즐거움을 그다지 못 느낀다.( )
5) 진정으로 신뢰할 수 있는 친구가 없다.( )
6) 다른 사람이 뭐라 해도 그다지 신경 쓰지 않는다.( )
7) 희노애락을 잘 느끼지 못하고 언제나 냉정한 편이다.( )

6.

1) 다른 사람들이 이야기 하고 있으면 나에 대해 말하는 것처럼 느껴질

때가 많다.( )

2) 예언, 초능력, 영혼, 텔레파시, 제육감과 같은 불가사의한 현상을 느낄 때가 있다.( )

3) 소리, 미세한 움직임에서 무슨 신호나 의도를 느끼거나 순간적으로 몸에서 기묘한 감각을 느낄 때가 있다.( )

4) 말을 빙 돌려서 한다거나 하고 싶은 말이 무엇인지 잘 모르겠다는 소리를 듣는다.( )

5) 쉽게 사람을 믿지 못하는 편이다.( )

6) 엉뚱하게 반응하거나 빗나갔다는 소리를 듣는다.( )

7) 별종이라든가 독특하다는 소리를 들을 때가 있다.( )

8) 진정한 친구가 없다.( )

9) 세상은 두려운 곳이라고 생각한다.( )

7.

1) 사람들의 관심을 끌거나 주목받기를 좋아한다.( )

2) 이성의 호감을 사는 편이다.( )

3) 변덕스럽고 기분이 잘 변한다.( )

4) 외모나 패션에 상당히 신경 쓴다.( )

5) 말을 잘해서 같이 있으면 즐겁다는 소리를 듣는다.( )

6) 자기 기분이나 표정, 몸짓을 과장되게 표현하는 편이다.( )

7) 상대의 태도나 장소의 분위기에 민감하다.( )

8) 알게 되면 금방 편안하게 이야기하는 편이다.( )

8.

1) 나한테는 세상 사람들이 모르는 재능이나 뛰어난 점이 있다고 생각한다.( )

2) 대성해서 유명인이 되거나 이상적인 애인을 만나기를 꿈꾼다.( )

3) 나는 다른 사람들과 다른 데가 있는 특별한 사람이라고 여긴다.( )

4) 주변 사람들의 칭찬이 더할 나위 없는 격려가 된다.( )

5) 다소 무리를 해서라도 내가 원하는 바를 다른 사람들이 하게 만든다.( )

6) 원하는 것을 손에 넣기 위해서라면 다른 사람을 이용하거나 감언이설로 넘어오게 할 자신이 있다.( )

7) 제멋대로 행동하고 다른 사람을 그다지 배려하지 않는다.( )

8) 친구나 알고 지내는 사람의 행복을 보면 내심 질투심이 생긴다.( )

9) 태도가 거만하거나 자존심이 높다고 평가된다.( )

9.

1) 소중한 사람한테 버림받지 않을까 하는 불안감에서, 버림받지 않으려고 필사적으로 매달려 상대를 곤란하게 만든다.( )

2) 상대를 이상적인 사람이라고 여기다가 환멸감이 느껴질 때 그 격차가 아주 크다.( )

3) 내가 어떤 인간인지 모를 때가 있다.( )

4) 충동적으로 위험한 일이나 좋지 않은 일을 할 때가 있다.( )

5) 자살을 기도하거나 하고 싶다는 말을 해서 주변 사람들을 곤란하게 만든 적이 있다.( )

6) 하루 동안에도 기분이 천당과 지옥을 오간다.( )

7) 언제나 마음속 어딘가에 공허감이 숨어 있다.( )

8) 대수롭지 않은 일도 내 뜻대로 되지 않으면 격노한다.( )

9) 지나치게 생각에 골몰하거나 기억이 나지 않을 때가 있다.( )

10.

1) 위법적인 행동을 반복한다.( )

2) 나의 이익이나 쾌락을 위해 다른 사람을 속인 적이 있다.( )

3) 임기응변에 능하고 미래보다 현재에 만족하면 된다고 생각한다.( )

4) 말보다 손이 먼저 나가거나 폭력을 행사한다.( )

5) 위험에 그다지 신경 쓰지 않고 목숨을 두려워하지 않는다.( )

6) 일을 금방 그만두거나 빚을 갚지 않는다.( )

7) 약자를 괴롭히는 데 약간의 쾌감을 느낀다.( )

판정 방법

1에서 10가지의 갈 질문에 (0)으로 표시한 개수를 세어서 아래의 표에 기입한다. (0)의 수가 판정 기준 이상이면 진단 기준에 들어맞을 가능성이 있다. 다만 어디까지나 기준이다. 자기 진단의 정확도를 높이려면 자신을 잘 아는 사람에게 평가해 달라고 하면 참고가 될 것이다. 판정 기준에 도달을 하든 안 하든 간에 해당 항목 수가 많은 유형을 앎으로써 자신의 경향을 대체로 파악할 수 있다.

구분	유형	해당 항목 수	판정 기준	판정
1	회피성		4항목 이상	
2	의존성		5항목 이상	
3	강박성		4항목 이상	
4	편집성(망상성)		4항목 이상	
5	분열성		4항목 이상	
6	분열형		5항목 이상	
7	히스테리성(연극성)		5항목 이상	
8	자기애성		5항목 이상	
9	경계성		5항목 이상	
10	반사회성(공격성)		3항목 이상	

APPENDIX C
부록 C: 관계 가면의 장단점[1]

회피성 인물의 장단점

장점	단점
• 느긋함	• 수동적임
• 분쟁이나 시비에 말려들지 않음	• 중요한 갈등에 끼어들지 않음
• 서두르지 않음	• 꾸물거림
• 조정할 수 있음	• 편드는 것을 두려워함
• 불화를 피함	• 변화를 피함
• 쉽게 흥분하지 않음	• 행동하지 않음
• 다른 사람을 돋보이게 함	• 해야 할 일을 '서두르지' 않음
• 꾸준함	• 고집스러움
• 흥분할 만한 상황에서 빠지지 않음	• 위험의 기미만 보여도 달아남
• 논쟁하지 않음	• 위험을 감수하지 않음

의존성 인물의 장단점

장점	단점
• 우호적이며 친절함	• 지나치게 순종적임
• 호감이 감	• 결단력이 없음
• 다른 사람을 높여줌	• 자존감이 낮음
• 배려와 사려가 깊음	• 주체성이 약함
• 온순하고 경쟁을 싫어함	• 안일함
• 협력을 잘함	• 책임감이 약함
• 다른 사람을 괴롭히지 않음	• 다른 사람에게 관여하지 않음
• 긍정적임	• 도전의식이 약함
• 다른 사람의 약점에 관대함	• 다른 사람의 죄에 관대함
• 권리 의식이 없음	• 불이익을 당해도 항의하지 않음

강박성 인물의 장단점

장점	단점
• 체계적임 • 세심함 • 근면하고 유능해 보임 • 진취적임 • 신중함 • 책임감과 의무감이 강함 • 정의감이 투철함 • 인내심과 의지력이 있음 • 대단한 노력가임 • 견실함 • 미래의 재난을 준비 함	• 과도하게 질서에 집착함 • 사소한 세부 사항에 얽힘 • 창조성과 상상력이 부족함 • 통제 욕구에 한계가 없음 • 실패를 인정하지 않음 • 일에 융통성이 없음 • 고지식함 • 삶의 여유가 없음 • 효율성이 떨어짐 • 유연성과 민첩성이 부족함 • 인색함

적대-공격성 인물의 장단점

장점	단점
• 프로젝트를 시작하거나 세우거나 보충하는 일에 매우 유능함 • 실무에 아주 능함. 즉, 가장 중요한 점을 이해함 • (공리주의적인 관점에서) 큰 그림을 봄 • 실행 가능한 개념과 어떤 일을 하는 '올바른 방법'의 중요성을 앎 • 무능한 사람이나 반대 목적을 지닌 사람들을 제거할 수 있음 • 자신과 같은 방향으로 움직이고 있는 사람들을 전적으로 지지해 줌 • 옳고 그름, 좋고 나쁨에 대한 명확한 견해를 갖고 있음 • 자신만만함 • 동기 의식이 강함 • 솔직함 • 뛰어남 • 유능하고 생산적임 • 유능하며 솔선수범하는 사람	• 사람들을 양육하고 돌보고 칭찬해 주는 일에 서툼 • 비관계적. 즉, 사람들을 자신의 계획을 실행하는 데 필요한 도구로 여김 • (관계의 관점에서) 큰 그림을 보지 못함 • 자신만의 견해나 통찰력을 지니지 못한 사람들을 평가 절하함 • 임무 완성을 가장 중요하게 생각하고 사람들을 소모품으로 여김 • '활동 범위가 좁고' 자신으로부터 돌아선 사람들을 거부함 • 균형 잡히고 공정한 사람들을 비난함 • 거만함 • 강박관념에 쫓김 • 무례함 • 외로움 • (육체적. 정신적으로) 몹시 지침 • 연약하고 미숙한 사람들을 경멸함 • 용서하는 마음이 없고 적대감으로 가득 차 있음

수동-공격성 인물의 장단점

장점	단점
• 옳은 일을 하기 위해 노력함 • 상처받는 사람들을 측은히 여김 • 다른 사람들의 가치를 알아봄 • 다른 사람들을 칭찬하는 데 빠름 • 자신의 죄에 대해 즉시 책임을 짐 • 자신의 죄에 대해 격렬하게 회를 냄 • 전혀 허세부리지 않음 • 다른 사람을 열렬하게 사랑할 수 있음	• 문제가 발생할 것 같은 징후가 보이면 노력하고 있는 일을 실패라고 선언함 • 자기 자신을 측은하게 여기지 않음 • 자기 자신을 무가치하게 여김 • 자기 자신을 빠르게 정죄함 • 절망적일 정도로 비관적이고 부정적임 • 자기 혐오가 심함 • 자기 속에서 가치 있는 점을 거의 보지 않음 • 다른 사람들을 사랑하는 것은 자신의 가치를 발견하려는 필사적인 노력임 • 전적으로 자기 자신에게 집중함 • 자신이 혐오스럽다는 것을 하나님이 아신다고 믿음 • 자기 자신을 끊임없이 파괴함 • 어려움이나 도전이나 미숙함이 자신의 어리석음을 나타낸다고 추측함 • 하나님의 은혜를 거절함 • 자신에게는 성공할 수 있는 신비한 능력은 없지만 다른 사람들은 가지고 있다고 믿음 • 다른 사람들로부터 들은 칭찬의 말이 아첨이나 단순한 말에 지나지 않는다고 생각함

히스테리성(연극성) 인물의 장단점

장점	단점
• 언변이 좋고 감정 표현이 풍부함 • 매력적이고 호감이 감 • 우호적임 • 자기를 쉽게 개방함 • (이성)친구가 많음 • 친구를 쉽게 사귐 • 인기가 있음	• 감정 표현이 과장되고 극적임 • 성적으로 어필함 • 진심이 결여 됨 • 신뢰감이 없음 • 끊임없이 관심을 요구 함 • 꾸며내고 부정직함 • 충동적임

장점	단점
• 역동적임 • 이야기하기 좋아함 • 삶의 활력소가 됨 • 다른 사람들을 돕는 일에 열심임	• 관계가 갈수록 피상적이 됨 • 자기를 지나치게 들어냄 • 다른 사람이 자기에게 관심을 보여주지 않으면 불편해함 • 자신이 듣고 싶은 인정의 말을 듣지 못할 때 실패했다고 여김

자기애성 인물의 장단점

장점	단점
• 자기 홍보를 잘함 • 인기가 있음 • 열정적임 • 친절하고 헌신적임 • 재능과 능력이 있음 • 에너지가 넘침 • 아는 사람이 많음 • 이상이 높음 • 다른 사람을 필요로 함 • 강인함	• 자기 자랑이 지나침 • 자만심이 팽배함 • 자기도취적임 • 상대를 지나치게 이상화시킴 • 특권 의식이 강함 • 공감 능력이 현저히 낮음 • 관계가 피상적임 • 과대한 웅대함이 있음 • 대인 관계가 착취적임 • 연약한 사람을 경멸함

경계성 인물의 장단점

장점	단점
• 감정 표현을 잘함 • 관계가 역동적임 • 칭찬을 잘함 • 친밀함을 추구함 • 누군가 함께 있는 것을 좋아함	• 감정의 기복이 심함 • 대인 관계가 긴장 관계에 있음 • 자제력이 부족하고 충동적임 • 만성적 공허감에 시달림 • 반항적이고 변덕스러움 • 다른 사람의 경계를 침범함 • 자해나 자살 시도로 상대를 조종하려함

분열성 인물의 장단점

장점	단점
• 평화주의자임 • 꾸준함 • 감정의 기복이 적음 • 조용하고 담담함 • 자족적이고 불만이 적음 • 자기 세계에 민감함 • 한적함을 즐김 • 사색적이고 예술적임 • 자기실현에 관심이 많음	• 회색주의자라고 오해를 받음 • 수동적이고 비자발적임 • 감정 표현이 부족함 • 정서가 메마르고 냉담한 것처럼 보임 • 정서가 실린 대화를 잘 못함 • 자기의 권리를 찾지 못함 • 외부 세계에는 관심이 없음 • 대인 관계가 빈약함 • 자기 영역이 침범되는 것을 극도로 꺼림

분열형 인물의 장단점

장점	단점
• 영감이 풍부하고 직관적임 • 독특함 • 내면적임 • 독립적임 • 창조적임 • 독창성과 정신성이 풍부함 • 허영심이 없음 • 개척자적 능력이 있음	• 주관과 독선에 빠지기 쉬움 • 비현실적임 • 고립, 소외되기 쉬움 • 조직 생활에 부적응 • 자기중심적임 • 행동과 외모가 특이함 • 충동적 행동을 보임 • 의심이나 편집적인 사고가 있음 • 대인 관계가 편협함 • 비논리적임

편집성 인물의 장단점

장점	단점
• 자신감이 있음 • 열성적임 • 야심적임 • 성취욕이 강함 • 관계 맺기를 원함	• 열등감이 있음 • 독선적임 • 지배욕이 강함 • 소유욕이 강함 • 친밀한 관계를 맺기 어려움 • 불신과 의심이 많음

장점	단점
• 자신에게 관대함 • 공동체에 활력이 됨	• 불안과 두려움이 많음 • 다른 사람에게 냉정함 • 공동체를 분열시키는 경향이 있음

구세주 유형의 장단점

장점	단점
• 남을 측은히 여기는 마음이 매우 깊음 • 간절히 다른 사람들을 도와주고 싶어함 • 열심히 일함 • '아낌없이' 주려고 함 • 일을 완료할 수 있음 • 시간을 낭비하지 않음 • 진실하게 남을 사랑하고 다른 사람에게 관심을 가짐 • 다른 사람을 위해 기쁘게 일함 • 다른 사람들을 속이지 않음 • 자기 자신의 필요를 채우는 데 열중하지 않음 • 다른 사람들의 고통을 덜어주는 데 빠름 • 매우 유능함 • 본분을 다하는 것의 중요성을 앎 • 주는 것을 잘함 • 다른 사람들을 돕는 일에 빠름	• 지나친 공동 의존증을 보임 • 자신을 위해서 해야 할 일을 다른 사람을 위해서 함 • 쉴 때 죄의식을 느낌 • 다른 사람들이 자신의 관대한 행위를 인정해 주지 않을 때 분개함 • 자신에게 필요한 도움을 청하지 않으려고 함 • 재미있는 일은 거의 하지 않음 • 빗나간 방식으로 사랑과 걱정을 표현함 • 분주함으로 자신의 죄와 상처를 가림 • 자신은 '군궁하지' 않기 때문에 우월하다고 느낌 • 자신의 영적, 육적 삶을 살찌우지 않음 • 고통을 통해서 사람들을 가르치는 하나님을 방해함 • 매우 통제적임 • 지불 능력 이상의 채무를 짐 • 뽐냄 • 거의 다른 사람들의 도움을 받지 않음

영적인 해석자 유형의 장단점

장점	단점
• 하나님 나라를 매우 중요시함	• 하나님 나라에 대한 지식이 포괄적이지 않음
• '파트 타임' 그리스도인이 아님	• 상심한 사람들이나 영적으로 어린 사람들에게 인내심이 거의 없음
• 영성 훈련의 중요성을 알고 그것을 실천함	• 영성 훈련의 중요성을 모르고 그것을 실천하지 못하는 사람들을 판단하고 창피를 줌
• 한사람의 영성에 대한 분명한 증거가 있어야 한다고 믿음	• 한 사람의 영성에 대한 증거를 너무 편협하게 규정함
• 교회의 역사, 전통, 언어를 소중히 함	• 일반적으로 자신의 고유한 하위문화 이외의 것에 대해서는 생각할 수 있는 능력이 없음
• 예수님이 자기 인생을 주관해 주시기를 간절히 바람	• 자신의 몸이나 성적 관심이나 태도나 가족에 대한 예수님의 주권을 무시함
• 예수님이 모든 문제에 대한 해답이라는 것을 잘 알고 있음	• 기독교에 대한 자신의 개념과 일치하지 않는 질문과 대답을 두려워함
• 중요한 도덕적 문제에 대한 입장을 견지함	• 도덕적 문제에 대해서 다른 관점을 지닌 사람들이나 아직 그 영역에서 성장하지 못한 사람들을 비난함
• 복음 전도의 중요한 필요성을 알고 있음	• 자신이 복음 전도할 때 마음을 열지 않는 사람들과 관계 맺는 것을 어려워함
• 자신의 열정으로 다른 사람들에게 동기를 부여하고 그들을 고무시킴	• 자신의 열정에 호의적으로 반응하지 않는 사람들에게 위협을 느끼고 그들을 의심함
• 거룩해지기 위해 열심히 노력함	• 자신의 범주에서 옳고 그름이 공정하지 않음
• 천사와 악마의 세계에 대해서 심각하게 받아들임	• 실제로는 자신 때문에 비롯된 일을 악마의 탓으로 돌림
• 다른 사람의 죄를 지적함	• 자기 자신의 죄는 보지 못함

EndNotes
미주

- 서문

1) Reinhold Niebuhr, George Appleton, ed., *The Oxford Book of Prayer* (Oxford: OUP, 2009 2nd ed.), 96.
2) Margaret Z. Kornfeld, *Cultivating Wholeness: Cultivating Wholeness: A Guide to Care and Counseling in Faith Communities* (New York, NY: Continuum, 1998) 69.
3) American Psychiatric Association, *Diagnostic and Statistical Manual of Mental Disorders* (5th ed.). (Arlington, VA: American Psychiatric Publishing, 2013).
4) 민병근, 『최신 목회정신 의학』 (울산: UUP, 2001), 379.
5) M. L. Fong, 'Assessment and DSM-IV diagnosis of personality disorders: A primer for counselors,' *Journal of Counseling and Development*, 73 (1995): 635-39.
6) David G. Benner, *Strategic Pastoral Counseling: A Short-Term Structured Model* (Grand Rapids, MI: Baker Book House, 2003), 10; W. Brad Johnson & William L. Johnson, *The Pastor's Guide to Psychological Disorders and Treatments*, 김진영 옮김, 『목회자를 위한 정신 장애와 치료 가이드북』 (서울: 학지사, 2009), 12.
7) Paul Tournier, The Healing of Persons, 권달천 옮김, 『인간치유』 (서울: 생명의말씀사, 2002), 104.
8) Paul Tournier, 『인간치유』, 54.

- 제1장 정신 건강과 기독교 상담

1) Lawrence J. Crabb, *The Effective Biblical Counseling* 『성경적 상담학』 정정숙 옮김 (서울: 총신대학출판부, 1993), 33-62.
2) Stanton L. Jones, Richard E. Butman, *Modern Psychotherapies: A Comprehensive Christian Appraisal* (Dowers Grove, IL: InterVarsity Press, 1991), 25-28
3) David Clines, 'A Biblical Doctrine of Man,', *The Journal of the Christian Brethren Research Fellowship* 28 (1976): 24.

4) Francis Bridger and David Atkinson, *Counseling in Context: Developing A Theological Framework* (London: DLT, 1998), 146.
5) Anthony A. Hoekema, *Created in God's Image*, 116-17에서 인용.
6) 최창국, 『영성과 상담』 (서울: CLC, 2011), 203.
7) Francis Bridger and David Atkinson, *Counseling in Context*, 147.
8) Jay E. Adams, *The Christian Counselor's Manual: The Practice of Nouthetic Counseling* (Grand Rapids: Baker Book House, 1981), 117-40.
9) Howard Clinebell, *Basic Types of Pastoral Care and Counseling: Resources for the Ministry of Helping and Growth* (London: SCM, 1984), 52-55.
10) 최창국, 『영성과 상담』, 207.
11) And the LORD God formed man of the dust of the ground, and breathed into his nostrils the breath of life; and man became a living soul[KJV]; the LORD God formed the man from the dust of the ground and breathed into his nostrils the breath of life, and the man became a living being[NIV].
12) 최창국, 『영성과 상담』, 209.
13) Pierre Teilhard de Chardin, in Robert J. Furey, *The Joy of Kindness* (New York, NY: Crossroad, 1993), 138.
14) Dallas Willard, *Renovation of the Heart: Putting on the Character of Christ* (Colrado Springs: NAVpress, 2002), 31-39, 95-216.
15) Dallas Willard, *Renovation of the Heart*, 37-39, 199-216.
16) 존 윌킨슨, 『성경과 치유』, 김태수 옮김 (서울: 기독교연합신문사, 2005), 24.
17) 존 윌킨슨, 『성경과 치유』, 24.
18) 존 윌킨슨, 『성경과 치유』, 30-39.
19) 존 윌킨슨, 『성경과 치유』, 43-44.
20) 존 윌킨슨, 『성경과 치유』, 31.
21) 더 자세히는 존 윌킨슨, 『성경과 치유』, 46-53을 보라.
22) 존 윌킨슨, 『성경과 치유』, 53-58.
23) 존 윌킨슨, 『성경과 치유』, 55.
24) 예를 들면, 신 28: 28에서는 'confusion of mind'(NIV); 'astonishment heart'(KJV)로 번역되고, 욥 26: 4에서는 spirit으로, 막 5: 15에서는 possessed with the devil(악한 영에 사로잡힘)으로 표현되고 있다. 성경에 나타난 악한 영에 사로잡힌 현상은 많은 경우 현대 정신 의학으로 보면 정신 분열증의 증상과 많이 유사하다. 이스라엘의 초대 왕 사울의 경우가 대표적인 예이다. 정신이라는 용어가 사용된 상황은 현대 정신 분석학이나 이상 심리학에서 정신병이나 인격 장애의 증상들을 설명하는 상황과 많은 관련이 있다고 볼 수 있다.
25) 존 윌킨슨, 『성경과 치유』, 87.

26) 더 자세히는 존 윌킨슨, 『성경과 치유』, 87-89를 보라.
27) R. K. Harrison, *Introduction to the Old Testament* (Grand Rapids: William B. Eerdmans Publishing Co. 1960/London: Tyndale Press, 1970), 1114-1117. 존 윌킨슨, 『성경과 치유』, 89에서 재인용.
28) 존 윌킨슨, 『성경과 치유』, 120.
29) 존 윌킨슨, 『성경과 치유』, 121
30) 인간을 영과 혼과 육으로 구성되어 있다고 보는 사람들은 영적인 영역은 하나님과의 관계를 중심으로 활동하고, 혼적인 영역은 심리적 차원으로 타인과의 관계를 통하여 활성화되며, 육체적인 영역은 환경과 관계를 포괄한다고 본다(장명수, 『성격심리와 기독교 상담』 (서울: 문영사, 2006), 19를 참조).
31) 영어 성경에서 정신에 관련된 네 가지 용어의 사용 빈도를 나타내는 도표.

	soul	heart	mind	self
KJV	498	884	132	24
NIV	95	725	163	45

32) 참고로 한국어에서는 영어 단어 mind와 heart 둘 다가 마음이라는 단어로 사용되는 경우를 볼 수 있다. 영어 성경에서 heart라는 단어는 KJV에서는 884번, NIV에서는 725번 등장한다. mind라는 단어는 KJV에서는 132번, NIV에서는 163번 등장한다. 성경에서 mind의 경우는 거의 '생각' 즉 지적 활동을 강조하는 말이다.
33) J. D. Doughlas, ed. *New Bible Dictionary* (Grand Rapids: Eerdmans, 1962), 1375.
34) Dallas Willard, *Renovation of the Heart*, 윤종석 옮김, 『마음의 혁신』 (서울: 복있는 사람, 2005), 48.
35) 이관직, 『개혁주의 목회 상담학』 (서울: 대서, 2012), 66.
36) Ray S. Anderson, *On Being Human* (Grand Rapids: Eerdmans, 1982), 21.
37) H. Wheeler Robinson, *The Christian Doctrine of Man* (Edinburgh: T&T Clark, 1934), 26.
38) Karl Barth, *Christian Doctrine* (Edinburgh: T&T Clark, 1960), 436.
39) Ladislaus Boros, *Pain and Providence*, Translated by Edward Quinn (Helicon Press, 1966), 35.; St. Bonaventure. *The Soul' Journey into God*, Translated by Ewert Cousins (New York: Paulist Press, 1978)를 참조.; Bernard of Clairvaux, *The Love of God* (Portland, Oregon: Multnomah, 1983), 3.
40) Gerald G. May, *Care of Mind Care of Spirit: Psychiatric Dimensions of Spiritual Direction* (New York: Harper & Row, 1982), 27-28.
41) Dallas Willard, *Renovation of The Heart*, 31-39.
42) Thomas Moore, *Care of the Soul: A Guide for Cultivating Depth and Sacredness*

in Everyday Life (New York: HarperCollins, 1992), 122.

43) Thomas Moore, *Care of The Soul*, 233-34.

44) Thomas Moore, *Care of the Soul*, 223.

45) 융은 자신의 가장 기본적인 임무를 '영혼 돌봄'이라고 보았다. 그것은 당시 교회가 가장 기본적인 이 임무를 하고 있지 않다고 생각하였기 때문이다. 그는 목회자들은 정신 의학에 대한 지식이 부족하고 정신 치료자들은 인간의 영혼에 대한 이해가 부족하기 때문에 영적인 문제로 고통 받는 사람들을 제대로 치료하지 못하는 경우가 많음을 지적하면서 목회자와 정신과 의사들이 협력해야 한다고 생각하였다(Carl Jung, *Modern Man in Search of a Soul* (London: Routledge & Kegan Paul, 1978), 265).

46) Carl Jung, Memories, *Dreams, Reflections* (London: Fontana Press, 1995), 418-19.

47) Carl G. Jung, *Psychological Types*, Collected Works, Volume 6 (Princeton, NJ: Princeton University Press, 1971), Def. 48, par. 797.

48) Anthony Stevens, *Jung: A Very Short Introduction* (Oxford: Oxford University Press, 1994), 71.

49) Carl G. Jung, *Psychology and Alchemy*, Collected Works, Volume 12 (Princeton, NJ: Princeton University Press, 1968), note 2, par. 9.

50) Ann and Barry Ulanov, *Religion and the Unconscious*, 이재훈 옮김, 『무의식과 종교』 (서울: 한국심리 치료연구소, 1996), 98-119.

51) Ann and Barry Ulanov, 『무의식과 종교』, 119.

52) 데이비드 G. 베너, 『영혼 돌봄의 이해』 전요섭 김찬규 옮김 (서울: 기독교문서선교회, 2010), 22.

53) Jeffrey H. Boyed, '자아 개념: 영혼의 방어 측면에서', Mark R. McMinn and Timothy R. Phillips, *Care for the Soul*, 한국복음주의 기독교 상담학회 전요섭 외 옮김 『영혼 돌봄의 상담학』 (서울: CLC, 2006), 166.

54) Jeffrey H. Boyed, '자아 개념: 영혼의 방어 측면에서', 171.

55) Jeffrey H. Boyed, '자아 개념: 영혼의 방어 측면에서', 171.

56) James Jones, *Contemporary Psychoanalysis & Religion: Transference and Transcendence*, 유영권 역, 『현대 정신분석학과 종교: 전이와 초월』 (서울: 한국심리 치료연구소, 2002), 206.

57) 이러한 견해는 이만홍, 황지연 공저, 『역동 심리 치료와 영적 탐구』 (서울: 학지사, 2007)에 전반적으로 나온다. 그 외에도 역동 심리 기독교 상담을 제안하는 학자들은 이구동성으로 이 견해에 동의한다.

58) David G. Benner, 'What God Hath Jointed: The Psychospiritual Unity of Personality,' *The Bulletin: Christian Association for Psychological Studies Guides*, 5, no. 2 (1979): 11.

59) Kenneth Leech, *Soul Friend*, 173-74.

60) 폴 투르니에, *The Healing of Persons*, 권달천 옮김, 『인간치유』 (서울: 생명의말씀사, 2002), 24.
61) 폴 투르니에, 『인간치유』, 28.
62) 폴 투르니에, 『인간치유』, 28.

- ## 제2장 관계의 역동성과 기독교 상담

1) 존스홉킨스의대 연구팀은 정신 질환, 고혈압, 악성 종양, 관상동맥 질환, 자살 등과 관련 있는 다양한 원인을 밝혀내기 위해 30년간 1,377명을 추적조사 하였다. 그 결과 놀랍게도 이 5대 재앙의 공통 원인은 음식이나 운동과 관련 있는 것이 아니라 부모 특히 아버지와의 밀접한 관계의 결핍이었다(C. B. Thomas and K. R. Duszynski, 'Closeness to Parents and the Family Constellation in a Prospective Study of Five Disease States: Suicide, Mental Illness, Malignant Tumor, Hypertension, and Coronary Heart Disease', *Johns Hopkins Medical Journal*, vol. 134, no. 5 (May 1974): 251-70).
2) Tim Clinton and Joshua Straub, *The God Attachment*, 오현미 옮김, 『관계의 하나님』 (서울: 두란노, 2011), 70.
3) Tim Clinton and Joshua Straub, 『관계의 하나님』, 70.
4) 이만홍, 황지연, 『역동 심리 치료와 영적 탐구』 (서울: 학지사, 2007), 3-4.
5) Bowlby, *Attachment and Loss, Vol. 1: Attachment*, 104-23. (London: Hogarth Press).
6) M. D. S. Ainsworth, "Attachments and Other Affectional Bonds Across the Life Cycle," In *Attachment Across the Life Cycle*, C. M. Parkes, J. Stevenson-Hinde & P. Marris, (ed.) (London: Routledge, 1991), 38-39.
7) Bowlby, *Attachment and Loss, Vol. 1: Attachment*, 96-123.
8) '내적 작동 모델'(internal working models)이라는 용어는 'mental models'이라고도 불리며 인지 심리학자 Craik(1943)에 의해 처음으로 사용되기 시작했다. Bowlby는 이것을 그의 이론에서 정서적 분야에 이용하기 시작했다. Bowlby에 의하면, 우리는 자신과 다른 사람 그리고 그 둘의 관계에 관한 하나의 '지도'를 가지고 있다. 그 '지도'는 우리의 경험에 의해-애착의 대상(attachment figure)과의 관계를 통해-하나의 내적 구조로 일반화된다. 이러한 내적 구조는 나중에 특별한 경험이 없는 한 평생 동안 그 사람의 '세계'를 인도 한다. 더 자세하게는 J. Holmes, *John Bowlby and Attachment Theory* (London: Routledge, 1993); I. Bretherton and K. A. Munholland, 'Internal Working Models in Attachment Relationships: A Construct Revisited,' in *Handbook of Attachment: Theory, Research, and Clinical Applications*, J. Cassidy and P. R. Shaver, (ed.) (New York: Guilford, 1999), 89-111을 참조하라.
9) Bowlby, *Attachment and Loss*, Vol. 1, 350-54.

10) 애착 이론가들은 이것을 내적 작동모델의 안정과 변화라는 개념으로 설명한다. 즉 어린 시절 엄마와의 관계에서 형성된 내적 작동모델은 거의 영구적으로 일생을 지배한다고 여기지만, 가정의 환경이나 다른 애착 관계에 의해 재조정이 될 수도 있음을 간과하지 않고 있다. 참조, Bowlby, *Attachment and Loss, Vol. 1: Attachment*, 208; *The Making and Breaking of Affectional Bonds* (London: Tavistock, 1979), 129; B. Egeland and L. Sroufe, 'Attachment and Early Maltreatment,' *Child Development* 52 No. 1 (1981): 50-51; Vaughn et al., 'Individual Differences in Infant-mother Attachment at Twelve and Eighteen Months: Stability and Change in Families under Stress,' *Child Development* 50, No. 4 (1979): 972-73.
11) 이만홍, 황지연, 『역동 심리 치료와 영적 탐구』, 32.
12) 이만홍, 황지연, 『역동 심리 치료와 영적 탐구』, 32.
13) 이만홍, 황지연, 『역동 심리 치료와 영적 탐구』, 32-33.
14) 이만홍, 황지연, 『역동 심리 치료와 영적 탐구』, 33-35.
15) 열쇠-자물쇠 기제란 개인이 가진 기본적인 취약 인자가 특정 대상이라는 유발 인자를 만났을 때 증상으로 발현되는 현상을 말한다(이만홍, 황지연, 『역동 심리 치료와 영적 탐구』, 34 참조). 예를 들면, 강압적인 아버지와 자기 주장이 강한 어머니 밑에서 자란 남성이 유순한 여성('자물쇠')을 만나야겠다고 하지만 막상 교제를 하면서 그런 여성과의 교제는 지속되지 않았다. 결국 결혼을 하게 되는 사람은 어머니처럼 자기 주장이 있는 여성(열쇠-유발인자)이었다. 유순하기는 하지만 자기 주장을 굽히지 않는 아내와의 결혼생활은 문제가 되는 부부 관계를 반복하게 된다. 이 과정을 열쇠-자물쇠 기제라고 부른다.
16) 이만홍, 황지연, 『역동 심리 치료와 영적 탐구』, 35-37.
17) 이만홍, 황지연, 『역동 심리 치료와 영적 탐구』, 37-37.
18) John Bowlby, *Attachment and Loss*, vol. 2, 235.
19) Ainsworth는 Bowlby의 애착 이론을 임상 실험을 거쳐 검증함으로써 이 이론을 더 발달시키는 중요한 역할을 하였다. 대표적인 업적으로는 '낯선상황실험'(strange situation)이라는 임상 실험방법을 개발하여 애착 이론을 과학적으로 연구하게 기틀을 마련하였으며, 그가 제안한 세 가지 애착 패턴(안정, 저항, 회피)은 그 후로 많은 연구의 기초가 되었다. 참조, M. D. S. Ainsworth, M. C. Blehar, S. Waters & S. Wall, (ed.), *Patterns of Attachment: A Study of the Strange Situation* (Hillsdale: Erlbaum, 1978).
20) 성인 애착 유형을 파악하는 도구로는 메리(Mary)와 동료들이 개발한 성인 애착면담(Adult Attachment Interview)과 분석 도구가 임상적으로 쓰이면서 결과에 대한 신뢰성을 가장 많이 인정받고 있다. 이 도구는 에인즈워쓰가 유아 애착 유형을 연구하면서 사용한 낯선 상황(strange situation)을 어른의 상황에 가장 알맞게 적용한 것으로 인정을 받는다. 예를 들면 성인들이 면담을 통해서 자신의 애착 관계에 관한 이야기를 할 때 그 내용과 형식에서 서로 일치성,

진실성, 간결성 등이 있는 지를 파악하는 것이다. 따라서 이 분석 방법은 결과에 대한 신뢰도는 높겠지만 고도로 훈련된 분석가가 인터뷰 내용과 형식을 분석해야 하기 때문에 매우 비용이 많이 드는 방법이다. 한편 이와는 반대로 신뢰도는 좀 덜 할 지라도 인터뷰 비용이 덜 드는 자기 보고식 이야기 방법(self-report narrative)도 있다. 이깃은 각 유형별 특성을 여러 개의 문장으로 설명해 놓은 것들 중에서 자기에게 가장 잘 알맞다고 생각되는 유형을 선택하게 하는 것이다. 이 방법은 너무 단순하고 사람들로 하여금 한 가지 유형에 자기 자신을 맞추게 한다는 단점이 있다. 그럼에도 불구하고 설명된 문장들은 각 유형의 특징을 잘 설명하고 있기 때문에 유형을 파악하기 위한 어떤 안내지침으로 사용할 수는 있다.

21) K. Bartholomew, 'Avoidance of Intimacy: An Attachment Perspective', *Journal of Social and Personal Relationships*, 7(1990): 147.

22) 자주 사용되는 방어 기제들로는 억압(repression), 억제(suppression), 투사(projection), 전치(displacement), 합리화(rationalization), 반동형성(reaction formation), 퇴행(regression), 고착(fixation), 보상(compensation), 상환(restitution), 부정(denial), 동일시(identification), 내재화(introjection), 이지화(intellectualization), 분리(isolation), 백일몽(day-dream), 취소(undoing), 분열(spliting), 대치(substitution), 승화(sublimation), 상징화(symbolization), 해리(dissociation), 유머(humor) 등이 있다. 각 방어 기제들에 대한 더 자세한 내용을 위해서는 이만홍, 황지연 공저, 『역동 심리 치료와 영적 탐구』, 63-67; 민병근, 최신 목회정신 의학 (울산: UUP, 2001), 60-67을 보라.

23) Tim Clinton and Joshua Straub, 『관계의 하나님』, 89.

24) Tim Clinton and Joshua Straub, 『관계의 하나님』, 89.

25) Tim Clinton and Joshua Straub, 『관계의 하나님』, 124.

26) Tim Clinton and Joshua Straub, 『관계의 하나님』, 90.

27) Tim Clinton and Joshua Straub, 『관계의 하나님』, 124-26.

28) Tim Clinton and Joshua Straub, 『관계의 하나님』, 92-93.

29) Tim Clinton and Joshua Straub, 『관계의 하나님』, 126.

30) Tim Clinton and Joshua Straub, 『관계의 하나님』, 94-95.

31) Tim Clinton and Joshua Straub, 『관계의 하나님』, 126-27.

32) 이만홍, 황지연, 『역동 심리 치료와 영적 탐구』, 40.

33) 이만홍, 황지연, 『역동 심리 치료와 영적 탐구』, 41의 각주 7을 보라.

34) 이만홍, 황지연, 『역동 심리 치료와 영적 탐구』, 54.

35) 이만홍, 황지연, 『역동 심리 치료와 영적 탐구』, 44.

36) Lee A. Kirkpatrick, 'An Attachment-Theory Approach to the Psychology of Religion,' *International Journal for the Psychology of Religion*, 2(1), 14-18.

37) S. Izzard, 'Holding Contradictions Together: An Object-relational View of Healthy

Spirituality,' *Contact* Vol. 140(2003): 5-6.

38) 이만홍, 황지연, 『역동 심리 치료와 영적 탐구』, 217.
39) Ralph R. Greenson, *The Technique and Practice of Psychoanalysis I*, 이만홍, 현용호 외 공역, 『정통 정신분석의 기법과 실제I』 (서울: 하나의학사, 2001), 169,
40) 이만홍, 황지연, 『역동 심리 치료와 영적 탐구』, 229-32.
41) 이만홍, 황지연, 『역동 심리 치료와 영적 탐구』, 289.
42) 이만홍, 황지연, 『역동 심리 치료와 영적 탐구』, 275.
43) 이만홍, 황지연, 『역동 심리 치료와 영적 탐구』, 321.
44) 이 책의 13장에서 이타주의 가면의 특징을 보라.

- **제3장 관계의 가면과 기독교 상담**

1) 이무석, 『30년 만의 휴식』 (서울: 비전과 리더십, 2006), 98.
2) Russell Willingham, *Relational Masks* (Downers Grove, Il, IVP, 2004), 11에서 요약.
3) Tim Clinton and Joshua Straub, *The God Attachment*, 오현미 옮김, 『관계의 하나님』 (서울: 두란노, 2011), 21.
4) Russell Willingham, *Relational Masks*, 14.
5) 러셀 윌링엄은 그리스도인들을 위해서 7가지 핵심 신념을 다음과 같이 말한다. 1. 하나님은 신뢰할 수 없는 분이다. 2. 성경은 나에게 적용되지 않는다. 3. 나는 다른 사람들이 필요 없다. 4. 친밀한 관계는 고통을 가져다줄 뿐이다. 5. 로맨스나 섹스가 나의 가장 깊은 필요를 충족시켜줄 것이다. 6. 나는 모든 것을 완벽하게 해야 한다. 그렇지 않으면 나는 무가치한 사람이다. 7. 내가 정직하면 나는 버림받을 것이다. 그리고 그는 이를 바탕으로 좀 더 자세한 항목들을 나열하고 있다. 이를 자세히 살펴보기 위해서는 Russell Willingham, *Relational Masks*, 24-42, 175-78를 보라.
6) Russell Willingham, *Relational Masks*, 24.
7) Bruce and Barbara Thomson, *Walls of My Heart*, 정소영 옮김, 『내 마음의 벽』 (고양: 예수전도단, 2013), 17-19.
8) 이 사례는 이무석, 『30년 만의 휴식』, 37-53에 나온 사례를 요약 인용함.
9) Erik Erikson, 'Human Strength and the Cycle of the Generations,' in *The Erik Erikson Reader, ed Robert Coles* (New York: W. W. Norton, 2000), 205.
10) L. E. Hinsie and R. J. Cambell, eds., *Psychiatric Dictionary*, 4th ed. (New York: Oxford University Press, 1970), 120.
11) L. E. Hinsie and R. J. Cambell, eds., *Psychiatric Dictionary*, 120.
12) 성경에는 인격(personality)라는 단어는 한 번도 나오지 않고 성격(character)이라

는 단어는 신구약 통틀어 7번만 나온다.
13) Wayne Oates, *Behind the Masks*, 안효선 옮김, 『그리스도인의 인격 장애와 치유』, (서울: 에스라서원, 1996/2003), 179-179.
14) Wayne Oates, 『그리스도인의 인격 장애와 치유』, 180.
15) American Psychiatric Association, DSM-IV (Arlington, VA: American Psychiatric Publishing, 1994), 629.
16) 장명수, 『이상심리와 기독교 상담』 (서울: 도서출판 문영사, 2007), 16.
17) 오카다 타카시, 『나만 모르는 내 성격』, 유인경 옮김 (서울: 모멘토, 2002), 213.
18) 오카다 타카시, 『나만 모르는 내 성격』, 214.
19) 장명수, 『이상심리와 기독교 상담』, 17.
20) 이규태, 『정신 건강을 위한 심리 치료』 (서울: 하나의학사, 1997/2015), 91.
21) 오카다 타카시, 『나만 모르는 내 성격』, 223; Friedman, M. J.; Resick, P. A.; Bryant, R. A.; Strain, J.; Horowitz, M.; Spiegel, D. (2011). 'Classification of trauma and stressor-related disorders in DSM-5', *Depression and Anxiety* 28 (9): 737-749.
22) American Psychiatric Association, *Diagnostic and Statistical Manual of Mental Disorders* (5th ed.). (Arlington, VA: American Psychiatric Publishing, 2013), 271-80.
23) 1) 신경발달장애(Neurodevelopmental disorders), 2) 정신 분열증과 기타 정신증적 장애(Schizophrenia spectrum and other psychotic disorders), 3) 조울증관련 장애(Bipolar and related disorders), 4) 기분 장애(Depressive disorders), 5) 불안장애(Anxiety disorders), 6) 충동 조절 장애(Obsessive-compulsive and related disorders), 7) 외상과 스트레스 관련 장애(Trauma- and stressor-related disorders), 8) 해리장애(Dissociative disorders), 9) 신체형장애(Somatic symptom and related disorders), 10) 섭식장애(Feeding and eating disorders), 11) 수면장애(Sleep-wake disorders), 12) 성기능장애(Sexual dysfunctions), 13) 성정체감장애(Gender dysphoria), 14) 적응장애(Disruptive, impulse-control, and conduct disorders), 15) 약물중독 관련 장애(Substance-related and addictive disorders), 16) 인지기능장애(Neurocognitive disorders), 17) 성도착 장애(Paraphilic disorders), 18) 인격 장애(Personality disorders). DSM-5 (2013)에서는 '외상과 스트레스 관련 장애'라는 이름으로 외상 후 스트레스 장애를 공식적으로 추가했다.
24) 'DSM-IV and DSM-5 Criteria for the Personality Disorder'. www.DSM5.org. American Psychiatric Association.
25) 오카다 다기시, 『나만 모르는 내 성격』, 207-211.
26) 에르나 반 드 빙겔, *De l'inconscient a Dieu*, 김성민 옮김, 『융의 심리학과 기독교 영성』 (서울: 다산글방, 1996), 32.
27) Anthony Stevens, *Jung: A Very Short Introduction* (Oxford: Oxford University

Press, 1994), 64; Calvin S. Hall, Vernon J. Nordby, *A Primer of Jungian Psychology*, 78.

28) 에르나 반 드 빙겔, 『융의 심리학과 기독교 영성』, 71.

29) 조하리 창(Johari window)은 Joseph Luft와 Harrington Ingham가 1955년에 개발하여 우리의 인간관계를 잘 이해하기 위해서 일반적으로 널리 사용되고 있는 도구이다. 그리스도인들을 위해서 이를 적용하고 있는 예들은 Julie Gorman, *Community That is Christian*, 2nd ed. (Grand Rapids: Baker, 2002), 136; Clair Raines and Lara Ewing, *The Art of Connection: How to Overcome Differences, Build Rapport and Communicate Effectively with Anyone* (New York: AMACOM, 2006), 112; Richard R. Dunn and Jana L. Sundene, *Shaping the Journey of Emerging Adults* (Downers Grove, IL.: IVP, 2012), 84-85.

30) Christopher Bollas, *The Shadow of the Object: Psychoanalysis of the Unthought Known*, 이재훈 이효숙 옮김, 『대상의 그림자: 사고되지 않은 앎의 정신분석』 (서울: 한국심리 치료연구소, 2010), 13.

31) Christopher Bollas, 『대상의 그림자』, 8.

32) Christopher Bollas, 『대상의 그림자』, 64.

33) Christopher Bollas, 『대상의 그림자』, 68.

34) Christopher Bollas, 『대상의 그림자』, 74.

35) Christopher Bollas, 『대상의 그림자』, 88.

36) 이만홍 황지연 공저, 『역동 심리 치료와 영적 탐구』, 243-44.

37) 이만홍 황지연 공저, 『역동 심리 치료와 영적 탐구』, 245.

38) 이만홍 황지연 공저, 『역동 심리 치료와 영적 탐구』, 268.

39) Paul Tournier, *The Healing of Persons*, 권달천 옮김, 『인간 치유』 (서울: 생명의말씀사, 2008 2nd ed.), 119-20.

40) Paul Tournier, 『인간 치유』, 120.

41) Wayne Oates, 『그리스도인의 인격 장애와 치유』, 176.

42) Paul Tournier, 『인간 치유』, 124.

43) 리로이 야덴, 데이비드 G. 베너 편집, *Counseling & Human Predicament: A Study of Sin, Guilt, and Forgiveness*, 전요섭 옮김 『용서와 상담』 (서울: CLC, 2012)에 실린 여러 편의 글들은 이 고백, 회개, 용서의 과정들이 길고 고단한 여정임을 깊이 살피고 있다.

44) Bruce and Barbara Thomson, *Walls of My Heart*, 정소영 옮김, 『내 마음의 벽』 (고양: 예수전도단, 2013, 2nd. ed.), 37-39.

- **제4장 회피성 가면—위장된 평화주의자**

1) 회피성 인격 장애의 장단점에 대해서는 부록 C를 보라.

2) 오타다 타카시, 『나만 모르는 내 성격』, 유인경 옮김 (서울: 모멘토, 2006), 153.
3) 정은심, "여성의 불안과 교육목회", 한국복음주의 실천신학회, 「복음과 실천」, 제22권(2010), 47.
4) Alister McGrath, *Roots That Refresh: A Celebration of Reformation Spirituality* (London: Hodder & Stoughton, 1992), 99, 109.
5) W. Brad Johnson, William L. Hohnson, *The Pastor's Guide to Psychological Disorders and Treatments*, 김진영 옮김 『목회자를 위한 정신 장애와 치료 가이드북』 (서울: 학지사, 2009), 119.
6) 이충헌, 『성격의 비밀』 (서울: 더난출판사, 2008), 216-18에서 요약.
7) 묵상과 관상을 사용하여 자기 대화 혹은 자기상과 대상관계표상을 새롭게 하는 재 양육(re-parenting)과정은 정은심, "여성의 불안과 교육 목회", 55-56에 자세히 설명되어 있다.
8) '축출적 내사'에 관하여 더 자세히는 Christopher Bollas, *The Shadow of the Object: Psychoanalysis of the Unthought Known*, 이재훈 이효숙 옮김, 『대상의 그림자: 사고되지 않은 앎의 정신분석』 (서울: 한국심리 치료연구소, 2010), 210-25를 참고하라.
9) 볼라스는 이러한 네 가지 축출적 내사를 정신적 내용 훔치기, 정동적 과정 훔치기, 정신 구조 훔치기, 자기 훔치기로 자세히 설명한다(Christopher Bollas, 『대상의 그림자』, 220-22).
10) Christopher Bollas, 『대상의 그림자』, 221-22.

● **제5장 의존성 가면-다른 사람 안의 나**

1) 부록 C에 있는 의존성 인물의 장단점을 참조하라.
2) 이만홍, 황지연, 『역동 심리 치료와 영적 탐구』, (서울: 학지사, 2007), 100.
3) Eun Sim Joung, *Religious Attachment*, (Newcastle upon Tyne: CSP, 2008), 149-55.
4) Eun Sim Joung, *Religious Attachment*, 173. 이러한 유형의 자아상과 하나님 표상에 관한 더 자세한 이해를 위해서는 같은 책 7장 참조.
5) Christopher Bollas, *The Shadow of the Object: Psychoanalysis of the Unthought Known*, 이재훈 이효숙 옮김, 『대상의 그림자: 사고되지 않은 앎의 정신분석』 (서울: 한국심리 치료연구소, 2010), 353.
6) 헤롤드 사례는 여기서 간단하게 요약된 것임. 더 자세히는 크리스토퍼 볼라스, 『대상의 그림자』, 355-60를 보라.
7) Christopher Bollas, 『대상의 그림자』, 363.
8) 이만홍, 황지연, 『역동 심리 치료와 영적 탐구』, 102.

● **제6장 강박성 가면—지나친 완벽주의자**

1) 정진홍, 『완벽에의 충동』 (서울: 21세기북스, 2006) 참고.
2) 강박성 인물의 장단점에 대해서는 부록C에 정리되어 있다.
3) W. Brad Johnson, William L. Hohnson, *The Pastor's Guide to Psychological Disorders and Treatments*, 김진영 옮김 『목회자를 위한 정신 장애와 치료 가이드북』 (서울: 학지사, 2009), 128.
4) W. Brad Johnson, William L. Hohnson, 『목회자를 위한 정신 장애와 치료 가이드북』, 126.
5) Erik H. Erikson, *Toys and Reasons: Stages in the Ritualization of Experience* (New York: W. W. Norton & Co., 1977), 78.
6) 볼라스는 미적 시간이 미적 공간이 되는 경험에 관하여 설명하면서 영국 동화 『버드나무 숲에서 부는 바람』의 이야기를 인용한다. "볼품없고 겁이 많은 작은 두더지가 무모할 만큼 모험심이 많은 시궁쥐와 친구가 되어 여행하는 중 시궁쥐는 무언가 천상의 소리와 같은 것을 듣고 깜짝 놀란다. '너무나 아름답고 낯설고 새로워.' 그는 말한다. '너무 빨리 끝나서, 차라리 안 들은 게 나았을 것 같아. 왜냐하면 그것이 내게 고통스러운 갈망을 일깨웠고, 그 소리를 한번만 더 들었으면, 원원히 들을 수만 있다면 하는 생각 외엔 아무것도 생각할 수 없기 때문이야.'(Christopher Bollas, *The Shadow of the Object: Psychoanalysis of the Unthought Known*, 이재훈 이효숙 옮김, 『대상의 그림자: 사고되지 않은 앎의 정신분석』 (서울: 한국심리 치료연구소, 2010), 46에서 재인용).
7) Christopher Bollas, 『대상의 그림자』, 46.
8) Christopher Bollas, 『대상의 그림자』, 46.

● **제7장 공격성 가면—마음 속의 성난 아이**

1) 분노는 또한 주변 사람에게 매우 쉽게 전염되기 때문이다. 너무 자주 내도 문제이고 무조건 참아도 문제가 된다. "노스캐롤라이나 대학의 달스트롬 교수는 의대생을 대상으로 적대감을 조사했다. 그리고 적대감이 높은 그룹과 낮은 그룹으로 나누고 25년 후, 그들이 50대가 되었을 때 사망률을 조사했다. 적대감이 높았던 의사들은 적대감이 낮았던 의사들 보다 사망률이 일곱 배나 높았다. 심장 질환에 걸린 사람도 다섯 배나 많았다. 달스트롬 교수는 법대생을 대상으로도 같은 조사를 했는데, 법대생일 때 적대감 수치가 높았던 변호사들 5명 가운데 1명이 25년 후에 이미 고인이 되어 있었다. 그런데 적대감 수치가 낮았던 변호사들의 사망률은 100면 중 4명에 불과했다. 100명중 20명과 100명 중 4명이라는 사망률은 엄청난 차이이다"(이무석, 30년 만의 휴식, (서울: 비전과리더십, 2006), 107-108).
2) Wayne Oates, *Behind the Masks*, 안효선 옮김, 『그리스도인의 인격 장애와 치유』 (서울: 에스라서원, 1996), 76.

3) Theodore Millon, *Disorders of Personality: DSM-III: Axis II* (New York: John Wiley & Sons, 1891), 182.
4) 이충헌, 『성격의 비밀』 (서울: 더난출판, 2008), 98-101에서 요약.
5) 적대-공격성 인물의 장단점은 부록C에서 자세히 살펴볼 수 있다.
6) Russell Willingham, *Relational Masks* (Downers Grove, Il, 2004), 98-100에서 요약.
7) W. Brad Johnson, William L. Hohnson, *The Pastor's Guide to Psychological Disorders and Treatments*, 김진영 옮김 『목회자를 위한 정신 장애와 치료 가이드북』 (서울: 학지사, 2009), 115에서 요약.
8) 이재우 외, "부모의 양육방식과 정신 장애자의공격성간의 상관분석," 『중앙의대지』, 13-4, (1998, 12): 499-518.
9) 2015년 1학기 성서와 정신 건강 수업시간 발표에서 온누리교회 가정 사역을 하는 전도사님이 조사 발표한 내용이다. 비행 청소년 자녀들이 부모에게 보내는 편지에서 부모가 자녀들을 노엽게 하는 요소들을 정리해 보면 부모의 외식적인 삶, 비교하는 말, 이중적 삶, 폭언과 폭행 등이었다.
10) Wayne Oates, 『그리스도인의 인격 장애와 치유』, 85.
11) 이무석, 『30년 만의 휴식』, 101-104에서 요약.
12) Wayne Oates, 『그리스도인의 인격 장애와 치유』, 89-97.
13) 러셀 윌링엄은 프랭크 사례를 회피자 유형에서 다루고 있지만, 수동-공격성의 사례에 더 알맞을 것 같아서 여기에서 요약해서 소개한다(Russell Willingham, *Relational Masks*, 43-45).
14) Russell Willingham, *Relational Masks*, 67에서 요약.
15) 부록 C를 참조하라.
16) Wayne Oates, 『그리스도인의 인격 장애와 치유』, 100.
17) 이충헌, 『성격의 비밀』, 250.
18) "I praise you because I am fearfully and wonderfully made; your works are wonderful"(Psalm 139:15, NIV).
19) 한국이로는 『육체 속에 감추어진 영성』이라는 제목으로 번역되었다.

● 제8장 히스테리성 가면-꿈꾸는 거짓말쟁이

1) 이충원, 『성격의 비밀』 (서울: 더난출판, 2008), 49-53.
2) 히스테리성(연극성) 인물의 장단점은 부록D에 있음.
3) W. Brad Johnson, William L. Hohnson, *The Pastor's Guide to Psychological Disorders and Treatments*, 김진영 옮김 『목회자를 위한 정신 장애와 치료 가이드북』 (서울: 학지사, 2009), 104.

4) 콘펠드는 그의 책의 한 장을 목회자의 소진 문제를 다루면서 상당한 부분을 교회 내에서의 목회자의 성적 문제에 대해서 매우 깊이 다루고 있다(Margaret Z. Kornfeld, *Cultivating Wholeness: A Guide to Care and Counseling in Faith Communities* (New York NY: Continuum, 1998), 282-300).
5) Wayne Oates, 『그리스도인의 인격 장애와 치유』, 43.
6) Wayne Oates, 『그리스도인의 인격 장애와 치유』, 45.
7) Wayne Oates, 『그리스도인의 인격 장애와 치유』, 46.
8) Christopher Bollas, *The Shadow of the Object: Psychoanalysis of the Unthought Known*, 이재훈 이효숙 옮김, 『대상의 그림자: 사고되지 않은 앎의 정신분석』 (서울: 한국심리 치료연구소, 2010), 88.
9) Wayne Oates, 『그리스도인의 인격 장애와 치유』, 48.
10) 장명수, 『이상심리와 기독교 상담』, 126.
11) Christopher Bollas, 『대상의 그림자』, 250.
12) Christopher Bollas, 『대상의 그림자』, 246.
13) Christopher Bollas, 『대상의 그림자』, 252-53.
14) 크리스토퍼 볼라스는 상담자의 자기-분석의 과정으로 "왜 그렇게 생각하는가? 그리고 어떻게 나는 이것을 알고 있다고 믿고 있는가?"라는 질문을 하면서 프로이트가 꿈 분석에서 보여준 사실 그대로의 그리고 과시적이지 않은 글쓰기 방식을 제안한다(Christopher Bollas, 『대상의 그림자』, 315-319).
15) W. Brad Johnson, William L. Hohnson, *The Pastor's Guide to Psychological Disorders and Treatments*, 김진영 옮김『목회자를 위한 정신 장애와 치료 가이드북』 (서울: 학지사, 2009), 106-107.
16) Martin Buber, *I and Thou*, Trans. by R. Gregor Smith (New York, NY: Charles Scribners Sons, 1958), 45-46.

● 제9장 자기애성 가면-자기 이상주의자

1) 이무석, 『30년 만의 휴식』 (서울: 비전과리더십, 2006), 143-44에서 요약.
2) 장명수, 『이상심리와 기독교 상담』 (서울: 문영사, 2007), 127.
3) W. Brad Johnson, William L. Hohnson, *The Pastor's Guide to Psychological Disorders and Treatments*, 김진영 옮김『목회자를 위한 정신 장애와 치료 가이드북』 (서울: 학지사, 2009), 107에서 요약.
4) L. Wurmser, 'Shame, the veiled companion of narcissism,' in *The Many Faces of Shame*, edited by D.L. Nathanson, (New York: Guilford, 1987), 64-92.
5) O.F. Kernberg, 'Factors in the psychoanalytic treatment of narcissistic personalities'. *Journal of American Psychoanalysis Association*, 18 (1) (1970): 51-85.
6) Christopher Bollas, *The Shadow of the Object: Psychoanalysis of the Unthought*

Known, 이재훈 이효숙 옮김, 『대상의 그림자: 사고되지 않은 앎의 정신분석』 (서울: 한국심리 치료연구소, 2010), 88.

- ### 제10장 경계성 가면-애정 있는 증오자

1) W. Brad Johnson, William L. Hohnson, *The Pastor's Guide to Psychological Disorders and Treatments*, 김진영 옮김『목회자를 위한 정신 장애와 치료 가이드북』(서울: 학지사, 2009), 111-12에서 요약.
2) 이충헌, 『성격의 비밀』 (서울: 더난, 2008), 20-23에서 요약.
3) 신경증은 우울 불안 공포 등 부정적 감정과 의기소침 의욕상실 무기력 등으로 정서와 행동적인 측면에서 인간관계를 맺는 데 상당히 불편과 고통을 느끼는 경우이고 정신증은 나무를 귀신이라고 하는 등 지각이 심하게 왜곡되어 현실의 인식과 기본적인 생활 적응 자체가 심각하게 손상된 경우이다.
4) Christopher Bollas, *The Shadow of the Object: Psychoanalysis of the Unthought Known*, 이재훈 이효숙 옮김, 『대상의 그림자: 사고되지 않은 앎의 정신분석』 (서울: 한국심리 치료연구소, 2010), 219.
5) Mary C. Zanarini, John G. Gundersona, Margaret F. Marinoa, Elizabeth O. Schwartza, Frances R. Frankenburga, 'Childhood experiences of borderline patients,' *Comprehensive Psychiatry*, Volume 30, Issue 1, (1989): 18-25.
6) 장명수, 『이상심리와 기독교』, 132.
7) Christopher Bollas, 『대상의 그림자』, 88.
8) Christopher Bollas, 『대상의 그림자』, 160.
9) W.R.D. Fairbairn, 'Schizoid factors in the personality', in *Psychoanalytic Studies of the Personality*, (London: Routlege & Kegan Paul, 1940), 26.

- ### 제11장 분열성과 분열형 가면-사회 속의 외톨이

1) 이충헌, 『성격의 비밀』 (서울: 더난, 2008), 147.
2) 한국에는 영화가 「남이 있는 날들」이라는 제목으로 소개되었지만 영화의 원제목과 영화의 내용상 「그날의 남은 일과」라는 이중적 의미로 해석해도 될 듯하다.
3) W. Brad Johnson, William L. Hohnson, *The Pastor's Guide to Psychological Disorders and Treatments*, 김진영 옮김『목회자를 위한 정신 장애와 치료 가이드북』(서울: 학지사, 2009), 98-99.
4) W.R.D. Fairbairn, 'Schizoid factors in the personality', in *Psychoanalytic Studies of the Personality*, (London: Routlege & Kegan Paul, 1952): 26.
5) Christopher Bollas, *The Shadow of the Object: Psychoanalysis of the Unthought Known*, 이재훈 이효숙 옮김, 『대상의 그림자: 사고되지 않은 앎의 정신분석』 (서울: 한국심리 치료연구소, 2010), 88.

6) 이만홍, 황지연, 『역동 심리 치료와 영적 탐구』(서울: 학지사, 2007), 72.
7) Jane Goodall's Questions & Answers, *Readers Digest*, 128, September 2010
8) W. Brad Johnson, William L. Hohnson, *The Pastor's Guide to Psychological Disorders and Treatments*, 김진영 옮김『목회자를 위한 정신 장애와 치료 가이드북』(서울: 학지사, 2009), 101.
9) American Psychiatric Association, ed., 'Schizotypal Personality Disorder, 301.22 (F21)', *Diagnostic and Statistical Manual of Mental Disorders*, Fifth Edition, American Psychiatric Publishing (2013): 655-59.
10) A.J. Pulay, F.S. Stinson, D.A. Dawson, R.B. Goldstein, S.P. Chou, B. Huang, et al. (2009). 'Prevalence, correlates, disability, and comorbidity of DSM-IV schizotypal personality disorder: results from the wave 2 national epidemiologic survey on alcohol and related conditions'. *Primary Care Companion to the Journal of Clinical Psychiatry* 11 (2): 53-67.
11) A.T. Beck, A. Freeman, *Cognitive Therapy of Personality Disorders*, (New York: The Guilford Press, 1990), 139.

● 제12장 편집성 가면-자기 상실의 애도자

1) 민병근, 『최신 목회정신 의학』(울산: UUP, 1996), 381.
2) W. Brad Johnson, William L. Johnson, *The Pastor's Guide to Psychological Disorders and Treatments*, 김진영 옮김『목회자를 위한 정신 장애와 치료 가이드북』(서울: 학지사, 2009), 97.
3) 오카다 타카시, 『나만 모르는 내 성격』, 유인경 옮김 (서울: 모멘토, 2006), 114.
4) 오카다 타카시, 『나만 모르는 내 성격』, 117-18.
5) W. Brad Johnson, William L. Johnson, 『목회자를 위한 정신 장애와 치료 가이드북』, 97-98.
6) Christopher Bollas, *The Shadow of the Object: Psychoanalysis of the Unthought Known*, 이재훈 이효숙 옮김, 『대상의 그림자: 사고되지 않은 앎의 정신분석』(서울: 한국심리 치료연구소, 2010), 222.
7) 장명수, 『이상심리와 기독교 상담』, 117-18.
8) Christopher Bollas, 『대상의 그림자』, 222-24.
9) 오카다 타카시, 『나만 모르는 내 성격』, 119-22.

● 제13장 영적중독의 가면-자기 두려움의 은폐자

1) Stephen Arterburn & Jack Felton, *Toxic Faith: Experiencing Healing from Painful Spiritual Abuse* (Colorado Springs, Colrado. 2001), 33-78.

2) Gerald G. May, *Addiction and Grace: Love and Spirituality in the Healing of Addictions* (New York: HarperSanFrancisco, 1988), 26-31.
3) Gerald G. May, *Addiction and Grace*, 44-45.
4) Stephen Arterburn & Jack Felton, *Toxic Faith*, 24-32.
5) Lawrance A. Blum, *Friendship, Altruism and Morality*, (Lonond: Routledge & Kegan Paul, 1980), 9-10.
6) Alasdair MacIntyre, *Egoism and Altruism*, in Paul Edwards (ed.), *Encyclopedia of Philosophy*, Vol. 2, (London: MacMillan, 1967): 466.
7) Nancy Eisenberg, *Altruistic Emotion, Cognition, and Behavior*. Hillsdale (NJ: Erlbaum. Eisenberg, 1986), 2.
8) 부록D를 참조하라.
9) Russell Willingham, *Relational Masks* (Downers Grove, IL.: IVP, 2004), 82-92.
10) Margaret Z. Kornfeld, *Cultivating Wholeness: A Guide to Care and Counseling in Faith Communities* (New York, NY: Continuum, 1998), 283
11) Margaret Z. Kornfeld, *Cultivating Wholeness*, 283.
12) Margaret Z. Kornfeld, *Cultivating Wholeness*, 287-92.
13) Russell Willingham, *Relational Masks*, 95-96.
14) Carol Travilla, *Caring Without Wearing* (Colorado Springs: NavPress, 1990), 50-51.
15) Richard R. Dunn, Jana L. Sundene, *Shaping the Journey of Emerging Adults* (Downers Grove, Il: IVP, 2012), 232.
16) Jeff VanVonderen, *Tired of Trying to Measure Up* (Minneapolis: Bethany House, 1989), 13.
17) Richard R. Dunn, Jana L. Sundene, *Shaping the Journey of Emerging Adults*, 232.
18) C. S. Lewis, *The Screwtape Letters* (New York: HarperCollins, 2001), 65.
19) Russell Willingham, *Relational Masks*, 118.
20) Stephen Arterburn & Jack Felton, *Toxic Faith*, 24-32.
21) Russell Willingham, *Relational Masks*, 120-26.
22) Gerald G. May, *The Dark Night of the Soul* (New York, NY: HarperCollins, 2004), 58-62.
23) Russell Willingham, *Relational Masks*, 153-54.
24) Russell Willingham, *Relational Masks*, 154.
25) 이만홍, 황지연, 『역동 심리 치료와 영적탐구』, (서울: 학지사, 2007), 189.
26) 이만홍, 황지연, 『역동 심리 치료와 영적탐구』, 194-97.

27) Russell Willingham, *Relational Masks*, 154.
28) Russell Willingham, *Relational Masks*, 155.
29) 이만홍, 황지연, 『역동 심리 치료와 영적탐구』, 273-74.
30) 이만홍, 황지연, 『역동 심리 치료와 영적탐구』, 287.
31) 이만홍, 황지연, 『역동 심리 치료와 영적탐구』, 289-91.
32) John of the Cross, Ascent, bk. 2, chaps. 6-12, Gerald G. May, *The Dark Night of the Soul*, 85에서 참조.
33) 이만홍, 황지연, 『역동 심리 치료와 영적탐구』, 269.
34) Nicola Slee, *Women's Faith Development: Patterns and Processes* (Hants: Ashgate, 2004), 82.
35) Gerald G. May, *The Dark Night of the Soul*, 96.
36) St. John of the Cross, *The Dark Night of the Soul*, Trans. by E. Allison Peers (New York, NY: Dover Publications, 2003), 85.

● 제14장 기독교 돌봄에서 정신 질환과 귀신들림

1) 본 장은 정신 문제와 귀신들림의 현상에 대한 혼동과 오해로 왜곡된 상담과 돌봄을 예방할 수 있는 자료를 제공하기 위해 최창국, 『영적으로 건강한 그리스도인』 (서울: 도서출판 SFS, 2022), 223-234의 내용을 저자의 허락을 받아 수정 보완하여 게재한 것임.
2) Duncan Buchanan, *The Counselling of Jesus* (Grand Rapid: Baker Book House, 1977), 105-106.
3) Millard J. Sall, *Faith, Psychology and Christian Maturity*, 김양순 역, 『성경과 심리학의 조화』 (서울: 생명의말씀사, 2000), 202-204.
4) Jay Adams, *The Christian Counselor's Manual* (Grand Rapid: Baker Book House, 1977), 128.
5) Arnold, "Soul-Searching Questions About 1 Samuel 28: Samuel's Appearance at Endor and Christian Anthropology", 78.
6) Arnold, "Soul-Searching Questions About 1 Samuel 28: Samuel's Appearance at Endor and Christian Anthropology", 78.
7) Arnold, "Soul-Searching Questions About 1 Samuel 28: Samuel's Appearance at Endor and Christian Anthropology", 81.
8) Arnold, "Soul-Searching Questions About 1 Samuel 28: Samuel's Appearance at Endor and Christian Anthropology", 81.
9) Francis Macnutt, *Healing*, 신현복 역, 『치유의 목회』 (서울: 아침영성지도연구원, 2010), 20-27.

- **부록 A: 나의 애착 유형 파악하기**

1) Tim Clinton and Joshua Straub, *The God Attachment*, 오현미 옮김,『관계의 하나님』(서울: 두란노, 2011), 102-105를 바탕으로 만듦.

- **부록 B: 성격 자기 진단 질문지**

1) 오카다 타카시, 나만 모르는 내 성격, 유인경 옮김 (서울: 모멘토, 2006), 231-37.

- **부록 C: 관계 가면의 장단점**

1) 회피성, 적대-공격성, 구세주형, 영적 해석자 유형은 러셀 윌링엄의 부록에서 인용함(Russell Willingham, *Relational Masks* (Downers Grove, Il. IVP, 2004), 179-83.